Die besten Rezepte
für
Jeden Tag

Die besten Rezepte *für* Jeden Tag

h.f.**ullmann**

Hinweise

Für Anfänger   Für weniger erfahrene Köche   Für erfahrene Köche

Es gelten die üblichen Maße in Gramm und Liter. Die Dosengrößen sind bei jedem Hersteller verschieden, verwenden Sie daher die Größe, die der im Rezept angegebenen am nächsten kommt.

Maßeinheiten und Abkürzungen

Becher	= 250 ml	Ei	= 60 g
g	= Gramm	kg	= Kilogramm
TL	= gestrichener Teelöffel oder 5 ml	EL	= leicht gehäufter Esslöffel oder 20 ml
ml	= Milliliter	l	= Liter
Msp.	= Messerspitze	Pckg.	= Packung
Min.	= Minute/n	Std.	= Stunde/n

© Copyright, text, design, photography and illustrations: Murdoch Books.
All rights in this publication are reserved to Murdoch Books. No part of this publication may be reproduced, stored in any retrieval system or transmitted in any form or by any means, electronic, mechanical, photocopying, recording or otherwise without the prior written permission of Murdoch Books.

Originaltitel: Classic Essential Vegetables, New Ways with Vegetables, Classic Essential Seafood, Tempting Chicken, Tasty Mince Recipes, Memorable Roasts Traditional Fare, Hearty Country Cooking, The Low-fat way, Favourite Casseroles & One-Pots, Pizzas and Melts

© 2008 für die deutsche Ausgabe: Tandem Verlag GmbH
h.f.ullmann ist ein Imprint der Tandem Verlag GmbH

Projektleitung: Ulrike Reihn-Hamburger
Satz der deutschen Ausgabe: Maenken Kommunikation GmbH, Köln
Übersetzung aus dem Englischen: Jolabta Gatzanis (S. 10-71), Miriam Magall (S. 74-129 und 196-253), Verlagsbüro Dr. Meidenbauer, München (S. 132-193, 320-375 und 440-495), Maria Gurlitt-Sartori (für GAIA Text, S. 256-317), Verlagsbüro Simon & Magiera (für GAIA Text, S. 378-437), Gisela Sturm (für GAIA, S. 498-535), Dr. Clara Meyer (für GAIA Text, S. 538-557)
Umschlaggestaltung: Simone Sticker
Umschlagfoto: © Tandem Verlag GmbH/TLC Fotostudio GmbH

Printed in China

ISBN: 978-3-8331-4866-8

10 9 8 7 6 5 4 3 2 1
X IX VIII VII VI V IV III II I

www.ullmann-publishing.com

Inhaltsverzeichnis

Klassische Gemüsegerichte	8
Gemüse einmal anders	72
Spargel	74
Bohnen	77
Brokkoli	80
Paprika	84
Karotten	86
Blumenkohl	89
Mais	94
Auberginen	96
Lauch	98
Pilze	101
Zwiebeln	106
Kartoffeln	110
Kürbis	114
Spinat	117
Sprossen	120
Tomaten	124
Zucchini	128
Raffiniertes mit Fisch und Meeresfrüchten	130

Hähnchen auf vielerlei Art — 194
- Salate, Suppen und Vorspeisen — 196
- Gerichte für die ganze Familie — 208
- Schnelle, kluge Lösungen — 222
- Gegrilltes — 234
- Besondere Anlässe — 244

Leckere Gerichte mit Hackfleisch — 254
- Hackfleisch vom Rind — 256
- Hackfleisch vom Schwein und vom Kalb — 276
- Hackfleisch vom Lamm — 288
- Hackfleisch vom Hähnchen — 304

Klassische Braten — 318
- Rind- und Kalbfleisch — 320
- Lammfleisch — 330
- Schweinefleisch — 340
- Geflügel — 348
- Gemüsebeilagen — 364
- Beilagen, Füllungen und Saucen — 370

Herzhafte Gerichte aus aller Welt — 376
- Suppen — 378
- Meeresfrüche — 386
- Fleisch und Geflügel — 396
- Gemüse, Salate und Brote — 414
- Nachspeisen — 424
- Kuchen und Kleingebäck — 430

Leichte Küche für Genießer   438
  Suppen   440
  Salate & Gemüse   450
  Kleine leichte Gerichte   464
  Hauptmahlzeiten   478
  Desserts   488

Leckeres aus einem Topf   496
  Schmortöpfe   498
  Fleischtöpfe und Schmorbraten   514
  Schnelle Gerichte   534

Pizzas und Überbackenes   536
  Pizzateig und Pizzasauce   538
  Pizzas   540
  Überbackenes   548

Anhang   558
  Register   560

Klassische Gemüsegerichte

Pommes frites

Vorbereitungszeit:
5 Minuten
Zubereitungszeit:
20 Minuten
Für 4 – 6 Personen

> **5–6 große Kartoffeln**
> **Öl zum Braten**

1. Die Kartoffeln längs in 1 cm dicke Streifen schneiden. Reichlich Öl in eine große gußeiserne Bratpfanne geben und erhitzen. Die Pommes frites portionsweise hellgelb braten (4–5 Min.). Mit einer Küchenzange oder einem Bratenwender aus dem Öl nehmen und auf Papierhandtüchern abtropfen lassen.

2. Vor dem Servieren Öl erneut erhitzen. Die Pommes frites nochmals hineinlegen und knusprig hellbraun braten (2–3 Min.). Auf Papierhandtüchern abtropfen lassen und mit Salz bestreuen.

NÄHRSTOFFE PRO PORTION:
Proteine: 5 g
Fett: 30 g
Kohlenhydrate: 35 g
Ballaststoffe: 4 g
Cholesterin: 0 mg
1885 kJ (450 kcal)

Gebratene Kartoffelschnitze

Vorbereitungszeit:
10 Minuten
Zubereitungszeit:
20 Minuten
Für 4 Personen

> **4–5 große Kartoffeln**
> **125 g Mehl**
> **3–4 TL Brathähnchengewürz**
> **1 TL weißer Pfeffer**
> **1 TL süßer Paprika**
> **2 TL Knoblauchpulver**
> **Öl zum Braten**
> **Sauerrahm und süße Chilisauce zum Stippen**

1. Die rohen Kartoffeln waschen und bürsten. Naß lassen, damit die Schale sich nicht ablöst. Nach Belieben die Kartoffeln schälen oder ungeschält lassen. Jede Kartoffel in etwa 10 Stücke schneiden.

2. Mehl, Brathähnchengewürz, Pfeffer, Paprika und Knoblauchpulver vermengen. Die Kartoffelschnitze darin wenden. (Sie können die Gewürzmischung und die Kartoffelschnitze auch in einen Gefrierbeutel geben und gut durchschütteln.) Die übriggebliebene Gewürzmischung aufbewahren.

3. Reichlich Öl (2 cm hoch) in eine große gußeiserne Bratpfanne geben und erhitzen. Die Schnitze portionsweise hellgelb braten oder im Öl schwimmend ausbacken. Mit einer Küchenzange oder einem Bratenwender aus dem Öl nehmen und auf Papierhandtüchern abtropfen lassen. Etwas abkühlen lassen.

4. Die Kartoffelschnitze erneut in der Gewürzmischung wenden. Nochmals in das heiße Öl geben und knusprig goldbraun braten (3–4 Min.). Herausnehmen und auf Papierhandtüchern abtropfen lassen. Mit etwas Brathähnchengewürz bestreuen. Die Kartoffelschnitze zusammen mit dem Sauerrahm und der süßen Chilisauce zum Stippen servieren.

NÄHRSTOFFE PRO PORTION:
Proteine: 10 g
Fett: 25 g
Kohlenhydrate: 65 g
Ballaststoffe: 5 g
Cholesterin: 0 mg
2240 kJ (535 kcal)

Pommes frites (oben) und Gebratene Kartoffelschnitze

Ratatouille

Vorbereitungszeit:
20 Minuten
Zubereitungszeit:
40 Minuten
Für 4 Personen

250 g Auberginen, gewürfelt	je 1 rote und grüne Paprikaschote, gewürfelt
80 ml Olivenöl	
250 g Zucchini, in Scheiben geschnitten	2–3 Knoblauchzehen, zerdrückt
2 Zwiebeln, grobgehackt	500 g reife Tomaten

1. Die Auberginen großzügig salzen und 20 Min. ziehen lassen. Abspülen und mit Küchenpapier trockentupfen. 3 EL Öl in einer großen gußeisernen Pfanne erhitzen. Auberginen und Zucchini portionsweise leicht anbraten. Auf Küchenpapier abtropfen lassen.

2. Übriges Öl in die Pfanne geben. Die Zwiebeln zugeben; auf kleiner Flamme 2 Minuten umrühren. Die Paprika zugeben und weich dünsten, nicht anbraten (5 Min.). Knoblauch und die in Stücke geschnittenen Tomaten zugeben und unter Umrühren etwa 5 Min. mitdünsten.

3. Auberginen und Zucchini unterrühren. 10–15 Min. köcheln lassen. Nach Geschmack salzen und pfeffern.

NÄHRSTOFFE PRO PORTION:
Proteine: 5 g
Fett: 20 g
Kohlenhydrate: 10 g
Ballaststoffe: 5 g
Cholesterin: 0 mg
1040 kJ (245 kcal)

Die Auberginen großzügig mit Salz bestreuen.

Abspülen und mit Küchenpapier trockentupfen.

Auberginen und Zucchini portionsweise leicht anbraten.

Paprika zugeben und weich dünsten.

Klassische Gemüsegerichte

Asiatisches Gemüse

Vorbereitungszeit:
5 Minuten
Zubereitungszeit:
10 Minuten
Für 4 Personen

500 g junger Pak Choi (chinesisches Gemüse)
800 g chinesischer Brokkoli
80 ml Austernsauce
2 TL Sesamöl

1. Pak Choi und Brokkoli gründlich waschen und überschüssiges Wasser abschütteln. An den Enden stutzen und in grobe Stücke schneiden. Dicke Pak Choi-Stangen in Längsrichtung halbieren.
2. Die Brokkoli-Stücke im Siebeinsatz, am besten im Bambuskörbchen, zugedeckt über köchelndem Wasser dämpfen (5–6 Min.). Pak Choi-Stangen zugeben und weitere 2 Min. dämpfen.
3. Das Gemüse in eine Servierschüssel geben. Mit Austernsauce übergießen. Das Gemüse vorsichtig in der Sauce schwenken. Mit Sesamöl beträufelt servieren.

NÄHRSTOFFE PRO PORTION:
Proteine: 15 g
Fett: 3 g
Kohlehydrate: 10 g
Ballaststoffe: 10 g
Cholesterin: 0 mg
505 kJ (120 cal)

Pfannengemüse

Vorbereitungszeit:
15 Minuten
Zubereitungszeit:
8 Minuten
Für 4 Personen

1 EL Sesamkörner
2 Frühlingszwiebeln
250 g Brokkoli
1 rote Paprikaschote
1 gelbe Paprikaschote
150 g Champignons
1 EL Öl
1 TL Sesamöl
1 Knoblauchzehe, zerdrückt
2 TL frischer geriebener Ingwer
1 EL Sojasauce
1 EL Honig
1 EL süße Chilisauce

1. Die Sesamkörner auf ein Backblech streuen und unter dem heißen Grill goldgelb rösten. Die Frühlingszwiebeln in feine Ringe schneiden. Den Brokkoli in Röschen zerteilen. Die Paprikaschoten halbieren und in feine Streifen schneiden. Die Pilze halbieren.
2. Das Öl in einem Wok oder einer großen Pfanne erhitzen. Knoblauch, Ingwer und Frühlingszwiebeln zugeben. Bei mittlerer Hitze 1 Min. anbraten. Brokkoli, Paprika und Pilze zugeben. 2 Min. mitdünsten, bis das Gemüse gerade gar ist.
3. Sojasauce, Honig und süße Chilisauce in einer Schüssel gut verrühren. Die Sauce über das Gemüse gießen und das Gemüse vorsichtig darin schwenken. Mit den gerösteten Sesamkörnern bestreuen.

NÄHRSTOFFE PRO PORTION:
Proteine: 5 g
Fett: 10 g
Kohlehydrate: 15 g
Ballaststoffe: 5 g
Cholesterin: 0 mg
655 kJ (155 kcal)

Klassische Gemüsegerichte

Asiatisches Gemüse (oben) und Pfannengemüse

Zwiebelkuchen

Vorbereitungszeit:
30 Minuten und
35 Minuten Abkühlzeit
Zubereitungszeit:
1 Stunde und 15 Minuten
Für 6 Personen

---

150 g Mehl
150 g kalte Butter,
    in Stücke geschnitten
3–4 TL eiskaltes Wasser

Füllung
1 kg braune Zwiebeln
45 g Butter
1 EL Olivenöl

3 TL Mehl
3 Eier
185 ml Sahne
2 EL Milch
1 Prise Muskatnuß
60 g Gruyère oder
    Schweizer-Käse,
    gerieben

---

1. Das Mehl in eine große Schüssel sieben und die zerkleinerte Butter dazugeben. Mit den Fingerspitzen die Butter in das Mehl hineinkneten, bis die Mischung wie feine Brotkrümel aussieht. Den Großteil des Wassers zugeben und mit dem Messer alles zu einem festen Teig vermengen. Falls erforderlich, noch mehr Wasser zugeben. Den Teig auf eine leicht bemehlte Unterlage legen und zu einer Kugel formen. (Der Teig kann auch in einer Küchenmaschine zubereitet werden.)

2. Die Teigkugel in Frischhaltefolie einwickeln und etwa 20 Min. in den Kühlschrank legen. Den gekühlten Teig schnell in eine geriffelte Kuchenform drücken (Durchmesser: ca. 26 cm). Den so vorbereiteten Kuchenboden in den Kühlschrank legen, bis er fest ist (15 Min.). Den Backofen auf 180°C (Gas: Stufe 4) vorheizen. Den Teig mit Backpapier abdecken und die Form zum Beschweren mit getrockneten Bohnen oder Reis füllen. 10 Min. backen. Das Papier und Bohnen oder Reis entfernen und den Boden fast fertig backen (5 Min.). Abkühlen lassen.

3. Füllung: Die Zwiebeln in Ringe schneiden. Butter und Öl in einer großen Pfanne erhitzen. Die Zwiebelringe bei niedriger Temperatur 30–35 Min. weich und hellgelb dünsten, dabei ab und zu umrühren. Das Mehl einstreuen und unter Umrühren 2–3 Min. weiterdünsten, bis das Mehl hellgelb ist. Vom Herd nehmen und vollständig abkühlen lassen.

4. Eier, Sahne, Milch und Muskatnuß in einer großen Schüssel mit dem Schneebesen vermischen. Nach und nach die abgekühlten Zwiebeln und die Hälfte des geriebenen Käses unterrühren. Mit dem Löffel auf dem Kuchenboden verteilen und mit dem übrigen Käse bestreuen. 20–25 Min. goldgelb backen. Nach 10 Min. servieren.

NÄHRSTOFFE PRO PORTION:
Proteine: 15 g
Fett: 50 g
Kohlehydrate: 30 g
Ballaststoffe: 4 g
Cholesterin: 230 mg
2545 kJ (605 kcal)

Hinweis: Für dieses Rezept wurden braune anstatt weiße Zwiebeln verwendet. Wegen ihres höheren Zuckeranteils sind sie für langsames Garen und Karamelisieren besser geeignet. Dieser Teig ist sehr weich und so kann bei warmem Wetter die Zubereitung schwierig sein. Vergewissern Sie sich, daß Butter und Wasser sehr kalt sind, und arbeiten Sie schnell, damit der Teig nicht länger als notwendig geknetet wird.

KLASSISCHE GEMÜSEGERICHTE

Mit leicht bemehlten Händen den Teig in die Form drücken.

Das Mehl über die Zwiebeln streuen und die Mischung hellgelb dünsten.

Spaghetti Primavera

Vorbereitungszeit:
20 Minuten
Zubereitungszeit:
15 Minuten
Für 4 – 6 Personen

500 g Spaghetti	150 g Spargel
155 g tiefgekühlte Saubohnen	30 g Butter
	220 ml Sahne
200 g Zuckererbsen, Schoten geputzt	60 g frisch geriebener Parmesan

1. Spaghetti in einem großen Topf mit kochendem Wasser „al dente" kochen. Wasser abgießen und Nudeln zum Warmhalten wieder in den Topf geben.

2. Bohnen 2 Min. in kochendes Wasser geben. Anschließend mit kaltem Wasser abschrecken, abseihen und enthülsen. Erbsen 2 Min. in kochendes Wasser geben. Danach mit kaltem Wasser abschrecken und abseihen. Holzige Enden des Spargels entfernen und in Stücke schneiden. Spargel 2 Min. in kochendes Wasser geben. Mit Wasser abschrecken, abseihen.

3. Butter in einer tiefen Pfanne zerlassen. Gemüse, Sahne und Parmesan zugeben. 2 Min. köcheln lassen. Nach Geschmack salzen und pfeffern. Sauce über die Nudeln gießen und vorsichtig untermengen.

NÄHRSTOFFE PRO PORTION:
Proteine: 15 g
Fett: 25 g
Kohlenhydrate: 60 g
Ballaststoffe: 5 g
Cholesterin: 70 mg
2245 kJ (535 kcal)

Die Spaghetti in einen großen Topf mit kochendem Wasser geben.

Von den gekochten Saubohnen die Hülsen entfernen.

Die holzigen Enden des Spargels abbrechen.

Den Spargel, die Saubohnen und die Zuckererbsen in die Pfanne geben.

Klassische Gemüsegerichte

Pilz-Risotto

Vorbereitungszeit:
20 Minuten
Zubereitungszeit:
35–40 Minuten
Für 4 – 6 Personen

750 ml Gemüsebrühe
250 ml Weißwein
60 g Butter
1 EL Olivenöl
1 Stange Porree, in Ringe geschnitten
250 g Champignons, in Scheiben geschnitten
250 g Arborio-Reis (Mittelkorn)
50 g geriebener Parmesan
2 EL frischer Thymian, gehackt

1. Gemüsebrühe und Wein in einen Topf gießen. Aufkochen, danach bei verminderter Hitze köcheln lassen.
2. Butter und Öl in einer großen Pfanne erhitzen. Den Porree zugeben und bei mittlerer Hitze 5 Min. andünsten. Pilze zugeben und weitere 5 Min. weichdünsten. Reis zugeben und unter Umrühren 1 Min. mitdünsten.
3. 125 ml Gemüsebrühe zugießen und stetig umrühren, bis die Flüssigkeit vom Reis aufgenommen wurde. Dann wieder Brühe zugießen. Dies so lange wiederholen, bis die Brühe aufgebraucht ist. Der Reis sollte gar und etwas feucht sein (etwa 25–30 Min.). Parmesan und Thymian untermengen und 1 Min. mitkochen, bis der Käse geschmolzen ist.

NÄHRSTOFFE PRO PORTION:
Proteine: 10 g
Fett: 15 g
Kohlenhydrate: 35 g
Ballaststoffe: 4 g
Cholesterin: 35 mg
1430 kJ (340 kcal)

Die Pilze mit einem Küchenmesser putzen und in Scheiben schneiden.

Den Porree in Öl und Butter glasig dünsten.

Den Reis zu Porree und Pilzen geben und unter Umrühren mitdünsten.

Unter stetigem Rühren nach und nach Gemüsebrühe mit Wein zugießen.

KLASSISCHE GEMÜSEGERICHTE

Gefüllte Kartoffeln

Holen Sie die Kartoffeln aus dem Ofen und schneiden Sie sie auf! Ein Klecks Butter, saure Sahne oder eine leckere Füllung obenauf und fertig ist ein gesundes Gericht, ein herzhafter Snack oder eine delikate Beilage!

GEBACKENE KARTOFFELN UND FÜLLUNGEN

Den Backofen auf 210°C (Gas: Stufe 6–7) vorheizen. 6 große Kartoffeln waschen, bürsten und trockenreiben. Die Kartoffeln rundum mehrmals mit einer Gabel einstechen, auf ein Backblech legen und etwa 1 Stunde backen. Jede Kartoffel über Kreuz tief einschneiden und leicht andrücken, damit sie sich öffnet. 10 g Butter und einen Klecks saure Sahne obenauf setzen. Mit gehacktem Schnittlauch und schwarzem Pfeffer bestreuen – oder mit einer der nachstehend beschriebenen Füllungen servieren.
Für 6 Personen.

NÄHRSTOFFE PRO PORTION:
Proteine: 5 g
Fett: 15 g
Kohlehydrate: 35 g
Ballaststoffe: 4 g
Cholesterin: 50 mg
1330 kJ (315 kcal)

Champignon-Knoblauch-Füllung

30 g Butter und 1 EL Öl in einer großen Pfanne erhitzen. 2 zerdrückte Knoblauchzehen und 2 in Ringe geschnittene Frühlingszwiebeln zugeben. Auf mittlerer Hitze weich dünsten. 150 g in Scheiben geschnittene Champignons zugeben und weitere 5 Min. weich dünsten. Überschüssige Flüssigkeit abtropfen lassen. 1 EL gehackte Petersilie unterrühren. Nach Geschmack salzen und pfeffern. Die Füllung in die aufgeschnittenen gebackenen Kartoffeln setzen.
Für 6 Personen.

NÄHRSTOFFE PRO PORTION:
Proteine: 5 g
Fett: 10 g
Kohlehydrate: 35 g
Ballaststoffe: 5 g
Cholesterin: 15 mg
1025 kJ (245 kcal)

Tomatensalsa-Füllung

6 in Stückchen geschnittene Flaschentomaten, 1 gehackte rote Zwiebel, 1 zerdrückte Knoblauchzehe, 2 EL gehackten frischen Koriander und 1 TL Olivenöl in einer Schüssel vermengen. Nach Geschmack salzen und pfeffern. Die Füllung in die aufgeschnittenen gebackenen Kartoffeln setzen. Einen Klecks saure Sahne obenauf geben und mit geriebenem Cheddar bestreuen.
Für 6 Personen.

NÄHRSTOFFE PRO PORTION:
Proteine: 10 g
Fett: 15 g
Kohlehydrate: 35 g
Ballaststoffe: 5 g
Cholesterin: 35 mg
1290 kJ (305 kcal)

Kartoffel-Soufflé

Den Backofen auf 210°C (Gas: Stufe 6–7) vorheizen. Den oberen Teil von 6 gebackenen Kartoffeln abschneiden. Die Kartoffeln vorsichtig aushöhlen. Die Kartoffelmasse in eine Schüssel geben. Mit 125 g geriebenem Cheddar, 130 g geriebenem Gruyère, 4 Eigelb und 1/4 TL Senfpulver vermengen. Nach Geschmack salzen und pfeffern. 4 Eiweiß steif schlagen. Unter den Kartoffelbrei heben. Mit einem Löffel in die ausgehöhlten Kartoffelschalen füllen. Auf ein Backblech setzen und die Füllung 20–25 Min. goldgelb backen.
Für 6 Personen.

NÄHRSTOFFE PRO PORTION:
Proteine: 25 g
Fett: 20 g
Kohlehydrate: 35 g
Ballaststoffe: 3 g
Cholesterin: 165 mg
1670 kJ (395 kcal)

Im Uhrzeigersinn von oben nach unten: Gebackene Kartoffel mit saurer Sahne und Schnittlauch; Gebackene Kartoffel mit Champignon-Knoblauch-Füllung; Gebackene Kartoffel mit Tomatensalsa-Füllung; Kartoffel-Soufflé

KLASSISCHE GEMÜSEGERICHTE

Fritiertes Gemüse

Vorbereitungszeit:
30 Minuten
Zubereitungszeit:
15 Minuten
Für 4 – 6 Personen

125 g Brokkoli
1 kleine Zwiebel
1 kleine rote Paprikaschote
1 kleine grüne Paprikaschote
1 Karotte
60 g grüne Bohnen
leichtes Gemüseöl zum Fritieren
Mehl zum Bestäuben

Fritierteig
250 ml kaltes Wasser
1 Eigelb
125 g Mehl, gesiebt

Dip
60 ml Sojasauce
2 EL Zitronensaft
2 EL Mirin (süßer japanischer Wein)
1 EL Sake (japanischer Reiswein)

1. Den Brokkoli in Röschen teilen, die Stiele aber nicht entfernen. Die Zwiebel in feine Scheiben schneiden, Paprikaschoten und die Karotte in sehr feine Streifen schneiden. Die Bohnen auf dieselbe Länge stutzen und in Längsrichtung halbieren.
2. *Fritierteig:* Wasser und Eigelb in einer Schüssel mit dem Schneebesen vermengen. Mehl darüberstreuen und mit einer Gabel leicht einrühren, bis es sich gerade mit der Flüssigkeit vermengt hat.
3. Reichlich Öl in eine mittelgroße gußeiserne Pfanne füllen und erhitzen. Das Gemüse in Mehl wenden, überschüssiges Mehl abschütteln. Mit der Küchenzange ein Gemüsebündel greifen (ca. 2 Stück von jedem Gemüse) und in den Teig tauchen, dabei Klumpen beiseite schieben. Überschüssigen Teig abtropfen lassen.
4. Das Gemüsebündel vorsichtig ins Öl tauchen. Solange Gemüse eintauchen, bis der Teig so fest ist, daß er das Gemüse zusammenhält. Aus der Zange gleiten lassen und knusprig braun ausbacken. Auf Papierhandtüchern abtrocknen lassen. Wiederholen, bis das ganze Gemüse aufgebraucht ist. Sofort zusammen mit dem Dip servieren.
5. *Dip:* Alle Zutaten in einer Schüssel mit dem Schneebesen vermengen.

NÄHRSTOFFE PRO PORTION:
Proteine: 5 g
Fett: 20 g
Kohlehydrate: 20 g
Ballaststoffe: 4 g
Cholesterin: 30 mg
1175 kJ (280 kcal)

Den Brokkoli in Röschen teilen, Stiele aber nicht entfernen.

Den Fritierteig mit Eßstäbchen vorsichtig anrühren.

KLASSISCHE GEMÜSEGERICHTE

Mit einer Küchenzange ein Gemüsebündel in den Fritierteig tauchen.

Das Bündel vorsichtig ins Fritieröl tauchen.

Spinat-Feta-Kuchen

Vorbereitungszeit:
30 Minuten
Zubereitungszeit:
1 Stunde
Für 4 – 6 Personen

1 kg Spinat	35 g frisch geriebener Parmesan
60 ml Olivenöl	
1 große Zwiebel, gehackt	150 g Feta (Schafskäse), zerdrückt
10 Frühlingszwiebeln, gehackt	90 g Ricotta
	4 Eier, leicht geschlagen
20 g frische Petersilie, gehackt	30 g Butter, zerlassen
	1 EL Olivenöl „extra"
1 EL frischer Dill, gehackt	12 Platten griechischer oder türkischer Blätterteig
1 reichliche Prise geriebene Muskatnuß	

1. Spinatstengel und grobe Blattrippen entfernen. Die Blätter sorgfältig waschen und überschüssiges Wasser abschütteln. Den Spinat grob hacken und in einen großen Topf geben. Zugedeckt auf kleiner Flamme etwa 5 Min. dünsten, bis die Blätter zusammengefallen sind. (Der Spinat gart in dem Wasser, das vom Waschen auf den Blättern zurückgeblieben ist. Achten Sie darauf, daß die Blätter nicht am Boden haften und anbrennen.) Gut abtropfen und leicht abkühlen lassen, dann ausdrücken, um überschüssige Flüssigkeit zu entfernen.
2. Das Öl in einer großen Pfanne erhitzen. Zwiebel zugeben und bei niedriger Temperatur ganz weich und hellgelb dünsten. Frühlingszwiebeln zugeben und 3 Min. mitdünsten. Pfanne vom Herd nehmen. Den abgetropften Spinat, Petersilie, Dill, Muskatnuß, Parmesan, Feta, Ricotta und Eier einrühren. Nach Geschmack salzen und pfeffern.
3. Den Backofen auf 180°C (Gas: Stufe 4) vorheizen. Die zerlassene Butter mit dem Öl vermengen und eine Auflaufform (30 cm x 18 cm) einfetten. 4 Blätterteigplatten aufeinanderlegen und zwischen je zwei Lagen etwas Butter-Öl-Mischung einpinseln. Die vierfache Teigschicht längs in die Auflaufform legen. Die Hälfte der Spinat-Käse-Mischung darauf verteilen. Eine weitere vierfache Teigschicht darüber legen. Die andere Hälfte der Spinat-Käse-Mischung darauf verteilen. Mit einer weiteren vierfachen Teigschicht abschließen. Die Teigränder seitlich in die Form drücken. Die oberste Teigschicht mit der restlichen Öl-Butter-Mischung bepinseln. Mit einem scharfen Messer Rauten in den Teig ritzen. Etwa 40–45 Min. goldbraun backen. In Stücke schneiden und warm servieren.

NÄHRSTOFFE PRO PORTION:
Proteine: 20 g
Fett: 30 g
Kohlehydrate: 20 g
Ballaststoffe: 5 g
Cholesterin: 170 mg
1795 kJ (425 kcal)

Hinweis: Anstatt Spinat können Sie auch dieselbe Menge Mangold verwenden. Grobe Blattrippen und Stiele entfernen. Feta ist ein salziger Käse, der in Salzwasser eingelegt und kühl gelagert werden sollte. Vor Gebrauch kurz abspülen und trockentupfen.

KLASSISCHE GEMÜSEGERICHTE

Den Spinat leicht andünsten, gerade bis die Blätter zusammengefallen sind.

Mit der Hälfte der Spinat-Käse-Mischung den Blätterteig bedecken.

Karotten mit Honigglasur

Vorbereitungszeit:
5 Minuten
Zubereitungszeit:
5 Minuten
Für 4 Personen

| 2 Karotten, in Scheiben geschnitten | 2 TL Honig |
| 30 g Butter | frischer Schnittlauch, gehackt |

1. Die Karotten weich dämpfen.
2. Butter und Honig in ein Pfännchen geben. Auf niedriger Stufe erhitzen, bis sie miteinander verschmolzen sind.
3. Über die Karotten gießen und diese in der Glasur schwenken. Mit Schnittlauch bestreuen. Heiß servieren.

NÄHRSTOFFE PRO PORTION:
Proteine: 1 g
Fett: 5 g
Kohlenhydrate: 4 g
Ballaststoffe: 2 g
Cholesterin: 20 mg
310 kJ (75 kcal)

Hinweis für die Mikrowelle: Die Karotten und 1 EL Wasser in eine mikrowellenfeste Schüssel geben. Zudecken und bei 100 % 6–8 Min. kochen, abseihen. Butter und Honig in einer mikrowellenfesten Schüssel bei 100 % zerlassen (45 Sek.), anschließend verrühren. Über die Karotten gießen, schwenken und mit Schnittlauch bestreuen.

Überbackener Blumenkohl

Vorbereitungszeit:
10 Minuten
Zubereitungszeit:
15 Minuten
Für 4 – 6 Personen

500 g Blumenkohl	40 g geriebener Cheddar
30 g Butter	¼ TL Paprika
3 TL Mehl	frischer Schnittlauch, gehackt
125 ml Milch	
60 ml Sahne	

1. Den Blumenkohl in Röschen teilen und dämpfen oder in der Mikrowelle garen.
2. Währenddessen die Butter in einem Pfännchen zerlassen. Das Mehl einrühren und 1 Min. erhitzen. Vom Herd nehmen und nach und nach die mit der Milch vermengte Sahne einrühren. Auf den Herd zurückstellen und bei mittlerer Hitze unter ständigem Umrühren aufkochen, so daß die Sauce eindickt. Vom Herd nehmen und die Hälfte des geriebenen Käses einrühren. Mit Salz und Pfeffer abschmecken.
3. Die Käsesauce mit einem Löffel über dem Blumenkohl verteilen und mit dem restlichen geriebenen Käse bestreuen. Im Backofen unter dem vorgeheizten heißen Grill 3 Min. goldbraun rösten. Vor dem Servieren mit Paprika und frischem Schnittlauch bestreuen.

NÄHRSTOFFE PRO PORTION:
Proteine: 5 g
Fett: 10 g
Kohlenhydrate: 5 g
Ballaststoffe: 2 g
Cholesterin: 35 mg
565 kJ (135 kcal)

KLASSISCHE GEMÜSEGERICHTE

Karotten mit Honigglasur (oben) und Überbackener Blumenkohl

Suppen

Was ist wohltuender als eine Tasse warme Suppe, serviert mit ofenfrischem knusprigem Brot und Butter? Gemüsecreme-Suppen, angerichtet mit frischen Kräutern und frisch gemahlenem schwarzem Pfeffer, sind kleine Köstlichkeiten.

Kürbiscreme-Suppe

1 kg Kürbis schälen und in große Stücke schneiden. 60 g Butter in einer großen Pfanne erhitzen. 1 gehackte Zwiebel zugeben und bei geringer Hitze 10 Min. weich dünsten. Die Kürbisstücke zugeben und zugedeckt 10 Min. mitdünsten. 1 Liter Gemüsebrühe zugießen. Aufkochen, anschließend das Kürbisfleisch 40 Min. köcheln lassen. Leicht abkühlen lassen. Im Mixer portionsweise pürieren. Mit Salz und Pfeffer abschmecken, mit gehacktem Schnittlauch bestreuen. Schmeckt köstlich mit einem Klecks saurer Sahne.
Für 4 – 6 Personen.

NÄHRSTOFFE PRO PORTION:
Proteine: 5 g
Fett: 15 g
Kohlehydrate: 15 g
Ballaststoffe: 2 g
Cholesterin: 50 mg
960 kJ (230 kcal)

Lauchcreme-Suppe (Vichysauce)

60 g Butter in einer großen Pfanne erhitzen. 2 in Scheiben geschnittene Lauchstangen zugeben. Zugedeckt auf mittlerer Hitze 5 Min. andünsten. 2 in kleine Würfel geschnittene Kartoffeln und 750 ml Gemüsebrühe zugießen, aufkochen lassen. Bei verminderter Hitze die

Kartoffeln 20 Min. weichköcheln. 250 ml Sahne zugießen. Mit Salz und Pfeffer abschmecken. Leicht abkühlen lassen. Im Mixer portionsweise pürieren. Mit einem Thymian-Zweig anrichten.
Für 4 – 6 Personen.

NÄHRSTOFFE PRO PORTION:
Proteine: 4 g
Fett: 25 g
Kohlehydrate: 10 g
Ballaststoffe: 4 g
Cholesterin: 80 mg
1255 kJ (300 kcal)

Von links nach rechts:
Kürbiscreme-Suppe,
Lauchcreme-Suppe,
Tomatencreme-Suppe

Tomatencreme-Suppe

1 EL Olivenöl in einer großen Pfanne erhitzen. 1 gehackte Zwiebel zugeben und 5 Min. goldgelb dünsten. 2 zerdrückte Knoblauchzehen zugeben und 1 Min. mitdünsten. 410 g Tomatenstücke aus der Dose, 750 ml Gemüsebrühe, 1 EL Tomatenmark und 1 EL Zucker unterrühren und aufkochen. Bei verminderter Hitze halb zugedeckt 20 Min. köcheln lassen. Die Suppe leicht abkühlen lassen. Im Mixer portionsweise pürieren. In die Pfanne zurückgeben. 250 ml Sahne einrühren und leicht erwärmen. Mit Salz und Pfeffer abschmecken und mit gehackten frischen Kräutern bestreuen.
Für 4 – 6 Personen.

NÄHRSTOFFE PRO PORTION:
Proteine: 3 g
Fett: 20 g
Kohlehydrate: 10 g
Ballaststoffe: 3 g
Cholesterin: 55 mg
1060 kJ (250 kcal)

Auberginen à la Parmigiana

Vorbereitungszeit:
45 Minuten
Zubereitungszeit:
1 Stunde und 15 Minuten
Für 6 – 8 Personen

1,25 kg reife Tomaten
60 ml Olivenöl
1 Zwiebel, in Würfel geschnitten
2 Knoblauchzehen, feingehackt
1 TL Salz
1 kg Auberginen
Öl zum Anbraten der Auberginen
250 g Bocconcini (Mozzarella), in Scheiben geschnitten
185 g feingeriebener Cheddar
1 Becher Basilikumblätter, etwas zerzupft
50 g frisch geriebener Parmesan

1. Die Tomaten an der Unterseite kreuzförmig einschneiden. Mit kochendem Wasser übergießen, so daß sie vollständig bedeckt sind, und etwa 2 Min. darin liegenlassen. Das Wasser abgießen und die Tomaten abkühlen lassen. Von dem kreuzförmigen Einschnitt aus die Haut abziehen und entfernen. Die Tomaten quer halbieren, die Kerne mit einem Löffel ausschaben und ebenfalls entfernen. Dann die Tomaten grob zerkleinern.

2. Das Öl in einer großen Pfanne erhitzen. Zwiebel, Knoblauch und Salz zugeben und bei mäßiger Hitze weich dünsten. Die Tomaten zugeben und ebenfalls bei mäßiger Hitze 15 Min. lang köcheln.

3. Den Backofen auf 200°C (Gas: Stufe 6) vorheizen. Die Auberginen in feine Scheiben schneiden und portionsweise in Öl goldgelb anbraten (3–4 Min.). Auf Küchenpapier abtropfen lassen.

4. Den Boden einer Auflaufform (Fassungsvermögen: 1,75 l) mit einem Drittel der Auberginenscheiben auslegen. Darauf die Hälfte des Bocconcini und des Cheddar verteilen. Nochmals je eine Schicht Auberginenscheiben und Käse darüberlegen. Mit einer Lage Auberginenscheiben abschließen.

5. Die Tomatensauce über die Auberginen gießen. Die Basilikumblätter darüberstreuen. Zuletzt mit Parmesan bestreuen und 40 Min. lang backen. Vor dem Servieren überschüssiges Öl abgießen.

NÄHRSTOFFE PRO PORTION:
Proteine: 20 g
Fett: 25 g
Kohlehydrate: 5 g
Ballaststoffe: 5 g
Cholesterin: 50 mg
1365 kJ (325 kcal)

Zwiebel und Knoblauch in Öl dünsten, dann die zerkleinerten Tomaten zugeben.

Auberginenscheiben leicht anbraten, auf Küchenpapier abtropfen lassen.

KLASSISCHE GEMÜSEGERICHTE

Auberginen, Bocconcini und Cheddar abwechselnd in die Form schichten.

Tomatensauce über die Auberginen gießen und die Basilikumblätter darüberstreuen.

Gegartes Gemüse

Vorbereitungszeit:
15 Minuten
Zubereitungszeit:
1 Stunde und 10 Minuten
Für 6 – 8 Personen

500 g Kürbisfleisch	60 ml Olivenöl
1 große Süßkartoffel	40 g Butter
8 kleine Zwiebeln	

1. Den Backofen auf 200°C (Gas: Stufe 6) vorheizen. Den Kürbis schälen und das Fleisch in große Stücke schneiden. Ebenso mit der Süßkartoffel verfahren. Die Zwiebeln schälen, nicht zerkleinern. Öl und Butter in einen Bräter geben. Den Bräter in den vorgeheizten Backofen stellen und Öl und Butter erhitzen.
2. Das Gemüse in den Bräter geben und in der heißen Öl-Butter-Mischung wenden oder damit einpinseln. Unbedeckt 45–50 Min. garen, bis das Gemüse innen gar und außen goldgelb und knusprig ist. Das Gemüse während der Garzeit ab und zu wenden, damit alle Teile rundum von der Öl-Butter-Mischung bedeckt werden und nicht kleben.

NÄHRSTOFFE PRO PORTION:
Proteine: 4 g
Fett: 10 g
Kohlehydrate: 15 g
Ballaststoffe: 3 g
Cholesterin: 15 mg
720 kJ (170 kcal)

Hinweis: Eine ganze Reihe von Gemüsen ist zum Garen geeignet, wie z. B. Pastinaken, Rüben, Fenchel, Möhren und Knoblauch.

Kartoffelgratin

Vorbereitungszeit:
20 Minuten
Zubereitungszeit:
40 Minuten
Für 4 – 6 Personen

4 Kartoffeln	375 ml Sahne
1 Zwiebel	2 TL Instant-
125 g geriebener Cheddar	Hühnerbrühe

1. Den Backofen auf 180°C (Gas: Stufe 4) vorheizen. Die Kartoffeln und die Zwiebel schälen und in dünne Scheiben schneiden. Eine Schicht Kartoffelscheiben einander überlappend in eine Auflaufform legen. Darüber Zwiebelscheiben verteilen. Etwas von dem Käse über die Zwiebel streuen. Kartoffeln, Zwiebel und Käse wiederholt in dieser Reihenfolge schichten, bis alle Zutaten aufgebraucht sind.
2. Die Sahne in ein kleines Kännchen gießen. Unter vorsichtigem Umrühren die Instant-Hühnerbrühe zugeben, bis sie sich vollständig aufgelöst hat. Die Mischung über die geschichteten Kartoffel- und Zwiebelscheiben gießen. Den Käse darüberstreuen. Etwa 40 Min. backen, bis die Kartoffeln weich sind und der Käse geschmolzen ist. Die Kruste sollte knusprig braun sein.

NÄHRSTOFFE PRO PORTION:
Proteine: 10 g
Fett: 35 g
Kohlehydrate: 15 g
Ballaststoffe: 2 g
Cholesterin: 105 mg
1645 kJ (390 kcal)

KLASSISCHE GEMÜSEGERICHTE

Gegartes Gemüse (oben) und Kartoffelgratin

KLASSISCHE GEMÜSEGERICHTE

Frühlingsrollen

Vorbereitungszeit:
45 Minuten
Zubereitungszeit:
30 Minuten
Ergibt 20 Stück

4 getrocknete chinesische Pilze	70 g Wasserkastanien, feingehackt
1 EL Öl	6 Frühlingszwiebeln, feingehackt
2 Knoblauchzehen, zerdrückt	150 g Chinakohl, feingehackt
1 EL geriebener frischer Ingwer	1 EL Sojasauce
150 g gebratener Tofu, in Streifen geschnitten	1 EL Mehl
1 große Möhre, in feine Streifen geschnitten	10 große Reisteigplatten für Frühlingsrollen
	Öl zum Ausbacken

1. Die getrockneten Pilze 30 Min. lang in warmem Wasser quellen lassen. Abseihen und ausdrücken, so daß das überschüssige Wasser abfließt. Die Hüte der Pilze in Scheiben schneiden, die harten Stiele entfernen.
2. Das Öl in einem Wok erhitzen und vorsichtig schwenken, damit es Boden und Wand des Woks bedeckt. Knoblauch, Ingwer, Tofu, Möhre und Wasserkastanien 30 Sek. bei hoher Hitze unter Umrühren anbraten. Die Frühlingszwiebeln und den Chinakohl zugeben und 1 Minute mitdünsten, bis der Chinakohl gerade weich ist. Mit der Sojasauce und – nach Geschmack – etwas Salz, weißem Pfeffer und Zucker würzen. Abkühlen lassen. Die in Scheiben geschnittenen Pilzhüte zugeben.
3. Das Mehl mit 2 EL Wasser zu einer Paste verrühren. Zwei Teigplatten übereinander auf ein Brett legen (die Rollen erhalten eine doppelte Umhüllung). Das große Quadrat in vier kleine Quadrate teilen. Die Ecken jedes Quadrats mit ein wenig Mehlpaste einpinseln. Etwa 1 EL Füllung in die Mitte des Quadrats setzen. An einer Ecke beginnend, die doppelte Teigplatte fest zusammenrollen und gleichzeitig die Enden einschlagen. Mit den übrigen Teigplatten und der restlichen Füllung ebenso verfahren.
4. Öl in einem Wok erhitzen. Die Rollen im Öl 3 Min. goldgelb ausbacken, etwa 4 Rollen auf einmal. Auf Küchenpapier abtropfen lassen.

NÄHRSTOFFE PRO ROLLE:
Proteine: 1 g
Fett: 4 g
Kohlehydrate: 3 g
Ballaststoffe: 1 g
Cholesterin: 0 mg
200 kJ (45 kcal)

Die Hüte der Pilze in feine Scheiben schneiden, die harten Stiele entfernen.

Die Füllung in das Quadrat setzen. Teigplatten aufrollen und Enden einschlagen.

Klassische Gemüsegerichte

KLASSISCHE GEMÜSEGERICHTE

Gefüllte Paprikaschoten

Vorbereitungszeit:
20 Minuten
Zubereitungszeit:
55 Minuten
Für 4 Personen

- 2 große rote Paprikaschoten
- 110 g Kurzkornreis
- 1 EL Olivenöl
- 1 Zwiebel, feingehackt
- 2 Knoblauchzehen, zerdrückt
- 1 Tomate, feingehackt
- 125 g geriebener Cheddar
- 25 g feingeriebener Parmesan
- 1/4 Becher frisches Basilikum, gehackt
- 1/4 Becher frische Petersilie, gehackt

1. Den Backofen auf 180°C (Gas: Stufe 4) vorheizen. Die Paprikaschoten längs halbieren. Den Reis in kochendes Wasser geben und 12 Min. lang kochen. Abseihen und umfüllen.
2. Öl in einer Pfanne erhitzen, Zwiebel zugeben und 5–8 Min. goldgelb dünsten. Knoblauch 1 Min. mitdünsten. Zwiebel, Knoblauch, Tomate, Käse, Basilikum und Petersilie unter den Reis mischen. Nach Geschmack salzen und pfeffern.
3. Die Mischung mit einem Löffel in die halbierten Paprikaschoten füllen und diese auf ein Backblech legen. Etwa 30 Min. backen, bis die Paprikaschoten weich sind.

NÄHRSTOFFE PRO PORTION:
Proteine: 15 g
Fett: 20 g
Kohlenhydrate: 25 g
Ballaststoffe: 3 g
Cholesterin: 40 mg
1345 kJ (320 kcal)

Paprikaschoten in Längsrichtung halbieren, Kerne und Zwischenwände entfernen.

Die feingehackte Zwiebel in die Pfanne geben und goldgelb dünsten.

Zwiebel, Knoblauch, Tomate, Käse, Basilikum und Petersilie unter den Reis geben.

Die Mischung mit einem Löffel in die Paprikahälften füllen.

KLASSISCHE GEMÜSEGERICHTE

Gemüselasagne

Vorbereitungszeit:
40 Minuten
Zubereitungszeit:
2 Stunden und 10 Minuten
Für 6 Personen

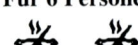

1. Die Auberginen längs in Scheiben schneiden. Salzen und 20 Min. beiseite legen. Unter reichlich Wasser spülen und trockentupfen. Die Auberginen mit der Hälfte des Olivenöls leicht einpinseln. Unter dem vorgeheizten Grill bei mäßiger Hitze goldgelb grillen; auf Küchenpapier trocknen.

2. Das restliche Öl in einer großen Pfanne erhitzen. Die Zwiebel zugeben und bei mittlerer Hitze 5 Min. goldgelb dünsten. Knoblauch, Möhre und Sellerie zugeben und 3 Min. mitdünsten. Pilze und Paprika zugeben und weitere 3 Min. mitdünsten, bis die Pilze weich sind. Tomaten, Tomatenmark, Wein, Essig und Zucker unterrühren. Aufkochen, anschließend unbedeckt auf niedriger Stufe 1 Stunde lang köcheln lassen. Basilikum zugeben. Beiseite stellen.

3. *Béchamelsauce:* Die Butter in einem Pfännchen zerlassen, Mehl zugeben und auf niedriger Stufe etwa 2 Min. rühren, bis es hellgelb ist. Das Pfännchen vom Herd nehmen und die Milch langsam einrühren. Wieder auf den Herd stellen und unter ständigem Rühren zum Kochen bringen, bis die Sauce eindickt. 2 Min. köcheln lassen, den Ricotta zugeben und rühren, bis er sich aufgelöst hat. Nach Geschmack salzen und pfeffern.

4. Den Backofen auf 180°C (Gas: Stufe 4) vorheizen. Eine Auflaufform (Fassungsvermögen: 3 l) leicht einfetten. Den Boden der Form mit der Gemüsesauce dünn bedecken. Mit Lasagne-Platten abdecken. Darüber eine Schicht aus Gemüsesauce, Spinat, Auberginen und Béchamelsauce geben. Die Auflaufform in dieser Reihenfolge schichtweise füllen. Mit Béchamelsauce abschließen. Mit dem Käse bestreuen und etwa 45–50 Min. backen, bis die Lasagne weich und der Käse knusprig braun ist. Die Lasagne aus dem Ofen nehmen und vor dem Aufschneiden 10 Min. stehen lassen.

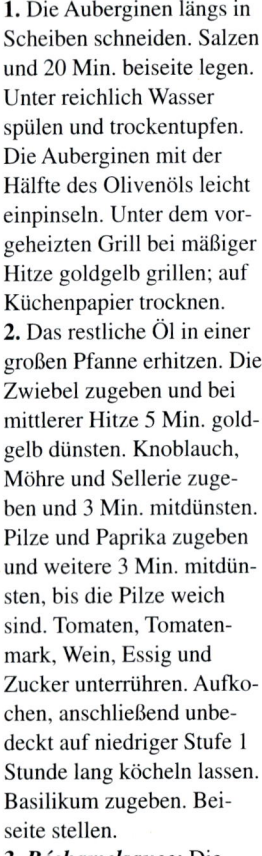

2 große Auberginen
6 EL Olivenöl
2 Zwiebeln, gehackt
3 Knoblauchzehen, zerdrückt
1 Möhre, feingehackt
1 Selleriestange, feingehackt
100 g Champignons, in Scheiben geschnitten
1 rote Paprikaschote, in Stückchen geschnitten
800 g Tomatenstücke aus der Dose
2 EL Tomatenmark
250 ml Rotwein
1 EL Balsamessig
1 EL brauner Zucker
1/4 Becher frisches Basilikum, gehackt
250 g Lasagne-Platten (getrocknete Nudelteigplatten)
350 g Spinat, gehackt
50 g geriebener Parmesan
60 g geriebener Cheddar

Béchamelsauce
60 g Butter
30 g Mehl
500 ml Milch
300 g Ricotta

NÄHRSTOFFE PRO PORTION:
Proteine: 25 g
Fett: 45 g
Kohlehydrate: 54 g
Ballaststoffe: 10 g
Cholesterin: 80 mg
3080 kJ (730 kcal)

KLASSISCHE GEMÜSEGERICHTE

Die Auberginen goldgelb grillen, einmal wenden.

Die Auflaufform schichtweise füllen, mit der Béchamelsauce abschließen.

Gebratene grüne Tomaten

Vorbereitungszeit:
10 Minuten
Zubereitungszeit:
20 Minuten
Für 4 Personen

125 g Mehl, vermischt mit einer Prise Backpulver
1 Ei, leicht geschlagen
100 g Maismehl (Polenta)
250 ml Buttermilch
6–8 grüne Tomaten

NÄHRSTOFFE PRO PORTION:
Proteine: 10 g
Fett: 4 g
Kohlehydrate: 50 g
Ballaststoffe: 6 g
Cholesterin: 55 mg
1185 kJ (280 kcal)

1. Mehl und Maismehl in einer Schüssel mischen. Salzen und pfeffern. In einer anderen Schüssel das bereits leicht geschlagene Ei und die Buttermilch unter weiterem Schlagen vermischen.

2. Die Tomaten in Scheiben schneiden und zuerst in der Ei-Buttermilch-Mischung und danach in der Mehlmischung wenden. Überschüssiges Mehl abschütteln.

3. Eine tiefe Bratpfanne 2 cm hoch mit Öl füllen und erhitzen. Die Tomatenscheiben portionsweise im sehr heißen Öl auf beiden Seiten knusprig und goldgelb ausbacken. Auf Küchenpapier abtropfen lassen.

Hinweis: Die gebratenen Tomaten senkrecht stellen. Dann werden sie nicht pappig. Nicht zu viele Tomaten in die Pfanne geben, damit das Öl nicht abkühlt und sie kein Öl aufsaugen.

In einer Schüssel Ei und Buttermilch unter Schlagen vermischen.

Die Tomaten in etwa 1 cm dicke Scheiben schneiden.

Tomatenscheiben in der Ei-Buttermilch-Mischung, dann im Mehl wenden.

Tomatenscheiben im sehr heißen Öl auf beiden Seiten goldgelb ausbacken.

Klassische Gemüsegerichte

KLASSISCHE GEMÜSEGERICHTE

Fettuccine Pomodoro

Vorbereitungszeit:
15 Minuten
Zubereitungszeit:
25 Minuten
Für 4 – 6 Personen

- 1,5 kg große reife Tomaten, geschält
- 1 EL Olivenöl
- 1 Zwiebel, gehackt
- 2 Knoblauchzehen, zerdrückt
- 1 Möhre, feingerieben
- 2 EL Tomatenmark
- 1 TL Zucker
- 1 EL frischer Oregano, gehackt
- 1 EL frische Petersilie, gehackt
- 1 EL frisches Basilikum, gehackt
- 500 g Fettuccine

1. Die Tomaten an der Unterseite kreuzförmig einschneiden. Mit kochendem Wasser übergießen, so daß sie vollständig bedeckt sind, und etwa 2 Min. darin liegenlassen. Das Wasser abgießen und die Tomaten abkühlen lassen. Von dem kreuzförmigen Einschnitt aus die Haut abziehen und entfernen. Die Tomaten quer halbieren, die Kerne mit einem Löffel ausschaben und ebenfalls entfernen. Die Tomaten grob zerkleinern.

2. Das Öl in einer großen Pfanne erhitzen. Die Zwiebel auf kleiner Flamme 5 Min. goldgelb dünsten. Den Knoblauch zugeben und 1 Min. mitdünsten. Die zerkleinerten Tomaten und die feingeriebene Möhre hinzufügen. Unter gelegentlichem Umrühren 10 Min. weiterdünsten. Tomatenmark und Zucker unterrühren. Nach Geschmack salzen und pfeffern. Aufkochen und 5 Min. weiterkochen lassen.

3. Die Mischung leicht abkühlen lassen und in einen Mixer füllen. Kurz pürieren, bis die Sauce die gewünschte Konsistenz hat. Alle gehackten Kräuter unterrühren. Nach Geschmack salzen und pfeffern.

4. Während die Sauce kocht, die Fettuccine in einen großen Topf mit kochendem Wasser geben und „al dente" kochen. Abseihen und wieder in den Topf zurückgeben. Sauce und Nudeln in dem Topf gut vermengen.

NÄHRSTOFFE PRO PORTION:
Proteine: 10 g
Fett: 5 g
Kohlehydrate: 65 g
Ballaststoffe: 10 g
Cholesterin: 0 mg
1475 kJ (350 kcal)

Die Tomaten kreuzförmig einschneiden und mit kochendem Wasser übergießen.

Die abgekühlte Sauce in einen Mixer füllen und kurz pürieren.

Klassische Gemüsegerichte

Kürbis-Gnocchi

Vorbereitungszeit:
40 Minuten
Zubereitungszeit:
1 Stunde und 30 Minuten
Für 4 Personen

500 g Kürbisfleisch
185 g Mehl
50 g frisch geriebener Parmesan
1 Ei, geschlagen

Salbeibutter
100 g Butter
2 EL frischer Salbei, gehackt

1. Den Backofen auf gut 160°C (Gas: Stufe 2-3) vorheizen. Ein Backblech mit Öl oder zerlassener Butter auspinseln. Den ungeschälten Kürbis in große Stücke schneiden und auf das Blech legen. Etwa 1 1/4 Stunden backen, bis das Kürbisfleisch sehr weich ist. Leicht abkühlen lassen und nur das weiche Fleisch mit einem Löffel von der Schale lösen. Feste oder knusprige Stellen nicht verwenden. Das Kürbisfleisch in eine große Rührschüssel geben und mit einer Gabel leicht zerdrücken. Das Mehl darübersieben, 25 g von dem geriebenen Parmesan und das geschlagene Ei dazugeben. Mit frisch gemahlenem schwarzem Pfeffer würzen. Alle Zutaten gut vermischen. Den Kürbisteig auf ein bemehltes Brett legen und zu einer Kugel formen.

2. Den Kürbisteig halbieren. Mit bemehlten Händen jede Hälfte zu einer etwa 40 cm langen Wurst rollen. Jede Wurst in 16 gleichgroße Teile schneiden. Jedes Teil zu einem Oval formen. Mit den Zinken einer bemehlten Gabel Kerben eindrücken.

3. Einen großen Topf mit Wasser zum Kochen bringen. Die Gnocchi portionsweise kochen. Vorsichtig in das Wasser legen. Wenn sie wieder an der Wasseroberfläche auftauchen, noch 3 Min. schwimmen lassen. Aus dem Topf heben, abtropfen lassen und warm halten.

4. *Salbeibutter:* Die Butter in einem Pfännchen zerlassen. Vom Herd nehmen und den gehackten Salbei unterrühren.

5. Zum Servieren die Gnocchi gleichmäßig auf 4 Teller verteilen. Mit der Salbeibutter beträufeln und mit dem restlichen Parmesan bestreuen.

NÄHRSTOFFE PRO PORTION:
Proteine:	15 g
Fett:	25 g
Kohlehydrate:	40 g
Ballaststoffe:	3 g
Cholesterin:	125 mg

1945 kJ (465 kcal)

Das Kürbisfleisch mit einem Löffel von der Schale lösen, harte Teile nicht verwenden.

Jede Kürbisteigwurst in 16 gleichgroße Teile schneiden.

Klassische Gemüsegerichte

Pikantes Gemüse-Couscous

Vorbereitungszeit:
30 Minuten
Zubereitungszeit:
1 Stunde
Für 6 Personen

2 EL Olivenöl
2 Knoblauchzehen, zerdrückt
1 kleine rote Chilischote, feingehackt
1 Stange Porree, in feine Ringe geschnitten
2 kleine Fenchelknollen, in Scheiben geschnitten
2 TL gem. Kreuzkümmel
1 TL gem. Koriander
1 TL gem. Kurkuma
1 TL Garam Masala (indische Gewürzmischung)
350 g Süßkartoffeln, gehackt
2 Pastinaken, in Scheiben geschnitten
375 ml Gemüsebrühe
2 Zucchini, in dicke Scheiben geschnitten
250 g Brokkoli, in Röschen zerteilt
2 Tomaten, geschält und in Stücke geschnitten
1 große rote Paprikaschote, in Stücke geschnitten
425 g Kichererbsen, gekocht
2 EL frische Petersilie, gehackt
2 EL frischer Thymian, gehackt
Couscous
230 g Instant-Couscous
30 g Butter
250 ml heiße Gemüsebrühe

1. Das Öl in einer großen Pfanne erhitzen und Knoblauch, Chili, Porree und Fenchel zugeben. Bei mittlerer Hitze Porree und Fenchel 10 Min. weich und goldgelb dünsten.

2. Kümmel, Koriander, Kurkuma, Garam Masala, Süßkartoffeln und Pastinaken hinzufügen. Weitere 5 Min. dünsten und dabei umrühren, so daß die Gewürze mit dem Gemüse gut vermengt werden.

3. Die Gemüsebrühe zugießen. Zugedeckt 15 Min. köcheln lassen. Zucchini, Brokkoli, Tomaten, Paprika und Kichererbsen unterrühren. Unbedeckt 30 Min. köcheln lassen, bis die Gemüse gar sind. Die gehackten frischen Kräuter unterheben und auf dem Couscousbett servieren.

4. *Couscous:* Couscous und Butter in eine Schüssel geben. Die heiße Gemüsebrühe darübergießen und 5 Min. ziehen lassen. Couscous mit einer Gabel auflockern, um die Körner zu trennen.

NÄHRSTOFFE PRO PORTION:
Proteine: 15 g
Fett: 15 g
Kohlenhydrate: 50 g
Ballaststoffe: 10 g
Cholesterin: 15 mg
1545 kJ (365 kcal)

Porree und Fenchel weich und goldgelb dünsten.

Couscous vorsichtig mit einer Gabel auflockern, so daß sich die Körner trennen.

Klassische Gemüsegerichte

Gemüse-Pürees

Würzen Sie Ihr Lieblingsgemüse ein wenig, pürieren Sie es, bis es wunderbar glatt und cremig ist, und servieren Sie es heiß zu nahezu jedem Gericht. So wird die schlichte Beilage zum Höhepunkt der Mahlzeit.

Pastinaken-Püree

500 g Pastinaken in kochendes Wasser geben und weich kochen. Gut abtropfen lassen und in einen Mixer umfüllen. 50 g Butter in einer Pfanne zerlassen, 1 zerstoßene Knoblauchzehe zugeben und die Butter 2 Min. braun rösten. Butter und Knoblauch zusammen mit 125 ml Hühnerbrühe und 80 ml Sahne in den Mixer geben. Solange pürieren, bis das Püree glatt und cremig ist.
Mit Meersalz und grobgemahlenem schwarzem Pfeffer abschmecken.
Für 4–6 Personen.

NÄHRSTOFFE PRO PORTION:
Proteine: 2 g
Fett: 15 g
Kohlenhydrate: 10 g
Ballaststoffe: 2 g
Cholesterin: 40 mg
655 kJ (155 kcal)

Pikantes Süß-kartoffel-Püree

500 g gehackte Süßkartoffeln in kochendes Wasser geben und weich kochen. Abtropfen lassen und in einen Mixer umfüllen. 50 g Butter in einer Pfanne zerlassen. Je 1 TL geriebenen Kümmel und Garam Masala sowie eine feingehackte Zwiebel zugeben. Bei mittlerer Hitze die Zwiebel 5 Min. goldgelb

Von links nach rechts: Pastinaken-Püree; Pikantes Süßkartoffel-Püree; Kartoffel-Knoblauch-Püree

dünsten. Die Zwiebelmischung zusammen mit 80 ml Orangensaft und 125 ml Sahne in den Mixer geben. Solange pürieren, bis das Püree glatt und cremig ist. Für 4–6 Personen.

NÄHRSTOFFE PRO PORTION:
Proteine: 2 g
Fett: 15 g
Kohlehydrate: 15 g
Ballaststoffe: 2 g
Cholesterin: 50 mg
900 kJ (215 kcal)

Kartoffel-Knoblauch-Püree

500 g gehackte Kartoffeln in kochendes Wasser geben und weich kochen. Gut abtropfen lassen. In einer großen Schüssel zu Brei zerstampfen. 4 Scheiben Weißbrot 5 Min. in 60 ml Wasser einweichen. Überschüssiges Wasser ausdrücken. Das Brot und 4 zerstoßene Knoblauchzehen in den Mixer geben und glattpürieren. Die Brotmischung mit einem Holzlöffel unter den Kartoffelbrei rühren. Nach und nach 125 ml Olivenöl und 1 EL Zitronensaft einrühren. Nach Geschmack salzen und pfeffern.
Für 4–6 Personen.

NÄHRSTOFFE PRO PORTION:
Proteine: 3 g
Fett: 20 g
Kohlehydrate: 25 g
Ballaststoffe: 2 g
Cholesterin: 0 mg
1195 kJ (285 kcal)

KLASSISCHE GEMÜSEGERICHTE

Gemüse vom Grill

Vorbereitungszeit:
15 Minuten
Zubereitungszeit:
15 Minuten
Für 4 Personen

2 rote Paprikaschoten
2 Süßkartoffeln, in Scheiben geschnitten
6 Zucchini, längs halbiert
4 große Pilzhüte, in dicke Scheiben geschnitten

Dressing
80 ml Olivenöl
2 EL Balsamessig
2 EL frischer Rosmarin, gehackt
3 Knoblauchzehen, zerdrückt

1. Körner und Zwischenwände aus den Paprikaschoten entfernen und das Fleisch in breite Streifen schneiden.
2. *Dressing:* Öl, Essig, Rosmarin und Knoblauch in einer Schüssel mit dem Schneebesen vermischen.

3. Einen Holzkohlengrill oder eine Barbecue-Platte erhitzen. Paprika, Süßkartoffeln, Zucchini und Pilze auf die heiße Platte legen. Mit Dressing einpinseln und grillen, bis das Gemüse gar ist (15 Min.). Das Gemüse ab und zu wenden und mit Dressing einpinseln.

NÄHRSTOFFE PRO PORTION:
Proteine: 10 g
Fett: 20 g
Kohlehydrate: 35 g
Ballaststoffe: 10 g
Cholesterin: 0 mg
1510 kJ (360 kcal)

Die Paprikaschoten in breite Streifen schneiden, Kerne und Zwischenwände entfernen.

Die Zutaten für das Dressing mit dem Schneebesen mischen.

Während des Grillens das Gemüse ab und zu mit Dressing einpinseln.

Das Gemüse ab und zu wenden.

Klassische Gemüsegerichte

KLASSISCHE GEMÜSEGERICHTE

Gemüsecurry

Vorbereitungszeit:
25 Minuten
Zubereitungszeit:
30 Minuten
Für 4 Personen

2 EL rote Curry-Paste
500 ml Kokosmilch
4 Zitronenblätter
1 Zwiebel, feingehackt
2 Kartoffeln, in Würfel geschnitten
200 g Kürbisfleisch, in Würfel geschnitten
1 rote Paprikaschote, in Würfel geschnitten
3 Zucchini, in Würfel geschnitten
90 g Babymais
150 g Bohnen, gehackt
2 EL Limonensaft
2 EL Fischsauce
2 EL frischer Koriander, gehackt
1 EL feiner brauner Zucker

1. Currypaste, Kokosmilch und 125 ml Wasser in einem Wok oder einer großen Pfanne vermengen. Zum Kochen bringen, ab und zu umrühren.
2. Zitronenblätter und Zwiebel hinzufügen. 3 Min. kochen. Kartoffeln und Kürbisfleisch zugeben und 15 Min. weich kochen. Paprikaschote, Zucchini, Mais und Bohnen untermengen und bei verminderter Hitze 10 Min. köcheln lassen, bis das Gemüse gar ist.
3. Limonensaft, Fischsauce, Koriander und Zucker zugeben und 2 Min. mitkochen. Mit Reis servieren.

NÄHRSTOFFE PRO PORTION:
Proteine: 10 g
Fett: 5 g
Kohlehydrate: 25 g
Ballaststoffe: 5 g
Cholesterin: 0 mg
825 kJ (195 kcal)

Kürbisfleisch, Paprikaschote und Zucchini in Würfel schneiden.

Zitronenblätter und Zwiebel zu Currypaste und Kokosmilch geben.

In Würfel geschnittene Kartoffeln und Kürbisfleisch zugeben und weich kochen.

Paprikaschoten, Zucchini, Mais und Bohnen untermengen und gar köcheln.

KLASSISCHE GEMÜSEGERICHTE

KLASSISCHE GEMÜSEGERICHTE

Gefüllte Pilze

Vorbereitungszeit:
25 Minuten
Zubereitungszeit:
30 Minuten
Für 6 Personen

- 6 große Champignons oder andere Speisepilze mit großem Hut
- 3 Scheiben Schinkenspeck
- 2 EL Öl
- 1 kleine Zwiebel, feingehackt
- 2 Knoblauchzehen, zerdrückt
- 4 Scheiben Weißbrot
- 1 EL frischer Thymian
- 65 g frisch geriebener Parmesan

1. Den Backofen auf 180°C (Gas: Stufe 4) vorheizen. Ein Backblech mit Backpapier auslegen und mit Öl oder zerlassener Butter auspinseln.

2. Die Stiele von den Pilzen abtrennen und nur die Stiele fein hacken. Die Schwarte von dem Schinkenspeck entfernen. Den Speck in dünne Streifen schneiden. Das Öl in einer Pfanne erhitzen. Die feingehackte Zwiebel und die Speckstreifen bei mittlerer Hitze 5 Min. goldgelb dünsten. Die gehackten Pilzstiele und den Knoblauch zugeben. Bei mittlerer Hitze 3 Min. weich dünsten, ab und zu umrühren. Die Mischung in eine Schüssel umfüllen und zum Abkühlen beiseite stellen.

3. Die Rinde von den Brotscheiben entfernen, das Brot zerpflücken und in einen Mixer geben. In Intervallen von jeweils 20 Sek. mixen, bis sich Krümel gebildet haben. Brotkrümel, Thymianblätter und geriebenen Parmesan zur vorbereiteten Mischung in die Schüssel geben und gut unterrühren. Nach Geschmack salzen und pfeffern.

4. Die Pilzhüte auf das vorbereitete Backblech legen. Mit einem Löffel die Brot-Speck-Mischung auf die Hüte setzen. Etwa 20 Min. backen, bis die Pilze weich und die Brotkrümel knusprig sind. Heiß servieren.

NÄHRSTOFFE PRO PORTION:
Proteine: 10 g
Fett: 15 g
Kohlehydrate: 10 g
Ballaststoffe: 2 g
Cholesterin: 20 mg
850 kJ (200 kcal)

Hinweis: Die Pilze zum Putzen nicht in Wasser legen, sie weichen sonst auf. Eventuell vorhandenen Schmutz sanft mit einem Küchenhandtuch oder einem Tuch abwischen. Die Stiele werden abgetrennt, indem man einen Pilzhut in eine Hand nimmt und mit der anderen Hand den Stiel leicht dreht.

Den Brotrand entfernen. Das Brot zerkrümeln und in den Mixer geben.

Mit dem Löffel die Brot-Speck-Mischung auf die Pilzhüte setzen.

Klassische Gemüsegerichte

Wintergemüsesuppe

Vorbereitungszeit:
30 Minuten
Zubereitungszeit:
55 Minuten
Für 6 Personen

30 g Butter
1 große Porreestange
1 Knoblauchzehe, zerdrückt
2 Pastinaken
1 Sellerieknolle, geschält
3 Kartoffeln
2 Möhren
2 Kohlrüben
1,5 l Gemüsebrühe
2 Zucchini, in Scheiben geschnitten
2 EL frischer Schnittlauch, gehackt

1. Die Butter in einem großen Topf zerlassen. Den in feine Ringe geschnittenen Porree zugeben. Zugedeckt auf kleiner Flamme 10 Min. goldgelb dünsten.
2. Den zerstoßenen Knoblauch hinzufügen, unter Umrühren 1 Min. mitdünsten. Pastinaken, Sellerie, Kartoffeln, Möhren, Rüben und Gemüsebrühe zugeben und aufkochen lassen.
3. Anschließend bei verminderter Hitze halb zugedeckt 30 Min. köcheln lassen, bis das Gemüse fast gar ist. Zucchini zugeben und etwa 10 Min. weiterkochen, bis alle Gemüse gar sind. Vor dem Servieren den gehackten Schnittlauch unterrühren.

NÄHRSTOFFE PRO PORTION:
Proteine: 5 g
Fett: 5 g
Kohlehydrate: 25 g
Ballaststoffe: 10 g
Cholesterin: 15 mg
705 kJ (165 kcal)

Die Sellerieknolle mit einem scharfen Messer schälen und in Würfel schneiden.

Den Porree auf kleiner Flamme goldgelb dünsten.

Das in Würfel geschnittene Gemüse und die Brühe in den Topf geben und aufkochen.

Halb zugedeckt köcheln lassen, bis das Gemüse fast gar ist.

Klassische Gemüsegerichte

Spinat-Ricotta-Cannelloni

Vorbereitungszeit:
45 Minuten
Zubereitungszeit:
1 Stunde und 15 Minuten
Für 4 – 6 Personen

2 EL Olivenöl
1 große Zwiebel, feingehackt
2 Knoblauchzehen, zerdrückt
1 kg Spinat, feingehackt
650 g frischer Ricotta
2 Eier, leicht geschlagen
1/4 TL frische Muskatnuß
250 g getrocknete Cannelloni
150 g geriebener Mozzarella
50 g frisch geriebener Parmesan

Tomatensauce
1 EL Olivenöl
1 große Zwiebel, gehackt
2 Knoblauchzehen, zerdrückt
800 g reife Tomaten, gehackt
125 ml Weißwein
2 EL Tomatenmark
1 TL feiner brauner Zucker
2 EL frisches Basilikum, gehackt

1. Das Öl in einer Pfanne erhitzen. Die Zwiebel 3 Min. goldgelb dünsten. Den Knoblauch zugeben und 1 Min. mitdünsten. Den gehackten Spinat zugeben und 2 Min. andünsten. Die Pfanne abdecken und den Spinat 1–2 Min. weich dünsten. Etwas abkühlen lassen.

2. Alles in einen Durchschlag umfüllen und den Spinat ausdrücken, um die überschüssige Flüssigkeit zu entfernen. Den Spinat mit dem Ricotta, den geschlagenen Eiern und der Muskatnuß vermengen. Salzen und nach Geschmack mit frisch gemahlenem schwarzem Pfeffer würzen. Den Backofen auf 180 °C (Gas: Stufe 4) vorheizen, eine große Auflaufform leicht einfetten.

3. *Tomatensauce:* Das Öl in einer großen Bratpfanne erhitzen. Die gehackte Zwiebel zugeben und auf kleiner Flamme 5 Min. goldgelb dünsten. Den Knoblauch zugeben und 1 Min. mitdünsten. Tomaten, Wein, Tomatenmark, braunen Zucker und Basilikum zugeben. Aufkochen, anschließend bei verminderter Hitze 15 Min. köcheln lassen.

4. Ein Drittel der Tomatensauce in die gefettete Auflaufform gießen. Jede Cannellonirohre mit 2–3 Teelöffeln der Spinatmischung füllen. Die Cannelloni ordentlich in die Form schichten. Die übrige Tomatensauce mit dem Löffel über die gefüllten Cannelloni verteilen. Mit Mozzarella und Parmesan bestreuen. Etwa 40–45 Min. backen, bis die Cannelloni weich sind und die Kruste knusprig braun ist.

NÄHRSTOFFE PRO PORTION:
Proteine: 35 g
Fett: 35 g
Kohlehydrate: 40 g
Ballaststoffe: 10 g
Cholesterin: 140 mg
2505 kJ (490 kcal)

Hinweis: Anstelle der getrockneten Cannelloni können für dieses Rezept auch frische Lasagne-Platten verwendet werden. Die Nudelteigplatten in kleine Rechtecke schneiden. Die Füllung an einen Rand des Rechtecks setzen und die Teigplatte fest zusammenrollen. Die gefüllten Röhren mit der „Naht" nach unten in die Auflaufform setzen. Anschließend fortfahren wie bei den getrockneten Cannelloni.

Klassische Gemüsegerichte

Den Spinat zugedeckt weich dünsten.

Die Füllung mit einem Teelöffel in die Cannelloni füllen.

Eingelegtes Gemüse

Einlegen ist eine einfache Art, Gemüse zu konservieren. Es erinnert an Zeiten, zu denen es das Können der Köchin bewies, wenn Reihen von Einmachgläsern die Regale in Vorratskammer und Küche füllten.

Eingelegte rote Bete

8 rote Bete in einen großen Topf mit kochendem Wasser geben und 20 Min. weich kochen. Abtropfen lassen und zum Abkühlen beiseite stellen. Die roten Bete schälen. (Achtung: Der austretende Saft verfärbt die Handflächen.) Die geschälten roten Bete in Scheiben schneiden und in ein sterilisiertes warmes Einmachglas schichten, zusammen mit 6 Rosmarinzweigen, 1 in feine Scheiben geschnittenen Zwiebel und 1 Orangenschale. 2 cm oben im Glas frei lassen. In einem Kochtopf je 250 ml hellen Weinessig und englischen Malzessig mit 125 g Puderzucker vermengen. Auf kleiner Flamme rühren, bis sich der Puderzucker aufgelöst hat. Aufkochen und anschließend 5 Min. köcheln lassen. Abkühlen lassen und dann über die roten Bete gießen. Luftdicht verschließen, etikettieren und an einem dunklen Platz aufbewahren.

NÄHRSTOFFE PRO 100 G:
Proteine: 1 g
Fett: 0 g
Kohlenhydrate: 10 g
Ballaststoffe: 2 g
Cholesterin: 0 mg
235 kJ (55 kcal)

Hinweis: So wird die Orangenschale vorbereitet: Mit einem scharfen Messer Streifen aus der Schale einer Orange schneiden. Das „Weiße" entfernen. Die Außenhaut in feine Streifen schneiden.

Gürkchen in Dillessig

500 g kleine feste Einmachgurken der Länge nach vierteilen. In einen Durchschlag legen und mit Meersalz bestreuen. Mit einem trockenen Tuch abdecken

und über Nacht stehen lassen. Unter kaltem Wasser spülen und sorgfältig trocknen. In einem Kochtopf 750 ml hellen Weinessig, 3 EL Puderzucker und je 2 EL gelbe Senfkörner, Dillkörner und schwarze Pfefferkörner vermengen. Aufkochen und anschließend 5 Min. köcheln lassen. Die Gurken zusammen mit 6 Dillzweigen in ein sterilisiertes warmes Einmachglas stecken.
Den Essig mit den Körnern darüber gießen. Vorsichtig auf die Gurken drücken, um Luftblasen zu entfernen. Das Einmachglas luftdicht verschließen, etikettieren und vor dem Verbrauch mindestens 3 Wochen lang an einem dunklen Platz lagern. Ab und zu schütteln.

NÄHRSTOFFE PRO 100 G:
Proteine:	1 g
Fett:	0 g
Kohlehydrate:	5 g
Ballaststoffe:	1 g
Cholesterin:	0 mg
150 kJ (35 kcal)	

Eingelegte Zwiebeln

1 kg Einmachzwiebeln schälen und unter kaltem Wasser spülen. Trockentupfen und in sterilisierte Gläser stecken. In einem Kochtopf 1 l englischen Malzessig, 2 EL Einmachgewürz, 2 TL Meersalz, 2 EL schwarze Pfefferkörner, 6 Gewürznelken und 3 Lorbeerblätter vermengen. Aufkochen und anschließend 2 Min. köcheln. Erst etwas abkühlen lassen und dann über die Zwiebeln gießen. Luftdicht verschließen.

NÄHRSTOFFE PRO 100 G:
Proteine:	1 g
Fett:	0 g
Kohlehydrate:	2 g
Ballaststoffe:	1 g
Cholesterin:	0 mg
85 kJ (20 kcal)	

Von links nach rechts: Eingelegte rote Bete; Gürkchen in Dillessig; Eingelegte Zwiebeln

Spargel mit Sauce hollandaise

Vorbereitungszeit:
10 Minuten
Zubereitungszeit:
10 Minuten
Für 4 – 6 Personen

4 Eigelb	½ TL frisch gemahlener
180 g Butter, zerlassen	schwarzer Pfeffer
2 EL Zitronensaft	300 g frischer Spargel

1. Die Eigelbe im Mixer 20 Sek. verquirlen. Das Gerät auf kleiner Schaltstufe laufen lassen und die zerlassene Butter langsam und vorsichtig zugießen. Verquirlen, bis die Sauce dick und cremig ist. Zitronensaft und Pfeffer zugeben und mit Salz abschmecken.

2. Die holzigen Enden der Spargelstangen abschneiden und entfernen. Den Spargel in einen Topf mit kochendem Wasser geben. 2–3 Min. kochen, bis er schön grün und gar ist. Rasch abseihen und auf die Teller legen. Mit dem Löffel die Sauce hollandaise darüber geben.

NÄHRSTOFFE PRO PORTION:
Proteine: 3 g
Fett: 30 g
Kohlehydrate: 1 g
Ballaststoffe: 1 g
Cholesterin: 200 mg
1135 kJ (270 kcal)

Hinweis: Während der Spargel kocht, können Sie die Sauce hollandaise in einer Schüssel über einem Topf mit warmem Wasser warmhalten.

Sahnespinat

Vorbereitungszeit:
5 Minuten
Zubereitungszeit:
10 Minuten
Für 4 Personen

500 g Blattspinat	¼ TL geriebene
1 Zwiebel	Muskatnuß
30 g Butter	30 g geriebener
60 ml Sahne	Cheddar

1. Den Spinat waschen und grob zerhacken. Die Zwiebel fein hacken.
2. Die Butter in einer großen Pfanne erhitzen. Die Zwiebel bei mittlerer Hitze 5 Min. goldgelb dünsten. Den Spinat zugeben und 2 Min. andünsten.
3. Die Sahne und die Muskatnuß unterrühren und 2 Min. weiterdünsten, bis der Spinat weich und die Sahne erhitzt ist. Mit dem Käse bestreuen. Heiß servieren.

NÄHRSTOFFE PRO PORTION:
Proteine: 5 g
Fett: 15 g
Kohlehydrate: 3 g
Ballaststoffe: 4 g
Cholesterin: 45 mg
715 kJ (170 kcal)

Hinweis: Wenn Sie den Spinat so grob nicht mögen, können Sie ihn auch mit dem Mixer pürieren. Sie können auch Tiefkühlspinat verwenden. Vergewissern Sie sich, daß er völlig aufgetaut und die überschüssige Flüssigkeit abgelaufen ist, oder lassen Sie ihn auf Küchenpapier trocknen.

KLASSISCHE GEMÜSEGERICHTE

Spargel mit Sauce hollandaise (oben) und Sahnespinat

KLASSISCHE GEMÜSEGERICHTE

Gemüse-Pilaf

Vorbereitungszeit:
20 Minuten
Zubereitungszeit:
30 Minuten
Für 6 Personen

---

60 g Butter
2 Zwiebeln, in Scheiben geschnitten
2 Knoblauchzehen, zerdrückt
1 große rote Paprikaschote, feingehackt
400 g Basmati-Reis
1,25 l Gemüsebrühe
230 g Erbsen
Körner von 1 frischen Maiskolben
50 g geriebener Parmesan
2 EL frischer Schnittlauch, gehackt
2 EL frischer Koriander, gehackt

---

1. Butter in einer Kasserolle zerlassen. Zwiebeln zugeben und 5 Min. goldgelb dünsten. Knoblauch hinzufügen, 1 Min. mitdünsten.
2. Paprikaschote und Reis zugeben und 3 Min. andünsten. Gemüsebrühe einrühren, aufkochen, dabei einmal umrühren. Dann 5 Min. köcheln lassen, bis viel Flüssigkeit aufgesogen ist.
3. Erbsen und Maiskörner unterrühren. 10 Min. köcheln lassen, bis der Reis gar ist. Parmesan und Kräuter unterheben. Nach Geschmack würzen.

NÄHRSTOFFE PRO PORTION:
Proteine: 15 g
Fett: 10 g
Kohlenhydrate: 65 g
Ballaststoffe: 5 g
Cholesterin: 35 mg
1800 kJ (230 kcal)

Mit einem scharfen Küchenmesser die Maiskörner vom Kolben lösen.

Die feingehackte Paprikaschote und Reis zu den Zwiebeln und Knoblauch geben.

Gemüsebrühe einrühren, aufkochen lassen, dabei einmal umrühren.

Nach dem Aufkochen köcheln lassen, bis die Flüssigkeit aufgesogen ist.

Klassische Gemüsegerichte

Kartoffelrösti mit Kräutern

Vorbereitungszeit:
20 Minuten
Zubereitungszeit:
20 Minuten
Für 6 Personen

1 kg Kartoffeln
1 Zwiebel
2 EL frischer Schnittlauch, gehackt
2 EL frische Petersilie, gehackt
2 Eier, leicht geschlagen
40 g Mehl
2 EL Olivenöl
40 g Butter

1. Kartoffeln und Zwiebel zerreiben. Die geriebenen Kartoffeln abspülen und die überschüssige Flüssigkeit ausdrücken.

2. Geriebene Kartoffeln, geriebene Zwiebel, frischen Schnittlauch, frische Petersilie, geschlagene Eier und Mehl in einer Schüssel gut vermischen.

3. Öl und Butter in einer Pfanne erhitzen. Gehäufte Eßlöffel der Kartoffelmischung in die Pfanne setzen und flachstreichen. Jeweils 3–4 Küchlein auf einmal bei mittlerer Hitze auf beiden Seiten 2–3 Min. goldgelb braten. Auf Küchenpapier abtropfen lassen und warm halten. Serviert mit frischem grünem Salat sind Rösti ein leckeres Gericht, mit knusprigen Schinkenstreifen ein englisches Frühstück.

NÄHRSTOFFE PRO PORTION:
Proteine: 5 g
Fett: 15 g
Kohlehydrate: 35 g
Ballaststoffe: 4 g
Cholesterin: 80 mg
1175 kJ (280 kcal)

Je zwei Eßlöffel Schnittlauch und Petersilie fein hacken.

Die geriebenen Kartoffeln spülen und die überschüssige Flüssigkeit ausdrücken.

Kartoffeln und Zwiebel mit Schnittlauch, Petersilie, Eiern und Mehl vermengen.

Gehäufte Eßlöffel der Mischung in die Pfanne mit heißem Öl und Butter setzen.

Klassische Gemüsegerichte

Pesto-Bocconcini-Schnitten

Vorbereitungszeit:
20 Minuten
Zubereitungszeit:
45 Minuten
Für 4 Personen

- 6 kleine Flaschentomaten
- 6 Bocconcini (kleine Mozzarella-Kugeln)
- 1 Platte Blätterteig
- 1 Ei, leicht geschlagen

Pesto
- 30 g Basilikumblätter
- 2 Knoblauchzehen, gehackt
- 2 EL Pinienkerne
- 25 g geriebener Parmesan
- 60 ml Olivenöl

1. Den Backofen auf 200°C (Gas: Stufe 6) vorheizen. Die Tomaten in Längsrichtung halbieren und mit der Schnittseite nach oben auf ein beschichtetes, nicht haftendes Backblech legen. Mit Meersalz und frisch gemahlenem schwarzem Pfeffer bestreuen. Die Tomaten 30 Min. weich backen; aus dem Backofen nehmen und etwas abkühlen lassen.

2. *Pesto:* Basilikumblätter, gehackten Knoblauch, Pinienkerne und geriebenen Parmesan in einen Mixer geben und zu einer glatten Paste umrühren. Das Gerät auf kleiner Schaltstufe laufen lassen und nach und nach das Olivenöl zugeben, bis es sich vollständig mit der Paste vermischt hat.

3. Die Bocconcini halbieren. Den Blätterteig in Quadrate schneiden. Einen Löffel Pesto in die Mitte jedes Teigquadrats setzen und mit der Rückseite eines Löffels verstreichen, dabei einen 2 cm breiten Rand lassen.

4. 3 Tomatenhälften und 3 Bocconcinihälften dekorativ auf dem Pesto verteilen. Den Rand mit ein wenig geschlagenem Ei bestreichen. Auf einem beschichteten, nicht haftenden Backblech 15 Min. backen, bis der Blätterteig aufgegangen und der Bocconcini geschmolzen ist.

NÄHRSTOFFE PRO PORTION:
Proteine: 30 g
Fett: 45 g
Kohlehydrate: 10 g
Ballaststoffe: 2 g
Cholesterin: 105 mg
2340 kJ (555 kcal)

Hinweis: Bocconcini heißen kleine frische Mozzarella-Kugeln. Sie wurden ursprünglich aus Büffelmilch hergestellt. Heute verwendet man Kuhmilch. Kaufen Sie nur weißen Bocconcini, der noch nicht anfängt, gelb zu werden. Lagern Sie ihn in der Verpackung, bis Sie ihn verbrauchen.

Die gesalzenen und gepfefferten Tomatenhälften weich backen.

Nach und nach das Olivenöl in den Mixer geben.

KLASSISCHE GEMÜSEGERICHTE

Die Bocconcini mit einem scharfen Küchenmesser halbieren.

Einen Löffel Pesto auf jedem Teigquadrat verstreichen.

Gemüse einmal anders

SPARGEL

Dieser Aristokrat unter den Gemüsepflanzen wird schon seit Tausenden von Jahren von jedem Genießer ganz besonders geschätzt. Schon in 5000 Jahre alten ägyptischen Gräbern hat man Darstellungen von Spargelpflanzen gefunden. Zum Glück gibt es noch immer Spargel, und auf den Wochenmärkten wird je nach Jahreszeit frischer Spargel zu einem annehmbaren Preis angeboten. Es gibt zwei Arten: den dicken weißen Spargel, den vor allem die Franzosen lieben, weil er zart ist und ein feines Aroma hat, und den schlanken grünen Spargel, der dagegen weniger faserig ist als der weiße und ein kräftigeres Aroma hat.

ALS BEILAGE

Spargel mit thailändischem Dressing

Zubereitungszeit: 8 Min.
Kochzeit: 6 Min.
Für 6–8 Personen

2 Bund frischer Spargel
1 kleine Zwiebel in Scheiben
1/2 Becher gehackte Minze
1/2 Becher gehackter Koriander
125 ml Pflanzenöl
1 EL Limonen- oder Zitronensaft
1 EL fertige Fischsauce
Prise rote Chiliflocken
Kopfsalatblätter zum Garnieren

1 Spargel putzen und schräg in 8 cm lange Stücke schneiden. In einem zugedeckten Topf über kochendem Wasser ungefähr 4–6 Min. dünsten, bis er gerade weich ist. Unter kaltem Wasser abschrecken und auf Küchenpapier abtropfen lassen.
2 Spargel mit Zwiebelscheiben, Minze und Koriander vermischen. Zudecken und 2–3 Std. vor dem Auftragen in den Kühlschrank stellen.
3 Spargelmischung auf Salatblättern im Teller anrichten. Öl, Zitronensaft, Fischsauce und Chiliflocken vermischen und darüber gießen.

GEMÜSE EINMAL ANDERS

Spargel mit thailändischem Dressing

HINWEISE FÜR SPARGEL

Zarte grüne Spargelspitzen schmecken in einem Omelett, einer Quiche oder auch als Bestandteil eines Salates köstlich. Man kann sie auch unter Rühren braten, bis sie knusprig weich werden.

WIE MAN SPARGEL KAUFT

Nur festen Spargel nehmen. Das abgeschnittene Ende sollte feucht sein, die Spitzen fest und geschlossen. Zugedeckt im Kühlschrank aufbewahren; wird er nicht gleich verarbeitet, in etwas Wasser stellen.

SPARGEL SCHÄLEN

Wurden dicke, zähe Spargelstangen gekauft, schält man den unteren Teil der Stangen am besten mit einem Kartoffelschäler, bis man zum weichen Inneren kommt. Wie üblich kochen.

Als eigene Mahlzeit

Kalbsschnitzel mit Zitronensauce

Zubereitungszeit:
 15 Min.
Kochzeit: 30 Min.
Für 4 Personen

1 Bund frischer Spargel
 (12 Stangen)
8 Garnelen, gekocht und
 geschält
4 magere Kalbsschnitzel
Mehl
30 g Butter
1 EL Zitronensaft
4 EL Hühnerbrühe (Instant)
4 EL Sahne (oder magere
 Kondensmilch)
2 Eigelb
30 g Butter für die Sauce
1 EL gehackter Schnittlauch

1 Spargel in kochendes Wasser geben und weich kochen, ca. 10–12 Min. Unter kaltem Wasser abschrecken, dann abgießen. Harte Enden vom Spargel abschneiden.
2 Fett und Bindegewebe von den Schnitzeln entfernen, Fleisch dünn klopfen. Im Mehl wenden und überschüssiges Mehl abschütteln. Butter in der Pfanne schmelzen, Schnitzel dazugeben und 4–5 Min. auf jeder Seite braten. Herausnehmen und warm stellen. Pfanne für die Sauce spülen.
3 Brühe, Zitronensaft, Sahne und Eigelb in die Pfanne geben und bei geringer Hitze umrühren, bis die Mischung warm wird, aber nicht kocht. Nach und nach die zusätzliche Butter einrühren. Unter ständigem Rühren Mischung dick werden lassen, ohne daß sie kocht. Schnittlauch dazugeben und mit Gewürzen abschmecken.
4 Jedes Schnitzel mit drei Spargelstangen und zwei Garnelen garnieren, darüber löffelweise Zitronensauce geben.

Spargel im Stehen

Man kann frischen Spargel hervorragend in einem Spargeltopf kochen. Den Spargel aufrecht hineinstellen, und 3–4 cm Wasser dazugeben. Dann werden die Stangen weich, während die Spitzen zart sind.

Spargel aus der Dose

Um die zarten Spargelspitzen in der Dose beim Öffnen nicht zu beschädigen, öffnet man die Dose besser am unteren statt am oberen Ende.

Spargel kochen

Am besten kocht man gebündelten Spargel stehend in einem großen Topf in ungefähr 4 cm Wasser. Wasser aufkochen lassen, Spargelbund hineingeben und zugedeckt weich kochen. Schauen die Spargelspitzen über den Rand, mit provisorischem Deckel aus Folie abdecken.

Wenn die alten Römer zum Ausdruck bringen wollten, daß etwas ganz schnell fertig werden muß, sagten sie: »Mach es in weniger Zeit, als Spargel zum Weichwerden braucht.« Das beweist wohl deutlich, wie wichtig es ist, Spargel nur kurz zu kochen, bis er gerade weich, aber noch fest ist. Dünnen Spargel nach 4 oder 5 Min. prüfen, dicken nach 8 Min.. Spargel wird auch heiß mit geschmolzener Butter oder einer Hollandaise serviert, oder er kommt gekocht und kalt mit einer Vinaigrette auf den Tisch. Weiter wird Spargel in der Suppe, in Quiches und Soufflés und zum Garnieren verwendet.

BOHNEN

Früher mußte bei grünen Bohnen der Faden entfernt werden. Das ist in den meisten Fällen inzwischen jedoch dank neuer Zuchtsorten überholt, so daß man bei jungen, weichen Bohnen vor dem Kochen nur noch die Spitzen an beiden Enden abknipsen muß. Man kann sie das ganze Jahr über frisch kaufen.

ALS BEILAGE

Grüne Bohnen in einer Sauce mit Pfiff

Zubereitungszeit: 5 Min.
Kochzeit: 14 Min.
Für 4 Personen

500 g grüne Bohnen
20 g Butter
1 TL Worcestershiresauce
1 TL Zitronensaft
grob geriebene
 Zitronenschale zum
 Garnieren

1 Bohnenspitzen an beiden Enden abknipsen, und Bohnen in 5 cm lange Stücke schneiden. In kochendes Wasser geben und 10–12 Min. kochen; in der Mikrowelle (zugedeckt) in 125 ml Wasser bei 500 °C 8–10 Min. garen. Unter kaltem Wasser kurz abschrecken. Abgießen.
2 Butter in einer Pfanne schmelzen, Sauce, Zitronensaft und abgetropfte Bohnen hineingeben. 1–2 Min. ständig umrühren, bis alles gut mit Sauce bedeckt und gut erwärmt ist. Mit Gewürzen abschmecken, und mit Zitronenschale garnieren.

Bohnen mit pikantem Dressing

Zubereitungszeit: 5 Min.
Kochzeit: 12 Min.
Für 4–6 Personen

250 g grüne Bohnen
40 g geröstete und gesalzene Erdnüsse
1 EL Zucker
2 EL helle Sojasauce
ein wenig Hühnerbrühe (Instant)

1 Bohnenspitzen an beiden Enden abknipsen, Bohnen in kochendes Wasser geben und 10–12 Min. kochen, oder in der Mikrowelle zugedeckt mit 125 ml Wasser bei 500 W 8–10 Min. garen. Unter kaltem Wasser abschrecken. Abgießen. Mit Küchenpapier trockentupfen.
2 Bohnen schräg in lange, dünne Scheiben schneiden, zudecken, und in den Kühlschrank stellen.
3 Erdnüsse in einer Küchenmaschine oder mit einem Handmixer feinmahlen, Zucker und Sojasauce sowie Brühe dazugeben, so daß eine Mischung entsteht, die gelöffelt werden kann. Bohnen mit Dressing begießen.

Grüne Bohnen in einer Sauce mit Pfiff

Bohnen mit pikantem Dressing

Orientalisches Bohnengericht

Orientalisches Bohnengericht

Zubereitungszeit: 8 Min.
Kochzeit: 17 Min.
Für 6 Personen

750 g grüne Bohnen
2 EL Öl
1 TL frischer geriebener Ingwer
2 zerdrückte Knoblauchzehen
1 Selleriestange in Scheiben
250-g-Dose Wasserkastanien, abgegossen und halbiert
1 kleine frische rote Chilischote, entkernt und in Scheiben
3 EL Hühnerbrühe (Instant)

1 Bohnen putzen. Öl in einer Pfanne erhitzen, Ingwer und Knoblauch hineingeben und unter Rühren 1 Min. dünsten. Sellerie und Wasserkastanien dazugeben und 2 Min. unter Rühren garen, bis Sellerie gerade weich ist. Gemüse mit einem Schaumlöffel herausnehmen.

2 Bohnen und Chilischoten in die Pfanne geben und 1 Min. unter Rühren dünsten. Mit Brühe aufgießen und aufkochen lassen, zudecken und 8–10 Min. köcheln lassen, bis die Bohnen gerade weich sind. Sellerie und Wasserkastanien in die Pfanne zurückgeben, und alles 1–2 Min. erwärmen.

ÜBER DIE BOHNE

Die in Mittelamerika beheimatete grüne Bohne kam unter dem Namen Gartenbohne nach Europa. Heute verwendet man Bohnen überall auf der Welt zum Kochen. Zu den unzähligen Sorten gehören zum Beispiel die Feuerbohne, die gelbe Bohne und eine ein Meter lange, schlangenartige Sorte, die im südöstlichen Asien sehr beliebt ist. In kürzere Stücke geschnitten, wird sie als schnellgarendes Gemüse mit einem köstlichen Aroma geschätzt und für die schnellen pfannengerührten Gerichte genommen.

Brokkoli

Brokkoli stammt aus Südeuropa, und er war schon den alten Römern gut bekannt. Seine gegenwärtige Beliebtheit verdankt er den Vereinigten Staaten, obwohl er dort erst seit 1900 allgemein angebaut wird. Der Brokkolikopf ist nichts anderes als ein grüner Blütenstand auf kurzen, fleischigen Stielen. Beim Kauf auf einen grünen, dichten Blütenstand mit festem Stiel achten. Auch die weicheren Blätter und fleischigen Stiele sind eßbar.

Kleine Röschen kann man in Suppen und Salate geben.

Brokkolistiele, geschält, in Scheiben geschnitten und gedünstet, ergeben eine interessante Gemüsebeilage oder dienen, wenn leicht über Dampf gegart, in Kuchen und Füllungen als geradezu idealer Ersatz von frischem Spargel.

Als Gemüse kommt Brokkoli entweder roh oder gekocht auf den Tisch. Er schmeckt köstlich mit zerlassener Butter oder aber mit einer Sauce Hollandaise

Brokkoli mit Meerrettich oder Béarnaise. Nicht zu lange kochen.

Brokkoli ungewaschen im Gemüsefach des Kühlschranks aufbewahren. Weist der Brokkoli eine gelbliche Färbung auf, sollte er sofort verbraucht werden.

Als Beilage

Brokkoli mit Meerrettich

Zubereitungszeit: 6 Min.
Kochzeit: 10 Min.
Für 6 Personen

60 g geschmolzene Butter
3/4 Becher Mayonnaise
2 EL Meerrettichpaste
1 geriebene kleine Zwiebel
1/4 TL trockener Senf
Prise Paprika
1 frischer großer Brokkolikopf
1 EL Zitronensaft
20 g Butter zusätzlich

1 Geschmolzene Butter, Mayonnaise, Meerrettich, Zwiebel, Senf und Paprika vermischen und abschmekken. In den Kühlschrank stellen.
2 Brokkoli in Röschen zerteilen, in kochendes Wasser geben und 6–8 Min. kochen. Unter kaltem Wasser abschrecken. Abgießen.
3 Mit Zitronensaft und zusätzlicher Butter aufwärmen und mit der Meerrettichsauce servieren.

Variante

1/2 Becher Mayonnaise durch die gleiche Menge einfachen, fettarmen Joghurt ersetzen. Ergibt eine scharfe Sauce mit weniger Kalorien.

Vegetarisch

Brokkoli und Käsestrudel

Zubereitungszeit: 20 Min.
Kochzeit: 45 Min.
Für 4 Personen

1 großer Brokkolikopf
1/2 kleiner Blumenkohl
30 g Butter
1 feingehackte Zwiebel
1 zerdrückte Knoblauchzehe
2 EL Mehl
250 ml Milch
2 EL geriebener
  Parmesankäse
8 Strudelteigblätter
60 g zerlassene Butter,
  zusätzlich
100 g geriebener
  Mozzarellakäse

1 Brokkoli und Blumenkohl in Röschen schneiden und 8–10 Min. in siedendem Wasser kochen (oder mit 60 ml Wasser bedeckt für 6–7 Min. auf höchster Stufe in der Mikrowelle garen). Unter kaltem Wasser abschrecken. Abgießen.
2 Zwiebel und Knoblauch in Butter weich dünsten, Mehl dazugeben und 1 Min. andünsten. Vom Herd nehmen und nach und nach Milch dazugeben. Auf dem Herd ständig rühren, bis die Sauce aufkocht und eindickt. Parmesankäse, Brokkoli und Blumenkohl hinzufügen.
3 Strudelteigblätter mit zerlassener Butter bestreichen und Füllung an einem Rand der langen Teigseite verteilen. Rundherum einen 5 cm breiten Rand lassen.
4 Mozzarellakäse über die Füllung streuen. Teigenden einschlagen, aufrollen und fest zudrücken. Das Ganze mit zerlassener Butter bestreichen. Mit der Naht nach unten auf ein Backblech legen und bei 200 °C 30 Min. goldbraun backen.

Brokkoli und Käsestrudel

Praktischer Tip

Den Strudelteig kann man durch Blätterteig ersetzen, den es auch tiefgefroren gibt. Den Teig auf eine Größe von 27 cm x 25 cm ausrollen und wie oben angegeben verarbeiten.

gereicht, ist eine köstliche Vorspeise. Brokkoli bildet darunter einen hübschen Farbtupfer. Einfach die Blätter putzen, Brokkoli unter kaltem Wasser waschen und in mundgerechte Röschen schneiden.

Unerwünschte Gäste aus dem Garten

Sorgen Sie dafür, daß in dem von Ihnen gerade frisch im Garten geernteten Gemüse keine kleinen Schnecken sind. Zu diesem Zweck weichen Sie das Gemüse 30 Min. mit einem EL Essig in kaltem Wasser ein.

Beim Kochen beachten

Wenn Sie Gemüse köcheln lassen und Wasser nachgießen müssen, nehmen Sie warmes, kein kaltes Wasser, denn sonst werden die Gemüsefasern möglicherweise hart.

Gemüse in der Mikrowelle dünsten

2 Becher Gemüse mit 125 ml Wasser 2 Min. bei 500 W kochen. Dann das Gemüse in kaltes Wasser stürzen. Abgießen. Das gedünstete Gemüse kann entweder eingefroren oder sofort zum Kochen verwendet werden.

Knackiges, rohes Gemüse

Rohes, in Scheiben geschnittenes oder leicht gedünstetes Gemüse, auf einem Servierteller mit sahnigen Dips

PAPRIKASCHOTEN

FÜR DIE VORRATSKAMMER

Peperonata

Zubereitungszeit: 5 Min.
Kochzeit: 48 Min.
Ergibt 6 Becher

3 EL *Olivenöl*
4 *große Zwiebeln in dicken Scheiben*
5 *rote Paprikaschoten, entkernt und in Streifen*
125 ml *Wasser*
$^1/_2$ *Becher gehackte Petersilie*
4 *Knoblauchzehen in Scheiben*
1 EL *Zucker*
2 EL *abgetropfte Kapern*
2 EL *weißer Essig*

1 Zwiebeln in Öl dünsten, bis sie weich, aber nicht braun sind. Paprikaschoten und Wasser dazugeben, und unter gelegentlichem Umrühren ca. 20 Min. köcheln lassen.
2 Restliche Zutaten einrühren und aufkochen lassen. Rund 10–15 Min. köcheln lassen, bis die Masse sirupartig ist. Abschmecken.
3 Leicht abkühlen lassen. In vorgewärmte Einmachgläser geben. Luftdicht verschließen, Etikett aufkleben und das Datum notieren. Im Kühlschrank aufbewahren. Vor dem Servieren auf Zimmertemperatur erwärmen.

Die Paprikaschote, die man meistens in Grün oder Rot erhält, kommt ebenfalls in anderen Farben wie Gelb, Orange und Dunkelviolett vor. Sie hat einen deutlich erkennbaren, milden süß-würzigen Geschmack. Ihre Form reicht von beinahe rechteckig und voluminös bis zu länglich und in einer Spitze zulaufend. Je reifer die Frucht, desto größer ist der Gehalt an Vitaminen und Mineralien.
Man ißt Paprikaschoten entweder als Gemüse oder gekocht oder roh in Salaten. Grüne Paprikaschoten kocht man am besten nur kurz, damit sie ihre leuchtend grüne Farbe behalten und noch knackig bleiben. Rote Paprikaschoten behalten dagegen ihre Farbe und eignen sich von den beiden besser für Gerichte, die länger gekocht werden müssen.

Gemüse einmal anders

Peperonata

In Scheiben Schneiden

Rohes Gemüse läßt sich manchmal einfacher schneiden, wenn man es zuerst so halbiert, daß man eine flache Seite, die man auf das Schneidebrett legt, erhält.

Als eigene Mahlzeit

Paprikaschoten mit Thunfisch-Nudelfüllung

Zubereitungszeit: 8 Min.
Kochzeit: 36 Min.
Für 6 Personen

3 große grüne
  Paprikaschoten
1 EL Olivenöl
1 feingehackte Zwiebel
1 feingehackte Selleriestange
1 $^1/_2$ Becher gekochte
  Risoni-Nudeln
425-g-Dose Thunfisch
1 $^1/_2$ EL Apfelessig
2 EL gehackte schwarze
  Oliven
2 hartgekochte Eier
75 g geriebener
  Mozzarellakäse
1 EL geriebener
  Parmesankäse
Paprikapulver

1 Paprikaschoten der Länge nach halbieren, und entkernen. 2–3 Min. in kochendem Wasser abbrühen. Unter kaltem Wasser abschrecken. Oder legen Sie sie zugedeckt für 1–2 Min. bei 500 W in die Mikrowelle.
2 Zwiebel und Sellerie in Öl 2–3 Min. dünsten, bis die Zwiebel goldbraun ist. Nudeln, Thunfisch, Essig, Oliven und geviertelte Eier untermengen. Abschmecken.
3 Paprikaschotenhälften mit der Thunfischmischung füllen. Beide Käsesorten vermischen, über die Füllung streuen und leicht mit Paprikapulver bestäuben. Auf ein Backblech legen und bei 180 °C 25–30 Min. oder in der Mikrowelle unbedeckt 10 Min. bei 250–300 W backen.

MÖHREN

Möhren werden schon seit mindestens 2000 Jahren gegessen. Auf der ganzen Welt verwendet man sie als Grundgemüse für Suppen, Eintopfgerichte und Kasserollen. Dank ihrer schönen tieforangenen Farbe und der angenehmen Textur ist die Möhre eines der beliebtesten Gemüse, die gekocht und als Beilage zu Hauptgerichten oder roh in Salaten auf den Tisch kommen.

Möhren sind außerordentlich nährstoffhaltig und generell erschwinglich. Sie enthalten viel Carotin (ein Vitamin-A-Spender) und Mineralien. Im rohen Zustand sind sie bei Kindern, vermutlich wegen ihres hohen Zuckergehalts, so beliebt.

GROSSARTIGE VORSPEISEN

Möhrensuppe

Zubereitungszeit: 12 Min.
Kochzeit: 33 Min.
Für 4 Personen

30 g Butter
6 Möhren in Scheiben
1 zerdrückte Knoblauchzehe
1 gehackte Zwiebel
2 gewürfelte Kartoffeln
1 l Hühnerbrühe (Instant)
4 EL saure Sahne oder Joghurt
2 EL gehackte Kräuter zum Garnieren

1 In einem großen Topf Butter schmelzen. Möhren, Knoblauch und Zwiebel dazugeben und 2–3 Min. dünsten. Kartoffeln einrühren, Hitze verringern, zudecken und Gemüse 4–5 Min. dünsten.
2 Mit Brühe aufgießen, und aufkochen. Abschmecken. Hitze verringern, und Suppe 25 Min. zugedeckt köcheln lassen.
3 Suppe in den Mixer geben. In Suppenschüsseln, mit einem EL saurer Sahne oder Joghurt und Kräutern garniert, auftragen.

Gemüse einmal anders

Möhrensuppe

GROSSARTIGE VORSPEISEN

Möhren-Feta-Kuchen

Zubereitungszeit: 20 Min.
Kochzeit: 48 Min.
Für 4–6 Personen

4 klein geschnittene Speckstreifen
2 gehackte Zwiebeln
1 geriebene große Möhre
1 EL Öl
5 Scheiben Blätterteig
60 g geschmolzene Butter
125 g klein zerkrümelter Fetakäse
3 Eier
300 ml Milch
50 g geriebener würziger Käse

1 Speck, Zwiebeln und Möhren in Öl 2–3 Min. dünsten, bis Speck knusprig ist.
2 Blätterteigscheiben in der Mitte falten, so daß 5 Doppelhälften entstehen. Eine Doppelhälfte so in eine eingefettete 23 cm große Springform geben, daß sie mit den Ecken über den Rand herausragt. Mit geschmolzener Butter bestreichen. Die zweite Hälfte mit hervorstehenden Ecken so versetzt auf die erste legen, daß jetzt 8 Spitzen herausragen. Mit der Butter bestreichen. Diesen Vorgang wiederholen, bis alle Blätter aufgebraucht sind.
3 Gekochte Mischung auf die Teighülle verteilen und darüber Fetakäse streuen. Eier und Milch miteinander verrühren und über die Füllung gießen. Mit würzigem Käse bestreuen. Bei 180 °C 40–45 Min. backen und heiß oder warm servieren.

Gemüse einmal anders

Etwas Süßes

Möhrenscheiben mit Karamelguß

Zubereitungszeit: 20 Min.
Backzeit: 30 Min.
Für 12 Personen

100 g Sultaninen
1 EL löslicher Bohnenkaffee
125 ml Wasser
90 g Butter
1 TL Vanillearoma
200 g brauner Zucker
1 Ei
225 g Mehl
1 TL Backpulver
¹/₂ TL gemahlener Zimt
¹/₂ TL Natron
2 geriebene kleine Möhren

1 Ein 19 x 29 cm großes, flaches Backblech einfetten. Sultaninen, Kaffeepulver und Wasser zusammen in eine Pfanne geben, aufkochen lassen, vom Herd nehmen und auf Zimmertemperatur abkühlen lassen.
2 Butter, Vanille und Zucker locker schlagen. Ei dazugeben und abwechselnd gesiebte trockene Zutaten und Sultaninenmischung vermischen. Geriebene Möhren unterziehen.
3 Mischung auf bereitstehendes Blech verteilen, und bei 180 °C 25–30 Min. backen. Mit Zuckerguß überziehen und mit Pekannüssen bestreuen. Vor dem Anschneiden auf dem Blech abkühlen lassen.

Karamelguß
2 EL brauner Zucker
30 g Butter
1 EL Milch
200 g Puderzucker
50 g gehackte Pekannüsse

Braunen Zucker, Butter und Milch zusammen in eine Pfanne geben. Unter ständigem Rühren erhitzen, ohne aufkochen zu lassen, glatt rühren. Nach und nach gesiebten Puderzucker unterziehen.

Streifen à la Julienne

Für Streifen à la Julienne Möhren erst in der Mitte durchschneiden, dann der Länge nach halbieren. Die einzelnen Stücke nun in längliche dünne Streifen schneiden.

Große Würfel

Mit einem scharfen Gemüsemesser ungefähr 1,5 cm breite Streifen schneiden. Diese dann kreuzweise schneiden, so daß 1,5 cm breite, Würfel entstehen.

Kleine Würfel

Genau wie die großen Würfel schneiden, nur kleinere Stücke machen. Kleine Möhrenwürfel schneidet man in 5 mm kleine Stückchen.

Weiche, süße Möhren

Junge Möhren sind sehr weich und süß. Da sich die Vitamine sehr dicht an der Oberfläche befinden, sollte man sie nur mit einer harten Gemüsebürste reinigen oder sehr dünn schälen. In Scheiben oder Streifen à la Julienne schneiden oder ganz lassen, wenn die Möhren sehr klein sind. Für Salat grob reiben. Möhren schmecken auch in süßen Gerichten köstlich, wie der so beliebte Möhrenkuchen beweist.

BLUMENKOHL

Aus der Geschichte ist bekannt, daß Blumenkohl im Nahen Osten bereits im 6. Jahrhundert v. Chr. angebaut wurde und sich im 16. Jahrhundert auch in Europa großer Beliebtheit erfreute. Genau wie den mit ihm verwandten Brokkoli, baut man Blumenkohl wegen des fleischigen Blütenstands auf kurzen Stielen an. Er ist reich an Kalzium.

Wird der ganze Kohl gekocht, entfernt man die äußeren harten Blätter, läßt aber ein paar zarte Blättchen um den Kopf stehen, damit die Röschen beim Kochen keinen Schaden nehmen. Oft kommt der Blumenkohl in Form eines Auflaufs auf den Tisch. Einzelne Röschen gibt man in den Salat. Dafür Röschen in kochendem Salzwasser abbrühen, abgießen, unter kaltem Wasser abschrecken und gut trockentupfen.

Blumenkohl, der beim Transport beschädigt wurde oder gefleckt ist, sollte man so bald wie möglich kochen, damit er nicht verdirbt. Am besten bewahrt man Blumenkohl auf, indem man die grünen Blätter außen entfernt und ihn lose in eine Frischhaltefolie schlägt oder aber in einen großen Plastikbeutel gibt. Im Gemüsefach des Kühlschranks aufbewahren.

Vegetarisch

Blumenkohlbällchen in Tomatensauce

Zubereitungszeit: 20 Min.
Kochzeit: 15–20 Min.
Für 6–8 Personen

Sauce
12 große, reife Tomaten, geschält und püriert
1 EL brauner Zucker
1 Lorbeerblatt
1 EL Paprika
30 g Butter
1 TL getrocknetes Basilikum

Bällchen
1 1/2 große Blumenkohlköpfe
125 g Kichererbsenmehl
1 TL Kreuzkümmel
1 TL getrockneter Koriander
1 TL Kurkuma
1/4 TL gemahlener Ingwer
1/2 TL Bockshornklee
1/4 TL Cayennepfeffer
1 Ei, leicht geschlagen
Ghee (halbflüssige Butter aus Büffelmilch) zum Braten

1 Tomatenpüree in eine Pfanne geben und zum Kochen bringen. Braunen Zucker, Lorbeerblatt, Paprikapulver, Butter und Basilikum dazugeben und ohne Deckel köcheln lassen, bis die Mischung eindickt. Abschmecken. Bis zum weiterem Gebrauch warm halten.

2 Für die Bällchen Blumenkohl fein reiben; dann Kichererbsenmehl, alle Gewürze und Ei dazugeben. Abschmecken und alles gut vermischen.

3 Ghee in einer tiefen Pfanne mit geradem Rand erhitzen. Die Blumenkohlmischung zu walnußgroßen Bällchen formen, und in mehreren Portionen fest und dunkelbraun braten.

4 Aus dem Ghee nehmen, auf Küchenpapier abtropfen lassen und in eine Servierschüssel geben. Heiße Tomatensauce über die Bällchen gießen, und vor dem Servieren Sauce noch kurze Zeit einziehen lassen.

Hinweis: Blumenkohl erst unmittelbar vor der Weiterverarbeitung reiben; sonst wird er sehr feucht.

Blumenkohl kochen

Der unangenehme Geruch, der beim Kochen von Blumenkohl entsteht, ist weniger stark, wenn man Walnüsse mit Schale ins Wasser gibt.

Blumenkohlbällchen in Tomatensauce

GEMÜSE EINMAL ANDERS

VEGETARISCH

Blumenkohlcurry mit braunem Petersilienreis

Zubereitungszeit: 20 Min.
Kochzeit: 18 Min.
Für 4–6 Personen

125 ml Öl
1 TL geriebener frischer Ingwer
1 zerdrückte Knoblauchzehe
je $1/2$ TL von geriebenem Kurkuma, Koriander und Kreuzkümmel
$1/2$ TL gelbe Senfkörner
$1/4$ TL Cayennepfeffer
1 mittelgroßer Blumenkohl, geputzt und in kleine Röschen zerteilt
300 ml Wasser oder Gemüsebrühe (Instant)
200 g tiefgefrorene Erbsen
2 gehackte reife Tomaten
2–3 EL gehackte Petersilie
75 g geröstete Cashew- oder andere Nüsse

1 Öl in einem großen Topf erhitzen. Ingwer, Knoblauch und Gewürze dazugeben und leicht dünsten, bis alles erhitzt, aber nicht braun ist.
2 Blumenkohl und Wasser dazugeben, umrühren und bis zum Köcheln erhitzen. Zudecken und rund 10 Min. garen, bis der Blumenkohl anfängt, weich zu werden.
3 Kichererbsen, Tomaten und Petersilie einrühren und unbedeckt 4–5 Min. weich kochen. Nüsse dazugeben. Auf braunem Reis mit Petersilie servieren.

Brauner Reis mit Petersilie
400 g schnell kochender brauner Reis
1 Bund gehackte Petersilie
1 $1/2$ EL geriebene Zitronenschale
$1/2$ TL gespaltene schwarze Pfefferkörner

Reis in reichlich, kochendes Wasser schütten und nach Anweisung auf der Packung ca. 12–15 Min. kochen. Abgießen. Mit den übrigen Zutaten vermengen.

Verschiedene würzige Beilagen:
Als einfache Beilagen zum Curryreis kann man in Scheiben geschnittene Bananen, Joghurt, geröstete Kokosnußstückchen, in kleine Würfel geschnittene rote und grüne entkernte Paprikaschoten und Ananasstückchen servieren.

Blumenkohl-Tomatenauflauf

Zubereitungszeit: 15 Min.
Backzeit: 30 Min.
Für 6 Personen

1 Blumenkohl, in Röschen zerteilt
500 g Tomaten, entkernt, geschält und grob gehackt
Pfeffer und Salz zum Abschmecken
100 g geschmolzene Butter
½ Becher frische Semmelbrösel
50 g geriebener Greyerzer- oder Emmentalerkäse
50 g geriebener Parmesankäse

1 Blumenkohl in kochendem Salzwasser garen, bis er weich ist. Abgießen und unter kaltem Wasser abschrecken.
2 Blumenkohl und Tomaten in eine eingefettete Auflaufform geben und mit Pfeffer und Salz abschmecken. Die Hälfte der Butter darübergießen. Semmelbrösel und Käse vermischen, über Blumenkohl und Tomaten streuen und darüber die verbliebene Butter gießen.
3 In einem auf 190 °C vorgeheizten Backofen 30 Min. backen, bis alles gar und der Käse zerlaufen ist.

Blumenkohlcurry mit braunem Petersilienreis

MAIS

Mais stammt aus dem tropischen Amerika und diente den Indianern als Grundnahrungsmittel. Nachdem Kolumbus ihn nach Europa gebracht hatte, verbreitete er sich über die ganze Welt. Das beste Aroma hat Mais, wenn man ihn kurz, nachdem er geerntet wurde, kauft. Nach Maiskolben mit festen Deckblättern und gut geschlossener Spitze Ausschau halten. In Frischhaltefolie gewickelter Mais, von dem die Deckblätter schon entfernt wurden, sollte nicht gekauft werden. Auch sollte man keinen Mais kaufen, der dunkelgelb ist und bei dem die Körner trocken aussehen.

Mais sollte nicht länger als zwei Tage im oberen Fach des Kühlschranks in einer braunen Papiertüte aufbewahrt werden. Besser ist es, ihn weich zu kochen, abzugießen und schnell abzukühlen. Dann ist er bis zu zwei Tage, in eine Frischhaltefolie gewickelt, im Kühlschrank haltbar. Zum Aufwärmen einfach in kochendes Wasser geben, bis er erwärmt ist.

Am häufigsten wird Mais wohl am Kolben serviert. Kolben in kochendes, ungesalzenes Wasser geben, weil Salzwasser die Fasern härtet. Eine Prise Zucker dazugeben, denn Zucker verstärkt das liebliche süße Aroma. Rund 8 Min. weich kochen. Sofort mit Butter, Salz und Pfeffer auf den Tisch bringen.

Zum Grillen die Hüllblätter und die Narbenfäden entfernen und mit Butter bestreichen. Jeden Kolben in Alufolie wickeln und weich grillen, etwa 20 Min.
Dabei häufig wenden.

GROSSARTIGE VORSPEISEN

Mexikanische Maissuppe mit Zitrone

Zubereitungszeit: 8 Min.
Kochzeit: 28 Min.
Für 6 Personen

1 gehackte kleine Zwiebel
1 gehackte Knoblauchzehe
30 g Butter
2 Becher frische Maiskörner, wahlweise auch tiefgefroren oder aus der Dose
$1/2$–1 TL scharfes Chilipulver
750 ml Hühnerbrühe (Instant)
250 ml Milch
2 Eier
3 EL Zitronensaft
saure Sahne und gehacktes Grün von einer Frühlingszwiebel zum Garnieren (nach Wunsch)
in feine Scheiben geschnittene Zitronenschale

Mexikanische Maissuppe mit Zitrone

1 Zwiebel und Knoblauch in Butter 3 Min. goldgelb dünsten. Mais und Chilipulver einrühren. Mit Brühe aufgießen und aufkochen. 20 Min. köcheln lassen.
2 Suppe in eine Schüssel sieben. Feste Bestandteile 30 Sek. in der Küchenmaschine »grobcremig« pürieren.
In die Pfanne zurückgeben, und mit passierter Flüssigkeit und Milch aufgießen. Aufkochen lassen.
3 Eier und Zitronensaft miteinander verrühren. Ein wenig heiße Suppe einrühren, dann in die Pfanne zurückgeben; 1 Min. unter Rühren aufwärmen (aber nicht kochen).
4 Zum Servieren in aufgewärmte Suppenschälchen geben. Mit einem Schlag saurer Sahne garnieren, und darüber Zwiebeln und Zitronenschale streuen.

GEMÜSE IN DER MIKROWELLE

Gemüse in der Mikrowelle stets zugedeckt garen. Fügt man beim Kochen ein klein wenig Wasser hinzu, bleiben Vitamine und Mineralien des Gemüses erhalten.

AUBERGINEN

GROSSARTIGE VORSPEISEN

Auberginenpüree

Zubereitungszeit: 5 Min.
Kochzeit: 1 Std.
Für 6–8 Personen

2-3 kleine bis mittelgroße
  Auberginen, ungeschält
Saft von 1 Zitrone
1 EL Öl
2 zerdrückte
  Knoblauchzehen
125 g Frischkäse
2 EL Joghurt
schwarze Oliven zum
  Garnieren
Paprika zum Garnieren

1 Auberginen auf Backpapier legen, und bei 180 °C 1 Std. im Backofen backen.
2 Halbieren, Fruchtfleisch herausnehmen und im Mixer pürieren. Zitronensaft, Öl, Knoblauch, Frischkäse und Joghurt dazugeben, und im Mixer pürieren.
3 In eine Schüssel füllen und mehrere Std. in den Kühlschrank stellen. Mit Oliven und Paprika garnieren. Wirkungsvoll serviert man Auberginenpüree zum Beispiel in ausgehöhlten Auberginenhälften.

Die Aubergine ist eine nahe Verwandte der Kartoffel. Sie wird praktisch das ganze Jahr über angeboten, wenn sie auch im Sommer in größeren Mengen und billiger auf den Markt kommt.

Das Gemüse hat eine seidig glänzende Schale und ist in vielen verschiedenen Farben, Formen und Größen erhältlich. Die längliche oder ovale, dunkelviolette Sorte ist vermutlich die bekannteste, obwohl es auch eine weiße, eiförmige Sorte und kleine, rundliche Auberginen gibt. In ihrer schlanken, länglichen Form ist die Aubergine im südöstlichen Asien besonders beliebt, und man begegnet ihr häufig in der japanischen Küche.

Als Beilage

Überbackene Auberginen

Zubereitungszeit: 12 Min.
Backzeit: 50 Min.
Für 6 Personen

2 kleine bis mittelgroße Auberginen, in feinen Scheiben
1 EL Salz
4 große Tomaten in Scheiben
½ Becher gehackte Petersilie
2 feingehackte Knoblauchzehen
125 ml Hühner- oder Rinderbrühe (Instant) oder trockener Weißwein
35 g geriebener Parmesankäse
Petersilienzweige zum Garnieren

1 Auberginen mit Salz bestreuen, 30–40 Min. einwirken lassen. Abspülen und trockentupfen.
2 Abwechselnd eine Schicht Auberginen, Tomaten und Petersilie übereinander in eine mit Butter bestrichene, kleine, flache Auflaufform geben. Zwischen jede Schicht Knoblauch streuen. Abschmecken.
3 Das Ganze mit Brühe aufgießen. Mit Käse bestreuen, zudecken und bei 200 °C 30 Min. backen.
4 Ohne Deckel noch weitere 20 Min. bräunen.

Überbackene Aubergine

Wiederholt mit Bratensaft begießen. Mit Petersilie bestreuen.
Hinweis: Sieht die Mischung beim Backen etwas trocken aus, nach Bedarf ein wenig Brühe oder Wein darübergießen.

Auberginen kochen

Bei der Aubergine stecken die Vitamine in der Schale, deshalb sollte man sie nicht schälen. Auberginen ißt man ausschließlich gekocht. Dazu kann man sie in Stücke schneiden und braten, in der Pfanne garen, füllen, backen oder einlegen.

LAUCH

Lauch, auch Porree genannt, ist das nationale Symbol von Wales, das traditionell am St.-Davids-Tag getragen wird. Der römische Kaiser Nero soll große Mengen davon gegessen haben, um seine Stimme zu verbessern.

ALS EIGENE MAHLZEIT

Makkaroni mit Lauch und Speck

Zubereitungszeit: 15 Min.
Kochzeit: 1 Std.
Für 4–6 Personen

350 g Makkaroni
3 gehackte kleine Lauchstangen
3–4 gehackte magere Speckstreifen
30 g Butter
60 g Butter zusätzlich
2 EL Mehl
600 ml Milch
75 g geriebener würziger Käse
Prise Muskatnuß
3 EL Sahne
2 EL geriebener Parmesankäse
1 EL Semmelbrösel
Prise Cayennepfeffer

1 Makkaroni rund 10–12 Min. *al dente* kochen. Abgießen, und unter kaltem Wasser abschrecken. In eine eingefettete flache Auflaufform geben.
2 Lauch und Speck 2–3 Min. in Butter dünsten und mit den Nudeln vermischen.
3 Zusätzliche Butter in einem Topf erhitzen, Mehl dazugeben und knapp 1 Min. dünsten. Hitze abstellen. Nach und nach auf der noch heißen Platte unter ständigem Rühren Milch langsam hinzugeben, bis die Sauce zu kochen beginnt. Dann Käse, Muskat und Sahne hineingeben.
4 Sauce über Makkaronimischung gießen, und das Ganze mit vermischtem Parmesan, Semmelbrösel und Cayennepfeffer bestreuen. Bei 180 °C 30–40 Min. backen.

Makkaroni mit Lauch und Speck

VEGETARISCH

Lauch mit leckerem Reis

Zubereitungszeit: 8 Min.
Kochzeit: 36 Min.
Für 4–6 Personen

4 Lauchstangen
1 EL Butter
1 zerdrückte Knoblauchzehe
1/2 rote Paprikaschote, gehackt
125 g gehackte Pilze
125 g gewaschener schnellkochender brauner Reis
125 ml Hühnerbrühe (Instant)

1 Lauch waschen, putzen und in 5 cm lange Stücke schneiden. Butter im Topf schmelzen, und Lauch, Knoblauch, Paprikaschote und Pilze 2–3 Min. dünsten.
2 Reis hineingeben, 1–2 Min. ständig umrühren, dann mit Brühe aufgießen. Abschmecken, zudecken und bei niedriger Hitze 25–30 Min köcheln lassen, bis der Reis praktisch die gesamte Brühe aufgesaugt hat und weich ist.

KÖSTLICHER LAUCH

Jedermann weiß, daß Lauch in Suppen, Eintopfgerichten und leckeren Quiches köstlich schmeckt. Aber er schmeckt auch allein sehr gut. Beim Kauf nach jungen Stangen Ausschau halten, weil die Außenblätter bei den alten unter Umständen hart sind.

Lauchringe blanchieren, bis sie gerade weich sind, dann schnell unter kaltem Wasser abschrecken, damit sie nicht zu weich werden. Auf einer Platte anrichten, und mit einer würzigen Vinaigrette beträufeln. In den Kühlschrank stellen, dann mit Dill garnieren und auftragen.

ALLES ÜBER LAUCH

Lauch gehört zur Familie der Zwiebeln, unterscheidet sich von der Zwiebel jedoch dadurch, daß er eine zylinderförmige, keine rundliche Knolle hat, außerdem sind seine Blätter lang, flach und ziemlich breit. Auch ist sein Aroma zarter als das der Zwiebel.

Man ißt vor allem die weiße Stange. Nach dem Putzen von Wurzeln, grünen Spitzen und Außenblättern muß Lauch gründlich gewaschen werden, um alle Spuren von Erde und Staub zu entfernen. Lauch verwendet man als Gemüse sowohl in Eintöpfen wie auch in leckeren Kuchen. In Suppen wie der 'Crème Vichyssoise' und 'Cock-a-Leekie' ist Lauch ein Muß.

SALZ

Probieren Sie einmal, Ihre Gemüse ohne Salz zu kochen, sondern salzen Sie nur dann, wenn es überhaupt nicht ohne Salz schmeckt. Wenn Sie viel Fertiggerichte essen, sollten Sie beim Kochen zu Hause Salz völlig fortlassen. Einige Gemüse, vor allem Auberginen und Zucchini, werden vor dem Kochen gesalzen; dann läßt man sie rund eine halbe Std. ziehen. Das Salz zieht die bitteren Säfte, die in diesen beiden Gemüsearten hauptsächlich bei den großen Exemplaren enthalten sind, heraus. Salz unter kaltem Wasser abspülen, und das Gemüse vor dem Kochen mit Küchenpapier trockentupfen.

PILZE

in Papier einschlagen und in den kühleren Teil oder ins Gemüsefach des Kühlschranks legen. Man sollte jedoch nicht zu viele auf einmal aufbewahren, denn sie schwitzen und werden schnell schleimig.

PRAKTISCHE TIPS

Pilze sollten bei der Zubereitung nie in Wasser getaucht werden, stattdessen Hüte mit einem feuchten Tuch abwischen, um Dreck zu entfernen, und Stielenden putzen. Nicht schälen, es sei denn, es geht nicht anders. Je nach Bedarf den ganzen Pilz verwenden oder in Scheiben schneiden. Pilze schmecken besser, sind aromatischer, besser verdaulich und nährstoffreicher, je weniger man sie kocht, deshalb sollte man sie schnell und einfach kochen.

Es gibt viele Arten eßbarer Pilze, aber die am häufigsten in den Geschäften das ganze Jahr über angebotenen Sorten sind Zucht- und Feldpilze. Zuchtpilze wie Champignons werden generell früh geerntet, entweder im noch geschlossenen Zustand oder wenn sich der Hut teilweise entfaltet hat. Reife Feldpilze sind flach, haben dunkelbraune Lamellen und ein stärkeres Aroma. Die hellen Austernpilze sind heute praktisch überall erhältlich, und man kann sie genau wie Zucht- oder Feldpilze entweder roh oder gekocht essen.

Pilze halten sich rund 1 Woche im Kühlschrank. Zu diesem Zweck in eine Papiertüte geben oder lose

GROSSARTIGE VORSPEISEN

Sahnige Pilzpastete

Zubereitungszeit: 5 Min.
Kochzeit: 3 Min.
Für 6 Personen

250 g feingehackte
  Champignons
1 EL feingehackte Zwiebel
125 g Butter
90 g Frischkäse, geschnitten
ein paar Tropfen
  Worcestershiresauce

1 Pilze und Zwiebeln in Butter 3 Min. weich dünsten oder in der Mikrowelle zugedeckt bei 500 W 1–2 Min. garen.
2 Mischung in Mixer geben. Frischkäse und Worcestershiresauce dazugeben, und glatt pürieren. Abschmecken.
3 In einen Topf oder in 6 einzelne Auflaufförmchen geben. Abkühlen lassen. Zudecken und bis zum Servieren in den Kühlschrank stellen.

EIN PRAKTISCHER TIP

Für ein feineres Aroma kann man die Zwiebel durch 1 EL feingehackten Schnittlauch ersetzen.

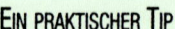
Sahnige Pilzpastete

Gegrillte Pilzhüte

Zubereitungszeit:
15 Min.
Backzeit:
10 Min.
Für 4–6 Personen

500 g mittelgroße Pilze
2–4 zerdrückte
 Knoblauchzehen
60 g Butter
2 EL geriebener
 Parmesankäse
4 EL Semmelbrösel
4 fein gewürfelte
 Speckstreifen

1 Pilze säubern, Stiele sorgfältig abschneiden und fein hacken; mit zerdrücktem Knoblauch vermischen.
2 Butter mit der Gabel kneten und mit Käse, Semmelbrösel und Pilzstielen vermischen. Speck knusprig grillen, auf Küchenpapier abtropfen lassen und zur Käsemischung geben.
3 Pilzhüte mit der Mischung füllen und unter heißem Grill schnell bräunen.

Ein praktischer Tip

Man kann Pilze als Vorspeise auf getoastetem Brot oder mit gebratenen Croutons servieren.

Als Beilage

Marinierte Pilze

Zubereitungszeit: 5 Min.
Kochzeit: 8 Min.
Ergibt 2 Becher

500 g Champignons
125 ml Wasser
1 EL Zitronensaft
125 ml Weiß- oder Rotweinessig
1 feingehackte kleine Zwiebel
1 kleine Knoblauchzehe, geschält
1 Lorbeerblatt
2 EL Öl
1 1/2 EL Tomatenmark

1 Pilze mit Wasser und Zitronensaft aufkochen lassen. Hitze verringern, und 2–3 Min. weich köcheln lassen. Abgießen und in eine Schüssel geben.
2 Essig, Zwiebel, Knoblauch und Lorbeerblatt aufkochen lassen. Hitze verringern, und Zwiebel weich köcheln lassen. Öl und Tomatenmark einrühren. Abschmecken.
3 Marinadenmischung über Pilze gießen, zudecken und über Nacht in den Kühlschrank stellen. Vor dem Servieren Knoblauch und Lorbeerblatt herausnehmen.

Marinierte Pilze

Als eigene Mahlzeit

Pilzhühnchen

Zubereitungszeit: 10 Min.
Kochzeit: 5 Min.
Für 4 Personen

4 *Hühnerfilets*
2 TL *Austernsauce*
2 TL *Sojasauce*
1 TL *Hoi-Sin-Sauce*
2 TL *Maismehl*
$1/2$ TL *Sesamöl*
3 *Frühlingszwiebeln*
1 *Zwiebel*
2 EL *Öl*
125 g *Champignons*

1 Filets in 1 cm breite Streifen schneiden und mit Saucen, Maismehl und Sesamöl gut vermischen. 20 Min. ziehen lassen.
2 Zwiebel in dünne keilförmige Stücke und Frühlingszwiebeln in 3 cm lange Stücke schneiden. In der Hälfte des Öls weich dünsten. Pilze einrühren, und bei großer Hitze 1 Min. unter Rühren braten. Aus der Pfanne nehmen.
3 Restliches Öl in die Pfanne geben, und Hühnchenmischung bei großer Hitze goldbraun braten. Pilzmischung in die Pfanne zurückgeben und 1 weitere Min. braten, bis alles erwärmt ist.

ZWIEBELN

Die Zwiebel gehört zu den ältesten Zuchtpflanzen der Welt. Sie dient schon seit prähistorischer Zeit als Gemüse, und auch im Alten Testament wird sie bereits erwähnt.
Bevor eine Zwiebel auf den Markt kommt, wird sie leicht getrocknet. Dadurch wird ihre Haut trocken und dünn wie Papier. Ihr Aroma reicht von mild bis scharf, und auch in der Haltbarkeit gibt es Unterschiede. Gelbe oder braune Zwiebeln haben ein starkes Aroma. Man verwendet sie hauptsächlich in Suppen, Eintöpfen und anderen warmen Gerichten. Sie lassen sich gut lagern und sind das ganze Jahr über erhältlich. Rote Zwiebeln haben einen eher süßlichen Geschmack, und man verwendet sie im Salat und, in Ringen geschnitten, zum Garnieren. Weiße Zwiebeln sind mild. Man verwendet sie roh und in Scheiben geschnitten im Salat. Für asiatische Gerichte, werden sie nur schnell unter Rühren gedünstet. Kleine weiße Zwiebeln eignen sich besonders gut zum Einlegen.

DIE VORRATSKAMMER

Eingelegte Zwiebeln

Zubereitungszeit: 15 Min.
Kochzeit: 8 Min.
Ergibt 1 kg

1 kg kleine weiße Zwiebeln
1 ³/₄ Becher Salz
2 ¹/₄ l Wasser
750 ml Weißweinessig
250 ml Estragonessig
1 EL schwarze
 Pfefferkörner
¹/₂ TL gemahlenes Piment
2 EL brauner Zucker
2 ganze Nelken
1 Zimtstange

1 Ungeschälte Zwiebeln waschen und in eine Schüssel geben. Die Hälfte des Salzes und des Wassers miteinander vermischen, dann Zwiebeln mit Salzlake aufgießen, bis sie völlig bedeckt sind. 12 Std. ziehen lassen.
2 Abgießen, Zwiebeln schälen und in eine saubere Schüssel geben.

Verbliebenes Salz und Wasser vermischen und über die Zwiebeln gießen. Zudecken und 24 Std. ziehen lassen.
3 Zwiebeln abgießen und abspülen. In sterilisierte Einmachgläser geben, viel Platz für die Flüssigkeit lassen.
4 Restliche Zutaten in eine Pfanne geben. Bei geringer Hitze verrühren, bis sich der Zucker auflöst. Aufkochen, und 5 Min. köcheln lassen.
5 Durch ein feines Sieb streichen und so über die Zwiebeln schütten, daß sie großzügig mit der Flüssigkeit bedeckt sind. Zudecken, und 3 Monate ziehen lassen.

Senfzwiebeln

Zubereitungszeit: 40 Min.
Kochzeit: 30 Min.
Ergibt ca. 3 kg (2 Einmachgläser)

1 feingehackte Gurke
3 feingehackte Zwiebeln
750 g grobgehackte Tomaten
1 großer Blumenkohl, gewaschen und in Röschen zerteilt
3/4 Becher Salz
600 ml Weißweinessig
je 1 TL gemahlener Ingwer, schwarzer Pfeffer und Einmachwürzmischung
2 TL Senf
Koriandersamen
200 g brauner Zucker
125 g Sultaninen

1 Gemüse und Salz in einer Schüssel übereinander schichten. Mit kaltem Wasser auffüllen. 24 Std. an einen kühlen Ort stellen.
2 Gemüse gründlich abspülen und abtropfen lassen. Mit den übrigen Zutaten in eine große Pfanne geben. Erwärmen und rühren, bis sich der Zucker aufgelöst hat.
3 Aufkochen, dann etwa 20 Min. köcheln lassen, bis

Eingelegte Zwiebeln und Senfzwiebeln

Gemüse weich ist. Dabei gelegentlich umrühren. In sterilisierte Einmachgläser füllen, und in die Vorratskammer stellen.

Mexikanische Zwiebeln

ALS BEILAGE

Mexikanische Zwiebeln

*Zubereitungszeit: 8 Min.
Koch- und Backzeit:
 45 Min.
Für 6 Personen*

*6 mittelgroße Zwiebeln
20 g Butter
1 EL Mehl
Prise Chilipulver
4 EL Milch
1 EL gehackte Paprika-
 schoten
3 EL geriebener Greyerzer-
 oder Emmentalerkäse
¼ Becher abgetropfte
 Maiskörner*

1 Zwiebeln in kochendes Salzwasser geben und 10 Min. köcheln lassen. Aus dem Wasser nehmen und leicht abkühlen. Den Stengelansatz abschneiden und Zwiebeln behutsam schälen. Nicht das Wurzelende abschneiden, sonst fällt die Zwiebel auseinander. Zwiebeln mit Löffel aushöhlen. Die ausgehöhlte Mitte hacken. Das ergibt 2 EL Zwiebeln.
2 Butter in der Pfanne zerlassen, Mehl und Chilipulver einrühren. Milch dazugeben, bis die Mischung dick wird und aufkocht. Paprikaschote, Käse, Mais und 2 EL Zwiebeln dazugeben. Abschmecken.

3 Füllung löffelweise in die Zwiebeln geben, an den Rändern leicht überlaufen lassen. In eine Auflaufform setzen und bei 200 °C 30 Min. backen.

NICHT WEINEN!

Zwiebeln unter kaltem Wasser schälen, damit sich die Zwiebeldünste in der Luft verringern. Außerdem sollte man eine Schüssel Wasser bereithalten, um damit die Zwiebeln zu befeuchten.

Scharfer Zwiebelsalat

Als Beilage

Scharfer Zwiebelsalat

Zubereitungszeit: 10 Min.
Kochzeit: 1 ½ Std.
Für 6 Personen

Sauce
*400-g-Dose abgetropfte
  Tomaten
2 grobgehackte Zwiebeln
3 zerdrückte
  Knoblauchzehen
1 Strauß, bestehend aus
  Petersilie, Thymian und
  Lorbeerblatt
1 Zweig Basilikum
4 EL Olivenöl*

Salat
*1 kg kleine Zwiebeln
100 g Sultaninen
250 ml Weißweinessig
125 ml Olivenöl
1 Strauß, bestehend aus
  Petersilie, Thymian und
  Lorbeerblatt
2–3 EL Zucker*

1 Alle Zutaten für die Salatsauce vermischen und bei mittlerer Hitze 30 Min. kochen. Mit einem Holzlöffel durch ein Sieb streichen und soviel Flüssigkeit wie möglich herauspressen.
2 Zwiebeln schälen und in eine große Pfanne geben. Sauce, die restlichen Zutaten und soviel Wasser dazugeben, daß die Zwiebeln bedeckt sind. Aufkochen und ohne Deckel rund 1 Std. köcheln lassen, bis die Zwiebeln weich sind. Abschmecken und etwas Zucker dazugeben, um dem säuerlichen Geschmack zu neutralisieren.
3 Heiß servieren oder abkühlen lassen. Kalt tritt das Aroma noch stärker hervor. Eignet sich herrlich als Beilage zu gegrilltem Fleisch.

KARTOFFELN

Schon in prähistorischer Zeit wurde der Wert der Kartoffel als Grundnahrungsmittel erkannt – man nimmt an von den Inkas in Peru. Die Kartoffel kam schließlich mit den ersten spanischen Eroberern nach Europa, und heute gehört sie neben Reis zu den wichtigsten Nahrungsmitteln.
Die Kartoffel liefert Stärke, Vitamin C, Aminosäuren, Protein und Thiamin. Es ist nicht die Kartoffel, die dick macht, sondern die für ihre Zubereitung verwendeten Zutaten wie Butter und Sahne.

ALS BEILAGE

Kartoffelsoufflé

Zubereitungszeit: 10 Min.
Backzeit: 1 Std. 50 Min.
Für 4 Personen

4 große alte Kartoffeln
100 g geriebener Greyerzer-
oder Emmentalerkäse
4 EL saure Sahne
1 TL gehackter Schnittlauch
3 Zweige gehackte Petersilie
Prise Paprika
2 Eigelb
3 Eiweiß

1 Kartoffeln waschen und mit einem Spieß mehrmals einstechen; bei 180 °C 1 $^1/_2$ Std. backen. Von jeder Kartoffel Deckel abschneiden und die Mitte aushöhlen. Etwas Kartoffel an der Schale lassen, damit eine Hülle entsteht.
2 Die ausgehöhlte Kartoffelmasse mit restlichen Zutaten außer dem Eiweiß verrühren und abschmecken. Eiweiß steif schlagen und unter die Kartoffelmischung heben. Nun die ausgehöhlten Kartoffeln damit füllen.
3 Auf ein Backblech setzen, und bei 200 °C goldgelb backen.

Gemüse einmal anders

*K*artoffelsoufflé

Gemüse einmal anders

Kartoffel-Käseauflauf

Als Beilage

Kartoffel-Käseauflauf

Zubereitungszeit: 5 Min.
Backzeit: 47 Min.
Für 6 Personen

6 große festkochende Kartoffeln, geschält
Butter zum Einfetten der Auflaufform
etwas Knoblauchsalz und Paprika
6–8 Scheiben Schmelzkäse
20 g zerlassene Butter

1 Kartoffeln durchschneiden und mit der Schnittfläche nach unten auf die eingefettete Auflaufform legen. Mit Knoblauchsalz und Paprika bestreuen und bei mittlerer Temperatur 40 Min. garen.
2 Käse über die Kartoffeln streuen. Zerlassene Butter auf den Käse träufeln und weitere 6–7 Min. backen, bis der Käse geschmolzen ist.

Variante

Für einen einfachen Imbiß Speckstreifen, Zwiebeln oder Räucherlachs über Kartoffeln verteilen, dann den Käse darüberstreuen.

KÜRBIS

Der Gartenkürbis wächst an langen Ranken und gehört der Familie *Cucurbitaceae* an. Es gibt verschiedene Kürbissorten. Neben dem Gartenkürbis und dem Pâtisson-Kürbis gehören auch Wassermelone, Gurke und Zucchini zur Familie der Kürbisse.
In den Vereinigten Staaten ißt man Kürbispastete als Nachtisch am Thanksgiving Day und an Weihnachten. Wird Kürbis als Gemüse gegessen, dann wird er gekocht oder gebacken. Es gibt Kürbis als Marmelade, in Konserven oder eingelegt, außerdem gibt es hervorragende Kürbissuppen.
Beim Kauf darauf achten, daß der Kürbis seiner Größe entsprechendes Gewicht besitzt und eine feste, glänzende Schale hat. Soll er in der eigenen Schale serviert werden, auf eine schöne Form sowie auf seine Standfestigkeit achten.

GROSSARTIGE VORSPEISEN

Kürbissuppe mit Curry

Zubereitungszeit: 15 Min.
Kochzeit: 40 Min.
Für 6 Personen

1 gehackte Zwiebel
1 zerdrückte Knoblauchzehe
60 g Butter
750 g–1 kg schwerer Kürbis, geschält, gewürfelt, abgebrüht und püriert
1 EL Currypulver

Kürbissuppe mit Curry

je 1 Prise Zucker und
　Muskatnuß
1 Lorbeerblatt
1 l Hühnerbrühe (Instant)
500 ml Milch
3 EL Sahne
frisch gemahlener schwarzer
　Pfeffer und Schnittlauch
　zum Garnieren

1　Zwiebel und Knoblauch in einem großen Topf in Butter rund 5 Min. sehr weich dünsten. Kürbisbrei, Currypulver, Zucker, Muskat und Lorbeerblatt dazugeben. Abschmecken. Mit Brühe aufgießen und aufkochen.
2　30 Min. köcheln lassen. Vom Herd nehmen, und Lorbeerblatt entfernen.
3　Mit Milch aufgießen und 2–3 Min. aufwärmen. Mit einem Klecks Sahne, Pfeffer und gehacktem Schnittlauch servieren.

SERVIERVORSCHLÄGE

Suppe in einem Kürbis servieren. Dazu eine Deckel von einem rohen (2 kg) Kürbis abschneiden, Samen und das Fruchtfleisch aus dem Deckel entfernen. Deckel wieder auf den Kürbis setzen und auf einem Backblech bei 180 °C 1–1 ½ Std. weich backen. Fruchtfleisch aus der Schale kratzen und für die Suppe weiterverarbeiten. Suppe in der Kürbisschale auf den Tisch bringen.

Etwas Süßes

Pikanter Kürbiskuchen

Zubereitungszeit: 20 Min.
Backzeit: 45 Min.
Ergibt 10–12 Stücke

180 g Butter
1 TL geriebene Apfelsinenschale
250 g Zucker
3 Eier
3/4 Becher kaltes Kürbispüree (etwa 300 g ungekocht)
1/2 Becher feingehackte Pflaumen
300 g Mehl
1 1/2 TL Backpulver
1/2 TL Gewürzmischung
125 ml Apfelsinensaft

1 Runde, 20 cm große Kuchenform einfetten und mit Backpapier auslegen.
2 Butter, Apfelsinenschale und Zucker zusammen locker und sahnig schlagen. Nacheinander Eier dazugeben, und nach jedem Ei gut durchrühren. Kürbis und Pflaumen darunterziehen. Abwechselnd gesiebtes Mehl mit Backpulver und Gewürzmischung sowie Apfelsinensaft unterarbeiten.
3 Mischung in die Form geben und bei 180 °C 40–45 Min. backen. 5 Min. stehen lassen, dann zum Abkühlen auf ein Rost geben.

Kürbisgnocchi

Als eigene Mahlzeit

Kürbisgnocchi

Zubereitungszeit: 20 Min.
Kochzeit: 30 Min.
Für 4 Personen

2 Becher pürierter Kürbis
50 g Grieß
50–100 g Kartoffelmehl
Salz, weißer Pfeffer und Muskatnuß
100 g Butter
frischgeriebener Parmesankäse

1 Pürierten Kürbis in eine Schüssel geben, und Grieß und Mehl unterarbeiten. Soviel Kartoffelmehl dazugeben, bis ein knetbarer Teig entsteht. Salz, Pfeffer und Muskatnuß dazugeben und leicht durchkneten, bis der Teig elastisch ist. 10 Min. ruhen lassen.
2 Kleine, etwa 2 cm lange Teigstückchen nehmen, schnell zwischen den Fingern rollen, dann mit dem Daumen gegen eine Gabel drücken, um die traditionelle Gnocchiform zu erhalten. Leicht mit Kartoffelmehl bestäuben, und 10 Min. ruhen lassen.
3 Butter in einer Pfanne zerlassen bis sie goldbraun ist. Warm halten.
4 Gnocchi in kleinen Portionen in Salzwasser kochen. Wenn sie an die Oberfläche steigen, mit Sieblöffel herausfischen und in warme Schüsseln geben.
5 Butter darüber schütten, mit Parmesan bestreuen und auftragen.

SPINAT

Spinat stammt ursprünglich aus Persien. Seine hellgrünen Blätter schmecken köstlich, wenn sie roh im Salat oder gekocht werden. In einer Vielzahl von Gerichten wird Spinat als Zutat verwendet.
Spinat welkt sehr rasch. Daher sollte er schon bald, nachdem er geerntet wurde, verarbeitet werden. Beim Kauf von Spinat auf knakkige frische Blätter mit einer schönen Farbe achten.
Die grünen Blätter enthalten viel Vitamin A und C sowie wichtige Mineralstoffe.
Spinat muß sehr gründlich gewaschen werden. Zwei- oder dreimal das kalte Wasser erneuern, bis alle Erdreste verschwunden sind. Spinat in einem Topf, der kein Aluminium enthält, 3–5 Min. nur mit dem Wasser dünsten, das noch an den Blättern haftet. Gründlich abtropfen lassen.

GROßARTIGE VORSPEISEN

Spinat-Gemüsepastete

Zubereitungszeit: 20 Min.
Koch- und Backzeit:
1 Std. 45 Min.
Für 4–6 Personen

1 gut gewaschene Lauchstange
2 Becher Erbsen (frisch oder tiefgefroren)
4 Becher Spinat grobgehackt
1 Ei
1/2 TL getrockneter Estragon
1/4 TL Muskatnuß
3 Becher Möhren, in Scheiben geschnitten
frisch gemahlener schwarzer Pfeffer
60 g Butter
125 ml Wasser
2 EL Mehl

1 Die weiße Hälfte des Lauchs in dünne Scheiben schneiden und weich dünsten. Rechteckige Backform mit eingefettetem Pergamentpapier auslegen, Lauch darauf verteilen und glattstreichen.
2 Erbsen in kochendem Wasser garen, und über dem Wasserdampf den Spinat garen. Weiche Erbsen abgießen und mit Spinat, Ei, Estragon und Muskatnuß im Mixer pürieren. Spinat-Erbsenmischung über den Lauch verteilen und Oberfläche mit einem Messer glätten.

2 Möhren mit Pfeffer, Butter und Wasser weich kochen. Verbleibende Flüssigkeit abgießen, und Möhren mit Mehl pürieren. Möhrenpüree in die Form geben und ebenfalls glatt streichen. Leicht gegen die Auflaufform schlagen, damit die Luftblasen verschwinden
4 Pastete mit Pergamentpapier und 3–4 Lagen Folie abdecken. 1 $\frac{1}{2}$ Std. bei 180 °C backen. Pastete 2 Std. in den Kühlschrank stellen, bevor sie auf eine Servierplatte gestürzt wird. Schmeckt köstlich zu einer Tomatensauce.

Tomatensauce

425-g-Dose Tomaten, nicht abgetropft
2 EL Tomatenmark
1 zerdrückte Knoblauchzehe
1 feingehackte Zwiebel
125 ml Weißwein
1 EL frisches gehacktes Basilikum
mit schwarzem Pfeffer abschmecken

1 Zutaten in eine Pfanne geben und 30 Min. köcheln lassen.
2 Sauce glatt pürieren und durch ein feines Sieb passieren. In den Kühlschrank stellen, und mit der Pastete servieren.

Spinatecken

Spinatecken

Zubereitungszeit: 15 Min.
Backzeit: 20 Min.
Für 4–6 Personen

500 g fertiger Blätterteig
750 g tiefgefrorener Spinat, aufgetaut
75 g geriebener würziger Käse
Prise Muskatnuß
2 Eigelb, geschlagen
Saft von 1 Zitrone
1 Ei, geschlagen
1 EL Sesamsamen

1 Teig 3 mm dünn ausrollen. Mit einer runden Form Kreise mit einem Durchmesser von 10 cm ausstechen.
2 Spinat abgießen, und soviel Wasser wie möglich herausdrücken; dann fein hacken. In eine Schüssel geben und Käse, Muskatnuß und Gewürze dazugeben. Eigelb und Zitronensaft hinzufügen, und alles gut vermischen.
3 Spinatmischung auf Teigkreise verteilen. Teigränder mit Wasser bestreichen. Teig über Spinat legen, und Ränder fest zusammendrücken. Nun den Teig mit geschlagenem Ei bestreichen und mit Sesamsamen bestreuen.
4 Ecken auf ein eingefettetes Backblech legen und bei 200 °C 20 Min. backen.

SPROSSEN

Sprossen zu ziehen lohnt sich in mehrfacher Hinsicht. Selbstgezogene Sprossen lassen sich nicht nur sehr leicht und preiswert herstellen, sondern sie zeichnen sich auch durch ihren hohen Nährwert aus. Wenn die Samen keimen, wird die gespeicherte Stärke freigesetzt und in Vitamine, Minerale und Proteine umgesetzt. Beliebt sind Sojabohnen- und Alfalfasprossen.

SELBSTGEZOGENE SPROSSEN

Bohnen und Samen vergrößern sich auf das zehnfache wenn sie Sprossen treiben. Deshalb ein Glas verwenden, in dem diese Ausdehnung möglich ist. Zunächst werden die Bohnen 12 Std. in einem Einmachglas eingeweicht. Abspülen und Wasser abgießen. Glasöffnung mit einem locker gewebten Tuch wie Musselin oder Gaze abdecken und mit einem Faden oder Gummiband festbinden. Glas an einem warmen Ort, aber nicht direkt in der Sonne auf die Seite legen. Damit die Samen feucht bleiben, zweimal täglich abspülen und das ganze Wasser abgießen, damit sie nicht verderben. Keimlinge solange befeuchten und das Wasser abgießen, bis sie ausreichend gewachsen sind.

GROSSARTIGE VORSPEISEN

Luzerne-Avocadocrêpe

Zubereitungszeit: 10 Min.
Bratzeit: 15 Min.
Für 4 Personen

Teig
2 Eier
500 ml Milch
100 g Mehl
2 EL Öl

Füllung
250 g Hüttenkäse
2 Avocados, in Scheiben geschnitten
2 Becher Luzernesprossen
4 EL Frühlingszwiebeln, in grobe Stücke geschnitten
Butter zum Braten
Zitronensaft

1 Zutaten für Crêpes im Mixer glatt pürieren. 1 Std. in den Kühlschrank stellen.
2 Crêpes in einer gut gefetteten Pfanne backen (rund 2 EL Teig für ein Crêpe).
3 Hüttenkäse und Zwiebeln vermischen und über eine Hälfte der gebackenen Crêpes streichen. Darauf Avocadoscheiben und Luzernesprossen verteilen. Crêpes über der Füllung zusammenschlagen und in etwas Butter braten, bis die Füllung erwärmt und die Crêpes auf beiden Seiten leicht braun und knusprig sind.
4 Mit Zitronensaft beträufeln und servieren.

Thunfisch-Mungobohnentaschen

Zubereitungszeit: 10 Min.
Kochzeit: keine
Für 4 Personen

125 g Mungobohnen
1 Avocado, in Scheiben geschnitten
100-g-Dose abgetropfter Thunfisch
2 EL Mayonnaise
4 kleine Fladenbrote
100 g Luzernesprossen

1 Mungobohnen, Avocado, Thunfisch und Mayonnaise vermischen. Fladenbrote in der Mitte aufschneiden, so daß eine Tasche entsteht.
2 Mit einem Viertel der Thunfischmischung füllen, und darauf die Luzernesprossen geben.

ALS EIGENE MAHLZEIT

Chinesische Rind-Gemüsepfanne

Zubereitungszeit: 15 Min.
Bratzeit: 10 Min.
Für 4 Personen

2 EL Pflanzenöl
500 g mageres Rind, in feine Streifen geschnitten
60 g Pilze, in Scheiben
1 Möhre, in Streifen
230-g-Dose abgetropfte Wasserkastanien
3 Frühlingszwiebeln, in Streifen geschnitten
1 Paprikaschote, in Streifen
1 Selleriestange, in Streifen
250 g Bohnensprossen, abgespült und geputzt
2 Knoblauchzehen
1 EL frischer gehackter Ingwer
125 ml Rinderbrühe (Instant)
2 TL Sojasauce
1 EL trockener Sherrywein
2 TL Maismehl

1 Öl erhitzen, Fleisch in kleinen Portionen anbraten und auf die Seite stellen. Pilze in die Pfanne geben und 1 Min. dünsten; dann aus der Pfanne nehmen.
2 Möhre, Wasserkastanien, Frühlingszwiebeln, Pfefferschote, Sellerie, Bohnensprossen, Knoblauch und Ingwer in die Pfanne geben und unter Rühren 1 Min. dünsten.
3 Brühe, Sojasauce, Sherrywein und Maismehl vermischen. Zusammen mit Fleisch und Pilzen in die Pfanne geben und rühren, bis alles eingedickt ist. Mit weißem Reis servieren.

GEMÜSE EINMAL ANDERS

ALS BEILAGE

Gado-Gado

Zubereitungszeit: 15 Min.
Kochzeit: 3 Min.
Für 6–8 Personen

2 große Möhren, in feine
  Scheiben geschnitten
200 g grüne Bohnen,
  geputzt, Fäden abgezogen
  und schräg in Scheiben
  geschnitten
200 g Bohnensprossen
100 g Kohl, in grobe Stücke
  geschnitten
1 gehackte große Zwiebel
1 Gurke, in feine Scheiben
  geschnitten
3 hartgekochte Eier
2 EL gehackte
  Frühlingszwiebeln

Sauce
150 g geröstete, ungesalzene
  Erdnüsse
3 geschälte Knoblauchzehen
80 g Zucker
2 EL Wasser
125 ml Zitronensaft

1 Möhren und Bohnen 2 Min. in kochendem Wasser blanchieren. Unter kaltem Wasser abschrecken und abgießen. Bohnensprossen, Kohl und Zwiebel 1 Min. blanchieren. Ebenfalls unter kaltem Wasser abschrecken und abgießen.
2 Gemüse mit Gurke und in Scheiben geschnittenen Eiern auf einer Servierplatte anordnen. In den Kühlschrank stellen.
3 Zutaten für die Sauce im Mixer zu einer dicken, homogenen Masse pürieren. Abschmecken. Sauce über Gemüse verteilen und mit Frühlingszwiebeln garnieren.

Hinweis: Gemüse kan auch in der Mikrowelle gegart werden. Dazu 125 ml Wasser und ungefähr die gleichen wie oben angegeben Zeiten nehmen.

Radieschen-Luzernesalat

Zubereitungszeit: 10 Min.
Kochzeit: keine
Für 4 Personen

1 römischer Salat,
  gewaschen und abgetropft
75 g Luzernesprossen
1 Bund Radieschen, in feine
  Scheiben geschnitten
6 feingehackte
  Frühlingszwiebeln
1 EL Sojasauce
1 EL Weißweinessig
2 EL helles Sesamöl
1 zerdrückte Knoblauchzehe

1 Salat auf einer Platte anordnen und darüber Sprossen, Radieschen und Frühlingszwiebeln geben.
2 Sojasauce, Essig, Öl und Knoblauch vermischen. Über den Salat verteilen und sofort auftragen.

Gado-Gado

GEMÜSE EINMAL ANDERS

Tomaten

Leckere Tomaten

Die Tomate stellt mit ihrer wunderschönen Farbe und ihrem unübertrefflichen Aroma eines der wesentlichen Elemente in der Küche dar. Man kann sie allein, im Salat, in einer Suppe oder als Sauce oder Eintopf essen, oder man kann sie füllen, grillen oder auch backen.

Neben den runden Sorten gibt es ovale und birnenförmige Tomaten, solche mit Rippen ebenso wie die kleinen roten oder gelben Cocktailtomaten. Tomaten sind reich an Vitaminen C und A, und sie gehören zu den wenigen Gemüsesorten, bei denen der Vitamingehalt auch beim Kochen nicht wesentlich verloren geht.

Als Beilage

Leckere Tomaten

Zubereitungszeit: 8 Min.
Kochzeit: keine
Für 6 Personen

12 mittelgroße Tomaten
300 g Frischkäse
½ grüne Paprikaschote,

entkernt und sehr feingehackt
¹/₄ TL sehr feingehacktes Basilikum oder 1 Prise getrocknetes Basilikum

1 Tomaten halbieren, und mit einem Teelöffel Samen und Zwischenwände herausnehmen. Zum Abtropfen auf ein Brettchen legen, während die Füllung zubereitet wird. Vor dem Füllen die Tomaten außen mit Küchenpapier trockentupfen.
2 Alle anderen Zutaten gründlich vermischen und abschmecken. Tomaten mit der Mischung füllen.

Hinweis: Feste, runde Tomaten, ausgehöhlt, eignen sich hervorragend für eine Vielzahl von Füllungen. Man kann sie als Imbiß servieren, als ersten Gang oder aber auf einem Servierteller als stimmungsvolle Dekoration für den Eßtisch reichen.

Als eigene Mahlzeit

Tomaten-Pilzsauce für Nudeln

Zubereitungszeit: 10 Min.
Kochzeit: 18 Min.
Für 4–6 Personen

750 g reife Tomaten (oder Tomaten aus der Dose)
250 g Pilze, in Scheiben
2 weiße Zwiebeln, in Scheiben
1 zerdrückte kleine Knoblauchzehe
1/4 Becher frisches Basilikum, in groben Stücken (oder 3–4 TL getrocknetes)
frisch gemahlener Pfeffer
500 g frische grüne Nudeln oder getrocknete Vollweizenspaghetti
geriebener würziger Käse

1 Frische Tomaten schälen und klein hacken. Die oben angeführten ersten 4 Zutaten in eine Pfanne geben und zum Aufkochen bringen.
2 Rund 10 Min. köcheln lassen, bis Gemüse gerade weich ist. Basilikum und Pfeffer einrühren, und weitere 5 Min. köcheln lassen (aber nicht zu stark kochen, siehe Hinweis).
3 Unterdessen Nudeln weich kochen, etwa 5–7 Min., wenn sie frisch sind; 10–12 Min., wenn es getrocknete sind. Gut abtropfen.
4 Nudeln auf einen Teller geben, löffelweise heiße Sauce darübergeben und mit Käse bestreuen. Käse zusätzlich auf den Tisch stellen.

Hinweis: Die Sauce ist sehr dünnflüssig. Man kann von der Flüssigkeit etwas abschütten und ein anderes Mal verwenden.

Tomaten-Käsebrot

Zubereitungszeit: 5 Min.
Kochzeit: keine
Für 4 Personen

1 Baguette
250 g Mozzarellakäse, in feine Scheiben geschnitten
3 reife Tomaten, in Scheiben geschnitten
1 TL feingehacktes Basilikum
6 EL Vinaigrette

1 Baguette der Länge nach halbieren. Eine Hälfte mit Mozzarella und Tomatenscheiben belegen.
2 Mit gehacktem Basilikum bestreuen und mit Vinaigrette beträufeln. Mit der zweiten Hälfte zudecken und fest in Folie einwickeln. 30 Min. in den Kühlschrank legen. Zum Servieren in Scheiben schneiden.

Tomaten-Pilzsauce für Nudeln

ZUCCHINI

Zucchini, die in Frankreich Courgettes heißen, werden im unreifen Zustand geerntet. Die besten Zucchini sind die kleinsten, denn ihre Schale ist noch weich. Bei großen Zucchini, die zäh werden und eine lederartige Schale haben, ist auch das Aroma längst nicht mehr so zart. Als Vorbereitung müssen Zucchini lediglich gewaschen werden, und man sollte beide Enden abschneiden. Man braucht sie nicht zu schälen, es sei denn, daß sie ziemlich groß sind.

Zucchini sind vielseitig verwendbar. Man kann sie roh mit Dips, im Salat, als Soufflé, gedünstet, gefüllt, gebraten oder gebacken essen.

ALS EIGENE MAHLZEIT

Zucchini-Rinderbraten

Zubereitungszeit: 5 Min.
Backzeit: 40 Min.
Für 4–6 Personen

500 g mageres Rinderhack
1 geriebene Zwiebel
1 geriebene große Zucchini
1 zerdrückte Knoblauchzehe
2 TL Sojasauce
1/4 Becher weiche Semmelbrösel
1 geschlagenes Ei

1 Zutaten vermischen. In eine 24 x 12 cm große Form geben und 35 Min. bei 180 °C backen.
2 Überschüssige Flüssigkeit abgießen. Auf einen Teller geben. Heiß oder kalt auftragen.

ALS BEILAGE

Zucchinisalat mit Sardellendressing

Zubereitungszeit: 6 Min.
Kochzeit: keine
Für 4–6 Personen

4 kleine Zucchini
2 kleine Möhren
125 ml italienisches Salatdressing
3 feingehackte Sardellenfilets
1 EL gehacktes frisches

Zucchinisalat mit Sardellendressing

oder 1 TL getrocknetes Basilikum
½ TL Zucker

1 Zucchini und Möhren waschen und putzen. Zucchini und Möhren mit einem Gemüsemesser der Länge nach von oben nach unten in dünne Streifen schneiden. 5 Min. in einer Schüssel mit Eiswasser kühlen. Abgießen. In einer Salatschüssel anordnen. In den Kühlschrank stellen.
2 Restliche Zutaten im Mixer zerkleinern. Kurz vor dem Servieren über den Zucchinisalat gießen.

Raffiniertes mit Fisch und Meeresfrüchten

～ Saucen zu Meeresfrüchten ～

Die französische, klassische Mayonnaise stellt die Grundlage für die folgenden Saucen dar. Wenn Sie sie nicht selbst zubereiten möchten, greifen Sie einfach auf eine Fertigmayonnaise zurück.

Klassische Mayonnaise

2 Eigelb, 1 TL mittelscharfen Senf, Salz und gemahlenen, schwarzen Pfeffer mit einem elektrischen Schneebesen schaumig schlagen. Langsam 1 EL Weißweinessig oder Zitronensaft unterrühren. 310 ml kaltgepreßtes Öl in die Eimischung träufeln, dabei ständig rühren. Nach Zugabe der halben Ölmenge den Rest in einem dünnen Strahl unter ständigem Rühren zugeben. Wenn die Mischung dick und cremig ist, zusätzlich 1 EL Essig oder Zitronensaft zugeben. Mit Zitrone, Essig, Salz, Pfeffer oder Senf abschmecken.

Im Rührgerät ～ Eigelb und Essig in einen Mixer geben. Unter Rühren Öl langsam in einem dünnen Strahl zugeben, bis die Masse dick und cremig ist. Nach Geschmack würzen.

Mayonnaise ist in einem luftdichten Behälter im Kühlschrank bis zu 2 Wochen haltbar. Ergibt 375 ml.

Andalusische Mayonnaise

$1/4$ roten und $1/4$ grünen Paprika mit der Haut nach oben auf den vorgeheizten Grill legen, bis die Haut schwarz wird und abblättert. Vom Grill nehmen, abkühlen lassen und Haut abziehen. Fleisch fein hacken, unter 375 ml Mayonnaise rühren. 1–2 EL Tomatenmark zugeben. Mit gehacktem rotem Paprika garnieren.

Remoulade
375 ml Mayonnaise, 2 feingehackte Gurken, 1 TL zerkleinerte Kapern, 1 TL gehackten Schnittlauch, 1 EL gehackten, frischen Estragon, 1 EL geschnittene, frische Petersilie, 1 TL Dijon-Senf und 1–2 TL Sardellenpaste oder feingeschnittene Sardellenfilets verrühren. Mit Sardellen garnieren.

Tartarsauce
375 ml Mayonnaise, 1 feingehackte Gurke, 1 TL zerkleinerte Kapern, 1 EL gehackten, frischen Schnittlauch, 1 EL gehackten, frischen Estragon oder Kerbel, 1 EL geschnittene, frische Petersilie, 1/4 TL mittelscharfen Senf und 1 EL feingehackte Zwiebel verrühren. Mit Kapern garnieren.

Thousand Island
375 ml Mayonnaise, 1 EL süße Chilisauce, 1–2 EL Tomatensauce, 1/4 roten und 1/4 grünen Paprika, feingehackt, 1 EL gehackten, frischen Schnittlauch und 1/2 TL süßes Rosenpaprikapulver vermengen und bestäuben.

Sardellenmayonnaise
375 ml Mayonnaise, 4 zerdrückte Sardellenfilets, 4 feingehackte Frühlingszwiebeln, 1 zerdrückte Knoblauchzehe, je 3 EL gehackte, frische Petersilie und zerhackten Schnittlauch und 1 TL süße Chilisauce mischen. Mit Petersilie garnieren.

Cocktail-Sauce
3 EL Tomatensauce, 250 ml Mayonnaise, 1 Tropfen Tabasco, 2 TL Worcestersauce, 1/2 TL Zitronensaft, Salz und schwarzen Pfeffer verrühren. Mit Zitrone garnieren.

Obere Reihe, von links: Tartarsauce, Remoulade, Cocktail-Sauce. Untere Reihe, von links: Andalusische Mayonnaise, Sardellenmayonnaise, Thousand Island

Pochierter Atlantiklachs mit Sauce Hollandaise

Vorbereitungszeit:
20 Min.
Zubereitungszeit:
10 Min.

Für 4 Personen

250 ml Weißwein	*Sauce Hollandaise*
500 ml Fischbrühe	3 Eigelb
1 EL Zitronensaft	125 g Butter, geschmolzen und heiß
1 große Zwiebelscheibe	$\frac{1}{2}$ TL geriebene, unbehandelte Zitronenschale
4 Atlantiklachs-Koteletts, 2 $\frac{1}{2}$ cm dick	
frischer Dill	1 EL Zitronensaft

1 ∾ Wein, Brühe, Zitronensaft und Zwiebel in einer flachen Pfanne zum Kochen bringen. Dann köcheln lassen.
2 ∾ Eine Lage Lachs in die heiße Brühe legen. Den Fisch ca. 7 Minuten vorsichtig pochieren, bis er gar ist.
3 ∾ Aus der Pfanne nehmen und abtropfen lassen. Mit Alufolie bedeckt warm halten.
4 ∾ **Hollandaise:** Eigelb im Rührgerät 10 Sekunden verarbeiten. Unter Rühren die heiße Butter langsam unter die Eier gießen. Die weißen Butterrückstände entfernen. Saft und Schale zugeben. Weitere 30 Sekunden rühren, bis die Sauce eindickt. Sofort servieren. Ergibt 170 ml.
5 ∾ Fisch auf der Servierplatte arrangieren und mit frischem Dill garnieren. Mit Sauce Hollandaise servieren.
Hinweis ∾ Am besten schmeckt die Sauce frisch zubereitet. In einem luftdichten Behälter kann sie bis zu 2 Tagen gekühlt aufbewahrt werden. Zum Aufwärmen Teller mit Sauce über einen Topf mit leicht kochendem Wasser halten. Lachs kurz vor dem Verzehr zubereiten.
Variante ∾ Lachs durch Salzwasserforelle ersetzen. Oder ein großes Lachsfilet oder einen ganzen Lachs mit Kopf verwenden. Ganzen Lachs nach dem Pochieren häuten. Wird der ganze Lachs kalt serviert, den Fisch in der Brühe abkühlen lassen, dann häuten.

Lachskoteletts aus der Pfanne nehmen und auf Küchenkrepp trocknen.

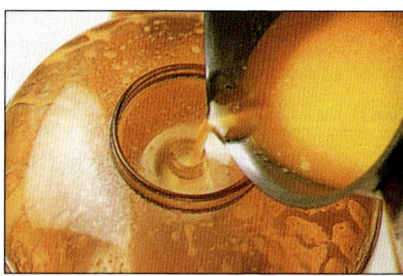

Bei laufendem Gerät die heiße Butter langsam in den Mixer gießen.

Pochierter Atlantiklachs mit Sauce Hollandaise

Fritierte Meeresfrüchte

Vorbereitungszeit:
30 Min.
Zubereitungszeit:
12 Min.

Für 4 Personen

Eierkuchenteig
**1 Becher Mehl
4 g Backpulver
3 EL Stärkemehl
Salz und Pfeffer
1 EL Öl
250 ml Wasser**

500 g Fischfilet, entgrätet, in 5 cm lange Streifen geschnitten

**12 Sardinen, ohne Köpfe und Gräten (siehe Hinweis)
8 Riesengarnelen
8 Kammuscheln, gesäubert und ausgelöst
1 Tintenfischmantel, in Ringe geschnitten
Mehl zum Panieren
Öl zum Fritieren
Tartarsauce
Zitronenscheiben**

1 ∽ **Eierkuchenteig:** Mehl, Salz und Pfeffer in eine Schüssel sieben. In der Mitte eine Mulde formen. Öl und Wasser verrühren; nach und nach unter das Mehl rühren, bis ein Eierkuchenteig entsteht.
2 ∽ Die vorbereiteten Meeresfrüchte auf Papiertüchern trocknen. In Mehl tunken, überschüssiges Mehl abklopfen.
3 ∽ Öl in einer tiefen Pfanne mäßig erhitzen. Jeweils einige Meeresfrüchte mit dem Teig überziehen und mit einer Zange 2–3 Minuten in das heiße Öl halten, bis sie knusprig sind.

Herausnehmen und abtropfen lassen. Warm halten und weiterfritieren. Mit Tartarsauce und Zitronenscheiben servieren.
Hinweis ∽ Die Meeresfrüchte können einige Stunden vor dem Verzehr zubereitet werden; abgedeckt kühlen. Bei frischen Sardinen: den Kopf entfernen und den Bauch aufschneiden. Mit Salzwasser säubern. Rückgrat mit den Fingern auslösen und am Schwanzende mit einer scharfen Schere abtrennen. Sardinen trockentupfen.

Rückgrat mit den Fingern auslösen, am Schwanzende abschneiden.

Die Öl-Wasser-Mischung nach und nach unter das Mehl rühren.

Fritierte Meeresfrüchte

Die Meeresfrüchte im Mehl wälzen. Überschüssiges Mehl abklopfen.

Die Meeresfrüchte auf Küchenkrepp abtropfen lassen; warm halten.

Thunfisch Mornay

Vorbereitungszeit:
15 Min. + 15 Min. Ruhezeit
Zubereitungszeit:
35 Min.

Für 4 Personen

375 ml Milch
1 Lorbeerblatt
1 Zwiebelscheibe
5 ganze schwarze Pfefferkörner
60 g Butter
1 Zwiebel, feingehackt
1 Selleriestange, feingehackt
3 EL Mehl
425 g Thunfisch, Saft behalten
¼ TL Muskatnuß
80 ml Sahne
3 EL Petersilie, feingehackt
½ Becher geriebener Cheddarkäse
Salz und schwarzer Pfeffer
½ Becher frische Semmelbrösel
½ Becher geriebener Cheddarkäse
Paprikapulver

1 ~ Herd auf 180 °C vorheizen. Milch, Lorbeer, Zwiebel und Pfefferkörner in einer Pfanne erhitzen, zum Kochen bringen; vom Herd nehmen, abdecken und 15 Minuten ziehen lassen. Milch passieren, Zutaten aufheben.
2 ~ Butter in einer Pfanne zerlassen, Zwiebel und Sellerie 5 Minuten darin dünsten. Mehl zugeben, 1 Minute rühren, bis die Mischung Blasen wirft. Mischung aus Milch und Thunfischsaft unterrühren; bei niedriger Hitze rühren, bis die Mischung kocht und eindickt. 5 Minuten köcheln lassen.
3 ~ Muskat, Sahne, Petersilie und Käse zugeben. 2 Minuten rühren, bis der Käse geschmolzen ist. Vom Herd nehmen. Thunfisch, Salz und Pfeffer unterrühren.
4 ~ Mischung in ein eingefettetes, feuerfestes Gefäß geben. Mit Semmelbröseln, zusätzlichem Käse und Paprikapulver bestreuen. 15 Minuten backen. Aus dem Herd nehmen. Zum Bräunen der Semmelbrösel und des Käses 2 Minuten in den vorgeheizten Grill stellen.

Hinweis ~ Mornay kann einige Stunden im voraus zubereitet, gekühlt und erneut erhitzt werden. Eignet sich als Pfannkuchen- und Pastetenfüllung.
Variante ~ Lachs aus der Dose.

Milch und Thunfischsaft zufügen, nachdem das Mehl 1 Minute gekocht hat.

Pfanne vom Herd nehmen, abgetropften und zerlegten Thunfisch zufügen.

Thunfisch Mornay

Hummercremesuppe

Vorbereitungszeit:
20 Min.
Zubereitungszeit:
80 Min.

Für 4–6 Personen

1 ~ Fleisch aus dem Hummerschwanz entfernen, Schale waschen und aufheben. Fleisch hacken, abdecken und kühlen.
2 ~ Butter zerlassen, Zwiebel, Karotte und Sellerie darin bei niedriger Hitze 20 Minuten dünsten, gelegentlich umrühren.
3 ~ Brandy in einer Pfanne erhitzen und anzünden. Schnell über das Gemüse gießen. Pfanne schütteln, bis Flamme erlischt. Wein und Hummerschale zugeben. Mischung bei größerer Hitze auf die Hälfte einkochen.

**1 roher Hummerschwanz, ca. 400 g
90 g Butter
1 große Zwiebel,
1 große Karotte,
1 Selleriestange,
alles gehackt
3 EL Brandy
250 ml Weißwein
6 Zweige Petersilie
1 Zweig Thymian
2 Lorbeerblätter
1 EL Tomatenmark
2 Tomaten, gehackt
1 l Fischbrühe
2 EL Reis- oder
Stärkemehl
125 ml Sahne
Salz und schwarzer
Pfeffer
frische Oreganoblätter
Paprikapulver**

4 ~ Petersilie, Thymian, Lorbeer, Mark, Tomate und Brühe zugeben. Ohne Deckel 45 Minuten köcheln lassen, gelegentlich rühren.
5 ~ Mischung durch ein feines Sieb passieren. Gesamte Flüssigkeit extrahieren. Gemüse und Schale beiseite legen, werden nicht mehr benötigt.
6 ~ Flüssigkeit in saubere Pfanne geben. Reis- oder Stärkemehl gründlich mit Sahne mischen und unter die Flüssigkeit rühren. Bei mittlerer Hitze einkochen lassen. Hummerfleisch zugeben, würzen und 10 Minuten ohne Kochen garen. Mit Oregano und Paprika garniert servieren.

Hinweis ~ Kann am Vortag zubereitet, gekühlt und wieder aufgewärmt werden. Nicht einfrieren. Die lange Kochzeit verleiht der Suppe ihren einzigartigen Geschmack.

Hummerschale mit einer Schere aufschneiden und das Fleisch auslösen.

Weißwein und Hummerschale zur Pfanne mit Brandy und Gemüse geben.

Hummercremesuppe

Mischung durch ein Sieb passieren und Flüssigkeit herausdrücken.

Sahne-Mehl-Mischung zum Saft in der Pfanne geben.

Forelle mit Mandeln

Vorbereitungszeit: **25 Min.**
Zubereitungszeit: **10 Min.**

Für 2 Personen

2 Regenbogenforellen	1 EL Petersilie, feingehackt
Mehl zum Panieren	
60 g Butter	Salz und frisch gemahlener Pfeffer
3 EL Mandelblättchen	
2 EL Zitronensaft	

1 ∽ Forelle waschen und trocknen. Mit der Haut nach oben ausbreiten. Mit einem Nudelholz mit leichtem Druck vom Schwanz aus über das Rückgrat fahren. Forelle umdrehen. An beiden Enden das Rückgrat mit einer Schere abtrennen und herausheben. Nach Gräten durchsuchen. Flossen einschneiden.
2 ∽ Fisch im Mehl wenden. 30 g Butter zerlassen und jede Seite des Fischs darin 4 Minuten backen. Forelle auf warme Servierplatte legen. Mit Alufolie warm halten.
3 ∽ Restliche Butter erhitzen. Die Mandeln darin goldbraun backen. Zitronensaft, Petersilie, Salz und Pfeffer zugeben. Sauce unter Rühren erhitzen. Über den Fisch gießen und sofort servieren.
Hinweis ∽ Fisch kann vorher entgrätet und gekühlt werden.

Gefüllte Sardinen

Vorbereitungszeit: **20 Min.**
Zubereitungszeit: **30 Min.**

Für 4–6 Personen

1 kg frische Sardinen	½ TL Zucker
3 EL Olivenöl	1 EL frische Petersilie, feingehackt
½ Becher Weißbrotkrumen	
3 EL Sultaninen	2 Frühlingszwiebeln, feingehackt
3 EL Pinienkerne	
20 g Sardellen, zerdrückt	Salz und frisch gemahlener Pfeffer
	Zitronenscheiben

1 ∽ Herd auf 180 °C vorheizen. Fischköpfe abtrennen. Den Bauch jeder Sardine öffnen und Innereien entfernen. Das Rückgrat mit den Fingern vorsichtig vom Fleisch lösen und am Schwanzende abschneiden. Mit Salzwasser säubern und trocknen.
2 ∽ 1½ EL Öl in einer Bratpfanne erhitzen. Brotkrumen darin leicht anbräunen und auf Küchenkrepp trocknen.
3 ∽ Die Hälfte der Krumen in einer Schüssel mit Sultaninen, Nüssen, Sardellen, Zucker, Petersilie, Zwiebeln, Salz und Pfeffer mischen. Jede Sardine mit 2 TL der Mischung füllen.
4 ∽ Gefüllte Sardinen in einer Lage nebeneinander in einen gefette-

Forelle mit Mandeln (oben) und Gefüllte Sardinen

ten Bräter legen. Übrige Füllung mit den restlichen Krumen über die Sardinen verteilen. Restliches Öl darüber träufeln. 30 Minuten backen. Mit Zitronenscheiben servieren.
Hinweis ∾ Sardinen können einige Stunden vor dem Verzehr zubereitet und gekühlt aufbewahrt werden. Sie sollten aber erst ca. $1/2$ Stunde vor dem Servieren gebacken werden.

Lachskroketten

Vorbereitungszeit:
40 Min. + Kühlzeit
Zubereitungszeit:
10 Min.

Ergibt 15 Stück

90 g Butter
¾ Becher Mehl
375 ml Milch
2 x 210 g Lachs aus der Dose, Saft aufbewahren
3 El frische Petersilie, feingehackt
2 Frühlingszwiebeln, feingehackt
2 TL Zitronensaft
Salz, Pfeffer
Mehl zum Bestäuben
2 Eier, leicht geschlagen
Semmelbrösel
Öl zum Fritieren
Zitronenscheiben
Mango-Chutney

1 ∞ Butter in einer Pfanne zerlassen. Mehl zugeben. Bei mittlerer Hitze 1 Minute rühren. Mischung aus Milch und Lachssaft zugeben. Bei mittlerer Hitze rühren und eindicken lassen. Hitze verringern und 3 Minuten köcheln lassen.
2 ∞ Lachs häuten, entgräten und zerlegen. Mit Petersilie, Zwiebel, Zitronensaft, Salz und Pfeffer unter die Mehlmischung rühren. Mischung auf ein flaches Tablett verteilen, abdecken und kühlen, bis sie fest wird.

3 ∞ Mehl, Eier und Brotkrumen getrennt auf je einen flachen Teller geben. Gehäufte EL der Mischung ins Mehl geben und zu Kroketten kneten. In Ei wenden, mit Bröseln überziehen. 1 Stunde kühlen.
4 ∞ Öl in einer schweren Pfanne mäßig erhitzen. Einige Kroketten mit einer Zange 3–4 Minuten in das heiße Öl halten. Auf Küchenkrepp abtropfen lassen; warm halten, bis alle Kroketten fritiert sind.

Mit Zitrone und Mango-Chutney servieren.
Hinweis ∞ Kroketten können im voraus oder auf Vorrat zubereitet und vor dem Fritieren bis zu 1 Monat tiefgefroren werden.

Mit den Fingern den Lachs vorsichtig häuten und entgräten.

Die Lachsmischung mit Mehl überziehen und zu Kroketten kneten.

Lachskroketten

Krabbenmayonnaise

Vorbereitungszeit:
15 Min.
Zubereitungszeit:
Keine

Für 4 Personen

- 3 x 170 g weißes Krabbenfleisch, aus der Dose
- 125 ml Mayonnaise
- 1 EL Tomatensauce
- ½ TL Worcestersauce
- Schuß Tabasco
- 1 EL Olivenöl
- 2 TL Weißweinessig
- 3 Frühlingszwiebeln, feingehackt
- 2 EL frische Petersilie, feingehackt
- 3 EL Sahne, dickflüssig, geschlagen
- Salz und frisch gemahlener Pfeffer
- 2 reife Avocados

1 ∽ Krabbenfleisch gut abtropfen lassen. Saft wegschütten. Fleisch in einer Schüssel zugedeckt kalt stellen.

2 ∽ Mayonnaise, Tomatensauce, Worcestersauce, Tabasco, Öl, Essig, Zwiebeln und Petersilie in einer Schüssel vermengen. Schlagsahne darunter heben. Salzen und pfeffern. Abgedeckt kalt stellen.

3 ∽ Kurz vor dem Servieren die Mayonnaisemischung unter das Krabbenfleisch heben. Avocados halbieren und entkernen. Die Hälfte des Fruchtfleischs aus jeder Avocadohälfte entfernen, grob hacken und unter die Krabbenfleischmischung heben. Zum Servieren die Mayonnaise-Avocado-Mischung auf die Avocadohälften türmen. Falls gewünscht, mit Pfeffer garnieren.

Hinweis ∽ Mayonnaise kann einige Stunden vor Verzehr zubereitet werden, ebenso die Krabbenfleischmischung, die zugedeckt im Kühlschrank haltbar ist. Krabbenmayonnaise eignet sich nicht zum Einfrieren. Für dieses Rezept kann auch frisches Krabbenfleisch verwendet werden.

Krabbenfleisch abtropfen lassen. Überschüssigen Saft ausdrücken.

Die Schlagsahne unter die Mayonnaisemischung heben.

Krabbenmayonnaise

Avocados halbieren und den Stein vorsichtig entfernen.

Die gehackte Avocado unter die Krabbenfleischmischung heben.

～ Sushi & Sashimi ～

Sushi besteht aus gesäuertem Reis und meist aus Meeresfrüchten. Als Rolle wird es häufig in Seetang gewickelt. Für Sashimi werden rohe Meeresfrüchte verwendet. Dazu wird Dip-Sauce gereicht. Zutaten sind in japanischen Geschäften erhältlich.

Sushi
Gesäuerter Reis ～
2 Becher Rundkornreis in einem feinen Sieb unter fließendem Wasser spülen, bis nur noch klares Wasser aus dem Sieb läuft. Den Reis und 500 ml Wasser in eine Pfanne geben, 10 Minuten quellen lassen. Pfanne bedecken, Reis zum Kochen bringen. Bei niedriger Hitze 8–10 Minuten leicht köcheln lassen. Pfanne vom Herd nehmen und 15 Minuten zugedeckt ruhen lassen. Reis auf einem flachen Teller auf Raumtemperatur abkühlen lassen. 2 EL Reisessig, 2 EL Zucker und $1/2$ TL Salz in einer Pfanne mischen. Leicht erhitzen, bis sich der Zucker auflöst. Über den Reis sprenkeln. Sofort verwenden.

Sushi ～ 2 TL Reisessig und 60 ml Wasser mischen. Die Hände mit dieser Mischung befeuchten. 5 Blatt Nori-Seetang wärmen. Dazu jedes Blatt zwei- bis dreimal über eine schwache Gasflamme oder Kochplatte führen. Seetang mit der glänzenden Seite nach unten auf eine Bambusunterlage legen. $1/5$ der Reismenge auf ein erhitztes Seetangblatt legen, 2 cm Rand aussparen. Eine dünne Schicht Wasabi-Paste (scharfe Meerrettichpaste) linienförmig entlang der Mitte verteilen. 125 g Sashimi-Thunfisch oder -Lachs (geräuchert) in dünne Streifen schneiden. $1/5$ auf die Wasabi-Paste geben. Mit Ingwer oder Gemüse aus Japan und feingehackter Gurke oder Frühlingszwiebel belegen. Mit der Bambusmatte die Sushi rollen. Enden durch Druck verschließen. Mit scharfem Messer die Rolle in 2–3 cm große Stücke schneiden. Mit den restlichen Blättern ebenso verfahren.

Nigiri Sushi
500 g frische, rohe Meeresfrüchte wie Thunfisch, Lachs, Tintenfisch oder gekochte Garnelen säubern, häuten, entgräten und in 5 mm große Stücke schneiden. Eine kleine Menge Wasabi-Paste in die Mitte jedes Fischstücks

geben. 1 TL Reisessig und 60 ml Wasser mischen. Die Hände damit befeuchten. Aus dem gesäuerten Reis (Rezept siehe Sushi) Bällchen formen. Aus einem Fischstück und einem Reisball ein Viereck bilden, wobei der Fisch den Reis gerade umschließt. Mit den restlichen Zutaten ebenso verfahren. Mit Sojasauce servieren.

Sashimi

Eine Auswahl sehr frischer Meeresfrüchte (z. B. Thunfisch, Lachs, Königsdorsch, Salzwasserforelle, Schnappbarsch, Merlan, Brassen, Seebarsch) einfrieren. Der Fisch muß so fest gefroren sein, daß er gleichmäßig in 5 mm große Stücke geschnitten werden kann. Mit einem sehr scharfen Messer und gleichmäßiger Bewegung schneiden, nicht sägen. Auf einer flachen Servierplatte arrangieren, garnieren und mit einer Dip-Sauce servieren.

Dip-Saucen

1. Je 60 ml Zitronensaft und Sojasauce in einer Schüssel mischen.
2. Je 60 ml Zitronensaft und Sojasauce, je 6 TL Mirin und Sake, ein 5 cm großes Stück Kombu-Seetang und 1 EL getrocknete Dashi-Flokken in einer Schüssel mischen. 24 Stunden kühlen und vor dem Servieren passieren.

Thunfisch-Sashimi mit Miso-Sauce

2 EL Miso-Paste, 1 Eigelb, 1 TL Sake, 1 TL Senfpulver, 1 TL Reisweinessig, 2 TL Mirin und ca. 80-100 ml Wasser in einer Schüssel vermengen. Schüssel über eine Pfanne mit leicht siedendem Wasser halten und schlagen, bis die Mischung eindickt. Bis zum Verzehr kaltstellen. Mit frischem Thunfisch servieren.

Obere Reihe: Sushi. Untere Reihe, von links: Nigiri Sushi (mit Lachs und Garnelen), Dip-Sauce, Sashimi und Miso-Sauce.

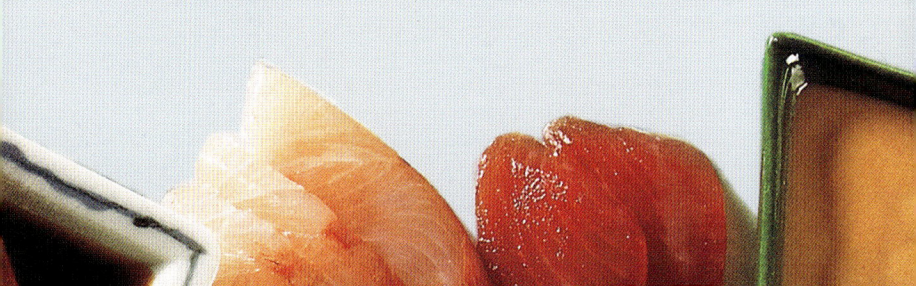

Meeresfrüchte-Tempura

Vorbereitungszeit: **40 Min.**
Zubereitungszeit: **15 Min.**

Für 4 Personen

Eierkuchenteig
2 Eigelb
200 ml Eiswasser
1 Becher Mehl

Dip-Sauce
250 ml Dashi
85 ml Mirin oder trockener Sherry
85 ml Shoyu oder helle Sojasauce
2 TL grüner Ingwer, gemahlen

400 g weiße Fischfilets, ohne Gräten, gehäutet, in 2 cm große Stücke geschnitten

8 rohe große Garnelen, geschält, ausgelöst, mit ganzem Schwanz
8 Kammuscheln, gesäubert
1 Zucchini, in 1 cm große Stücke geschnitten
1 roter Paprika, in 1 cm Stücke geschnitten
4 Champignons, große Pilze halbieren
8 grüne Bohnen, in 5 cm große Stücke geschnitten
Mehl zum Bestäuben
Pflanzenöl zum Fritieren

1 ∾ **Eierkuchenteig:** Eigelb mit Eiswasser in einer Schüssel gut verrühren. Mehl auf einmal zugeben. Mit Eßstäbchen oder Gabel leicht mischen. Mischung bleibt noch klumpig.
2 ∾ **Dip-Sauce:** Alle Zutaten außer Ingwer in einer Pfanne zum Kochen bringen. Vom Herd nehmen, warm halten und auf Schüsseln verteilen. Ingwer getrennt servieren.
3 ∾ Fischfilets vor dem Kochen 5 Minuten in Eiswasser legen. Abtropfen lassen und trockentupfen.
4 ∾ Oberfläche der Garnelen anritzen, um ein Aufrollen beim Kochen zu verhindern. Trocknen. Muscheln trocknen. Garnelen und Muscheln mit Mehl bestäuben.
5 ∾ Gemüse mit Mehl bestäuben. Eine tiefe Pfanne zu $^2/_3$ mit Öl füllen, mäßig erhitzen. Einige Gemüsestücke in den Teig tunken und 2–3 Minuten fritieren, bis sie leicht gebräunt sind. Abtropfen lassen und warm halten.
6 ∾ Mit den Meeresfrüchten wie mit dem Gemüse verfahren. Mit Dip-Sauce servieren.

Mit einem Eßstäbchen oder Gabel das Mehl unter die Eimischung rühren.

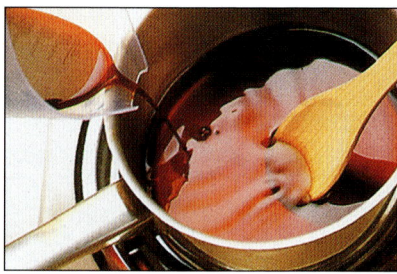

Alle Zutaten außer Ingwer in einer Pfanne mischen und kochen.

Meeresfrüchte-Tempura

Garnelen mit einem Messer leicht einkerben, damit sie sich nicht einrollen.

Die mit Mehl bestäubten Gemüsestücke in den Teig tunken und fritieren.

Fish and Chips

Vorbereitungszeit:
**15 Min. + 30 Min.
Ruhezeit**
Zubereitungszeit:
25 Min.

Für 4 Personen

Bierteig	4 mittelgr. Kartoffeln
1¼ Becher Mehl	Öl zum Fritieren
250 ml Bier	4 weiße Fischfilets,
2 Eier, getrennt	gehäutet
Prise Salz	Stärkemehl
3 TL Öl	zum Bestäuben

1 ∽ Bierteig: Mehl in eine Schüssel geben. Eine Mulde formen; Bier, Eigelb, Salz und Öl zugeben. Mehl nach und nach unter die Eimischung rühren. Zugedeckt 30 Minuten ruhen lassen. Eiweiß steif schlagen. Mit einem Metalllöffel Eiweiß unter den Teig heben.

2 ∽ Kartoffeln schälen. In 1 cm dicke Pommes frites schneiden. Bis zum Gebrauch ins Wasser legen.

3 ∽ Eine große, tiefe Pfanne zu ⅔ mit Öl füllen und mäßig erhitzen. Kartoffeln abtropfen lassen und trocknen. Lagenweise 3–4 Minuten fritieren. Abtropfen lassen.

4 ∽ Vor dem Servieren Öl erwärmen und Pommes frites knusprig braten. Abtropfen lassen und warm halten.

5 ∽ Fisch auf Küchenkrepp trocknen. Mit Mehl bestäuben und in den Teig tunken. 4–5 Minuten fritieren. Abtropfen lassen. Mit Zitrone und Remoulade (S. 2) servieren.

Geräucherte Forellenpastete

Vorbereitungszeit:
10 Min.
Zubereitungszeit:
Keine

Ergibt 500 g

250 g geräucherte Forelle, gehäutet, entgrätet	¼ Becher frische Petersilie, feingehackt
125 g Butter, weich	¼ Becher frischer Schnittlauch, feingehackt
125 g Rahm-Frischkäse	
1 EL Zitronensaft	Salz, frisch gemahlener, schwarzer Pfeffer
1 TL Sahnemeerrettich	Weißbrot, getoastet

1 ∽ Forelle, Butter und Käse im Mixer 20 Sekunden verrühren.

2 ∽ Zitronensaft, Meerrettich, Petersilie und Schnittlauch 10 Sekunden unterrühren. Je nach Geschmack würzen und zusätzlich Zitronensaft zugeben.

3 ∽ In eine Schüssel geben und mit getoastetem Weißbrot auftragen.

Hinweis ∽ Schmeckt am besten frisch. Hält sich gekühlt bis zu 4 Tagen.

Fish and Chips (oben) und Geräucherte Forellenpastete

Kammuscheln am Spieß

Vorbereitungszeit:
25 Min.
Zubereitungszeit:
5 Min.

Für 6 Personen

200 ml Weißwein
1 EL Zitronensaft
36 Kammuscheln
1 Becher Petersilie
2 Knoblauchzehen, zerdrückt
4 Scheiben Speck, in 5 cm dicke Streifen geschnitten
30 g Butter, geschmolzen

Salz und schwarzer Pfeffer
Spieße aus Metall oder Holz

Sauce
1 kleine Zwiebel, feingehackt
2 EL Weißweinessig
85 ml Sahne
$1/2$ TL Stärkemehl

1 ∾ Wein und Saft in einer Pfanne erhitzen. Muscheln darin 1–2 Minuten köcheln lassen, bis sie dunkel werden. Abtropfen lassen, den Sud aufbewahren.
2 ∾ Petersilie und Knoblauch im Rührgerät 30 Sekunden fein zerhacken. Auf einen Teller geben und die Muscheln darin wenden.
3 ∾ 6 Muscheln und gerollten Speck abwechselnd aufspießen. Spieße mit zerlassener Butter bestreichen, salzen und pfeffern.
4 ∾ **Sauce:** Zwiebel, Essig und 85 ml des aufbewahrten Suds in einer Pfanne erhitzen. 5 Minuten kochen, bis die Mischung auf 2 EL eingedickt ist. Sahne mit Mehl mischen und unterrühren. Bei niedriger Hitze rühren, bis die Sauce kocht und eindickt. Wegstellen und warm halten.
5 ∾ Spieße in vorgeheizten Grill legen. 4–5 Minuten regelmäßig wenden, bis der Speck gebraten ist.
Sofort zu frisch zubereiteten Teigwaren oder auf Reisbett servieren. Dazu die warme Sauce reichen.

Hinweis ∾ Spieße und Sauce können einige Stunden vor dem Verzehr zubereitet und gekühlt werden. Sauce leicht aufwärmen. Spieße kurz vor dem Servieren grillen.

Variante ∾ Statt der Muscheln Fisch mit weißem, festem Fleisch verwenden, das in Würfel geschnitten wird.

Die Muscheln abtropfen lassen. Sud zur späteren Verwendung aufbewahren.

Muscheln in der Petersilien-Knoblauchmischung wälzen.

Raffiniertes mit Fisch und Meeresfrüchten

Kammuscheln am Spieß

Muscheln und gerollten Speck abwechselnd aufspießen.

Mischung aus Sahne und Mehl unter die eingedickte Sudmischung rühren.

Graved Lachs

Vorbereitungszeit:
20 Min. + Marinierzeit
Zubereitungszeit:
Keine

Für 4–6 Personen

2 Atlantiklachs-Filets, je 300–400 g	*Senfsauce*
¼ Becher Zucker	**½ Becher französischer Senf**
¼ Becher Meersalz, grobkörnig	**1 TL Senfpulver**
1 TL weiße Pfefferkörner, zerstoßen	**¼ Becher Honig**
1 Bund frischer Dill	**2 EL Estragonessig**
Gurken und rote Paprikascheiben	**2 EL frischer Dill, gehackt**
Roggenbrot, -cracker	**85 ml Öl**

1 ∾ Die Filets waschen und trockentupfen.
2 ∾ Zucker, Salz und Pfefferkörner mischen und auf die Fleischseite jedes Filets drücken.
3 ∾ Ein Filet mit der Fleischseite nach oben in ein niedriges Glas- oder Keramikgefäß legen. Dicht mit Dillzweigen bedecken. Ein weiteres Filet mit der Hautseite nach oben auf das erste legen.
4 ∾ Fisch mit Alufolie abdecken und einem 1-kg-Gewicht beschweren. 48–72 Stunden kaltstellen. Filets alle 12 Stunden wenden, dabei eine kleine Menge der Marinade in die Mitte zwischen den beiden Filets geben.
5 ∾ **Servieren:** Mischung aus Salz und Dill entfernen. Graved Lachs wie geräucherten Lachs in sehr dünne Scheiben schneiden. Mit Gurkenscheiben, rotem Paprika in Streifen und Senfsauce sowie Roggenbrot und Crackern servieren.
6 ∾ **Senfsauce:** Alle Saucenzutaten außer Öl im Mixer mischen. Unter Rühren Öl in einem dünnen Strahl zugeben. Gut verrühren, bis die Sauce eindickt. Ergibt 250 ml.
Hinweis ∾ Die Sauce ist im Kühlschrank bis zu 1 Woche, im Gefrierfach bis zu 1 Monat haltbar. Zum Beschweren des Fisches beim Marinieren kann man ein kleines Brotschneidebrett und 1 kg schwere Dosen verwenden. Brett mit Dosen auf der mit Alufolie bedeckten Lachs legen.

Die Lachsfilets dick mit frischen Dillzweigen belegen.

Salz und Dill entfernen, den Lachs in sehr dünne Scheiben schneiden.

Graved Lachs

Taramasalata

Vorbereitungszeit:
25 Min.
Zubereitungszeit:
Keine

Für 4 Personen

4 Scheiben Weißbrot, ohne Kruste
60 ml Milch
100 g Tarama
1 Eigelb
1 Knoblauchzehe, zerdrückt
1 EL Zwiebel, gehackt
125 ml Olivenöl
85 ml Zitronensaft
Schwarze Oliven zum Garnieren

1 ～ Brotscheiben 5 Minuten in Milch einweichen. Überschüssige Milch ausdrücken.
2 ～ Tarama und Eigelb 10 Sekunden im Rührgerät mischen.
3 ～ Getrocknetes Brot, Knoblauch und Zwiebel zugeben. 20 Sekunden rühren, bis die Mischung gut vermischt und glatt ist.
4 ～ Unter Rühren Öl in einem dünnen Strahl zugeben. Rühren, bis das ganze Öl aufgenommen ist.
5 ～ Zitronensaft in kleinen Mengen zugeben. Mischung in eine Servierschüssel geben. Mit schwarzen Oliven garnieren, mit Gurke und knusprigen Brotscheiben servieren.
Hinweis ～ Dieses traditionelle griechische Gericht wird meist als Appetithappen oder Dip serviert. Tarama ist Fischrogen, der in griechischen Feinkost- und Fischgeschäften erhältlich ist. Das Gericht hält sich gekühlt bis zu 1 Woche, wenn luftdicht verschlossen. Vor dem Servieren auf Zimmertemperatur erwärmen.
Das Gericht läßt sich appetitlich anrichten. Es kann, mit Petersilie und Kapern garniert, auf knusprigem Brot serviert werden. Mit frischen Kräutern schmeckt es hervorragend auf einer Teigunterlage oder zu frischen Pilzhüten.

Überschüssige Milch nach dem Einweichen aus dem Brot drücken.

Tarama und Eigelb im Mixer 10 Sekunden mischen.

Raffiniertes mit Fisch und Meeresfrüchten

Taramasalata

Getrocknetes Brot, Knoblauch und Zwiebel zur Tarama-Mischung geben.

Unter Rühren Öl in einem dünnen Strahl über die Zuführöffnung zugeben.

Paella

Vorbereitungszeit:
30 Min. + 120 Min. Quellzeit
Zubereitungszeit:
45 Min.

Für 4 Personen

12 Miesmuscheln, geschrubbt, ohne Bart	1 kleiner roter Paprika, feingehackt
125 ml Weißwein	1 Tomate, geschält und zerkleinert
1 kleine rote Zwiebel, gehackt	$1/2$ Becher frische oder gefrorene Erbsen
125 ml Olivenöl	90 g Chorizo oder Peperoni, dünn geschnitten
1 kleines Hühnerbrustfilet, gewürfelt	Salz, frisch gemahlener schwarzer Pfeffer
275 g rohe mittelgroße Garnelen, ohne Schale, ausgelöst	Prise Cayennepfeffer
100 g Tintenfische, gesäubert, in Ringen	1 Becher Langkornreis, nicht gekocht
100 g weißer Fisch, entgrätet, gewürfelt	$1/4$ TL Safran, pulverisiert
$1/2$ kleine rote Zwiebel, zusätzlich, feingehackt	500 ml Hühnerbrühe, erhitzt
1 Streifen Speck, feingehackt	2 EL frische Petersilie, feingehackt
4 Knoblauchzehen, zerdrückt	

1 ∾ Muscheln 2 Stunden in kaltes Wasser legen. Geöffnete oder beschädigte wegwerfen. Wein und Zwiebel in einer Pfanne erhitzen. Muscheln zugeben, abdecken und Pfanne 3–5 Minuten bei großer Hitze schütteln. Nach 3 Minuten die geöffneten Muscheln herausnehmen und wegstellen. Nach 5 Minuten die ungeöffneten wegwerfen. Sud aufbewahren.

2 ∾ Die Hälfte des Öls in einer Bratpfanne erhitzen. Hühnerstücke abtupfen und 5 Minuten braten. Aus der Pfanne nehmen. Garnelen und Fisch 1 Minute braten. Aus der Pfanne nehmen.

3 ∾ Restliches Öl in der Pfanne erhitzen. Zusätzliche Zwiebel, Speck, Knoblauch und Paprika zugeben. 5 Minuten dünsten. Tomate, Erbsen, Chorizo oder Peperoni, Salz, Pfeffer und Cayennepfeffer unterrühren. Sud zugeben und rühren. Reis untermengen.

4 ∾ Safran mit 125 ml Brühe mischen. Mit der restlichen Brühe unter die Reismischung geben, gut verrühren. Langsam zum Kochen bringen. Hitze verringern, Reismischung unbedeckt 15 Minuten köcheln lassen, ohne zu rühren.

5 ∾ Huhn, Garnelen und Fisch auf dem Reis anrichten. Die Stücke mit einem Holzlöffel vorsichtig in den Reis drücken. Abdecken und bei niedriger Hitze 10–15 weitere Minuten kochen, bis der Reis und die Meeresfrüchte gar sind. Ist der Reis noch nicht fertig, Brühe zufügen und einige weitere Minuten kochen. Paella in Schüsseln servieren. Mit Muscheln und Petersilie garnieren.

Hinweis ∾ Vorsorglich mehr Muscheln kaufen, um nicht geöffnete zu ersetzen. Für dieses Rezept eignen sich schwarz und grün gesäumte Muscheln.

Paella

Brühe mit Safran unter die Reismischung rühren.

Hühnerstücke, Garnelen, Tintenfische und Fischstücke zu dem Reis geben.

～ Austern ～

Austern werden frisch und geöffnet gekauft. Möchten Sie die Austern länger als einen Tag aufbewahren, so kaufen Sie ungeöffnete. Sie sind in ein feuchtes Tuch eingeschlagen bis 2 Wochen haltbar.

Austern Natur
24 gekühlte frische Austern in halben Schalen auf ein Bett aus grobem Salz legen. Mit Cocktail-Sauce, Schwarzbrot und Butter, Zitrone und gemahlenem schwarzen Pfeffer servieren. Für 4 Personen.

Austern Mornay
30 g Butter zerlassen. 1 EL Stärkemehl unterrühren und 2 Minuten kochen. 170 ml heiße Milch langsam zugeben, bei mittlerer Hitze rühren, bis die Mischung kocht und eindickt. Salz, Pfeffer und eine Prise Cayennepfeffer zugeben. Sauce 2 Minuten leicht köcheln lassen. 1 EL Sahne unterrühren. Vom Herd nehmen und die Oberfläche mit Plastikfolie bedecken. Saft von 24 frischen Austern auffangen, zur Sauce geben. Austern in der Schale auf grobem Salz auf einem Blech arrangieren, mit 1 TL der heißen Sauce bedecken und mit $^1/_3$ Becher geriebenem Cheddar bestreuen. 2–3 Minuten grillen. Mit Paprika bestäuben. Für 4 Personen.

Austern Rockefeller
24 frische Austern in Schalen auf einem Bett aus grobem Salz arran-

gieren. Zugedeckt kalt stellen. 60 g Butter zerlassen. 2 Streifen feingeschnittenen Speck zugeben und bei mittlerer Hitze anbräunen. 8 feingehackte Spinatblätter, 2 EL gehackte frische Petersilie, 2 EL feingehackte Frühlingszwiebeln, 1/3 Becher Semmelbrösel und einen Tropfen Tabasco zugeben. Bei mittlerer Hitze 5 Minuten garen. Einige Löffel dieser Mischung auf die gekühlten Austern geben. 2–3 Minuten grillen. Für 4 Personen.

Austern Kilpatrick

24 frische Austern auf ein Grillblech legen. 30 g Butter in einer Pfanne zerlassen. 2 EL Worcestersauce zugeben und 2 Minuten köcheln lassen. 1/2 TL der Buttermischung auf jede Auster geben. 3 Scheiben sehr fein geschnittenen Speck und gemahlenen, schwarzen Pfeffer auf die Austern streuen. 3–4 Minuten grillen, bis der Speck knusprig ist. Auf einem Bett aus grobem Salz servieren.
Für 4 Personen.

Austern am Spieß

24 Austern aus dem Glas abtropfen lassen. 6 Streifen Speck von der Schwarte befreien. Die Scheiben der Länge nach in 4 Stücke teilen. Einen Speckstreifen um jede Auster wickeln und je 2 umwickelte Austern auf jeden der 12 Spieße oder Zahnstocher aus Holz stecken. Die aufgespießten Austern 2–3 Minuten grillen, bis der Speck knusprig ist, dabei gelegentlich wenden. Spieße auf Butterbrot oder -toast legen. Schwarzen Pfeffer darüber mahlen und mit Zitronenschnitzeln garnieren. Dazu Sauerrahm reichen. Für 4 Personen.

Spaghetti alla Marinara

Vorbereitungszeit:
40 Min. + 120 Min. Quellzeit
Zubereitungszeit:
50 Min.

Für 4–6 Personen

12 Miesmuscheln, abgeschrubbt, ohne Bart

Tomatensauce
**2 EL Olivenöl
1 Zwiebel, feingehackt
1 Karotte, geschält und feingehackt
1 rote Chilischote, entkernt und gehackt
2 Knoblauchzehen, zerdrückt
425 g Tomaten aus der Dose, zerdrückt
125 ml Weißwein
1 TL Zucker
Prise Cayennepfeffer**

**60 ml Weißwein zusätzlich
60 ml Fischbrühe
1 Knoblauchzehe zusätzlich, zerdrückt
30 g Butter
125 g Tintenfischringe
125 g weiße Fischfilets, entgrätet, gewürfelt
200 g rohe, mittelgroße Garnelen ohne Schalen, ausgelöst
1/2 Becher frische Petersilie, gehackt
200 g Muscheln aus der Dose, abgetropft
375 g Spaghetti**

1 ∾ Muscheln 2 Stunden in kaltes Wasser legen. Offene oder beschädigte entfernen.
2 ∾ **Tomatensauce:** Öl zerlassen. Zwiebel und Karotte bei mittlerer Hitze 10 Minuten dünsten. Chili, Knoblauch, Tomaten, Wein, Zucker und Pfeffer unterrühren. 30 Minuten offen köcheln lassen, umrühren.
3 ∾ Zusätzlichen Wein, Brühe und Knoblauch in einem Topf erhitzen. Muscheln zugeben und Topf schließen. 3–5 Minuten schütteln. Nach 3 Minuten geöffnete Muscheln herausnehmen. Nach 5 Minuten ungeöffnete auslesen. Sud behalten.
4 ∾ Butter zerlassen. Tintenfischringe, Fisch und Garnelen zugeben. Unter Rühren 2 Minuten braten. Beiseite stellen und warm halten.
5 ∾ Weinsud, Petersilie, Meeresfrüchte und Muscheln zur Tomatensauce geben. Leicht erhitzen.
6 ∾ Spaghetti kochen. Abtropfen lassen. Mit Sauce servieren.
Hinweis ∾ Nur die Tomatensauce kann im voraus zubereitet werden.

Muschelbärte vorsichtig von den geschrubbten Schalen entfernen.

Weißwein in die Pfanne zu den anderen Saucenzutaten geben.

Spaghetti alla Marinara

3 Minuten kochen, dann die geöffneten Muscheln herausnehmen.

Garnelen, Fisch und Tintenfischringe zur Butter in die Pfanne geben.

Gefüllte Tintenfische

Vorbereitungszeit:
25 Min.
Zubereitungszeit:
90 Min.

Für 4–6 Personen

4–6 mittelgroße Tintenfische, gesäubert

Füllung
**60 ml Olivenöl
1 Zwiebel, feingehackt
2 Knoblauchzehen, zerdrückt
Tentakel, gehackt (nach Wahl)
1/2 Becher Langkornreis
2 Tomaten, geschält und gehackt
1/3 Becher Pinienkerne
1/3 Becher Korinthen
1/4 Becher frische Petersilie, feingehackt
Salz, frisch gemahlener schwarzer Pfeffer
60 ml Olivenöl zusätzlich
125 ml Weißwein
375 ml Tomatensaft, erhitzt**

1 ∾ **Reinigen der Tintenfische:** Innereien vollständig herausnehmen. Tintenfische sorgfältig waschen. Mit eingesalzenen Händen die äußere Haut abziehen und die Fangarme entfernen. Erneut spülen und trocknen lassen. (Gesäuberte Tintenfische sind auch erhältlich. Dann die Kalamarmäntel nur waschen und trockentupfen.)

2 ∾ **Füllung:** Öl in einer Bratpfanne erhitzen. Zwiebel und Knoblauch andünsten. Tentakel, soweit verwendet (siehe Hinweis), Reis, Tomaten, Pinienkerne, Korinthen, Petersilie, Salz und Pfeffer zugeben. Verrühren.

3 ∾ Herd auf 180 °C vorheizen. Tintenfische zu 3/4 mit der Masse füllen, damit der Reis noch quellen kann. Das offene Ende mit Nadel und Küchengarn oder Zahnstochern verschließen.

4 ∾ Zusätzliches Öl in einer Pfanne erhitzen. Tintenfisch bei großer Hitze 2–3 Minuten anbraten. In feuerfestes Gefäß geben. Wein und heißen Tomatensaft zufügen. Zugedeckt 75 Minuten backen. Aus dem Ofen nehmen, Faden oder Zahnstocher entfernen. Wegstellen und warm halten. Flüssigkeit aufheben.

5 ∾ Flüssigkeit in einer Pfanne zum Kochen bringen. 10 Minuten kochen, bis die Sauce eindickt. Tintenfisch in dicken Scheiben mit eingekochter Tomatensauce servieren. Dazu Schlangenbohnen und Salat reichen.

Hinweis ∾ Tintenfisch kann bis zu 1 Tag vor Verzehr zubereitet und gekühlt werden. Mit Sauce langsam aufwärmen. Nicht einfrieren. Bei Fischen mit Kopf können die Tentakel verwendet werden. Kopf direkt unter den Augen von den Tentakeln trennen und beseitigen. Kauwerkzeuge aus der Tentakelmitte entfernen, Tentakel zerkleinern. Füllung reicht für 4 Tintenfische à 125 g, bei jungen Tintenfischen für 10–12 Kalamarmäntel.

Gefüllte Tintenfische

Die gesamten Innereien aus den Kalamarmänteln ziehen.

Tintenfische nur zu ¾ füllen, damit der Reis noch quellen kann.

Marinierter Fischsalat

Vorbereitungszeit:
20 Min. + Marinierzeit
Zubereitungszeit:
Keine

Für 6 Personen

- 500 g weißer Fisch, fest, gehäutet, entgrätet, in 1 cm große Würfel geschnitten
- 200 g Kammuscheln
- 200 ml Zitronensaft
- 1 kleine rote Zwiebel, feingehackt
- 1 rote Chili, entkernt und feingehackt
- 1–2 Knoblauchzehen, gehackt
- 2 Tomaten, entkernt und gehackt
- 1 EL frisches Korianderkraut, gehackt
- 1 kleine Gurke, entkernt, in 1 cm große Würfel geschnitten
- 60 ml Kokosnußcreme
- Salz und schwarzer Pfeffer
- 3 Avocados
- frischer Schnittlauch

1 ∞ Fisch, Muscheln, Zitronensaft, Zwiebel, Chili und Knoblauch in einer Keramik- oder Glasschüssel verrühren. Mit Plastikfolie abdecken und 6 Stunden oder, wenn möglich, über Nacht kühlen. Gelegentlich mit einem Metallöffel rühren, dabei den Fisch nicht beschädigen.

2 ∞ Vor dem Servieren den Saft von der Meeresfrüchtemischung auffangen und wegwerfen. Tomaten, Koriander, Gurke, Kokosnußcreme, Salz und Pfeffer unter die Meeresfrüchtemischung rühren.

3 ∞ Avocados halbieren und entkernen. Fleisch grob hacken und zur Salatmischung geben. Mit ganzem Schnittlauch garnieren, auf Radicchiosalat servieren.

Hinweis ∞ Dieses Gericht, das aus Lateinamerika stammt, wird nach der klassischen Art der Fischzubereitung angerichtet. Die Grundlage für das Gericht ist roher Fisch, der einige Stunden in Zitronensaft, Limonensaft oder einer Mischung aus beidem mariniert wird. Während der Marinierzeit wird das Fischfleisch durch die Säure des Safts „gegart" und dadurch immer dunkler. Der marinierte Fischsalat wird meist als leichter, frischer, erster Gang gereicht. Er paßt zu einem Buffet ebenso gut wie zu einer gemischten Meeresfrüchteplatte.

Kammuscheln säubern, dann in die Marinade geben.

Entkernte und feingehackte Chilischoten zu anderen Zutaten geben.

Raffiniertes mit Fisch und Meeresfrüchten

Marinierter Fischsalat

Die Meeresfrüchtemischung kurz vor dem Servieren abtropfen lassen.

Das gehackte Avocadofleisch zur Meeresfrüchte-Salat-Mischung geben.

Bouillabaisse

Vorbereitungszeit:
40 Min. + 120 Min.
Quellzeit
Zubereitungszeit:
70 Min.

Für 4–6 Personen

1 ∞ Muscheln 2 Stunden in kaltes Wasser legen. Offene entfernen.
2 ∞ Köpfe, Gräten, Garnelen und Hummerschalen mit Wein, Wasser, Zwiebel, Knoblauch und Lorbeerblatt in einen Topf geben. Zum Kochen bringen. 20 Minuten sieden lassen. Passieren und Sud aufbewahren.
3 ∞ Öl in einer Pfanne erhitzen. Zusätzliche Zwiebeln, Poree und Knoblauch zugeben. Bedeckt bei niedriger Hitze 20 Minuten dünsten, gelegentlich umrühren. Tomatenmark, Safran, Lorbeerblätter, Basilikum, Fenchel, Hummerschale, Salz und Pfeffer zugeben. 10 Minuten rühren.
4 ∞ Sud zugeben, zum Kochen bringen. 10 Minuten rühren. Hitze vermindern, Fischstücke, Hummer (3 cm große Stücke) und Muscheln zugeben. Mit Deckel 4–5 Minuten köcheln lassen, bis sich die Muscheln öffnen; geschlossene entfernen. Garnelen zugeben und nochmals 3–4 Minuten bedeckt köcheln lassen.
5 ∞ Hummerschale und Lorbeer entfernen. In Servierschüsseln geben. Mit Petersilie bestreuen und einem Löffel Knoblauchsauce servieren.
6 ∞ **Knoblauchsauce:** Brot 5 Minuten in Wasser einweichen und dann ausdrücken. Mit Knoblauch, Chilis, Eigelb, Salz und Pfeffer im Mixer 20 Sekunden mischen. Öl zugeben bis Sauce eindickt. In Servierschüsseln geben und zugedeckt kühlen.

---

12 Miesmuscheln, geschrubbt, ohne Bart
1–2 Fischköpfe, mit Gräten
500 g rohe Riesengarnelen, geschält, Schalen und Köpfe aufbewahren
1 Hummerschwanz, Fleisch entfernen, Schale aufbewahren
250 ml Weißwein
500 ml Wasser
$^1/_2$ rote Zwiebel, gehackt
2 Knoblauchzehen, zerdrückt
1 Lorbeerblatt
60 ml Olivenöl
2 rote Zwiebeln, feingehackt, zusätzlich
1 kleine Porreestange, in dünnen Scheiben
4 Knoblauchzehen, zerdrückt
4–6 Tomaten, gehäutet und gehackt
3 EL Tomatenmark
$^1/_4$ TL Safranpulver
2 Lorbeerblätter
1 TL getrocknetes Basilikum
1 TL Fenchelsamen
5 cm großes Stück unbehandelte Orangenschale
Salz, frisch gemahlener schwarzer Pfeffer
500 g weißer Fisch, gehäutet, entgrätet, in 3 cm große Stücke geschnitten
$^1/_2$ Becher frische Petersilie, feingehackt

Knoblauchsauce
4 dicke Scheiben Weißbrot, ohne Kruste
4 Knoblauchzehen, zerdrückt
2 rote Chilis, feingehackt
2 Eigelb
Salz, frisch gemahlener schwarzer Pfeffer
200 ml Olivenöl

Bouillabaisse

Fischsud passieren und zur späteren
Verwendung aufbewahren.

Brot, Knoblauch, Chilis, Eigelb, Salz und
Pfeffer im Mixer verarbeiten.

～ Kedgeree ～

Vorbereitungszeit:
20 Min.
Zubereitungszeit:
12 Min.

Für 4 Personen

500 g Schellfisch oder Kabeljau, geräuchert
1 Stück unbehandelte Zitronenschale
1 Lorbeerblatt
60 g Butter
1 große Zwiebel, feingehackt
1 TL Currypulver
3 Becher Basmatireis, gekocht, warm
3 Eier, hartgekocht, gehackt
¼ Becher Petersilie, feingehackt
2 Eigelb
60 ml Sahne
1 Zitrone, geviertelt
Zucchini mit Blüte

1 ～ Schellfisch oder Kabeljau mit Zitronenschale und Lorbeer in einem Topf mit Wasser bedecken. 6–8 Minuten köcheln lassen. Fisch abtropfen lassen, häuten, entgräten und zerlegen; wegstellen.

2 ～ Butter in einer Bratpfanne zerlassen. Zwiebel und Curry andünsten. 5 Minuten rühren, bis die Zwiebel weich, jedoch nicht braun ist.

3 ～ Reis, Eier, Petersilie und Eigelb-Sahne-Mischung unterrühren.

4 ～ Sehr heiß mit Zitrone und Zucchini mit Blüte servieren.

～ Marinierter Tintenfisch ～ mit süßer Chilisauce

Vorbereitungszeit:
30 Min. + Marinierzeit
Zubereitungszeit:
4 Min.

Für 4–6 Personen

1 kg junge Tintenfische
125 ml Olivenöl
2 Knoblauchzehen, zerdrückt
2 EL frisches Korianderkraut, feingehackt
1 rote Chilischote, feingehackt
2 EL Zitronensaft
Metallspieße

Süße Chilisauce
1 rote Chilischote, feingehackt
60 ml Zitronensaft
2 EL brauner Zucker
1 EL Fischsauce
2 EL frisches Korianderkraut, feingehackt
1 EL süße Chilisauce

1 ～ **Tintenfisch säubern:** Mit einem scharfen Messer den Kopf abschneiden; Eingeweide entfernen. Tintenfisch anheben und mit dem Zeigefinger die Mundöffnung hochdrücken, entfernen und beseitigen. Tintenfisch unter fließendem Wasser säubern und auf Küchenkrepp abtropfen lassen.

2 ～ In einer Glas- oder Keramikschale Öl,

Kedgeree (oben) und Marinierter Tintenfisch mit süßer Chilisauce

Knoblauch, Koriander, Chili und Zitronensaft mischen. Fisch zugeben. Bedeckt mindestens 4 Stunden kühlen.

3 ∽ Tintenfisch abtropfen lassen. 2 oder 3 Stücke auf Spieße stecken. Grillrost stark erhitzen und mit Öl einfetten. 3–4 Minuten braten, dabei häufig wenden und mehrmals mit Marinade bestreichen. Nicht zu lange braten, sonst wird der Fisch zäh. Warm mit Sauce oder kalt als Salatbeilage servieren.

4 ∽ **Süße Chilisauce:** Alle Saucenzutaten in ein Glas mit Schraubverschluß geben. Gut durchschütteln.

Omelett Arnold Bennett

Vorbereitungszeit:
10 Min.
Zubereitungszeit:
10 Min.

Für 2 Personen

100 g Schellfisch, geräuchert	60 ml Sahne, zusätzlich
30 g Butter	1/2 Becher geriebener Emmentaler
40 ml Sahne	30 g Butter
4 Eier, getrennt	Salz und Pfeffer

1 ∾ Fisch mit Wasser bedecken. Langsam zum Kochen bringen. Hitze abstellen. Bedeckt 10 Minuten ruhen lassen. Fisch abtropfen lassen, häuten, entgräten und zerlegen. Beiseite stellen.

2 ∾ Butter zerlassen, Sahne und Fisch zugeben. Bei mittlerer Hitze 2–3 Minuten rühren. Abkühlen lassen.

3 ∾ Eigelb in einer Schüssel schlagen. 20 ml der zusätzlichen Sahne zugeben. In einer anderen Schüssel Eiweiß schaumig schlagen. Eigelb, Fischmischung und 1/4 Becher Käse unter das Eiweiß heben.

4 ∾ Butter in einer beschichteten Pfanne erhitzen. Eimischung zur heißen Butter geben. Braten, bis die Unterseite des Omeletts goldbraun und fest ist. Nicht falten.

5 ∾ Mit restlichem Käse bestreuen. Rest der Sahne darübergießen. Würzen. Im vorgeheizten Ofen kurz bräunen.

Mit Zitronenschnitzeln und gemischtem Salat servieren.

Hinweis ∾ Der Fisch kann im voraus zubereitet werden. Geräucherter Schellfisch verleiht diesem klassischen Gericht seinen einzigartigen Geschmack. Das Omelett ist nach dem 1931 verstorbenen englischen Romanschriftsteller benannt.

Gräten aus dem gekochten Fisch entfernen und mit Gabel zerlegen.

Fisch, Butter und Sahne bei mittlerer Hitze verrühren.

Omelett Arnold Bennett

Eigelb, Fischmischung und ¹/₄ Becher Käse unter das Eiweiß heben.

Omelett braten, bis die Unterseite eine goldene Farbe annimmt und fest ist.

～ Geräucherter Lachs ～

Vor nicht allzu langer Zeit war geräucherter Lachs noch eine kostbare Rarität. Schlicht angerichtet schmeckt er am besten.

Geräucherter Lachs
30–60 g Lachs pro Person rechnen. In dünne Scheiben schneiden, gekühlt mit Schwarzbrot und Butter, Roggenbrot, Pumpernickel, einfachen Keksen, Buchweizenpfannkuchen oder getoastetem Weißbrot reichen. Mit einigen Tropfen Zitronensaft, Zitronenvierteln und frisch gemahlenem schwarzem Pfeffer garnieren. Zwiebel oder Rettich, fein geschnitten, eingelegte oder frische Gurken, Kapern, Rahm-Frischkäse oder feingehackte frische Kräuter zum Lachs anbieten.

Weitere Verwendungsmöglichkeiten
Geräucherten Lachs in Sandwiches, Pfannkuchen oder Mürbeteig servieren. Auf Brötchen, mit Rahm-Frischkäse, Kapern, Zwiebelringen und frischem Dill reichen. Mit Kartoffeln, Salaten, Teigwaren, Omeletts und hartgekochten oder Rühreiern anbieten.

Saucen zu Lachs
Dillsauce: 85 ml Mayonnaise, 2 TL gehackten, frischen Dill, 2 TL Zitronensaft und 1 Spritzer Tabasco mischen. Mit frischem Dill bestreuen.

Von unten links nach rechts: Dillsauce, Gurken-Dill-Sauce, Meerrettich-Schnittlauch-Sauce; Lachs auf Brötchen, Pumpernickel, Pfannkuchen und kernigem Brot.

Meerrettich-Schnittlauch-Sauce: 85 ml Sauerrahm, 1 EL Meerrettich, 2 TL Zitronensaft und 2 EL gehackten frischen Schnittlauch mischen. Mit Schnittlauch garnieren.

Gurken-Dill-Sauce: 85 ml Sauerrahm, 2 TL mittelscharfen Senf, 2 TL gehackten, frischen Dill, 2–3 TL Zitronensaft und 2 kleine, gehackte Gurken vermengen.

Lachs zu Buchweizenpfannkuchen

1 Becher Vollkornmehl, 1 TL Zucker und 1 Prise Salz in eine Schüssel geben. In der Mitte eine Mulde formen. 2 leicht geschlagene Eier, 1 EL zerlassene Butter und 500 ml warme Milch mischen. Danach die Flüssigkeit unter das Mehl rühren, bis ein Eierkuchenteig entsteht. Eine Pfanne mit wenig Butter fetten. 2 TL Teig in die Pfanne geben und jeweils 4–5 Pfannkuchen backen. Diese auf einem Teller bedeckt warm halten. 100 g gehackten geräucherten Lachs, 250 g Hüttenkäse, 1/2 TL Zitronensaft, 2 TL geraspelte Zwiebel und 1 TL gehackten Schnittlauch mischen. Auf den heißen Pfannkuchen servieren. Mit Paprika bestreuen. Ergibt 25 Stück.

Lachs und Kaviar zu Pfannkuchen

Pfannkuchen mit dünn geschnittenem Lachs belegen. Mit dünnen Limonenscheiben und einem Klecks Kaviar, rot oder schwarz, garnieren. Schwarzen Pfeffer darüber mahlen.

Knoblauchgarnelen

Vorbereitungszeit:
30 Min.
Zubereitungszeit:
6 Min.

Für 6 Personen

375 ml Speiseöl
90 g Butter
12 Knoblauchzehen, geschält
3 kleine rote Chilischoten, entkernt und feingehackt
30 rohe Riesengarnelen, geschält, ausgelöst, mit ganzem Schwanz
Baguette, knusprig

1 ∞ Öl und Butter in eine große Pfanne geben.
2 ∞ Zerdrückte Knoblauchzehen dazugeben und Chili unterrühren.
3 ∞ Pfanne mit Inhalt erhitzen, bis die Butter sehr heiß ist und Blasen wirft. Garnelen zugeben, 3–4 Minuten braten, bis sie eine rosa Farbe annehmen und gar sind.
4 ∞ Mit Baguette servieren.
Hinweis ∞ Dieses spanische Gericht wird traditionsgemäß in getrennten, feuerfesten Formen zubereitet. Je 60 ml Öl in 6 kleine Schüsseln geben. Die Butter in 6 Würfel schneiden und auf die 6 Schüsseln verteilen. In jede Schüssel 2 Knoblauchzehen geben. Auch die Chilischoten gleichmäßig auf die 6 Gefäße verteilen. Schüsseln mit Inhalt erhitzen, bis die Butter sehr heiß ist. 5 Garnelen in jede Schüssel geben und 3–4 Minuten erhitzen. Mit Baguette sofort servieren. Für die Zubereitung der Garnelen eignet sich ein Grill besonders gut, da auf offener Flamme Öl und Butter optimal ausreichend erhitzt werden können. Eine gußeiserne Pfanne ist ideal für das Kochen am Grill.

Garnelen schälen und auslösen, dabei die Schwänze nicht beschädigen.

Chili zu Knoblauch, Öl und Butter in die Pfanne geben.

Knoblauchgarnelen

Garnelen 3–4 Minuten braten, bis sie eine rosa Farbe annehmen.

Baguette in Scheiben schneiden und zu den heißen Knoblauchgarnelen servieren.

Suppe aus Meeresfrüchten

Vorbereitungszeit: **15 Min.**
Zubereitungszeit: **25–30 Min.**

Ergibt: 2 ½ l

60 g Butter	400 g weißer Fisch, fest, gehäutet, entgrätet und in 2 cm großen Würfeln
2 Streifen Speck, feingewürfelt	250 g Kammuscheln, gesäubert
1 Porreestange, feingeschnitten	200 g kleine Garnelen, geschält, ausgelöst
1 Karotte, geschält und feingewürfelt	250 ml Sahne
1 Stangensellerie, feingewürfelt	⅓ Becher Petersilie, feingehackt
1 große Kartoffel, geschält und gehackt	Salz, frisch gemahlener schwarzer Pfeffer
⅓ Becher Mehl	Petersilie, feingehackt
1 l Fischbrühe, heiß	

1 ~ 30 g Butter zerlassen, Speck zugeben. 5 Minuten bei niedriger Hitze braten. Speck entfernen. Restliche Butter, Porree, Karotte, Sellerie und Kartoffel bei mittlerer Hitze 5 Minuten unter häufigem Rühren dünsten, bis das Gemüse gar ist.

2 ~ Mehl zugeben, 1 Minute kochen. Heiße Fleischbrühe langsam zugeben. 5 Minuten rühren, bis die Mischung kocht und eindickt. Bei niedriger Hitze 5 Minuten unbedeckt köcheln lassen, gelegentlich rühren.

3 ~ Fisch zugeben und 5 Minuten rühren. Muscheln, Garnelen, Sahne, Petersilie und Speck unterrühren. 5 Minuten ohne Rühren kochen. Salzen und pfeffern. Mit Petersilie garniert sofort servieren.

Hinweis ~ Die Suppe kann bis zu Schritt 3 einige Stunden im voraus zubereitet werden. Fisch und Meeresfrüchte kurz vor dem Servieren kochen. Die herzhafte Suppe gibt mit knusprigem Brot ein köstliches und zugleich sättigendes Mahl ab.

Das Gemüse bei mittlerer Hitze dünsten, bis es gar und goldgelb ist.

Muscheln, Garnelen, Sahne, Petersilie und gebratenen Speck unterrühren.

Suppe aus Meeresfrüchten

Garnelen-Cocktail

Vorbereitungszeit:
20 Min.
Zubereitungszeit:
Keine

Für 4–6 Personen

Cocktail-Sauce
250 ml Mayonnaise, dickflüssig
2 EL Tomatensauce
2 EL Crème fraîche
1 Spritzer Tabasco
1 TL Zitronensaft
1 TL Worcestersauce

24 mittelgroße, gekochte Garnelen, geschält, ausgelöst, mit ganzem Schwanz
Kopfsalat
Zitronenviertel
Schwarzbrot, mit Butter bestrichen

1 ∞ **Cocktail-Sauce:** Alle Saucenzutaten in einer großen Schüssel mischen. Gut verrühren.
2 ∞ 6–8 Garnelen aufheben. Die restlichen vom Schwanz befreien und vorsichtig unter die Sauce rühren.
3 ∞ Salat in Servierschüsseln arrangieren. Garnelenmischung in jede Schüssel geben. Mit den aufbewahrten Garnelen garnieren. Dazu Zitronenviertel und Butterbrot reichen.
Hinweis ∞ Die Sauce kann im voraus zubereitet und gekühlt aufbewahrt werden.

Garnelen-Koteletts mit Sauce

Vorbereitungszeit:
30 Min. + Kühlzeit
Zubereitungszeit:
10 Min.

Für 4–6 Personen

24 rohe Riesengarnelen, geschält, mit ganzem Schwanz
4 Eier
2 EL Sojasauce
Stärkemehl, zum Panieren
Semmelbrösel
Öl zum Fritieren

Tartarsauce
250 ml Mayonnaise
1 EL Zwiebel, feingehackt
1 EL Kapern, gehackt
1 EL Gurken, gehackt
1 EL Zitronensaft
1 EL frische Petersilie, feingehackt
1 Spritzer Tabasco

1 ∞ Garnelen zum Aufklappen am Rücken entlang aufschneiden, auslösen und sanft mit der Hand flachdrücken.
2 ∞ Eier und Sojasauce schlagen. Garnelen in Mehl, Eimischung und Semmelbröseln panieren. Im Kühlschrank fest werden lassen.
3 ∞ Öl in einem tiefen Topf oder Pfanne mäßig erhitzen. Garnelen portionsweise fritieren, bis sie goldgelb sind. Auf Küchenpapier abtropfen lassen. Danach mit Tartarsauce und Zitrone servieren.
4 ∞ **Tartarsauce:** Alle Zutaten mischen. Zudecken und bis zum Verzehr kühl stellen.

RAFFINIERTES MIT FISCH UND MEERESFRÜCHTEN

Garnelen-Cocktail (oben) und Garnelen-Koteletts mit Sauce

Muscheln im eigenen Saft

Vorbereitungszeit:
15 Min. + 120 Min. Quellzeit
Zubereitungszeit:
30-35 Min.

Für 4 Personen

24 Miesmuscheln, vorbereitet (siehe Hinweis)
1 Zwiebel, gewürfelt
1 Stangensellerie, gewürfelt
250 ml Weißwein
375 ml Fischbrühe
4 Zweige frische Petersilie
1 Zweig frischer Thymian
1 Lorbeerblatt
50 g Butter
2 Knoblauchzehen, zerdrückt
2 Zwiebeln zusätzlich, gewürfelt
1 TL Mehl, Dillzweige

1 ~ Muscheln, Zwiebel, Sellerie und Wein in einem Topf zum Kochen bringen. Mit Deckel 3 Minuten mehrmals schütteln. Nach 3 Minuten die sich öffnenden Muscheln herausnehmen.

2 ~ Leere Schalen entfernen. Die an der anderen Hälfte haftenden Muscheln beiseitestellen, zudecken und warm halten. Nach 5 Minuten ungeöffnete Muscheln wegwerfen.

3 ~ Sud passieren und aufbewahren, Gemüse entfernen.

4 ~ Muscheln, Brühe, Petersilie, Thymian und Lorbeer in einem Topf erhitzen. Zum Kochen bringen, bei verminderter Hitze 10 Minuten köcheln lassen. Kräuter entfernen.

5 ~ Knoblauch und zusätzliche Zwiebel 5–10 Minuten in zerlassener Butter dünsten. Mehl, Sud und Fischbrühe unterrühren. Zum Kochen bringen und ohne Deckel 10 Minuten köcheln lassen.

6 ~ Muscheln auf 4 Suppenschalen verteilen. Mit Flüssigkeit bedecken und mit Dillzweigen garnieren. Sofort mit knusprigem Brot servieren.

Hinweis ~ **Muscheln vorbereiten:** Muscheln mehrmals unter kaltem Wasser spülen. Abschrubben. Bart entfernen. Mit Wasser bedecken und 2 Stunden stehen lassen. Nicht ganz geschlossene beseitigen. Vorsorglich mehr Muscheln kaufen. Vor dem Kochen nochmals spülen. Nur kurz kochen, damit das Fleisch nicht zäh wird.

Muscheln, Zwiebel und Sellerie mit Wein in einen Topf geben.

Leere Schalenhälften entfernen, die anderen mit den Muscheln aufheben.

Muscheln im eigenen Saft

Den Gemüsesaft passieren. Sud
aufbewahren und das Gemüse entfernen.

Zwiebel und Knoblauch weich dünsten.
Mehl unterrühren.

～ Hummer Thermidor ～

Vorbereitungszeit:
25 Min.
Zubereitungszeit:
10–15 Min.
Für 2 Personen

1 mittelgroßer Hummer, gekocht	3 EL Sahne

1 mittelgroßer Hummer, gekocht
60 g Butter
4 Frühlingszwiebeln, feingehackt
2 EL Mehl
½ TL Senfpulver
2 EL Weißwein oder Sherry
250 ml Milch

3 EL Sahne
1 EL Petersilie, gehackt
Salz, frisch gemahlener schwarzer Pfeffer
½ Becher geriebener Emmentaler
1 EL Butter, zusätzlich

1 ～ Hummer der Länge nach halbieren. Fleisch aus dem Schwanz entfernen, waschen und beiseite stellen. Schalen waschen und abtropfen lassen.

Fleisch in 2 cm große Stücke schneiden, zudecken und kühlen.
2 ～ Butter zerlassen und

Zwiebeln darin dünsten. Mehl und Senf zugeben, 1 Minute mitkochen. Wein und Milch lang-

～ Hummer Mornay ～

Vorbereitungszeit:
25 Min.
Zubereitungszeit:
5–10 Min.

Für 2 Personen

1 mittelgroßer Hummer, gekocht
310 ml Milch
1 Zwiebelscheibe
1 Lorbeerblatt
6 schwarze Pfefferkörner

30 g Butter
2 EL Mehl
Salz, weißer Pfeffer
1 Prise Muskat
2 EL Sahne
½ Becher geriebener Cheddarkäse

1 ～ Hummer mit einem scharfen Messer der Länge nach halbieren. Fleisch aus Körper und Schwanz lösen. Beine brechen und Fleisch herausholen. Eingeweide und Innereien beseitigen. Fleisch in 2 cm große Stücke schneiden, zudecken und kühl stellen. Schalenhälften waschen, trocknen und

aufbewahren.
2 ～ Milch, Zwiebel, Lorbeer und Pfefferkörner zum Kochen bringen. Vom Herd nehmen, bedecken. 15 Minuten ziehen lassen, dann passieren.
3 ～ Butter zerlassen, Mehl zugeben, 1 Minute rühren. Vom Herd nehmen und Milch langsam unterrühren.

Bei mittlerer Hitze gut verrühren, bis die Mischung kocht und eindickt. Mit Salz, Pfeffer und Muskat abschmecken. Sahne unterrühren.
4 ～ Fleisch unter die Sauce heben. Auf Schalen verteilen und mit Käse bestreuen, 2 Minuten backen und servieren.

Hummer Thermidor (oben) und Hummer Mornay

sam unterrühren. Rühren, bis die Mischung kocht und eindickt. 1 Minute köcheln lassen. Sahne, Petersilie, Hummerfleisch zugeben und abschmekken. Vorsichtig erhitzen.
3 ~ In die Schalen geben, mit Käse bestreuen und einen Klecks Butter daraufgeben. 2 Minuten in den vorgeheizten Ofen stellen.
Hinweis ~ Sauce kann Stunden zuvor zubereitet, gekühlt und langsam erhitzt werden.

RAFFINIERTES MIT FISCH UND MEERESFRÜCHTEN

∞ Honiggarnelen ∞

Vorbereitungszeit:
20 Min.
Zubereitungszeit:
12 Min.

Für 4 Personen

16 rohe Riesengarnelen, geschält, ausgelöst, mit ganzem Schwanz	**250 ml Wasser**
	¼ TL Zitronensaft
	1 EL Öl
¼ Becher Stärkemehl	**3 EL Honig**
Eierkuchenteig	**Öl zum Fritieren**
1¼ Becher Mehl	**3 EL Sesamsamen, leicht geröstet**
1 gestrichener TL Backpulver	

1 ∞ Garnelen trocknen und mit Stärkemehl bestäuben.

2 ∞ **Eierkuchenteig:** Backpulver und Mehl in eine Schüssel sieben. Wasser, Saft und Öl mischen. In der Mitte des Mehls eine Mulde formen und die Flüssigkeit nach und nach unterrühren, bis ein glatter Teig entsteht.

3 ∞ Honig in einer Pfanne leicht erhitzen. Vom Herd nehmen und warm halten.

4 ∞ Öl in einer Bratpfanne mäßig erhitzen. Garnelen im Teig wenden; Überschuß abklopfen. Jeweils einige Garnelen mit einer Zange in das heiße Öl tauchen. 2–3 Minuten fritieren. Abtropfen lassen und warm halten.

5 ∞ Fritierte Garnelen in die Pfanne mit dem erhitzten Honig geben. Mit Honig überziehen, auf einen Servierteller geben und mit Sesam bestreuen. Sofort servieren.

Hinweis: ∞ Dies ist ein klassisches Gericht aus China. Honig, das älteste bekannte Süßmittel, wird in der Küche schon seit jeher verwendet. Nicht zu sehr erhitzen, damit er nichts von seinem Geschmack einbüßt.

Garnelen mit Küchenpapier trocken tupfen, dann in Mehl wenden.

In Mehlmitte eine Mulde formen, die Flüssigkeit nach und nach zugeben.

Honiggarnelen

Garnelen in heißes Öl geben;
knusprig und goldgelb braten.

Die gebratenen Garnelen vorsichtig im
erhitzten Honig schwenken.

Jakobsmuscheln

Vorbereitungszeit: **20 Min.**
Zubereitungszeit: **10 Min.**

Für 4 Personen

250 ml Fischbrühe
250 ml Weißwein
500 g Kammuscheln, gesäubert und halbiert
60 g Butter
4 Frühlingszwiebeln, gehackt
1 Streifen Speck, feingehackt
100 g Champignons, dünn geschnitten
¼ Becher Mehl
200 ml Sahne
1 TL Zitronensaft
Salz, frisch gemahlener schwarzer Pfeffer
1 Becher Semmelbrösel
30 g Butter zusätzlich, zerlassen

1 ∾ 4 feuerfeste Gefäße oder Muschelschalen einfetten. Brühe und Wein erhitzen, Muscheln zugeben. Bedeckt bei mittlerer Hitze 4 Minuten köcheln lassen, bis die Muscheln dunkel werden. Muscheln aus der Pfanne nehmen, zudecken und wegstellen. Sud zum Kochen bringen und auf 375 ml einkochen.
2 ∾ Butter zerlassen. Zwiebeln, Speck und Pilze zugeben. Bei mittlerer Hitze 3 Minuten dünsten, gelegentlich rühren.
3 ∾ Mehl zugeben und 2 Minuten kochen. Sud unterrühren, bis die Mischung kocht und eindickt. Sahne, Zitronensaft, Salz und Pfeffer zufügen. Abgedeckt beiseite stellen und warm halten.
4 ∾ Semmelbrösel und zusätzliche Butter in einer Schüssel mischen.
5 ∾ Muscheln auf die 4 Gefäße oder Muschelschalen verteilen. Warme Sauce darüber geben und mit Bröselmischung bestreuen. Backen, bis die Semmelbrösel braun werden. Mit Mandarinenscheiben und Salat servieren.
Hinweis: ∾ Das Gericht kann bis zu Schritt 5 im voraus zubereitet und im Kühlschrank aufbewahrt werden. Sauce sanft erhitzen. Muscheln nicht zu lange kochen, sonst werden sie zäh. Das Gericht kann auch im Ofen gekocht werden. Ofen auf 180 °C erhitzen. 5 Minuten backen, bis die Oberfläche braun ist. Sofort servieren.

Muscheln aus der Pfanne nehmen und den Sud aufbewahren.

Zwiebeln, Speck und Pilze bei mittlerer Hitze glasig dünsten.

Jakobsmuscheln

Brühe und Sud

Fischbrühe ist eine nahrhafte Grundlage für schmackhafte Suppen mit Meeresfrüchten. Sud in allen Variationen eignet sich als Pochierflüssigkeit für Fisch und Schalentiere.

Fischbrühe

1 kg Fischköpfe, Gräten und Abfälle (keine Haut), 1 geschnittene Zwiebel, 1 gehackte Karotte, 1 gehackter Stangensellerie, 2 Lorbeerblätter, je 1 Zweig Petersilie und Thymian, ¼ TL Salz und 2 l Wasser in einem Topf langsam bei niedriger Hitze zum Kochen bringen. Schaum an der Oberfläche abschöpfen. Bedeckt 15 Minuten köcheln lassen. 250 ml Weißwein und 6 schwarze Pfefferkörner zugeben. Mit Deckel weitere 5 Minuten köcheln lassen. Mischung durch ein Baumwolltuch passieren, dabei die festen Bestandteile nicht nach unten drücken, damit die Brühe klar bleibt. Feste Teile beseitigen, Brühe erkalten lassen und auf Kühlbehälter verteilen. Ergibt 2 Liter. Im Kühlschrank 2 Tage und im Gefrierfach 2 Monate haltbar. Passende Behälter wählen: Eiswürfelbehälter zum Würzen einer Fischsauce, Behälter in der Größe von 250–500 ml für Suppen. Als Saucengrundlage die Brühe eindicken lassen.

Sud für Fischgerichte

Dieser Sud ist eine Allzweck-Pochierflüssigkeit zum Kochen und Würzen von Fisch und Schalentieren. Beim Pochieren darauf achten,

daß die Flüssigkeit nicht kocht, sonst werden die Tiere zäh. 1 gehackte Zwiebel, 1 zerkleinerte Karotte, 1 gehackten Stangensellerie, 1 Lorbeerblatt, je 1 Zweig Petersilie, Thymian und Dill, ¼ TL Salz und 1½ l Wasser in einem Topf langsam zum Kochen bringen. 15 Minuten bedeckt köcheln lassen. 250 ml Weißwein, 6 weiße Pfefferkörner und eine Knoblauchzehe zugeben. 15 weitere Minuten köcheln, leicht abkühlen und passieren. Hält sich im Kühlschrank bis zu 5 Tagen. Kann in kleinen Behältern bis zu 2 Monaten eingefroren werden. Ergibt 2 Liter.

Rotweinsud
Den Weißwein vom letzten Rezept durch 250 ml Rotwein ersetzen. Diese Sudvariante eignet sich für öligen, würzigen Fisch (z. B. Seebarben). Fisch zum vorbereiteten Sud geben und pochieren, bis er gar ist.

Essigsud
Für diese Variante den Wein vom vorletzten Rezept durch 200 ml roten oder weißen Essig ersetzen. Den Essig zusammen mit Gemüse und Wasser zugeben und 30 Minuten köcheln lassen. Meeresfrüchte nach Wahl zufügen und pochieren, bis sie gerade gar sind.

Am besten nur die frischesten Zutaten für die Zubereitung der Brühe verwenden. Sie sind leicht zuzubereiten und der Mühe wert.

Milch-Zitrone-Sud
Dieser Sud wird für gesalzenen oder geräucherten Fisch verwendet, da die Milch den kräftigen Geschmack nimmt. Er sollte erst kurz vor Gebrauch zubereitet werden. Nicht einfrieren. 375 ml Milch, 1¼ l Wasser und ¼ TL Salz in einer großen Pfanne vermengen. 1 geschnittene Zitrone zugeben und leicht sieden lassen. Meeresfrüchte zugeben.

Hähnchen auf vielerlei Art

Salate, Suppen und Vorspeisen

Hähnchen gehört mit zu den dankbarsten Nahrungsmitteln, denn es paßt sich mühelos vielen verschiedenen Geschmacksrichtungen an. Bei Salatgerichten kann man das Dressing auch über das gegarte Fleisch geben. Man kann rohes Fleisch in einer Mischung von Kräutern, Gewürzen, Ölen und Essigsorten dünsten oder über Nacht marinieren, damit es soviel Aroma wie möglich aufnimmt. Je abwechslungsreicher Sie Marinaden und Dressings gestalten, desto vielseitiger sind Ihre Rezepte. Jedes der Rezepte in diesem Teil kann auch als komplette Mahlzeit gegessen werden. Eine Pastete aus gewürzter Hühnerleber mit einem Salat serviert, gibt eine ausgezeichnete leichte Hauptmahlzeit ab.

Würziger Hähnchensalat

Zubereitungszeit: 25 Min.
Kochzeit: keine
Für 6 Personen

6 *Hühnerbrustfilets*
2 *TL Olivenöl*
1 *feingehackte Zwiebel*
2 *zerdrückte Knoblauchzehen*
2 *TL Currypulver*
1 *TL gemahlener Koriander*
$1/2$ *Becher Mayonnaise*
75 *g Naturjoghurt*
50 *g Sultaninen*
2 *EL französisches Dressing aus der Flasche*

1. Filets in einen Topf geben, mit Wasser bedecken und zugedeckt weich kochen. Zum Abkühlen in der Flüssigkeit lassen.
2. Öl erhitzen, Zwiebel und Knoblauch hineingeben und unter Rühren weich dünsten. Currypulver und Koriander dazugeben und bei niedriger Hitze 1 bis 2 Min. rühren. Abkühlen. Zwiebel und Currymischung mit Mayonnaise, Joghurt, Sultaninen

Hähnchen auf vielerlei Art

*Im Uhrzeigersinn von oben: Leichter Hähnchen-Gemüsesalat,
Würziger Hähnchensalat, Marokkanischer Hühnersalat*

und Dressing vermischen.
3. Hähnchen in kleine Stücke schneiden und unter das Dressing mischen. Dazu Salat mit würzigem Reis reichen.

Leichter Hähnchen-Gemüsesalat

Zubereitungszeit: 25 Min. + 30 Min. ziehen lassen
Kochzeit: keine
Für 6 Personen

1,2 kg schweres Brathähnchen ohne Haut und Knochen
3 geschälte Möhren
250 g gelbe Erbsen
400 g Maiskölbchen, aus der Dose, abgetropft
1 rote Paprikaschote, in kleine Würfel geschnitten

Dressing
3 feingehackte Frühlingszwiebeln
1/8 l Weißweinessig
2 feingehackte Knoblauchzehen
2 TL frischer Ingwer in groben Stücken
1 TL Dijonsenf
170 ml Öl
1 EL Sojasauce
1/2 TL Sesamöl
frisch gemahlener schwarzer Pfeffer

1. Hähnchen in mundgerechte Streifen schneiden und in eine große Schüssel geben. Möhren 3 Min. in kochendem Wasser abbrühen, abgießen und unter kaltem Wasser abschrecken. In feine, schräge Scheiben schneiden und zum Hähnchen geben.
2. Erbsen und Mais etwa 30 Sek. abbrühen. Erbsen schräg, Mais der Länge nach halbieren. Mit Paprikaschote zum Hähnchen geben.
3. Für das Dressing Frühlingszwiebeln, Essig, Knoblauch, Ingwer und Senf vermischen. Nach und nach Öl, Sojasauce und Sesamöl unterrühren und mit Pfeffer abschmecken. Über Salat gießen und alles gut verrühren.
4. Vor dem Servieren bei Zimmertemperatur 30 Min. ziehen lassen.

Marokkanischer Hühnersalat

Zubereitungszeit: 35 Min.
Kochzeit: keine
Für 4 Personen

1 kg gekochtes Huhn ohne Haut und Knochen
3 mittelgroße Apfelsinen
12 Datteln, entkernt und halbiert
6 Radieschen in feinen Scheiben
30 g ganze, geschälte Mandeln
2 EL Zitronensaft
2 EL Olivenöl
1/2 TL gemahlener Zimt
1/4 TL Garam Masala (siehe Hinweis auf Seite 57)
frisch gemahlener Pfeffer

1. Huhn in feine Streifen schneiden. Apfelsinen schälen und von weißer Haut säubern; in feine Scheiben schneiden.
2. Huhn, Apfelsinen, Datteln, Radieschen und Mandeln vermischen.
3. Zitronensaft, Öl und Zimt durchrühren und mit Pfeffer abschmecken. Mischung über Salatzutaten gießen, gut verrühren und sofort auftragen.

> **TIP**
> Wenn man einen Salat zubereitet, Knochen und Haut von gekochten Hähnchenteilen entfernen. Fleisch in kleine, mundgerechte Stücke schneiden.

Hähnchen süßsauer

Hähnchen süßsauer

Zubereitungszeit:
  25 Min.
Kochzeit: keine
Für 4–6 Personen

150 g Salatsprossen (siehe
  Hinweis)
1 Möhre, geschält und in
  feine Streifen geschnitten
150 g Austernpilze (siehe
  Hinweis)
150 g gelbe Erbsen
60 g Cashewnüsse
1 kg geräuchertes Hähnchen,
  Fleisch in Stücke geschnitten
  (siehe Hinweis)

Dressing
1/8 l Olivenöl
2 EL weißer Weinessig
2 EL fertige Süßsauersauce
ein paar Tropfen
  Tabascosauce

1. Eine Schicht Sprossen auf der Servierplatte verteilen. Darüber die restlichen Zutaten geben.
2. Für das Dressing alle Zutaten in ein Glas mit fest schließendem Deckel geben. Gut durchschütteln.
3. Kurz vor dem Servieren über den Salat gießen. Salat mit neuen Salzkartoffeln servieren.

Hinweis: Gibt es keine Salatsprossen, kann man Sojabohnen und Alfalfasprossen zusammen verwenden. Austernpilze kann man durch andere Pilzsorten ersetzen. In Salatrezepten sind gekochtes Hähnchen und geräuchertes Hähnchen austauschbar.

Hähnchen auf vielerlei Art

Hühnersuppe mit Mais

1. Hühnersuppe mit Mais: Nach dem Kochen Schaum von der Brühe schöpfen.

2. Gehacktes Gemüse, Pfefferkörner und Kräuterbund in die Brühe geben.

Hühnersuppe mit Mais

Zubereitungszeit: 1 ¹/₂ Std. + über Nacht stehen
Kochzeit: 12 Min.
Für 6 Personen

Hühnerbrühe
1,5–2 kg Hühnerknochen, Fleisch und Innereien, von Fett gesäubert
kaltes Wasser
2 Zwiebeln
2 Möhren
2 Stangen Sellerie
6 Pfefferkörner
1 Kräuterbund (siehe Hinweis)

Suppe
³/₄ l Hühnerbrühe
2 Becher gekochtes Hühnerfleisch in Stücken
440 g Maiskörner, aus der Dose
2 EL Maismehl
2 EL Wasser
6 gehackte Frühlingszwiebeln
1 EL Sojasauce
1 TL Sesamöl
zusätzliche Frühlingszwiebeln in Scheiben zum Garnieren

1. Für die Hühnerbrühe Huhn in einen großen Topf geben und völlig mit Wasser bedecken. Langsam zum Kochen bringen. Nach Bedarf Schaum abschöpfen.
2. Gemüse grob hacken, aber nicht schälen. Mit Pfefferkörnern und Kräuterbund in den Topf geben. Hitze verringern. Unbedeckt 1–1¹/₂ Std. köcheln lassen; wenn nötig, Wasser nachgießen.
3. Brühe durch ein Sieb in eine große Schüssel gießen, Knochen und Gemüse fortwerfen. Abkühlen. Mit Frischhaltefolie abdecken, und über Nacht in den Kühlschrank stellen. Fettschicht entfernen.
4. Für die Hühnersuppe Brühe in einem großen Topf aufkochen, Hühnerfleisch und Mais hineingeben. Maismehl mit Wasser zu einem glatten Brei verrühren und in die Brühe geben. 3 Min. köcheln lassen. Frühlingszwiebeln und Sojasauce unterrühren.
5. 2 Min. köcheln lassen. Vom Feuer nehmen. Sesamöl unterrühren. Mit zusätzlicher Frühlingszwiebel garniert servieren.

Hinweis: Ein Kräuterbund besteht aus einigen Zweigen Petersilie, einem Lorbeerblatt und einem TL getrocknetem Thymian, in ein doppeltes Musselintuch gebunden. Bund vor dem Servieren stets aus der Suppe nehmen.

Hühnersuppe mit Klößen

Diese Klöße bestehen aus einer Mischung von Hühnerfleisch mit Gemüse.

Zubereitungszeit: 25 Min.
Kochzeit: 15 Min.
Für 6 Personen

3. Gekochte Brühe durch ein Sieb in eine Schüssel gießen. Knochen und Gemüse fortwerfen.

4. Maismehl mit Wasser vermischen und unter die Suppe rühren. 3 Min. köcheln lassen.

1 Hühnerbrustfilet
2 Eier
$1/2$ Becher feingehackter
  Lauch
$1/2$ Becher feingehackte
  Zwiebeln
$1/2$ Becher feingehackte
  Möhren
120 g frische weiße
  Semmelbrösel
1 EL gehackte Petersilie
1 TL Pfeffer
1 TL getrockneter Thymian
$3/4$ l schwere Hühnerbrühe
gehackte Petersilie
  zusätzlich

1. Huhn in kleine Stücke schneiden. Eier in die Küchenmaschine geben und dick und cremig schlagen. Lauch dazugeben, und pürieren; Zwiebel und Möhre hineingeben, und ebenfalls pürieren. Hühnerstücke in die Maschine geben und zerkleinern, bis die Masse dick und glatt ist. Masse in eine Schüssel geben.
2. Semmelbrösel, Petersilie, Pfeffer und Thymian in die Schüssel geben und alles gut vermischen. Portionen zwischen zwei, in kaltes Wasser getauchte, große Löffel zu Klößen formen, Klöße auf ein leicht eingefettetes, flaches Blech legen und abdecken, bis alle fertig sind.
3. Klöße behutsam in köchelnde Hühnerbrühe geben und kochen, bis sie nach oben steigen. Topf zudecken und weitere 10 Min. köcheln lassen. Klöße auf 6 Suppenschüsselchen verteilen und in jede Schüssel $1/8$ l Hühnerbrühe geben. Mit gehackter Petersilie bestreuen.

TIP
Hühnerbrühe halt sich eine Woche im Kühlschrank und bis zu vier Monate im Gefrierfach.

Hühnerlaksa

Zubereitungszeit: 20 Min.
Kochzeit: 25 Min.
Für 4 Personen

1 l Hühnerbrühe
2 Hühnerbrustfilets in
  Streifen
125 g Bohnensprossen
250 g Vermicelli (Nudeln)
2 EL Öl
1 feingehackte Zwiebel
1 zerdrückte Knoblauchzehe
2 frische gehackte Chillies
  (siehe Hinweis)
1 TL gemahlenes Kurkuma
2 TL gemahlener Koriander
$1/2$ l Milch
$1/4$ l Kokosmilch
2 Frühlingszwiebeln in
  Scheiben

1. Brühe in einem großen Topf aufkochen. Hitze verringern und Hühnerstücke hineingeben. 5 Min. köcheln lassen. Vom Feuer nehmen, zudecken, und 10 Min. stehen lassen.
2. Huhn mit einem Sieblöffel aus dem Topf heben. Brühe beiseite stellen.
3. Sprossen 30 Sek. in kochendem Wasser abbrühen. Abgießen und unter kaltem Wasser abschrecken. Beiseite stellen.
4. Vermicelli in eine große Schüssel geben und mit kochendem Wasser übergießen. 10 Min. ziehen lassen. Abgießen. Beiseite stellen.
5. Öl in einem Topf erhitzen. Zwiebel und Knoblauch weich dünsten. Chillies, Kurkuma und Koriander dazugeben. Unter Rühren 30 Sek. dünsten.
6. Nach und nach Brühe dazugeben, und aufkochen. Hitze verringern. Milch und Kokosmilch unterrühren. Ohne Deckel 15 Min. unter gelegentlichem Rühren köcheln lassen.
7. Jede der 4 Suppenschüsselchen zu zwei Dritteln mit Vermicelli füllen. Dann jede Schüssel mit gleicher Menge Sprossen und Huhn auffüllen. Suppe darübergießen und mit in Scheiben geschnittenen Frühlingszwiebeln garnieren.

Hinweis: Vermicelli sind in einigen Supermärkten und in asiatischen oder italienischen Lebensmittelläden erhältlich. Man kann sie durch andere Nudelsorten ersetzen. Anstelle von frischen Chillies kann man auch getrocknete verwenden.

Hühnerlaksa und Hühnersuppe mit Klößen

HÄHNCHEN AUF VIELERLEI ART

Im Uhrzeigersinn von oben: Hühnchen San Choy Bow, Hühnerflügel in Kräutermarinade und Warmer Hähnchensalat mit Paprikaschoten

Hühnerflügel in Kräutermarinade

Zubereitungszeit:
35 Min. + über Nacht marinieren
Kochzeit: 35 Min.
Ergibt ca. 24 Stück

1 kg Hühnerflügel

Marinade
2 TL feingehackte Zitronenschale
1 EL Zitronensaft
5 EL Olivenöl
2 EL Weißwein
2 EL Weißweinessig
3 zerdrückte Knoblauchzehen
1 EL gehackte Petersilie
1 EL gehackter Dill
frisch gemahlener schwarzer Pfeffer

1. Flügel abwaschen und trockentupfen. Flügelspitzen an den Gelenken abschneiden. Flügel am Gelenk halbieren.
2. Ein Ende jeder Flügelhälfte in die Hand nehmen und mit einem scharfen Messer am Knochen entlangschneiden, um das Fleisch zu lockern. (Kleinen Knochen, der in der kleineren Flügelhälfte zu sehen ist, entfernen.) Fleisch abschaben und zum größeren Ende ziehen.
3. Haut und Fleisch über das Knochenende ziehen, so daß es wie eine Keule aussieht.
4. Alle Zutaten für die Marinade in einer großen Glas- oder Keramikschüssel vermischen. Hühnerflügel hineingeben. Mit Frischhaltefolie abdecken und über Nacht in den Kühlschrank stellen.
5. Entweder auf dem Rost braten oder grillen oder im Ofen bei mittlerer Hitze (180 °C) 30 bis 35 Min. braten. Häufig begießen.

Warmer Hähnchensalat mit Paprikaschoten

Zubereitungszeit: 35 Min.
Kochzeit: keine
Für 4 Personen

1 kleine Zwiebel in feinen Scheiben
2 EL Olivenöl
2 große Paprikaschoten, entkernt und in feinen Streifen
1 kg gekochtes Hähnchen, ohne Haut und in Stücken
1 EL Sojasauce
1/4 TL chinesische Gewürzmischung (5 Gewürze)
Prise Zucker
frisch gemahlener schwarzer Pfeffer
1 EL Essig
30 g geschälte, geröstete Mandeln

1. In einer Pfanne die Zwiebel in der Hälfte des Öls goldgelb dünsten. Paprikaschotenstreifen dazugeben und etwa 5 Min. knusprig-weich dünsten.
2. Hähnchen, Sojasauce, Gewürzmischung und Zucker dazugeben, und mit Gewürzen abschmecken. Alles gut erwärmen. Entweder in Servierschüssel oder auf einzelne Teller geben.
3. Essig und restliches Öl vermischen und über den Salat träufeln. Mit Mandeln garnieren und servieren.

Hühnchen San Choy Bow

Zubereitungszeit: 20 Min.
Kochzeit: 8 Min.
Für 6 Personen

500 g Hühnerhack
125 g Schinken in Scheiben, feingehackt
1 Ei
1 EL Sojasauce
1 TL Maismehl
1 EL Öl
200 g-Dose Champignons, abgetropft und gehackt
¼ Becher gehackte Bambussprossen
1 feingehackte Zwiebel
1 TL frischer Ingwer, feingehackt
1 Kopfsalat, gewaschen und trockengetupft

1. Hackfleisch und Schinken vermengen. Ei mit Sojasauce und Maismehl verrühren und unter Hackfleisch mischen.
2. In einer Pfanne oder einem Wok Öl erhitzen. Hackmischung unter Rühren bräunen, Klumpen mit einer Gabel zerkleinern. Champignons, Bambussprossen, Zwiebel und Ingwer dazugeben. 2 Min. unter Rühren braten.
3. Hackmischung auf Salatblätter verteilen. Blätter aufrollen, mit ein wenig chinesischer Pflaumensauce beträufeln und servieren. Gefüllte Blätter mit den Fingern essen.

Hühnerleberpastete mit Weinbrand

Zubereitungszeit:
  30 Min.
Kochzeit:
  keine
Ergibt etwa 1 ½ Becher

125 g Butter
1 große, gehackte Zwiebel
2 zerdrückte Knoblauchzehen
2 gehackte Speckstreifen ohne Schwarte
250 g Hühnerleber, enthäutet
¼ TL getrockneter Thymian
frisch gemahlener Pfeffer
2 EL Sahne
1 EL Weinbrand
30 g zerlassene Butter, zusätzlich

Belag
60 g zerlassene Butter
2 TL Schnittlauch

1. Butter in einer Pfanne zerlassen. Zwiebel, Knoblauch und Speck hineingeben. Zwiebel weich und Speck gar dünsten.
2. Hühnerleber dazugeben. Unter gelegentlichem Rühren

Hühnerleberpastete mit Weinbrand

5 bis 10 Min. anbraten. Vom Feuer nehmen. Die restlichen Zutaten unterrühren.
3. Mischung in den Mixer geben und pürieren. In eine Schüssel füllen
4. Für den Belag die zerlassene Butter über die Pastete gießen. Mit Schnittlauch bestreuen. Über Nacht in den Kühlschrank stellen. Mit Crackers, Toast oder knusprigem Baguette reichen.

Hinweis: Die Pastete hält sich mit Folie abgedeckt bis zu einer Woche im Kühlschrank. Die meisten Pasteten schmecken ein oder zwei Tage, nachdem sie zubereitet wurden, am besten.

Hühner-Pilzterrine

Hühner-Pilzterrine

Zubereitungszeit: 35 Min.
Backzeit: 1 Std.
Ergibt 1 Pastete mit
 ca. 16 Scheiben

125 g Pilze
500 g Hühnerhack
250 g Hühnerleber
2 gehackte Speckstreifen ohne
 Schwarte
2 Eier
75 g Sahne
1 EL gehacktes, frisches
 Basilikum
frisch gemahlener Pfeffer
6 Speckstreifen ohne
 Schwarte zusätzlich

1. Pilze im Mixer fein hacken. Beiseite stellen.
2. Hühnerhack, Leber und Speck im Mixer gut vermischen. Nacheinander Eier dazugeben, jedesmal gut verrühren.
3. Bei laufendem Motor langsam Sahne durch die Öffnung dazuschütten. Farce in eine Schüssel geben. Pilze, Basilikum und Gewürze unterrühren.
4. Eine 13 x 23 cm große Terrine am Boden und an den Seiten mit Speckstreifen auslegen. Farce in die Form füllen. Speckenden oben zusammenschlagen, bis die Mischung damit bedeckt ist.
5. Die Terrine etwa 1 Std. in einem halb mit kochendem Wasser gefüllten Bräter (siehe Hinweis) in einen auf mittlere Hitze (180 °C) vorgeheizten Ofen stellen. Abkühlen lassen. In den Kühlschrank stellen. Auf Servierplatte stürzen, in Scheiben schneiden und mit französischem Brot oder einem grünen Salat der Saison auf den Tisch bringen.

Hinweis: Diese Backmethode kennt man als *bain marie*, also Wasserbad. Dadurch werden empfindliche Terrinen oder Pasteten davor bewahrt, zu stark gebacken oder zäh zu werden, wenn sie lange im Ofen stehen.

Gerichte für die ganze Familie

Der Duft eines langsam garenden Bratens regt die Geschmacksnerven an, so daß man sich auf den bevorstehenden Leckerbissen freut. Die Anstrengungen einer Arbeitswoche sind schnell vergessen, wenn sich die Familie um den Eßtisch versammelt, um sich ohne Hast zu unterhalten und gemeinsam eine schön gekochte, wohlschmeckende Mahlzeit zu essen. Traditionelle Rezepte wie Brathähnchen mit Speck und Brotsauce stehen praktisch konkurrenzlos da. Daneben wurden aber auch die Rezepte der internationalen Küche aufgenommen, um Familiengerichte von ihrer besten Seite vorzustellen. Zum Zubereiten und Kochen dieser Mahlzeiten braucht man etwas mehr Zeit als ein normaler Wochentag erlaubt. Heben Sie sie fürs Wochenende und für besondere Anlässe auf.

Hühnerpastete

Ein leckeres Hauptgericht, zubereitet mit Bratenresten oder gekochtem Huhn. Man kann aber auch gekochtes Huhn kaufen und es in diesen Leckerbissen verwandeln.

Zubereitungszeit:
  30 Min.
Backzeit:
  25 Min.
Für 4 Personen

60 g Butter
1 kleine Zwiebel, feingehackt
125 g Champignons, halbiert
$1/2$ Becher Sellerie, feingehackt
40 g Mehl
375 ml Hühnerbrühe
75 g Sahne
2 Becher gekochtes Huhn, gehackt und ohne Haut
frisch gemahlener schwarzer Pfeffer
1 Scheibe Fertigblätterteig
verschlagenes Ei für die Glasur

Im Uhrzeigersinn von oben: Hühnerpastete, Brathähnchen mit Speck und Brotsauce und Spanischer Hühnchenschmortopf

1. Butter in einer Pfanne erhitzen und die gehackte Zwiebel leicht dünsten, bis sie weich und goldgelb ist. Pilze und Sellerie dazugeben, und unter Rühren weitere 3 bis 4 Min. dünsten.
2. Mehl über die Gemüse streuen und unterrühren. Langsam die Hühnerbrühe dazugießen und rühren, bis die Sauce kocht und eindickt. Sahne und Huhn darunterrühren und mit Pfeffer abschmecken.
3. Die Füllung in eine tiefe, runde eingefettete Pasteten- oder Soufléform löffeln. Einen Kreis in der Größe der Form aus dem Teig schneiden und auf die Füllung legen. Mit aus Teig ausgestochenen Blättern oder kleinen Hühnchen garnieren und mit verschlagenem Ei an den Teigdeckel kleben. Deckel ganz mit verschlagenem Ei bestreichen und bei 200 °C 20 bis 25 Min. goldgelb backen.

Brathähnchen mit Speck und Brotsauce

Zubereitungszeit:
45 Min.
Backzeit:
1 1/2 Std.
Für 4 Personen

1,5 kg schweres Hähnchen
2 große frische Rosmarinzweige
2 geschälte Knoblauchzehen
15 g zerlassene Butter
3 Speckstreifen ohne Schwarte
1 EL Öl
1/8 l Hühnerbrühe (Instant)
2 TL frische Rosmarinblätter

Brotsauce
1 kleine Zwiebel, feingehackt
1/4 l Milch
1 Lorbeerblatt
4 Pfefferkörner
60 g weiche, weiße Semmelbrösel
15 g Butter
Prise geriebene Nelken

1. Loses Fett vom Hähnchen abschneiden, und es gründlich säubern und trockentupfen. Rosmarinzweige, Knoblauch und Butter in die Bauchhöhle des so vorbereiteten Hähnchens geben.
2. Speckstreifen kreuzweise über Hähnchenbrust legen. Speck an mehreren Stellen mit kleinen Spießen oder Zahnstochern festmachen.
3. Hähnchen im Bratentopf auf eine Schiene stellen und mit Öl bestreichen. 1 1/2 Std. bei mittlerer Hitze (180 °C) backen, dabei häufig mit Brühe begießen. (Wenn nötig, Hähnchen mit einer Folie abdecken, damit der Speck nicht zu dunkel wird.) Hähnchen 15 Min. stehen lassen, dann erst tranchieren. Warm stellen, während die Brotsauce zubereitet wird.
4. Für die Brotsauce Zwiebel, Milch, Lorbeerblatt und Pfefferkörner in einen kleinen Topf geben und 15 Min. köcheln lassen. Durch ein Sieb streichen, dann Semmelbrösel, Butter und Nelken hineingeben.
5. Zum Hähnchensaft im Bratentopf Rosmarin dazugeben, über das Hähnchen gießen, dann sofort mit der Brotsauce reichen.

> **TIP**
> Nach dem Braten Geflügel mindestens 15 Min. ruhen lassen. Dann läßt sich das Fleisch, besonders das Brustfleisch, leichter tranchieren. Hähnchen auf eine vorgewärmte Platte geben und mit Folie abdecken, damit es warm bleibt.

> **TIP**
> Wenn Sie ein tiefgefrorenes Huhn kaufen, das Sie im Gefrierfach aufheben möchten, kaufen Sie es als letztes und bringen Sie es so schnell wie möglich nach Hause. Wenn es noch ganz hart gefroren ist, kann es direkt ins Gefrierfach kommen, ohne daß es neu verpackt werden muß. Fängt es schon an aufzutauen, muß man es in den Kühlschrank legen und völlig auftauen lassen. Dann sofort braten oder kochen, schnell abkühlen lassen, einwickeln und einfrieren. Es ist gefährlich aufgetautes, ungekochtes Geflügel einzufrieren, da man dadurch eine Fleischvergiftung riskiert.

Coq au Vin

Coq au Vin

Dieses beliebte Gericht gehört zu den traditionellen Gerichten der französischen Provinz.

Zubereitungszeit: 30 Min.
Backzeit: 1 Std.
Für 4 bis 6 Personen

2 TL Pflanzenöl
1 große gehackte Zwiebel
2 zerdrückte Knoblauchzehen
10 Hähnchenschenkel (oder je nach Geschmack andere Teile) ohne Haut
125 g gehackter Keulenschinken
250 g kleine Champignons
1/2 l Rotwein
2 EL Maismehl
2 EL Wasser
2 EL gehackte Petersilie

1. Öl in einem großen Bratentopf erhitzen. Zwiebel weich dünsten. Knoblauch und Hähnchen dazugeben. Hähnchenteile anbraten, bis sie auf allen Seiten leicht gebräunt sind. Hähnchen aus der Pfanne nehmen und beiseite stellen.
2. Schinken und Pilze in die Pfanne geben und 1 Min. dünsten. Hähnchen in die Pfanne zurückgeben, mit Wein übergießen. Aufkochen, Hitze verringern und zugedeckt 1 Std. köcheln lassen, bis das Hähnchenfleisch gar ist.
3. Maismehl mit Wasser verrühren. Nach und nach in die Weinsauce einrühren. Unter ständigem Rühren Sauce zum Aufkochen bringen und eindicken. 3 Min. köcheln lassen.
4. Kurz vor dem Auftragen Petersilie dazugeben. Mit Reis, Salat und knusprigem Brot servieren.

Hinweis: Dieses Gericht kann bei Bedarf bis zu zwei Tagen im voraus zubereitet und im Kühlschrank aufbewahrt werden. Dann entwickelt sich sein Aroma ganz besonders intensiv.

Hähnchen mit Mandelkruste

Zubereitungszeit:
 30 Min.
Backzeit:
 40 Min.
Für 4 Personen

1,2 kg schweres Hähnchen
1 Ei, leicht geschlagen
60 g Mandelsplitter
200 g geriebener Schweizer Käse
25 g geriebener Parmesankäse
¼ TL süßer Paprika

1. Beine und Schenkel in einem Stück vom Hähnchen schneiden. Die Keulen am Gelenk zwischen Ober- und Unterschenkel halbieren.
2. Flügel abschneiden, ein kleines Stück vom Brustfleisch mitnehmen. Flügelspitzen können abgeschnitten und fortgeworfen (oder für Hühnerbrühe verwendet) werden.
3. Um das Bruststück zu zerlegen, durch Rippenknochen auf jeder Seite nahe am Rückgrat schneiden. Brust in 4 gleiche Stücke zerteilen.
4. Hähnchenstücke in Ei eintauchen. Überschuß abtropfen lassen. In den vermengten restlichen Zutaten wenden, und sie fest andrücken. In eine leicht eingefettete Backform legen. 35 bis 40 Min. bei 200 °C backen, bis das Fleisch gar ist. Mit neuen Kartoffeln und Gemüse servieren.

Hinweis: Es ist wichtig, sicherzustellen, daß das Hähnchen völlig gar ist. Viele Fälle einer Fleischvergiftung lassen sich darauf zurückführen, daß ein Hähnchen nicht hinreichend gegart wurde. Um das zu vermeiden, stechen sie einen Spieß in den dicksten Teil des Fleisches: Ist der Saft, der ausläuft, klar, ist das Hähnchen gar; wenn er noch rosa ist, weiter garen.

1. Hähnchen mit Mandelkruste: Beine und Schenkel in einem Stück vom Hähnchen schneiden.

2. Die Flügel abschneiden, dabei etwas Fleisch von der Brust mitnehmen.

Hähnchen mit Mandelkruste

3. Auf jeder Seite durch Rippenknochen nahe am Rückgrat schneiden und Brustfleisch abheben.

4. Stücke in geschlagenes Ei eintauchen. In mit Käse und Paprika vermischten Mandeln wenden.

Hühnchen Parmigiana mit Tomatensauce

Zubereitungszeit:
40 Min.
Bratzeit:
12 Min.
Für 4 Personen

Tomatensauce
1 EL Öl
1 Zwiebel, feingehackt
1 zerdrückte Knoblauchzehe
425 g Tomaten, aus der Dose, gehackt
4 EL Rotwein
3 EL Tomatenmark
1/2 TL getrockneter Oregano
frisch gemahlener schwarzer Pfeffer

Hühnchen Parmigiana
1 Ei
2 EL Milch
120 g Semmelbrösel
50 g geriebener Parmesankäse
4 Hühnerbrustfilets, gleichmäßig geklopft
4 EL Olivenöl

1. Für die Sauce, Öl in einer Pfanne erhitzen. Zwiebel weich dünsten. Übrige Zutaten dazugeben, aufkochen, Hitze verringern und unbedeckt 15 Min. köcheln lassen. Warm stellen.
2. Für das Hühnchen, Ei und Milch in einer flachen Schale verrühren. Die Hälfte der Semmelbrösel und des Käses in einer zweiten Schale vermengen.
3. Jede Hühnerbrust in die Eimischung legen, dann in der Semmelbröselmischung wenden. 15 Min. in den Kühlschrank stellen.
4. Hälfte des Öls in einer großen, flachen Pfanne erhitzen. Zwei Hühnchenteile auf beiden Seiten knusprig und goldgelb braten. Das Fett fortschütten, und die Pfanne mit Küchenpapier auswischen. Restliches Öl erhitzen, und die restlichen Filets anbraten. Abtropfen lassen.
5. Tomatensauce über Hühnchenteile gießen, und mit dem übriggebliebenen Parmesankäse bestreuen. Mit Spaghetti und gedünsteten Zucchini reichen.

Spanischer Hühnchenschmortopf

Zubereitungszeit:
20 Min.
Kochzeit:
35 Min.
Für 8 Personen

2 EL Öl
2 kg Hühnerteile
frisch gemahlener schwarzer Pfeffer
2 gehackte Zwiebeln
2 zerdrückte Knoblauchzehen
2 rote oder grüne Paprikaschoten, entkernt und in Streifen geschnitten
6 Scheiben gehackter Schinken
425 g geschälte Tomaten, aus der Dose
1/8 l Weißwein
12 schwarze Oliven
12 grüne Oliven

1. Öl in einer großen Pfanne erhitzen. Mehrere Hühnerteile gleichzeitig goldgelb braten, mit Pfeffer bestreuen.
2. Zwiebeln, Knoblauch, Paprikaschoten 5 bis 8 Min. weich dünsten, aber nicht bräunen.
3. Hühnerteile und nicht abgetropfte Tomaten, Wein und Oliven in die Pfanne geben. Ohne Deckel 35 Min. weich köcheln lassen. Geschmortes Hühnchen mit Dampfkartoffeln und grünem Salat servieren.

> **TIP**
> Hühnchenteile zum Braten in der Pfanne in Mehl wälzen, das mit Ihren Lieblingskräutern oder -gewürzen vermischt ist. Oder die Teile in geschlagenes Ei tauchen und in frischen oder trockenen, braunen oder weißen Semmelbröseln wälzen, die mit geriebenem Käse, feingehackten Nüssen, frischen Kräutern oder Gewürzen oder auch mit allem zusammen vermengt sind; Panade festdrücken. Werden Nüsse verwendet, Hähnchen bei mäßiger Hitze braten, damit die Nüsse nicht anbrennen und bitter werden.

Hühnchen Stroganoff

Hühnchen Stroganoff

Zubereitungszeit: 20 Min.
Kochzeit: 15 Min.
Für 6 Personen

30 g Butter
2 EL Öl
2 Zwiebeln, in feinen Scheiben
2 zerdrückte Knoblauchzehen
8 Hühnerfilets vom Oberschenkel, in Scheiben
250 g Pilze, in Scheiben
2 TL süßer Paprika
150 g saure Sahne
3 EL Tomatenmark
frisch gemahlener schwarzer Pfeffer
2 TL gehackte Petersilie

1. Butter und Öl zusammen in einer großen Bratpfanne erhitzen. Zwiebeln und Knoblauch dünsten, bis die Zwiebeln weich sind.
2. Hühnerfilets in die Pfanne geben und weich braten; wiederholt wenden. Pilze und Paprika dazugeben. Kochen, bis alles gar ist.
3. Mit Tomatenmark und Pfeffer vermengte saure Sahne einrühren. Alles langsam erwärmen. Mit Petersilie bestreuen, und mit gekochtem Reis oder Nudeln auftragen.

> **TIP**
> Wird das Gericht im voraus zubereitet und soll es am gleichen Tag noch einmal aufgewärmt werden, muß es schnell gekühlt werden, indem die Schüssel in eiskaltes Wasser gestellt wird. Dann zugedeckt in den Kühlschrank stellen. Läßt man es bei Zimmertemperatur abkühlen, entwickeln sich schädliche Bakterien.

Hühner-Nudelhackbraten mit saurer Sahne

Hühner-Nudel-hackbraten mit saurer Sahne

Zubereitungszeit: 45 Min. +
 1 Std. im Kühlschrank
Backzeit: 45 Min.
Für 6 Personen

Teig
375 g Mehl
175 g Butter in kleinen Stücken
3 EL saure Sahne
1 Eigelb
1 Ei, leicht geschlagen, für die
 Glasur

Füllung
60 g Butter
1 große feingehackte Zwiebel
1 kg Hühnerhack
2 EL feingehackter
 Schnittlauch
1 EL frische Rosmarinblätter
125 g feingehackte Champignons
$1/8$ l Hühnerbrühe (Instant)
frisch gemahlener schwarzer
 Pfeffer
30 g weiche weiße
 Semmelbrösel
2 Eier, geschlagen, zusätzlich
75 g geriebener Greyerzer-
 oder Emmentalerkäse
6 feingehackte
 Petersilienzweige

1. Für den Teig Mehl in eine Schüssel sieben und mit Butter vermischen, bis sich eine feinkrümelige Mischung bildet. Saure Sahne und Eigelb verrühren, mit der Mehlmischung vermengen, so daß ein fester Teig entsteht. Behutsam glatt kneten; in Frischhaltefolie schlagen und mindestens 1 Std. in den Kühlschrank stellen.
2. Für die Füllung Butter in einer großen Pfanne zerlassen. Zwiebel und Hühnerhack hineingeben und unter Rühren braten, mit einer Gabel Klumpen zerkleinern. Kräuter, Pilze und Brühe dazugeben und mit Pfeffer abschmecken. Bis zum Aufkochen wiederholt umrühren. Hitze verringern, ohne Deckel etwa 20 Min. köcheln lassen, bis die Flüssigkeit völlig verschwunden ist. Semmelbrösel unterrühren, vollständig abkühlen.
3. Die zusätzlichen Eier, Käse und Petersilie vermischen, unter die Hühnermischung rühren. Beiseite stellen.
4. Hälfte des Teigs auf einer leicht mit Mehl bestäubten Fläche ausrollen, und damit die Boden und Seiten eines leicht eingefetteten, 28 x 18 cm großen, flachen Backblechs auslegen; etwas über die Ränder hängen lassen. Füllung aufs Blech geben und glätten. Teigränder mit geschlagenem Ei bestreichen.
5. Ungefähr drei Viertel des restlichen Teigs ausrollen und Füllung damit bedecken. Überstehenden Teig wegschneiden, und Ränder fest zusammendrücken. Mit Ei bestreichen. Restlichen Teig zu einem Rechteck ausrollen; der Länge nach in Streifen schneiden. Rhombenförmig auf der Teigdecke anordnen. Mit Ei bestreichen; in die obere Schicht stechen, damit der Dampf entweichen kann.
6. Teig bei 180 °C 40 bis 45 Min. goldgelb backen. Vor dem Servieren leicht abkühlen lassen, dann in Scheiben schneiden.

Curryhühnchen mit Joghurt

Curryhühnchen mit Joghurt

Zubereitungszeit: 20 Min. +
 2 Std. marinieren
Backzeit: 45 Min.
Für 6 Personen.

225 g Naturjoghurt
½ Becher Kokoscreme
¼ Becher gehackter frischer
 Koriander
1 feingehackte Zwiebel
1 zerdrückte Knoblauchzehe
1 TL fein geriebene
 Limonenschale
1 EL Limonensaft
1 EL Currypulver
frisch gemahlener schwarzer
 Pfeffer
1 kg Hühnerteile
225 g Naturjoghurt,
 zusätzlich

1. Joghurt, Kokoscreme, Koriander, Zwiebel, Knoblauch, Rinde, Saft und Currypulver in eine große, flache Glas- oder Keramikschüssel geben und vermengen. Hühnerteile hineingeben. Gut in der Mischung wenden, bis die Teile völlig damit bedeckt sind.
2. Mit Frischhaltefolie abdecken. Mehrere Stunden marinieren oder über Nacht im Kühlschrank stehen lassen.
3. Hühnerteile aus der Marinade nehmen und auf ein Backblech legen. Bei mittlerer Hitze (180 °C) 40 bis 45 Min. backen.
4. Marinade mit zusätzlichem Joghurt vermischen. Behutsam in einem kleinen Topf erhitzen. Abschmecken. Hühnchen mit Sauce, Reis und Salat reichen.

Hähnchen auf vielerlei Art

Hähnchen Chop Suey

1. In Streifen geschnittenes Hühnchen und Schweinehack unter Rühren schnell anbraten.

2. Gehackte Gemüse und Knoblauch nur 3 Min. braten, damit sie knusprig bleiben.

Hühnchen Chop Suey

Zubereitungszeit: 20 Min.
Bratzeit: 8 Min.
Für 6 Personen

2 EL Öl
2 Hühnerbrustfilets, in feinen Streifen
250 g Schweinehack
$^1/_2$ Chinakohl, in groben Stücken
4 Stangen Sellerie, in Scheiben
2 gehackte Möhren
2 gehackte Zwiebeln
1 Paprikaschote, entkernt und gehackt
1 zerdrückte Knoblauchzehe
$^1/_4$ l Hühnerbrühe (Instant)
1 EL Sojasauce
2 TL Maismehl
1 TL gemahlener Ingwer
190 g Champignons, aus der Dose, abgetropft
285-g-Dose abgetropfte Bambussprossen
227 g Wasserkastanien, aus der Dose, abgetropft

1. Öl im Wok oder in einer Bratpfanne erhitzen. Hühnchen und Schweinehack hineingeben. Unter Rühren schnell anbraten, bis Hühnchen gar und Hack gebräunt ist. Aus der Pfanne nehmen.
2. Kohl, Sellerie, Möhren, Zwiebeln, Paprikaschote und Knoblauch in den Wok geben. 3 Min. unter Rühren schnell anbraten.
3. Mit Sojasauce, Maismehl (in etwas Brühe aufgelöst) und Ingwer dazugeben. Sauce unter Rühren schnell zum Aufkochen bringen und eindicken lassen.
4. Das Hackfleisch und die restlichen Zutaten in den Wok zurückgeben. 2 bis 3 Min. unter Rühren braten. Mit gekochtem Reis oder Nudeln auftragen.

Hinweis: Das Geheimnis der köstlich schmeckenden wie duftenden Pfannengerichte liegt darin, daß der Wok heiß bleibt und man ständig rührt, damit der Inhalt schnell und gleichmäßig gart.

Kohlrouladen mit Hackfüllung

Zubereitungszeit: 35 Min.
Kochzeit: 1 Std.
Für 4 Personen

Füllung
1 EL Olivenöl
1 feingehackte Zwiebel
125 g gehackte Pilze
400 g Hühnerhack
100 g gekochter brauner Reis
frischgeriebener schwarzer Pfeffer
1 Eiweiß
8–10 ganze Kohlblätter

Sauce
1 $^1/_2$ Becher pürierte Tomaten
$^1/_8$ l Wasser
35 g saure Sahne
1 zerdrückte Knoblauchzehe
$^1/_2$ TL Zucker
Prise gemahlener Oregano

1. Für die Füllung Öl in einer großen Pfanne erhitzen. Zwiebel weich dünsten. Pilze und Hühnerhack hineingeben. Hack bräunen, mit

3. Die mit Sojasauce, Maismehl und geriebenem Ingwer vermischte Brühe darübergießen.

4. Hühnchenmischung und restliche Gemüse in Wok oder Pfanne zurückgeben.

einer Gabel zu Klumpen zerkleinern. Abkühlen. Fett abgießen.
2. Hackmischung in eine große Schüssel schütten, und Reis, Pfeffer und Eiweiß dazugeben. Alles gut vermischen. Beiseite stellen.
3. Kohlblätter abbrühen, indem sie 1 bis 2 Min. in kochendes Wasser getaucht werden, so daß sie gerade weich sind. Dicken Strunk abschneiden. So können die Blätter, ohne daß sie brechen, gerollt werden. Sind die Blätter sehr groß, halbieren.
4. Für die Sauce alle Zutaten gut vermischen. Beiseite stellen.
5. 1 bis 2 EL der Füllung (je nach Blattgröße) auf jedes Blatt geben. Wie ein Päckchen zusammenrollen. Mit einem Zahnstocher festmachen.
6. Rouladen in einer Auflaufform dicht nebeneinander anordnen. Sauce über die Rouladen gießen. Im Ofen bei mittlerer Hitze (180 °C) etwa 1 Std. backen. Mit gedünstetem Gemüse oder Salat reichen.

Karibischer Hähnchenschmortopf

Zubereitungszeit: 20 Min. + 30 Min. marinieren
Schmorzeit: 45 Min.
Für 4 Personen

1,5 kg schweres Hähnchen
2 TL feingeriebene Zitronenschale
2 EL Zitronensaft
frisch gemahlener schwarzer Pfeffer
2 EL Öl
1 Zwiebel, in Scheiben
1 zerdrückte Knoblauchzehe
450 -g-Dose Ananas, in Stücken
2 große Tomaten, geschält und gehackt
60 g Rosinen
25 g Kokosraspeln
1 EL gehackter Koriander
1/4 TL gemahlener Zimt
2 EL Wasser
1 EL Maismehl

1. Hähnchen mit Pfeffer, Zitronenschale und -saft in eine Schüssel geben. Gut vermischen. Etwa 30 Min. marinieren, gelegentlich wenden.
2. Öl in einer Pfanne erhitzen. Abgetropftes Hähnchen auf allen Seiten goldgelb braten. In einen großen Schmortopf geben. Die Restliche Marinade darübergießen.
3. Zwiebel und Knoblauch im restlichen Öl in der Pfanne dünsten. Über das Hähnchen verteilen. Dann die mit Tomaten, Rosinen, Kokosraspeln, Koriander und Zimt vermengten Ananasstücke über das Hähnchen verteilen.
4. Zugedeckt bei mittlerer Hitze (180 °C) 45 Min. schmoren, bis das Hähnchen zart ist. Wasser und Maismehl zu einem glatten Brei verrühren. In den Schmortopf geben.
5. Ohne Deckel weitere 10 Min. schmoren. Mit Reis servieren.

1. Für Kohlrouladen mit Hackfüllung: Blätter kurz in kochendem Wasser blanchieren.

2. Blätter so einrollen, daß ordentliche Päckchen entstehen. Mit einem Zahnstocher festmachen.

Brathähnchen mit Petersilienfüllung

Brathähnchen mit Petersilienfüllung

Zubereitungszeit: 35 Min.
Bratzeit: 1 Std.
Für 4 Personen

1,4 kg schweres Hähnchen
1 gehackte Zwiebel
1 zerdrückte Knoblauchzehe

30 g Butter
1 Becher gehackte Petersilie
60 g frische Semmelbrösel
1 Ei, leicht geschlagen
frischgemahlener schwarzer Pfeffer

1. Loses Fett vom Hähnchen schneiden, dann Hähnchen gründlich säubern und abtrocknen. Beiseite stellen. Zwiebel und Knoblauch in Butter goldgelb dünsten.
2. Petersilie mit Semmelbrösel vermischen, Zwiebelmischung, Ei und Pfeffer dazugeben. Haut an der Brust lösen, und Füllung unter die Haut schieben.
3. Hähnchen auf einem Dreifuß in einen Bratentopf geben, ungefähr $1/8$ l Wasser in den Topf gießen. Bei 190 °C im Ofen etwa 1 Std. braten, bis das Hähnchen gar ist. Tranchiert mit Kartoffeln, gebackenem Kürbis, Möhren und Erbsen servieren.

Schnelle, kluge Lösungen

Jemand, der sehr beschäftigt ist, betrachtet eine einfache Essenszubereitung als eines der wichtigsten Kriterien beim kochen. Heute sind Hühnerteile in Geflügelläden und Supermärkten leicht zu haben. Sorgen Sie dafür, daß Sie stets welche im Gefrierfach vorrätig haben. Kaufen Sie fertige Brathähnchen als Grundlage für eine Mahlzeit, wenn Sie die Kochzeit noch mehr verkürzen wollen. Sie können sich das Leben vereinfachen, indem Sie Ihre Vorratskammer gut gefüllt haben, z.B. mit Tomatensauce in der Flasche, Sojasauce, anderen Fertigsaucen sowie gemahlenen Kräutern und Gewürzen. Haben Sie außerdem auch Nüsse, Senf, Fladenbrot und Pizzaböden vorrätig, sind Sie beim Kochen noch flexibler und können immer wieder etwas Neues auf den Tisch bringen.

Hühnchenpizza auf Fladenbrot

Zubereitungszeit:
 15 Min.
Backzeit:
 15 Min.
Für 6 Personen

6 Fladenbrote im Durchmesser etwa 12 cm groß
1/4 Becher eingelegte Tomaten
125 g gekochtes Huhn, in Streifen geschnitten
1 rote oder grüne Paprikaschote, in Streifen
getrocknete Oregano- oder Basilikumblätter
100 g geriebener Mozzarellakäse

1. Fladenbrote auf ein Backblech legen. Die Tomaten gleichmäßig darauf verteilen. Darauf Hühnchenstreifen, Pilze und Paprikaschoten legen. Mit Kräutern und mit geriebenem Mozzarellakäse bestreuen.
2. Fladenbrote bei 200 °C im Ofen 15 Min. backen, bis das Fleisch gar ist und der Käse brutzelt. Sofort servieren.

*Hühnchenpizza auf Fladenbrot,
Grillhähnchen Pizzaiola*

Grillhähnchen Pizzaiola

Zubereitungszeit:
  20 Min.
Grillzeit:
  8 Min.
Für 4 Personen

1 EL Olivenöl
1 große feingehackte Zwiebel
2 feingehackte Knoblauchzehen
425 g Tomaten, aus der Dose, in Stücken geschnitten
1 TL getrocknete Basilikumblätter
1 TL getrocknete Oreganoblätter
1 EL abgetropfte Kapern
4 Hühnerbrustfilets
zusätzlich etwas Olivenöl

1. Öl in einer Pfanne erhitzen, Zwiebel und Knoblauch hineingeben und unter Rühren dünsten. Tomaten und Kräuter dazugeben und rühren, bis die Mischung aufkocht.
2. Hitze verringern, unter häufigem Rühren ohne Deckel köcheln lassen, bis die Sauce eingedickt ist, etwa 15 Min. Kapern unterrühren, und warm stellen.
3. Hühnerfilets leicht mit zusätzlichem Öl bestreichen. Etwa 8 cm vom Feuer entfernt grillen, ungefähr 4 Min. von jeder Seite.
4. Hähnchen auf vorgewärmte Servierplatte geben, Sauce darübergießen. Sofort mit Salat und knusprigem Brot servieren.

Huhn mit Walnüssen und Blauschimmelkäse

Zubereitungszeit:
  15 Min.
Grillzeit:
  15 Min.
Für 4 Personen

8 Oberschenkelfilets vom Huhn, enthäutet
Olivenöl
3 mittelgroße Tomaten, in dicken Scheiben
45 g Walnüsse, in Stücken
6 feingehackte Frühlingszwiebeln
90 g zerkrümelter Blauschimmelkäse

1. Filets mit Öl bestreichen. Unter den vorgeheizten Grill legen und unter häufigem Wenden beinahe gar grillen. Von dem Grill nehmen.
2. Tomaten auf dem Boden einer Auflaufform verteilen. Rund 2 Min. grillen, Filets dazugeben. Mit Walnüssen, Frühlingszwiebeln und Käse bestreuen.
3. 5 bis 8 Min. weiter grillen, bis das Huhn zart und Käse goldgelb ist. Mit gedünsteten Kartoffeln und Spinat reichen.

Orientalischer Hühnerkebab

Zubereitungszeit: 30 Min. + 30 Min. marinieren
Grillzeit: 10 Min.
Für 4 Personen

1 EL helle Sojasauce
1 EL Weißwein
2 TL ganze Senfkörner
2 TL kleingehackter Schnittlauch
1 TL Öl

HÄHNCHEN AUF VIELERLEI ART

Orientalischer Hühnerkebab

1 zerdrückte Knoblauchzehe
1 TL geriebener Ingwer
4 Hühnerbrustfilets, in Stücke geschnitten
Holzspieße, in Wasser eingeweicht
12 Champignons
12 Cocktailtomaten
1 Zwiebel, geachtelt
1 grüne Paprikaschote, entkernt und gewürfelt
3 ungezuckerte, geviertelte Ananasringe aus der Dose

1. Sojasauce, Wein, Senf, Schnittlauch, Öl, Knoblauch und Ingwer in eine Glasschüssel geben. Filets dazugeben. 30 Min. marinieren, Filets häufig wenden.
2. Filets abwechselnd mit Pilzen, Tomaten, Zwiebeln, Paprikaschote und Ananas auf die Spieße stecken.
3. Kebab 5 bis 10 Min. grillen, häufig wenden und begießen. Mit einem Salat reichen.

TIP
Frisches Huhn riecht angenehm mild und frisch. Falls es leicht riecht, unter kaltem Wasser spülen und gründlich mit einer Zitronenscheibe abreiben. Man kann aber auch Wasser mit Essig vermischen und das Huhn kurz darin eintauchen. Nicht lagern, sondern sofort verarbeiten.

Zitronenhähnchen mit Koriander

1. Zitronenhähnchen mit Koriander: Teile mit gewürztem Mehl bestäuben.

2. Brühe, Zitronensaft, Koriander und Knoblauch in die Pfanne geben.

Zitronenhähnchen mit Koriander

Zubereitungszeit:
  25 Min.
Bratzeit:
  20 Min.
Für 4 Personen

1,2 kg schweres Hähnchen, geviertelt
2 EL Mehl
frisch gemahlener schwarzer Pfeffer
2 EL Olivenöl
1/8 l Hühnerbrühe (Instant)[1]
2 EL Zitronensaft
2 EL gehackter Koriander
2 zerdrückte Knoblauchzehen
1 EL Sahne

1. Hähnchenviertel mit gepfeffertem Mehl bestäuben. Das überschüssige Mehl abschütteln.
2. Öl in der Pfanne erhitzen. Hähnchenteile hineingeben. Auf beiden Seiten goldgelb anbraten. Die Hitze verringern.
3. Mit der Hühnerbrühe anreichern, Zitronensaft, Koriander und Knoblauch dazugeben. Hähnchen 15 bis 20 Min. köcheln lassen, bis es gar ist.
4. Hähnchenviertel aus der Pfanne nehmen. Warm stellen. Sahne in die Pfanne rühren. Schnell kochen, bis Saft in der Pfanne eingedickt ist. Huhn mit Sauce, Nudeln und einem Salat servieren.

Chilihühnchen mit Nudeln

Zubereitungszeit:
  20 Min.
Kochzeit:
  25 Min.
Für 6 Personen

2 TL Olivenöl
1 gehackte Zwiebel
1 rote oder grüne Paprikaschote, entkernt und gehackt

3. Hähnchen aus der Pfanne nehmen, und Sahne in den Bratsaft einrühren.

4. Sahne und Saft in der Pfanne schnell aufkochen lassen. Kochen, bis alles leicht eingedickt ist.

1 zerdrückte Knoblauchzehe
1 TL gehackte Chillies
1 TL Chilisauce
500 g Hühnerhack
425 g Tomaten, aus der
   Dose, in Stücke geschnitten
1/4 l Weißwein oder Wasser
1/2 TL getrockneter Oregano
1/2 TL getrocknetes Basilikum
frisch gemahlener schwarzer
   Pfeffer
500 g Nudeln nach Wahl
2 EL gehackte Petersilie

1. Öl in einer großen Pfanne erhitzen. Zwiebel, Paprikaschote und Knoblauch dünsten, bis Zwiebel weich ist. Gehackte Chillies und Chilisauce einrühren.
2. Hühnerhack hineingeben. Braten, bis das Fleisch die Farbe ändert; Klumpen mit einer Gabel zerkleinern.
3. Tomaten, Wein, Oregano, Basilikum und Pfeffer unterrühren. Ohne Deckel 15 Min. unter gelegentlichem Umrühren köcheln lassen.
4. Nudeln in viel kochendem Wasser al dente kochen. Abgießen. Petersilie unter die Sauce rühren, und Sauce über Nudeln schütten. Zu diesem Gericht frisch geriebenen Parmesankäse und knuspriges Knoblauchbrot reichen.

Mariniertes Tacohühnchen

Mariniertes Tacohühnchen

Zubereitungszeit: 15 Min. + 30 Min. marinieren
Bratzeit: 15 Min.
Für 6 Personen

2/3 Becher mittelscharfe, grobe Tacosauce aus der Flasche
1/4 Becher Dijonsenf
2 EL Zitronensaft
6 Hühnerbrustfilets
30 g Butter
35 g saure Sahne
gehackte Petersilie
grüner Salat und Maischips zum Servieren

1. Tacosauce, Senf und Zitronensaft in einer flachen Glas- oder Keramikschüssel vermischen. Hühnchen hineingeben und wenden, damit es gleichmäßig mariniert wird. Zudecken und etwa 30 Min. oder über Nacht im Kühlschrank ziehen lassen.
2. Butter in einer großen Pfanne schmelzen, bis sie schäumt. Hühnchen abtropfen lassen, Marinade aufbewahren. Filets auf jeder Seite ungefähr 5 Min. bräunen.
3. Nun die Marinade dazugeben. 5 weitere Min. ohne Deckel köcheln lassen. Hühnchen mit Sieblöffel auf eine Platte legen. Marinade einkochen lassen, mit Hühnchen servieren.
4. Auf jede Hühnerbrust einen Löffel saure Sahne geben, und mit gehackter Petersilie garnieren. Mit grünem Salat und Maischips reichen.

Chilihuhn mit Tomaten

Zubereitungszeit: 15 Min.
Kochzeit: 10 Min.
Für 6 Personen

30 g Butter
2 EL Öl
6 Hühnerbrustfilets
1 Avocadofrucht, geschält und in Scheiben geschnitten
3 Tomaten, in dicken Scheiben geschnitten
200 g geriebener Greyerzer- oder Emmentalerkäse

Chilisauce
1 zerdrückte Knoblauchzehe
1 Becher pürierte Tomaten
1 EL Chilisauce
1 TL gehackte Chillies
einige Tropfen Tabascosauce
frisch gemahlener schwarzer Pfeffer
$1/4$ TL getrockneter Oregano
1 TL brauner Zucker

1. Butter und Öl in einer großen Pfanne erhitzen. Huhn hineingeben und auf jeder Seite 3 bis 5 Min. weich und goldgelb braten. In eine flache Auflaufform geben.

2. Avocado, Tomaten und Käse auf die Filets geben. Bei mittlerer Hitze (180 °C) 5 Min. backen, bis der Käse geschmolzen ist.

3. Für die Chilisauce das gesamte Fett außer 1 TL aus der Pfanne schütten. Knoblauch leicht goldgelb dünsten. Püree, Chilisauce, Chillies, Tabasco, Pfeffer, Oregano und braunen Zucker einrühren. Aufkochen lassen, Hitze verringern und ohne Deckel 3 bis 5 Min. köcheln lassen.

4. Huhn mit der Chilisauce und Gemüse nach Wahl servieren.

Chilihuhn mit Tomaten

Hähnchen auf toskanische Art

Hähnchen auf toskanische Art

Zubereitungszeit: 20 Min.
Kochzeit: 15 Min.
Für 4 Personen

60 g Butter
4 Hühnerbrustfilets, in 2 cm
 großen Würfeln
2 EL Weinbrand
250 Cocktailtomaten
250 g Champignons, in
 Scheiben geschnitten
¼ l trockener Weißwein oder
 Hühnerbrühe (Instant)
frisch gemahlener schwarzer
 Pfeffer
getrocknete, zerriebene
 Rosmarinblätter
zum Garnieren
 gehackte Petersilie

TIP
Ein tiefgefrorenes Huhn muß man im Kühlschrank auftauen lassen. Es dauert bis zu 24 Std., bis ein 1,5 kg schweres Huhn aufgetaut ist. Kunststoffverpackung nicht entfernen, sonst trocknet die Haut möglicherweise aus und wird zäh. Der Tauvorgang darf nicht beschleunigt werden, indem man das Huhn zum Tauen auf die Küchenbank legt, denn bei Geflügel vermehren sich die Bakterien bei Zimmertemperatur sehr stark. Eine Fleischvergiftung kann dadurch verursacht werden.

1. Butter in einer Pfanne zerlassen, bis sie schäumt. Filets hineingeben und etwa 4 Min. anbraten, bis das Fleisch weiß wird, gelegentlich wenden.
2. Weinbrand dazugeben, dann Tomaten und Pilze. 3 Min. unter Rühren kochen. Mit Wein oder Brühe aufgießen, und mit Pfeffer und Rosmarin abschmecken.
3. Unbedeckt köcheln lassen, bis die Flüssigkeit sich verringert hat und die Mischung

Hühnerpfanne mit Ananas

Hühnerpfanne mit Ananas

Zubereitungszeit: 15 Min.
Kochzeit: 10 Min.
Für 4 Personen

30 g Butter
60 g ganze Mandeln oder Mandelstifte
1 EL Öl
3 Hühnerbrustfilets, in Streifen
1 EL gehackte Minze
1 rote Paprikaschote, entkernt und in Scheiben
450 g-Dose abgetropfte Ananas, in Stücken, Saft aufheben
2 Stangen Sellerie, in Scheiben
2 EL Orangenmarmelade

leicht eingedickt ist. Vor dem Servieren mit Petersilie bestreuen.

1. Butter in einem Wok zerlassen. Mandeln unter Rühren goldgelb dünsten. Auf einen Teller geben.
2. Öl in den Wok geben. In etwa 3–4 Min. Filets unter Rühren garen.
3. Paprikaschote, Ananas und Sellerie einrühren. Marmelade mit aufgehobenem Ananassaft vermischen und in den Wok gießen. Aufwärmen, bis die Marmelade schmilzt.
4. Mandeln in den Wok zurückgeben. Zutaten gut verrühren. Sofort mit Reis auftragen.

TIP
Ungekochtes Huhn wird im Kühlschrank aufbewahrt und innerhalb von zwei Tagen, nachdem es gekauft wurde, gekocht. Ein ganzes Huhn nimmt man aus seiner Verpackung, wäscht es, tupft es trocken und zerlegt es, je nach Bedarf an den Gelenken. Das zerlegte Huhn erneut in saubere Frischhaltefolie einwickeln und in den Kühlschrank legen.

Huhn-Brokkoliauflauf

Huhn-Brokkoli-auflauf

Zubereitungszeit: 15 Min.
Backzeit: 30 Min.
Für 6 Personen

1,5 kg schweres Huhn, gekocht und abgekühlt
250 g Brokkoli, in Röschen zerteilt
450 g Hühnercremesuppe, aus der Dose
4 feingehackte Frühlingszwiebeln
1 TL Currypulver
150 g saure Sahne
frischgemahlener schwarzer Pfeffer
25 g geriebener Greyerzer- oder Emmentalerkäse
1/4 TL süßer Paprika

1. Hühnerfleisch vom Rumpf lösen und in große Stücke schneiden.
2. Brokkoli 1 bis 2 Min. in kochendem Wasser blanchieren. Abgießen und unter kaltem Wasser abschrecken.
3. Hühnersuppe, Frühlingszwiebeln, Currypulver und saure Sahne in einer Schüssel vermischen und mit Pfeffer abschmecken. Brokkoli in eine große eingefettete Auflaufform geben, und darauf das Huhn verteilen.
4. Suppenmischung darübergießen. Mit Käse und Paprika bestreuen.
5. Bei 180 °C 30 bis 40 Min. goldbraun backen. Mit gekochtem Reis servieren.

Hinweis: Für dieses Rezept kann man ein fertiges Brathähnchen verwenden. Sonst Hühnerteile (oder nur die Brust) in einer Mischung aus Wasser und Weißwein bei mittlerer Hitze 180 °C im Ofen garen. Garflüssigkeit aufheben und als Grundlage für eine Suppe verwenden.

Italienisches Hähnchen

Zubereitungszeit: 10 Min.
Kochzeit: 10 Min.
Für 4 Personen

1 EL Olivenöl
1 zerdrückte Knoblauchzehe
½ TL getrockneter Thymian
½ TL getrockneter Oregano
450-g-Dose Tomaten
⅛ l trockener Weißwein
¼ Becher entkernte, geviertelte schwarze Oliven
1 Brathähnchen ohne Haut, Fleisch in Stücke geschnitten

1. Öl in einer Bratpfanne erhitzen. Knoblauch und Kräuter hineingeben und 30 Sek. leicht dünsten.
2. Tomaten in die Pfanne geben und mit Wein übergießen. Unter gelegentlichem Rühren kochen, bis die Sauce eingedickt ist.
3. Oliven und Hähnchen unterrühren. 1 Min. kochen. Sofort mit heißen Nudeln nach Wunsch servieren.

> **TIP**
> Küchenbretter gründlich mit sehr heißem Wasser schrubben, damit alle Spuren von Hühnerfleisch abgewaschen werden. Auf einem Küchenbrett vermehren sich die Bakterien besonders gut.

Italienisches Hähnchen

HÄHNCHEN AUF VIELERLEI ART

Gegrilltes

Der Reiz, Essen unter freiem Himmel zuzubereiten, ist immer noch ungebrochen. Nichts kann wohl mit dem Grillen konkurrieren, wenn Essen für viele Menschen schnell, schmack- und nahrhaft zubereitet werden soll. Haben Sie nicht die Möglichkeit draußen zu grillen, so erreichen Sie auch ausgezeichnete Ergebnisse mit der Grillvorrichtung Ihres Herdes. Marinaden spielen eine entscheidende Rolle bei Kebab, einzelnen Hühnerteilen und ganzen Brathähnchen. Die verschiedenen Aromen durchdringen das Fleisch, und der Säuregehalt von Zitronensaft, Wein oder Essig macht es zarter. Bei dickeren Teilen das Fleisch an mehreren Stellen einschneiden, damit die Gewürze besser einziehen. Das Fleisch beim Grillen gelegentlich mit der Marinade bestreichen, damit es nicht austrocknet.

Flügel mit Preiselbeeren

Zubereitungszeit: 20 Min. + 2 Std. marinieren
Grillzeit: 30 Min.
Für 6 Personen

1,5 kg Hühnerflügel
frisch gemahlener schwarzer Pfeffer
³/₄ Becher Orangenmarmelade
¹/₂ Becher Preiselbeersauce aus der Flasche
¹/₂ Becher würzige rote Grillsauce
5 EL weißer Essig

1. Hühnerflügel, Pfeffer, Marmelade, Preiselbeersauce, Grillsauce und Essig in einem Glas- oder Keramikbehälter vermischen. Hühnerflügel kräftig in der Saucenmischung umrühren, damit sie gut damit bedeckt sind. Zugedeckt 2 Std. oder über Nacht in den Kühlschrank stellen.
2. Flügel ungefähr 15 cm über der Glut 15 bis 20 Min. auf dem Rost braten oder grillen, dabei gelegentlich wenden.

Im Uhrzeigersinn von oben links: Pikante Kebabs, Estragonhuhn mit Zitrone und Flügel mit Preiselbeeren

Hähnchen auf vielerlei Art

Flügel mit der Saucenmischung bestreichen und noch rund 10 Min. länger grillen, bis sie vollständig gar sind und schön glänzen.

Hinweis: Flügel können auch rund 40 Min. bei mittlerer Hitze (180 °C) im Ofen gebraten werden. Flügel nach dem Marinieren mit etwas Wasser in einen Bratentopf geben, zudecken und braten, gelegentlich mit Marinade begießen. Die letzten 10 Min. Deckel abnehmen und Flügel knusprig und goldgelb braten.

Pikante Kebabs

Zubereitungszeit: 20 Min. + 1 Std. marinieren
Grillzeit: 12 Min.
Für 4 Personen

4 EL Sojasauce
4 EL Öl
4 EL trockener Sherrywein
2 zerdrückte Knoblauchzehen
2 EL brauner Zucker
2 TL geriebene Apfelsinenschale
2 TL geriebener Ingwer
4 Hühnerbrustfilets, in 2,5 cm große Würfel geschnitten

1. Sojasauce, Öl, Sherry, Knoblauch, Zucker, Apfelsinenschale und Ingwer vermischen. Hühnerfleisch in einen flachen Glas- oder Keramikbehälter geben, und Marinade darübergießen. Zugedeckt 1 Std. oder über Nacht in den Kühlschrank stellen.
2. Hühnerstücke auf eingefettete Metall- oder Holzspieße reihen. (Holzspieße 30 Min. in Wasser einweichen, damit sie nicht verbrennen.) Spieße etwa 12 Min., 15 cm vom Feuer entfernt, auf einem Rost braten oder grillen. Wiederholt wenden und mit der Marinade begießen.

Estragonhuhn mit Zitrone

Vermischen Sie nach Belieben Ihre Lieblingskräuter und -gewürze mit Butter, und verwenden Sie die Mischung zum Bestreichen. Solch ein Hähnchen schmeckt, ob heiß oder kalt serviert, köstlich.

Zubereitungszeit: 20 Min.
Grillzeit: 20 Min.
Für 4 Personen

90 g ungesalzene Butter
2 EL feingehackter Schnittlauch
1 EL feingehackter frischer Koriander
1 EL Zitronensaft
½ TL getrocknete Estragonblätter
¼ TL Paprika
8 Oberschenkel vom Huhn
frisch gemahlener Pfeffer

1. Butter in kleine Pfanne auf niedriger Hitze geben. Umrühren, bis sie geschmolzen ist. Schnittlauch, Koriander, Zitronensaft, Estragon und Paprika hineingeben.
2. Schenkel mit Pfeffer bestreuen. Langsam auf dem Rost braten oder grillen, bis es gar und goldgelb ist – etwa 15 bis 20 Minuten. Häufig wenden und mit der Buttermischung bestreichen. Huhn mit Salat der Saison und Kartoffeln reichen.

Marinierte Flügel

Zubereitungszeit: 20 Min. + über Nacht marinieren
Grillzeit: 30 Min.
Für 6 Personen

1 kg Hühnerflügel

Marinade
1 feingehackte Zwiebel
35 g saure Sahne
2 EL Öl
2 EL Zitronensaft
1 EL Honig
1 EL Sojasauce
2 TL geriebene Zitronenschale
1 TL getrocknetes Basilikum
frisch gemahlener schwarzer Pfeffer

1. Flügel in eine flache Glas- oder Keramikschale geben. Zwiebel, saure Sahne, Öl, Saft, Honig, Soja, Zitronenschale, Basilikum und Pfeffer vermischen. Über die Flügel gießen. Über Nacht zum Marinieren in den Kühlschrank stellen.
2. Flügel 20 bis 25 Min. auf dem Rost braten oder grillen. Gelegentlich wenden.

Gegrillte Hühnerburger

Gegrillte Hühnerburger

Zubereitungszeit:
  30 Min.
Grillzeit:
  12 Min.
Für 4 Personen

350 g *Hühnerhack*
4 *feingehackte*
  Frühlingszwiebeln
2 EL *frische Semmelbrösel*
$1/4$ TL *getrocknetes Basilikum*
2 EL *Öl*
2 *halbierte Speckstreifen,*
  ohne Schwarte
1 *Avocadofrucht, in Scheiben*

1. Hühnerhack mit Frühlingszwiebeln, Semmelbrösel und Basilikum vermischen, und in 4 gleiche Portionen teilen. Zu Hamburgern formen.
2. Burger auf einem vorgeheizten, geölten Rost etwa 10 bis 12 Min. grillen. Speck knusprig grillen. Auf Küchenpapier abtropfen lassen.
3. Auf einem getoasteten Hamburgerbrötchen mit Avocadoscheiben reichen.

Andere Serviermöglichkeiten: Diese Burger können Sie ganz auf den Geschmack Ihrer Familie abstimmen. Verwenden Sie andere Füllungen, wie rote Bete in Scheiben, gebratene Eier, gedünstete Pilze oder Tomaten und Barbecue- oder Chilisauce.

HÄHNCHEN AUF VIELERLEI ART

*Oben: Brathähnchen mit Zitrone, Sesam und Koriander;
unten: Orientalisches Hähnchen*

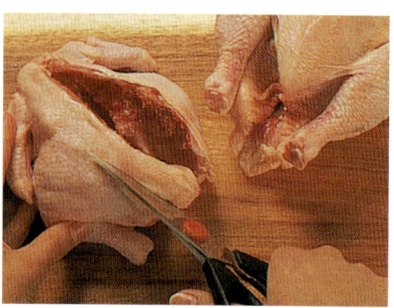

1. Das Hähnchen auf beiden Seiten des Rückenknochens durchschneiden.

2. Hähnchen vor dem Marinieren flach drücken.

Brathähnchen mit Zitrone, Sesam und Koriander

Zubereitungszeit: 20 Min. + über Nacht marinieren
Grillzeit: 30 Min.
Für 6 Personen

4 kleine Brathähnchen
2 EL Olivenöl
2 TL Sesamöl
$1/8$ l Zitronensaft
1 EL zerdrückter Koriandersamen
2 zerdrückte Knoblauchzehen
Zitronenrinde in Streifen
Zitronenscheiben zum Garnieren

1. Hähnchen säubern und trockentupfen. Mit der Küchenschere auf beiden Seiten am Rückgrat entlang schneiden, Rückgrat herausnehmen. Hähnchen leicht flach drücken.
2. Öle, Zitronensaft, Koriandersamen und Knoblauch gut vermischen. Hähnchen in eine flache Glas- oder Keramikschale geben, Marinade darübergießen. Zudecken und über Nacht kühl stellen. Hin und wieder wenden.
3. Hähnchen aus der Marinade nehmen. Etwa 30 Min. rund 12 cm vom Feuer entfernt auf einem Rost braten oder grillen. Gelegentlich begießen. Mit Zitronenschale bestreuen und heiß oder kalt servieren.

> **TIP**
> Ein Brathähnchen ist knapp sechs Wochen alt. Es wiegt rund 500 g und ist als Größe 5 eingestuft. Solch ein Brathähnchen ist stets weniger als sechs Monate alt. Ein Huhn, das gekocht wird, ist dagegen 18 Monate oder älter.

4. Hähnchen in eine Glasschale geben und Marinade darübergießen.

4. Hähnchen in eine Glasschale geben und Marinade darübergießen.

Teufelshähnchen

Zubereitungszeit: 25 Min. +
1 Std. marinieren
Grillzeit:
25 Min.
Für 4 Personen

1 Tomate, geschält und fein
  gehackt
1/8 l Tomatensauce
2 EL Rotwein
1 EL Olivenöl
1 EL Tomatenmark
2 TL Worcestersauce
1/4 TL gemischte getrocknete
  Kräuter
ein paar Tropfen
  Tabascosauce
4 ganze Hähnchen

1. Tomate, Tomatensauce, Wein, Öl, Tomatenmark, Worcestersauce, Kräuter und Tabasco zusammen gut vermischen. Mit einem kleinen, scharfen Messer dicke Fleischpartien einschneiden. In eine flache Glas- oder Keramikschüssel geben und in der Sauce 1 Std. oder länger marinieren. Häufig begießen.
2. Hähnchen auf dem Rost etwa 25 Min. gar braten oder grillen. Dabei wenden und mit Marinade begießen. Mit Salat und knusprigem Brot servieren.

Orientalisches Hähnchen

Zubereitungszeit: 20 Min. +
1 Std. marinieren
Grillzeit:
25 Min.
Für 4 Personen

1/8 l Sojasauce
95 g Honig
2 EL Sesamsamen
2 TL Sesamöl
1/2 TL gemahlener Ingwer
2 zerdrückte Knoblauchzehen
4 ganze Hähnchen

1. Sojasauce, Honig, Sesamsamen, Öl, Ingwer und Knoblauch in einer flachen Glas- oder Keramikschale zusammen vermengen. Dicke Fleischpartien mit einem kleinen, scharfen Messer einschneiden. Hähnchen in die Marinade geben und völlig mit der Mischung bedecken. 1 Std. oder länger marinieren, Hähnchen häufig begießen.
2. Hähnchen auf dem Rost braten oder grillen, bis sie richtig gar sind. Dabei wenden und mit Marinade begießen. Mit einem Reissalat servieren.

Gegrilltes Huhn am Spieß

Zubereitungszeit: 20 Min. +
30 Min. marinieren
Grillzeit:
12 Min.
Für 4 Personen

6 Oberschenkelfilets vom
  Huhn, in 2,5 cm große
  Würfel geschnitten
8 Spieße (siehe Hinweis)
1/3 Becher Erdnußbutter,
  mit Stückchen
1 zerdrückte Knoblauch-
  zehe
1 EL Öl
2 TL Sojasauce
Prise Chilipulver

1. Hühnerwürfel auf Spieße stecken und in eine flache Schale geben. Erdnußbutter, Knoblauch, Öl, Sojasauce und Chilipulver gut vermischen. Über Spieße gießen, und bei Zimmertemperatur 30 Min. marinieren.
2. 10 bis 12 Min. auf dem Rost gar braten oder grillen. Mit einem knackigen grünen Salat oder Reis reichen.

Tip
Auf das Aussehen kommt es an. Das Fleisch eines frischen Hähnchens sollte feucht sein, es darf keine trockenen Flecken aufweisen. Die Brust sollte fleischig aussehen. Sammeln sich am Boden der Kusntstoffverpackung Blut oder Saft an, kann man darauf schließen, daß das Hähnchen länger, als es gut ist, in der Kühltruhe gelegen hat. Ist es im Angebot, noch am gleichen Tag kochen oder braten.

Gegrilltes Huhn am Spieß

Hinweis: Werden Holzspieße verwendet, Spieße erst 30 Min. in Wasser weichen, damit sie beim Grillen nicht verbrennen.

TIP
Ein gekochtes oder gebratenes Huhn in den Kühlschrank stellen und innerhalb von 2–3 Tagen verzehren. Füllung herausnehmen und getrennt in einem verschlossenen Behälter aufbewahren. Huhn kann in einem mäßig heißen Ofen etwa 30 Min. aufgewärmt werden. Auch Sauce und Bratensaft getrennt in einem anderen Behälter aufbewahren.

Gegrillte Hühnerbrust mit Limonen-Ingwerbutter

Zubereitungszeit: 20 Min. + 30 Min. im Kühlschrank
Grillzeit: 25 Min.
Für 6 Personen

200 g ungesalzene Butter
1 TL feingeriebene Limonenschale
2 EL Limonensaft
2 TL feingeriebener Ingwer
1 feingehackte Frühlingszwiebel
1/2 Becher feingehackte Petersilie
6 Hühnerbrustfilets
Mehl für die Filets

1. Butter mit elektrischem Schneebesen locker schlagen. Limonenschale, –saft, Ingwer und Frühlingszwiebel hineingeben und gut vermengen.
2. Mischung zu einer etwa 4 cm großen und 10 cm langen Rolle formen. In Fettpapier schlagen und 30 Min. in den Kühlschrank geben. Rolle in Petersilie wenden, so daß sie damit beschichtet ist, wieder einschlagen und in den Kühlschrank legen, bis sie gebraucht wird.
3. Huhn leicht mit Mehl bestäuben und auf einem vorgeheizten, geölten Rost etwa 20 bis 25 Min. gar grillen. Gelegentlich wenden.
4. Gekühlte Limonen-Ingwerbutter kreuzweise in 5 mm feine Scheiben schneiden. Je 2 Scheiben auf jedes Brustfilet legen und servieren. Die gewürzte Butter schmilzt und ergibt eine köstliche Sauce.

Hinweis: Dieses Gericht schmeckt ausgezeichnet zu Kräuter- oder Safranreis.

> **Tip**
> Mit gewürzter Butter gibt man gegrilltem Fleisch schnell und leicht den berühmten Pfiff. Man kann dazu Zitronensaft, frische Kräuter oder Gewürze verwenden.

Hühnertaschen mit Honig-Senfglasur

Zubereitungszeit: 35 Min.
Grillzeit: 20–25 Min.
Für 6 bis 8 Personen

8 Oberschenkelfilets vom Huhn
16 entkernte Pflaumen
8 halbierte Frühlingszwiebeln
2 EL Mandelsplitter
4 Speckstreifen ohne Schwarte, der Länge nach halbiert

Honig-Senfglasur
1 EL brauner Zucker
1 EL Dijonsenf
1 EL Honig
15 g zerlassene Butter
frischgemahlener schwarzer Pfeffer

1. Jedes Filet in der Mitte anschneiden, und darauf 2 Pflaumen, 2 Frühlingszwiebeln und etwas Mandelsplitter geben.
2. Filets aufrollen und um jedes ein Stück Speck wickeln. Mit Zahnstochern festmachen.
3. Bei niedriger Hitze etwa 20 Min. auf dem Rost gar braten oder grillen. Häufig mit der Glasur bestreichen.
4. Für die Honig-Senfglasur alle Zutaten in einer kleinen Schüssel vermengen.

Hinweis: Für dieses Rezept kann man anstelle von Filets vom Oberschenkel auch solche von der Brust nehmen; Grillzeit um 5 Min. verringern.

> **TIP**
> Man kann für eine Glasur viele Zutaten kombinieren. Für eine Ingwer-Honigglasur 1/8 l Sojasauce, 125 g Honig und 2 TL gemahlenen Ingwer in einer kleinen Pfanne vermischen. Mischung unter ständigem Rühren aufkochen. Ergibt etwa 185 ml.

Hühnertaschen mit Honig-Senfglasur

Besondere Anlässe

Im Mittelpunkt der schönsten Feste unsers Lebens steht häufig das Essen. Für einen Geburtstag oder ein Jubiläum ist ein Essen beliebt, das den Anlaß würdig ergänzt und auch noch Jahre danach glückliche Erinnerungen heraufbeschwört. Keines der hier vorgestellten Rezepte ist schwer (wenngleich etwas mehr Zeit für ihre Zubereitung erforderlich ist); daß sie etwas »Besonderes« sind, liegt an den verwendeten Zutaten, die gegen die herkömmlichen Zutaten ausgetauscht werden. Trockenobst, Blauschimmelkäse, Gewürze, Brandteig und eine Vielzahl von Meeresfrüchten verbinden sich mit den bewährten Hühnerteilen, jungen Hähnchen und größerem Geflügel zu einer wunderbaren Kombination.

Hühnchen mit Oliven, Aprikosen und Feigen

Zubereitungszeit: 30 Min. + über Nacht marinieren
Backzeit: 1 1/4 Std.
Für 6 Personen

90 g getrocknete Feigen
90 g getrocknete Aprikosen
1/2 Becher schwarze entkernte Oliven
4 EL Rotweinessig
2 EL Olivenöl

3 zerdrückte Knoblauchzehen
1 1/2 TL getrocknete Thymianblätter
1 TL gemahlener Kreuzkümmel
1/2 TL gemahlener Ingwer frischgemahlener schwarzer Pfeffer
1,5 kg kleine Hühnerteile
4 EL Rotwein oder Apfelsinensaft
1 EL fester brauner Zucker feine Apfelsinenschalenstreifen und frischer Thymian zum Garnieren

1. Obst, Oliven, Essig, Öl, Knoblauch, Thymian und Ge-

Indonesisches Hühnchen, Hühnchen mit Oliven, Aprikosen und Feigen

würze in einer großen Glasschüssel vermengen.
2. Fett (und, falls gewünscht, auch Haut) entfernen; Huhn in die Mischung geben. Zudecken, und über Nacht in den Kühlschrank stellen. Huhn gelegentlich wenden.
3. Mischung in einen großen, flachen Bratentopf geben. Wein und Zucker vermischen, und über Hühnerteile gießen. Zudecken, und bei mäßig niedriger Temperatur (160 °C) 30 Min. backen.
4. Abdecken und weiterbacken; dabei häufig mit dem Bratensaft begießen, bis das Hühnchen gar ist, etwa 45 bis 50 Min.
5. Hühnerteile mit Sieblöffel auf vorgewärmte Servierplatte heben. Feigen, Aprikosen und Oliven darüber verteilen, mit Apfelsinenschale bestreuen und mit frischem Thymian garnieren.

> **TIP**
> Eine »trockene« Marinade besteht aus Kräutern und Gewürzen, mit denen man das Fleisch einreibt; eine »flüssige« enthält meistens verschiedene Öl- und Essigsorten und Zitronensaft, und man gießt sie über das Fleisch.

> **TIP**
> Fertigfüllungen sind nützlich, wenn man es eilig hat. Nutzen Sie sie als Grundlage für ihre eigene "Kreation", indem Sie 1 EL geriebene Apfelsinenschale, 1 TL Zitronenschale, 1/4 Becher gehackte Petersilie, 35 g feingehackte Nüsse oder 2 EL gehackte Sellerieblätter darunterrühren.

Indonesisches Hühnchen

Zubereitungszeit: 20 Min. + 2 Std. marinieren
Backzeit: 20 Min.
Für 6–8 Personen

1,5 kg Oberschenkel vom Huhn
3 zerdrückte Knoblauchzehen
1 TL brauner Zucker
1 TL gemahlener schwarzer Pfeffer
2 TL gemahlener Koriander
1 TL gemahlener Kreuzkümmel
1 TL gemahlenes Kurkuma
3 EL Tamarindenfruchtfleisch
Öl zum Braten

1. Überschüssiges Fett und Anhängsel von Oberschenkeln abschneiden. Waschen, und gut mit Küchenpapier trockentupfen.
2. Knoblauch mit Zucker, Gewürzen und Tamarindenfruchtfleisch vermengen. Hühnerteile gut damit einreiben, bedecken und über Nacht im Kühlschrank oder mindestens 2 Std. bei Zimmertemperatur ziehen lassen.
3. Soviel Öl in einer großen, schweren Bratpfanne erhitzen, daß der ganze Boden bedeckt ist; Hühnerteile bei mittlerer Hitze langsam garen. Mit der Zange wenden, damit sie gleichmäßig auf allen Seiten bräunen. Auf Küchenpapier abtropfen lassen und warm mit Reis servieren.

Hühnchen mit Blauschimmelkäse

Zubereitungszeit: 30 Min. + 30 Min. im Kühlschrank
Bratzeit: 5 Min.
Für 4 Personen

4 Hühnerbrustfilets, gleichmäßig geklopft
1 EL gehackte Petersilie
1 EL gehackter Schnittlauch
100 g blauer Schimmelkäse (siehe Hinweis)
40 g Mehl
frisch gemahlener schwarzer Pfeffer
1 Ei, leicht geschlagen
80 g trockene Semmelbrösel
Öl zum Frittieren

1. Hühnerfilets auf ein Brett legen. Jedes mit Petersilie und Schnittlauch bestreuen. Käse in 4 Teile schneiden. Auf jede Hühnerbrust ein Käsestück geben und dann aufrollen. Wenn nötig, jedes Teil mit einem Zahnstocher festmachen.
2. Huhn mit dem mit schwarzem Pfeffer vermengten Mehl bestäuben. Überschüssiges Mehl abschütteln. In geschla-

Tandoori-Hühnchen

Tandoori-Hühnchen

Das traditionelle Tandoori-Hühnchen ist außen rot. Um die gleiche Wirkung zu erzielen, gibt man Speisefarbe in die Marinade.

Zubereitungszeit: 20 Min. + über Nacht marinieren
Backzeit: 20 Min.
Für 4 Personen

150 g fettarmer Naturjoghurt
1 feingehackte Zwiebel
1 EL feingeriebene Zitronenschale
2 EL Zitronensaft
1 zerdrückte Knoblauchzehe
1 TL gemahlener Koriander
½ TL feingehackter frischer Ingwer
½ TL gemahlener Kreuzkümmel
¼ TL Garam Masala (Siehe Hinweis auf Seite 57)
4 Hühnerbrustfilets

1. Alle Zutaten außer Hühnerbrustfilets in einer Glas- oder Keramikschüssel vermengen.
2. Hühnerfilets achteln und in die Marinade geben. Gut um-

---

genes Ei tauchen, in Semmelbröseln wenden und festdrücken. 30 Min. in den Kühlschrank stellen.
3. Öl in einer großen Pfanne erhitzen und Filets hineingeben. 5 Min. unter Rühren schnell goldgelb anbraten. Auf Küchenpapier abtropfen lassen. Mit gedünstetem Gemüse servieren.

Hinweis: Wer möchte, kann anstelle von Blauschimmelkäse auch Briekäse nehmen.

Brathähnchen in Cidre

rühren. Mit Frischhaltefolie zudecken und über Nacht in den Kühlschrank stellen.
3. Hühnerteile mit einer Zange aus der Marinade nehmen, überschüssige Marinade abtropfen lassen. Filets auf ein leicht geöltes Rost legen. Unter das Rost ein Backblech schieben.
4. Im heißen Ofen (220 °C) 15 bis 20 Min. garen. Mit gekochtem Basmatireis und würzigen Beilagen (siehe Hinweis) reichen.

Hinweis: Zu würzigen Beilagen zählen: Tomate mit Zwiebeln, Gurke mit Joghurt, Banane mit Kokosnuß und Mangochutney. Mehrere Beilagen auf den Tisch stellen. Sie ergänzen die reichhaltigen und würzigen Gerichte.

TIP
Geflügel erst kurz vor dem Braten füllen. Bleibt die Füllung mehr als 15 Min. bei Zimmertemperatur im Hähnchen, verdirbt sie möglicherweise. Füllung im voraus zubereiten und im Kühlschrank aufbewahren, bis sie verarbeitet wird.

Brathähnchen in Cidre

Zubereitungszeit: 35 Min.
Bratzeit: 1 ³/₄ Std.
Für 4 Personen

4 Speckstreifen ohne Schwarte, feingeschnitten
1,5 kg schweres Hähnchen
60 g Butter
1 weiße Zwiebel, in feine Spalten geschnitten
¹/₄ l trockener Cidre
¹/₄ l Hühnerbrühe (Instant)
2 Lorbeerblätter
¹/₂ TL getrocknete Thymianblätter
frischgemahlener Pfeffer

6 mittelgroße Möhren
4 mittelgroße Kartoffeln
gehackte Petersilie

1. Speck in einer großen, flachen Pfanne leicht goldgelb dünsten. Mit Sieblöffel in eine flache Backform geben.
2. Hähnchen trockentupfen. Flügel nach hinten biegen und Beine zusammenbinden. Butter zum Fett vom Speck in die Pfanne geben, und Hähnchen langsam auf allen Seiten bräunen. Hähnchen in die mit Speck ausgelegte Form legen.
3. Zwiebel im Saft der Pfanne weich dünsten. Über das Hähnchen verteilen. Cidre, Brühe, Lorbeerblätter, Thymian und Pfeffer zum Hähnchen geben.
4. Form in den Ofen stellen, und 30 Min. bei 180 °C backen.
5. Während das Hähnchen backt, Möhren und Kartoffeln schälen. In größere Stücke schneiden, die Ecken abrunden, so daß glatte Formen entstehen. Gemüsestücke zum Hähnchen geben.
6. Weitere 1 bis 1 1/4 Std. backen, bis Hähnchen und Gemüse gar sind (siehe Hinweis). Häufig mit Bratensaft begießen. Gemüse gelegentlich wenden. Mit Petersilie bestreuen. Hähnchen vierteln und mit den Gemüse servieren.

Hinweis: Bräunt das Hähnchen zu schnell, gegebenenfalls mit Alufolie abdecken.

Curryhühnchen mit Mandeln und Cashewnüssen

Zubereitungszeit:
  30 Min.
Bratzeit:
  50 Min.
Für 6–8 Personen

5 EL Öl
3 große feingehackte Zwiebeln
4 zerdrückte Knoblauchzehen
3 TL feingehackter frischer Ingwer
2 EL Garam Masala
1 EL gemahlener Koriander
1 TL Kurkuma
425 g Tomaten, aus der Dose
1,2 kg Hühnerteile ohne Haut
1 EL feingehackte Minze
75 g Naturjoghurt
60 g ungesalzene Cashewnüsse
60 g grob gehackte Mandeln

1. Öl in einer großen Pfanne erhitzen. Zwiebeln hineingeben und goldbraun dünsten. Knoblauch und Ingwer dazugeben und 2 Min. dünsten.
2. Garam Masala, Koriander und Kurkuma in die Pfanne geben und unter ständigem Rühren 2 Min. dünsten.
3. Die nicht abgetropften Tomaten dazugeben, danach die Hühnerteile und die Minze. Bei niedriger Hitze etwa 45 Min. kochen, bis das Hühnchen gar ist. Gelegentlich umrühren, damit nichts am Boden haften bleibt. Passiert es aber doch, etwas Wasser nachgießen.
4. Joghurt und Nüsse unterrühren. Mit Koriander garniert servieren.

TIP

Eine Füllung im Brathähnchen schmeckt köstlich, leider neigt die Füllung meistens dazu, beim Kochen auszulaufen. Das verhindert man, indem man einfach eine leicht gebutterte Kruste oder Scheibe eines Eintagebrots, mit Zwiebel oder Knoblauch eingerieben, in die Öffnung steckt.

TIP

Bereiten Sie selbst Garam Masala zu, indem sie nacheinander Koriander, Kurkuma und Kardamomsamen, schwarze Pfefferkörner und Zimtstangen rösten, bis sie ihr Aroma entfalten. In einem Mixer mahlen und in einem luftdichten Behälter aufbewahren. So ist Garam Masala viele Monate haltbar.

Hühnchen mit Brokkoligougère (Käsegebäck aus Brandteig)

Zubereitungszeit: 40 Min.
Backzeit: 30 Min.
Für 6 Personen

2 große Hühnerbrustfilets
250 g tiefgefrorener Brokkoli
*100 g geriebener Greyerzer-
 oder Emmentalerkäse*
3 EL Maismehl
1/4 l Milch
*frischgemahlener schwarzer
 Pfeffer*
1/4 l Wasser
75 g Butter
150 g Mehl
3 Eier

1. Hühnchenfilets etwa 12 Min. in köchelndem Wasser garen; abgießen und abkühlen lassen. In Streifen schneiden. Brokkoli in kochendem Wasser garen, gründlich abtropfen lassen.
2. Käse mit Maismehl vermischen. Milch in einem Topf erhitzen, bis sie köchelt. Nach und nach die Käsemischung hineinrühren, dabei jedesmal warten, bis der Käse geschmolzen ist. Mit Pfeffer abschmecken. Hühnchen und Brokkoli dazugeben.
3. Wasser und Butter in einen Kochtopf geben und zum Kochen bringen. Vom Feuer

*Curryhühnchen mit Mandeln
und Cashewnüssen,
Hühnchen mit Brokkoligougère*

Hähnchen auf vielerlei Art

nehmen und Mehl auf einmal hineingeben; kräftig durchschlagen und sicherstellen, daß das Mehl gründlich vermischt ist. Auf den Herd zurückstellen und rühren, bis die Mischung glatt ist und sich von dem Topfboden löst. Etwas abkühlen lassen.
4. Nacheinander Eier dazugeben, jedesmal kräftig rühren, bis sie gründlich eingearbeitet sind. Mischung an den Rändern einer eingefetteten 25 cm großen Form verteilen, die Mitte aussparen. Vorher zubereitete Mischung aus Käse, Filets und Brokkoli in die leere Mitte geben und bei 200 °C 30 Min. im Ofen backen; der Teigrand geht jetzt auf. Sofort mit einem Salat der Saison reichen.

Pikantes Brathähnchen

Zubereitungszeit:
  30 Min.
Bratzeit:
  40 Min.
Für 6 Personen

3 mittelgroße Brathähnchen
3 EL Honig
1 EL Rosenwasser
2 TL gemahlener Kardamom
1 EL Zitronensaft
2 EL Öl
1 TL Salz
Prise Cayennepfeffer
60 g geschälte Mandeln
Korianderzweige zum
  Garnieren

1. Brathähnchen mit Küchenpapier trockentupfen. Alle anderen Zutaten außer Mandeln und Koriander in einer Schüssel vermischen.
2. Eine Auflaufform mit Folie auslegen, die groß genug ist, daß sie um die Hähnchen geschlagen werden kann. Hähnchen auf die Folie legen, und in jedes Hähnchen etwas Honigmischung gießen. Den Rest über Brathähnchen gießen. Mit Mandeln bestreuen und leicht eindrücken.
3. Folie um die Hähnchen schlagen und fest verschließen, indem die Enden zusammengefaltet werden. 1 Std. bei mittlerer Hitze (180 °C) backen. Folie öffnen und Bratensaft über Hähnchen gießen.
4. Unbedeckt weitere 30 Min. braten. Hähnchen gelegentlich wenden und wiederholt mit Bratensaft begießen. Zum Schluß sollten sie goldbraun sein. Mit dem Tranchieren noch 5 Min. warten. Mit Koriander garnieren.

Pikantes Brathähnchen

> **TIP**
> Bei heißem Wetter werden Nüsse schnell ranzig. Von daher nur die zum Kochen benötigte Menge kaufen, und in einem luftdichten Behälter an einem kühlen Platz aufbewahren.

Pekannußhühnchen

Pekannußhühnchen

Zubereitungszeit: 30 Min.
Bratzeit: 10 Min.
Für 4 Personen

4 Hühnerbrustfilets
125 g halbierte Pekannüsse
50 g geriebener Goudakäse
80 g trockene Semmelbrösel
30 g frische weiße
  Semmelbrösel
1 TL gemahlener Salbei
frisch gemahlener schwarzer
  Pfeffer
1 Ei, leicht geschlagen
1 EL Wasser
60 g Butter
2 EL Öl
Zweige von Brunnenkresse
  oder Petersilie zum
  Garnieren

1. Filets zwischen 2 Lagen Frischhaltefolie auf 1 cm Dicke klopfen.
2. 8 Pekannußhälften beiseite stellen die restlichen fein hacken. Gehackte Pekannüsse, Käse, Semmelbrösel, Salbei und Pfeffer vermischen. In einer zweiten flachen Schüssel Ei mit Wasser kräftig zusammenrühren.
3. Filets in der ersten Hälfte der Pekannußmischung wenden, in die Eimischung tauchen; dann in der zweiten Hälfte der Pekannußmischung wenden.
4. Butter und Öl in einer großen, flachen Pfanne erhitzen. Je 2 Filets gleichzeitig in die Pfanne geben und in 2 bis 3 Min. goldbraun und gar braten, einmal wenden. Die ersten Filets warm stellen, während die zweite Portion gebraten wird. Mit den restlichen Pekannüssen und Brunnenkresse oder Petersilie serviert auftragen.

TIP
Frische Geflügelinnereien – Magen, Herz, Hals und Leber – verderben schnell; deshalb müssen sie innerhalb von 24 Stunden, nachdem sie gekauft wurden, gekocht werden. Hühnerleber ergibt eine hervorragende Pastete. Man kann sie fertig in Dosen oder kiloweise beim Metzger kaufen.

Leckere Gerichte mit Hackfleisch

Hackfleisch vom Rind

Rinderhackfleisch kann man in unterschiedlicher Qualität kaufen; dennoch wird man mit feinem, magerem Rindfleisch stets die besten Ergebnisse erzielen. Es eignet sich vorzüglich für Fleischbällchen, Hamburger und aromatische Fleischgerichte. Durch Kräuter, Gemüse und Gewürze lassen sich die Rezepte ergänzen und unbegrenzt variieren.

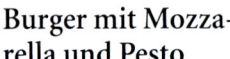

Burger mit Mozzarella und Pesto

Vorbereitungszeit:
25 Min.
Zubereitungszeit:
16 Min.
Für 6 Personen

1 kg Rinderhackfleisch
1 kleine Zwiebel, feingeschnitten
1 TL getrockneter Oregano
2 EL Tomatenmark
50 g Mozzarella
Focaccia-Brot
2 Tomaten, in Scheiben geschnitten

Pesto
1 ½ Becher Basilikumblätter
⅓ Becher Pinienkerne
½ Becher geriebener Parmesankäse
1 Knoblauchzehe, zerdrückt
125 ml Olivenöl

1 Hackfleisch, Zwiebel, Oregano und Tomatenmark in eine große Rührschüssel geben und gut vermengen. Die Mischung in 6 gleich große Portionen teilen und 1 ½ cm dicke Pastetchen formen. Käse in 3 cm lange und 1 cm dicke Streifen schneiden. Mit dem Daumen in jeden Burger eine kleine Vertiefung drücken, Käse hineinlegen und Hackfleisch darüber wieder verschließen. Bis zur Weiterverwendung kalt stellen.

2 Zubereitung des Pesto: Basilikum, Pinienkerne, Parmesan und Knoblauch in Küchenmaschine oder Mixer geben. Bei mittlerer Geschwindigkeit pürieren, dabei langsam Öl zugießen, bis die Masse glatt ist. In eine kleine Schüssel umfüllen und mit Klarsichtfolie abdecken.

Burger mit Mozzarella und Pesto (links) und Spaghetti mit herzhaftem Rindsragout

Leckere Gerichte mit Hackfleisch

3 Grill oder Bratpfanne vorheizen und dünn mit Öl bestreichen. Burger bei mittlerer Hitze auf jeder Seite 8 Minuten braten. Auf getoastetem Focaccia-Brot mit Tomatenscheiben und Pesto servieren.

Spaghetti mit herzhaftem Rindsragout

Vorbereitungszeit:
  20 Min.
Zubereitungszeit:
  45 Min.
Für 6 Personen

2 EL Öl
800 g Hackfleisch vom Rind
1 Zwiebel, feingehackt
2 Knoblauchzehen, zerdrückt
1 große rote Paprika, gewürfelt
80 ml Tomatensauce
Tomaten aus der Dose (2 x 410 g), kleingeschnitten
80 ml Rotwein
2 mittelgroße Zucchini, in 1 cm dicke Scheiben geschnitten
1 TL getrockneter Thymian
1 TL getrockneter Rosmarin
1 TL getrocknetes Basilikum
½ TL Muskatnuß
750 g Spaghetti

1 Das Öl in einer großen Bratpfanne erhitzen; Hackfleisch, Zwiebel und Knoblauch hineingeben. Bei mittlerer Hitze 5 Minuten goldbraun braten, bis die Flüssigkeit nahezu verdunstet ist; dabei das Hackfleisch mit einer Gabel zerdrücken.
2 Die restlichen Zutaten bis auf die Spaghetti zufügen und bei geringer Hitze zugedeckt 30 Minuten köcheln lassen.
3 Die Spaghetti in einem großen Topf in sprudelnd heißem Wasser garkochen. Mit herzhaftem Rindsragout und geriebenem Parmesan sofort servieren.

Hinweis: Das französische Wort „Ragout" wird wie „ragu" ausgesprochen und heißt „Eintopfgericht".

Kräuterfrikadellen mit Karamelzwiebeln

Vorbereitungszeit:
  25 Min.
Zubereitungszeit:
  46 Min.
Für 6 Personen

1 kg Rinderhackfleisch
¼ Becher Sauerrahm
1 TL getrockneter Thymian
1 TL getrocknetes Basilikum
1 TL getrockneter Rosmarin

Karamelzwiebeln
1 EL Olivenöl
3 mittelgroße rote Zwiebeln, in Ringe geschnitten
1 EL Balsamessig (Aceto balsamico)
2 TL Honig

1 Hackfleisch, Sauerrahm und Kräuter in eine große Rührschüssel geben und kräftig vermengen. Die Masse in sechs Portionen teilen und 1½ cm dicke Pasteten formen. Bis zur weiteren Verwendung kalt stellen.
2 Zubereitung der Karamelzwiebeln:
Öl in einer großen Pfanne erhitzen, Zwiebeln hineingeben und 20 Minuten bei schwacher Mittelhitze dünsten. Die Zwiebeln sollten sehr zart und goldbraun sein. Essig und Honig zufügen und weitere 10 Minuten unter mehrmaligem Rühren schmoren.
3 Grill oder Bratpfanne vorheizen und dünn mit Öl bestreichen. Die Frikadellen bei mittlerer Temperatur auf jeder Seite 8 Minuten braten. Mit Salat und den warmen Karamelzwiebeln anrichten.

> **TIP**
> Die Frikadellen lassen sich mit nassen Händen leichter formen. Hackfleischmasse kann zur späteren Verwendung eingefroren werden.

Kräuterfrikadellen mit Karamelzwiebeln

LECKERE GERICHTE MIT HACKFLEISCH

LECKERE GERICHTE MIT HACKFLEISCH

Rind-Pimiento-Terrine mit Käse

Vorbereitungszeit:
20 Min.
Zubereitungszeit:
1 Std.
Für 6 Personen

1 kg Rinderhackfleisch
2 Becher Paniermehl aus ofenfrischem Weißbrot
¼ Becher Tomatenmark
1 EL getrocknetes Senfpulver
2 TL getrocknete Kräuter, gemischt
2 Knoblauchzehen, zerdrückt
1 verquirltes Ei
1 Becher Pimiento, kleingehackt
⅓ Becher frisches Basilikum, feingehackt
2 EL schwarze Oliven, zerkleinert
250 g Ricotta-Käse
125 g Feta-Käse

1 Ofen auf 180 °C vorheizen. Eine Stollenform (12 x 14 x 7 cm) mit Alufolie auslegen. Hackfleisch in einer großen Rührschüssel mit Paniermehl, Tomatenmark, Senf, gemischten Kräutern, Knoblauch und Ei vermischen. In 3 Portionen teilen.
2 Pimiento, Basilikum und Oliven vermischen.
3 Ein Drittel der Hackfleischmischung gleichmäßig auf dem Boden einer vorbereiteten Backform verteilen. Die Hälfte der Pimiento-Mischung daraufgeben. Mit dem zweiten Drittel der Hackfleischmischung bedecken, dann die restliche Pimiento-Mischung und das letzte Drittel der Hackfleischmischung daraufgeben. 1 Stunde backen, bis die Terrine goldbraun und gar ist. Terrine 5 Minuten hochkant stellen und Flüssigkeit abfließen lassen; stürzen und in Scheiben geschnitten servieren.
4 Ricotta-Käse und Feta vermengen und als Beilage reichen.

Rindfleisch-Kürbis-Risotto

Vorbereitungszeit:
15 Min.
Zubereitungszeit:
15 Min.
Für 4 Personen

60 g Butter
1 EL Öl
1 mittelgroße Zwiebel, in Ringe geschnitten
2 Knoblauchzehen, zerdrückt
350 g Rinderhackfleisch
2 Becher Arborio- oder Langkornreis
250 ml Weißwein
1¼ l heiße Hühnerbrühe
750 g Kürbis, in 2 cm große Würfel geschnitten
250 g Champignons, in Scheiben geschnitten
⅔ Becher geriebener Parmesankäse
⅓ Becher Petersilie, kleingehackt

1 Butter und Öl in einer großen Pfanne erhitzen, Zwiebeln und Knoblauch zufügen und unter Rühren bei mittlerer Hitze 2 Minuten hellbraun braten.
2 Rinderhackfleisch zugeben und bei hoher Temperatur 4 Minuten anbraten, bis sämtliche Flüssigkeit verdunstet ist; dabei das Hackfleisch mit einer Gabel zerdrücken.
3 Den Reis zugeben und 1 Minute braten. Wein zugießen und zum Kochen bringen. Hitze zurücknehmen und unter Rühren 2 Minuten köcheln lassen, bis die Flüssigkeit absorbiert ist. Ein Viertel der Hühnerbrühe zugeben und 2 Minuten weiterrühren, bis die Flüssigkeit eingezogen ist.
4 Im folgenden jeweils ein Viertel der Brühe zugeben, den Kürbis und die Pilze daruntermischen, nachdem die Hälfte der Hühnerbrühe zugegossen ist. Auf diese Weise fortfahren, bis die restliche Flüssigkeit zugefügt und der Reis gar ist.
5 Vom Herd nehmen, Käse und Petersilie unterrühren und servieren.

Rind-Pimiento-Terrine mit Käse (oben) und Rindfleisch-Kürbis-Risotto

Fleischpastete

Vorbereitungszeit:
35 Min.
Zubereitungszeit:
50 Min.
Für 6 Personen

Mürbeteig
1 gehäufter Becher Mehl
½ TL Backpulver
90 g Butter, in Flöckchen geschnitten
1½ EL Wasser

Füllung
1 EL Öl
2 Scheiben Speck, kleingehackt
1 kleine Zwiebel, feingehackt
750 g Rinderhackfleisch
2 EL Mehl, zusätzlich
375 ml Rinderbrühe
125 ml passierte Tomaten
2 EL Worcestersauce
2 TL getrocknete Kräuter
1 TL Senfpulver

Blätterteighaube
½ Packung (etwa 190 g)
Tiefkühl-Blätterteig
1 verquirltes Ei

1 Den Backofen auf 210 °C vorheizen.
Zubereitung des Mürbeteigs: Mehl und Backpulver in eine große Rührschüssel sieben und die Butter zugeben. Die Butter mit den Fingerspitzen 2 Minuten unter das Mehl mengen, bis die Masse eine feinkörnige Struktur zeigt. Nahezu alles Wasser zufügen und zu einem festen Teig verarbeiten; bei Bedarf restliches Wasser zugeben. Auf ein dünn mit Mehl bestäubtes Brett geben und noch 1 Minute kneten, bis der Teig glatt ist. Mit Klarsichtfolie abdecken und 30 Minuten kalt stellen. Teig zwischen zwei Stücken Klarsichtfolie so ausrollen, daß er Boden und Rand einer 24 cm großen Kuchenform bedeckt.

2 Zubereitung der Füllung: Das Öl in einer schweren Pfanne erhitzen; Speck und Zwiebeln hineingeben. Unter Rühren bei mittlerer Hitze 5 Minuten hellbraun braten. Fleisch zugeben und bei starker Hitze braten, bis die Flüssigkeit verdunstet ist; dabei das Hackfleisch mit einer Gabel zerdrücken. Mehl zufügen und noch 1 Minute rühren.
3 Brühe, passierte Tomaten, Sauce, Kräuter und Senf zugeben. Zum Kochen bringen; Hitze zurücknehmen und 8 Minuten ohne Deckel köcheln lassen, bis sämtliche Flüssigkeit verdunstet ist. Gelegentlich umrühren und kalt stellen. Ausgerollte Teigplatte mit der Gabel einstechen.
4 Zubereitung der Blätterteighaube: Teig zwischen zwei Klarsichtfolien ausrollen. Den Rand der

Fleischpastete

1. Teig zwischen zwei Klarsichtfolien ausrollen.

2. Für die Füllung Rindfleisch, Speck und Zwiebeln vermengen und goldbraun braten.

Pastetenhülle mit Ei bestreichen, Blätterteig auflegen, in Form schneiden und fest andrücken. Den Rand rundum einschneiden. Die Pastete mit Ei bestreichen. Aus dem abgeschnittenen Teigrand nach Belieben Blattformen zum Dekorieren ausschneiden. Die Haube an vier Stellen einschneiden, damit der Dampf entweichen kann. 14 Minuten backen. Temperatur auf 180 °C zurückschalten und weitere 25 Minuten backen, bis die Pastete goldbraun ist.

3. Brühe, Tomatenmark, Sauce, Kräuter und Senf zur Rindfleischmischung geben.

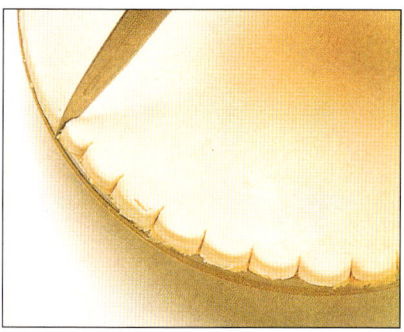

4. Den Rand der Pastete rundherum bis zum Boden einschneiden.

LECKERE GERICHTE MIT HACKFLEISCH

Rindfleisch-Pilz-Bolognese mit Käsepolenta

Vorbereitungszeit:
30 Min.
Zubereitungszeit:
20 Min.
Für 6 Personen

Käsepolenta
500 ml Milch
500 ml Wasser
2 TL Salz
1 ½ Becher Polenta
⅓ Becher geriebener Cheddar-Käse

Rindfleisch-Pilz-Bolognese
2 EL Öl
2 große Zwiebeln, feingehackt
3 Knoblauchzehen, zerdrückt
350 g Rinderhackfleisch
350 g kleine Champignons
1 Dose Tomaten (440 g)
250 ml passierte Tomaten
1 TL getrocknete Kräuter, gemischt

1 Backofen auf 180 °C vorheizen. Eine flache Kuchen- oder Pastetenform (Durchmesser 18 cm) mit zerlassener Butter oder Öl ausstreichen. Milch, Wasser und Salz in eine große Pfanne geben, aufkochen und nach und nach Polenta einrühren, bis ein glatter

Brei entstanden ist. Hitze zurücknehmen und die Mischung 15 Minuten unter ständigem Rühren solange kochen, bis sie sehr zähflüssig ist. Käse zugeben und schmelzen. Die Masse in der vorbereiteten Backform verstreichen und 20 Minuten backen, bis sie fest ist. Polenta in keilförmige Stücke schneiden.
2 **Zubereitung der Rindfleisch-Pilz-Bolognese:** Das Öl in einer mittelgroßen Bratpfanne erhitzen, Zwiebeln und Knoblauch zugeben und unter Rühren bei mittlerer Hitze 2 Minuten hellbraun braten. Rinderhackfleisch zufügen und bei hoher Temperatur 4 Minuten kräftig anbraten, bis die Flüssigkeit verdunstet ist; dabei das Hackfleisch mit einer Gabel zerdrücken.
3 Pilze, Tomaten mit Saft, passierte Tomaten und Kräuter zum Kochen bringen und zugedeckt bei schwacher Hitze 15 Minuten köcheln lassen, bis die Mischung eingekocht und zähflüssig ist. Mit Polenta-Stücken servieren.

Rindsschmortopf mit Petersilienmakronen

Vorbereitungszeit:
40 Min.
Zubereitungszeit:
30 Min.
Für 4 Personen

500 g Rinderhackfleisch
⅔ Becher Paniermehl aus frischem Weißbrot
4 Knoblauchzehen, zerdrückt
1 EL Worcestersauce
Mehl
3 EL Öl
3 große Zwiebeln, in Achtel geschnitten
125 ml Weinessig (rot)
⅓ Becher Pflaumenmus
750 ml Rinderbrühe

Petersilienmakronen
1½ Becher Mehl
½ TL Backpulver
20 g Butter
2 EL frische Petersilie, kleingehackt
200 ml Milch

1 Den Backofen auf 210 °C vorheizen. Das Hackfleisch in eine mittelgroße Rührschüssel geben und mit Paniermehl, Knoblauch und Worcestersauce vermischen. Gehäufte Eßlöffel der Mischung zu Bällchen formen. Mehl auf ein Stück Pergamentpapier geben. Die Fleischbällchen darin wälzen und überschüssiges Mehl abschütteln.

Rindsschmortopf mit Petersilienmakronen (oben) und Rindfleisch-Pilz-Bolognese mit Käsepolenta

2 Das Öl in einer schweren Pfanne erhitzen und eine Lage Fleischbällchen bei mittlerer Hitze 4 Minuten unter mehrmaligem Wenden gut anbraten. Auf Küchenpapier abtropfen lassen, dann in eine flache, feuerfeste Form legen.
3 Zwiebel in die Pfanne geben und bei mäßiger Hitze unter ständigem Rühren 2 Minuten hellbraun braten. Essig, Pflaumenmus und Brühe zufügen und aufkochen. Die Hitze zurücknehmen und ohne Deckel 4 Minuten köcheln, bis die Zwiebeln weich sind; über die Fleischbällchen gießen.
4 **Zubereitung der Petersilienmakronen:** Das Mehl in eine Rührschüssel sieben und Butter zugeben. Die Butter mit den Fingerspitzen unter das Mehl mengen, bis eine feine, körnige Struktur entsteht. Petersilie unterrühren. Milch zufügen und mit einem Messer gut vermischen. Mit einem Eßlöffel Makronen formen und gleichmäßig über den Fleischbällchen verteilen. 30 Minuten goldbraun backen.

Würzige Rindfleisch-Empanadas

Vorbereitungszeit:
  30 Min.
Zubereitungszeit:
  10 Min.
Ergibt 20 Empanadas

Fleischfüllung
1 EL Öl
1 große Zwiebel, kleingeschnitten
2 Knoblauchzehen, zerdrückt
2 rote Chilischoten, kleingehackt
375 g Rinderhackfleisch
250 ml passierte Tomaten
½ TL Gewürzmischung
2 TL Kreuzkümmel, gemahlen

Teigtaschen
5 Platten gebrauchsfertiger Mürbeteig
125 ml Sauerrahm
1 Becher geriebener Cheddar-Käse
Pflanzenöl zum Fritieren

1 **Zubereitung der Fleischfüllung:** Das Öl in einer Pfanne erhitzen. Zwiebel, Knoblauch und Chili zugeben und 2 Minuten unter ständigem Wenden anbraten, bis die Zwiebel weich ist. Hackfleisch zufügen und 4 Minuten bei starker Hitze braten, bis sämtliche Flüssigkeit verdunstet ist; dabei das Hackfleisch mit einer Gabel zerdrücken. Passierte Tomaten, die Gewürzmischung und den Kreuzkümmel hineingeben. Nach kurzem Aufkochen Hitze zurücknehmen und ohne Deckel 5 Minuten köcheln lassen, bis die Mischung eingedickt ist. Kalt stellen.
2 Die Teigplatten kreisförmig ausschneiden; als Form eignet sich eine Untertasse (12 cm Durchmesser). Die Kreise auf der Arbeitsfläche auslegen.
3 Die Fleischfüllung auf die Teigkreise verteilen und Sauerrahm mit Käse daraufgeben. Den Teig so falten, daß die Füllung eingeschlossen ist; die Ränder mit einer Gabel fest zusammendrücken.
4 Zum Fritieren das Öl in einer schweren Pfanne mäßig erhitzen. Je vier Teigtaschen vorsichtig in das Öl gleiten lassen. 2 Minuten fritieren, bis sie rösch und goldbraun sind. Mit einem Schaumlöffel vorsichtig aus dem Öl nehmen. Auf Küchenpapier abtropfen lassen. Im vorgeheizten Backofen warm halten. Mit den restlichen Empanadas ebenso verfahren.

Hinweis: Wenn man die Samen der Chilischoten entfernt, sind sie nicht mehr so scharf. Als Dipsauce eignet sich Chutney- oder Chilisauce.

Würzige Rindfleisch-Empanadas

Fleisch-Kartoffel-Pastete mit Mandeln

Vorbereitungszeit:
15 Min.
Zubereitungszeit:
1 Std. 30 Min.
Für 8 Personen

1 kg Hackfleisch vom Rind
1 Becher Paniermehl
2 Stangen Sellerie, feingehackt
1 große Zwiebel, gewürfelt
1 EL frisch gemahlener Ingwer
2 Knoblauchzehen, zerdrückt
1 EL Currypulver
1 EL Garam Masala
⅔ Becher Naturjoghurt
2 verquirlte Eier
2 Becher Kartoffelbrei
⅔ Becher Mandelsplitter

1 Backofen auf 180 °C vorheizen. Eine runde Kuchenform (20 cm) einfetten. Rinderhackfleisch, Paniermehl, Sellerie, Zwiebeln, Ingwer, Knoblauch, Currypulver, Garam Masala, Joghurt und Ei vermengen und in die Form drücken. 1 Stunde 15 Minuten goldbraun backen. Die Flüssigkeit abgießen; die Pastete auf ein Backblech umsetzen.
2 Die Pastete rundum mit Kartoffelbrei bestreichen und Mandeln hineindrücken. Backofentemperatur auf starke Mittelhitze schalten und die Pastete bei 210 °C 15 Minuten backen, bis die Mandeln goldbraun sind. In keilförmige Stücke schneiden und servieren.

Pfannengerührtes Rind mit Vermicelli

Vorbereitungszeit:
30 Min.
Zubereitungszeit.
15 Min.
Für 4 Personen

Fleischbällchen
500 g Rinderhackfleisch
4 Frühlingszwiebeln, gehackt
1 EL Sojasauce
2 Becher Paniermehl
1 verquirltes Ei
Bratfett (Öl)

100 g Vermicelli (Nudeln)
1 EL Öl
1 EL Sesamöl
1 große Zwiebel, in Achtel geschnitten
1 große rote Paprikaschote, in Streifen geschnitten
2 Becher Kohl, in feine Streifen geschnitten
2 Knoblauchzehen, zerdrückt
2 TL gemahlener Ingwer
1 Dose Bambussprossen (230 g), in Scheiben geschnitten
3 TL Maismehl
750 ml Hühnerbrühe
1 EL Sojasauce
¼ Becher Pflaumensirup

1 Fleischbällchen: Rinderhackfleisch in einer Rührschüssel mit Frühlingszwiebeln, Sojasauce, Paniermehl und Ei vermengen. Eßlöffelgroße Bällchen daraus formen. Öl in einer Pfanne erhitzen. Eine Lage Fleischbällchen bei mittlerer Hitze rundum 4 Minuten braten. Auf Küchenpapier abtropfen lassen.
2 Nudeln in einer Schüssel mit heißem Wasser übergießen und 10 Minuten stehen lassen; abseihen und beiseite stellen.
3 Öl und Sesamöl erhitzen, Zwiebeln und Paprika zugeben; bei starker Hitze 2 Minuten anbraten, mehrmals wenden. Kohl, Knoblauch und Ingwer zugeben und 1 Minute braten. Bambussprossen und Fleischbällchen zufügen und weitere 2 Minuten braten.
4 Maismehl, mit etwas Brühe angerührt, die restliche Brühe, Sojasauce und Pflaumensirup zugeben. Unter Rühren garen, bis das Gemüse weich ist und die Fleischbällchen gar sind. Die Nudeln untermischen.

Fleisch-Kartoffel-Pastete mit Mandeln (oben) und Pfannengerührtes Rind mit Vermicelli

Picknick-Burger mit Sahnemeerrettich

Vorbereitungszeit:
20 Min.
Zubereitungszeit:
16 Min.
Für 6 Personen

750 g Rinderhackfleisch
1 Becher Paniermehl aus ofenfrischem Weißbrot
½ TL fein abgeriebene Zitronenschale
5 Tropfen Tabascosauce
1 verquirltes Ei
6 Austern

Sahnemeerrettich
125 ml Sauerrahm
2 TL Meerrettich-Extrakt

1 Hackfleisch, Paniermehl, Zitronenschale, Tabasco und Ei in eine große Rührschüssel geben und gründlich vermengen. Die Masse in 6 gleich große Portionen teilen und 1½ cm dicke Burger formen. Mit dem Daumen eine kleine Vertiefung in die Oberfläche drücken, eine Auster hineingeben, mit Hackfleisch glattstreichen und vollständig verschließen. Bis zur Weiterverwendung kalt stellen.
2 Sahnemeerrettich: Zutaten in einer Schüssel vermengen und vorübergehend kalt stellen.
3 Grill oder Bratpfanne vorheizen und dünn mit Öl bestreichen. Burger bei mittlerer Hitze auf jeder Seite 8 Minuten backen, dabei nur einmal wenden. Auf Hamburger-Brötchen mit in Streifen geschnittenem Salat und Sahnemeerrettich servieren.

Blätterteigrollen mit Rindfleisch-Pilz-Ragout in Brandy

Vorbereitungszeit:
30 Min.
Zubereitungszeit:
30 Min.
Für 4 Personen

500 g Rinderhackfleisch
1 Zwiebel, gewürfelt
¼ Becher Tomatenmark
2 EL frischer Rosmarin, kleingehackt
1 EL Öl
30 g Butter
375 g Packung Blätterteig
Milch zum Glasieren

Füllung
60 g Butter
1 Stange Sellerie, kleingeschnitten
125 g Pilze, kleingehackt
2 Knoblauchzehen, zerdrückt
80 ml Brandy
125 ml Crème fraîche

1 Backofen auf 210 °C (starke Mittelhitze) vorheizen. Backblech einfetten. Rinderhackfleisch, Tomatenmark und Rosmarin vermengen. Die Masse in vier Portionen teilen; jede Portion zu einer etwa 12 cm langen Rolle formen.
2 Öl und Butter in einer Pfanne erhitzen. Die Rollen hineingeben und bei mittlerer Hitze 4 Minuten backen, um die Poren zu schließen; dabei gelegentlich wenden. Hitze reduzieren und weitere 5 Minuten garen; gelegentlich wenden. Auf Küchenpapier abtropfen und abkühlen lassen.
3 Füllung: Butter in einer Pfanne erhitzen, Sellerie, Pilze und Knoblauch hineingeben und bei mittlerer Hitze unter ständigem Rühren 2 Minuten anbraten, bis das Gemüse weich ist. Brandy und Crème fraîche zugeben, 2 weitere Minuten braten, bis die Mischung eingekocht und sämig ist. Kalt stellen.
4 Teig in vier Portionen teilen; je auf einer dünn mit Mehl bestäubten Fläche rechteckig ausrollen (25 x 15 cm). Ecken ausschneiden. Die Füllung in der Mitte verteilen und die Rollen darauf legen. Den Teig mit Milch bestreichen, aufwickeln und die Enden fest zusammendrücken. Mit der Naht nach unten auf ein Backblech legen und mit Milch bestreichen. 30 Minuten goldbraun backen.

Picknick-Burger mit Sahnemeerrettich (oben)
Blätterteigrollen mit Rindfleisch-Pilz-Ragout in Brandy

LECKERE GERICHTE MIT HACKFLEISCH

Gefüllte Tomaten

Vorbereitungszeit:
20 Min.
Zubereitungszeit:
40 Min.
Für 6 Personen

¼ Becher Burghul
 (geschroteter Weizen)
80 ml heißes Wasser
1 EL Öl
1 kleine Zwiebel, gehackt
500 g Hackfleisch vom Rind
50 g gedörrte Tomaten, in
 dünne Scheiben geschnitten
2 EL Tomatenmark
1 EL Barbecue-Sauce
 (Grillsauce)
1 TL getrockneter Oregano
1 EL gehackte Petersilie
6 große, feste Tomaten
2 TL Olivenöl

1 Backofen auf 180 °C (Mittelhitze) vorheizen. Eine tiefe Backform mit Öl ausstreichen. Burghul in eine Schüssel geben und heißes Wasser zufügen. 15 Minuten quellen lassen, dann überschüssige Flüssigkeit herausdrücken. Öl in einer Pfanne erhitzen; Zwiebel und Hackfleisch zugeben und unter Rühren 5 Minuten anbraten; dabei das Hackfleisch mit einer Gabel zerdrücken. Vom Herd nehmen und überschüssige Flüssigkeit abgießen. Masse in eine Rührschüssel füllen.
2 Burghul, gedörrte Tomaten, Tomatenmark, Barbecue-Sauce und Kräuter zur Hackfleischmischung geben und gut mischen.
3 Eine 2 cm dicke Scheibe vom Boden der Tomaten abschneiden und diese aushöhlen. Dann mit der Hackfleischmischung füllen und den „Deckel" aufsetzen.
4 Tomaten mit Öl bestreichen und mit 3 cm Abstand in die Backform setzen. 35 Minuten backen.

Gefüllte Tomaten

1. Öl in einer Bratpfanne erhitzen; Zwiebeln und Hackfleisch hineingeben.

2. Burghul, gedörrte Tomaten, Tomatenmark, Barbecue-Sauce, Kräuter zugeben.

LECKERE GERICHTE MIT HACKFLEISCH

3. Samen und Trennwände aushöhlen und mit der Hackfleischmischung füllen.

4. Jede Tomate rundum mit Öl bestreichen und in eine Backform geben.

Paprika-Fleischbällchen mit Nudeln

*Vorbereitungszeit:
25 Min.
Zubereitungszeit:
50 Min.
Für 6 Personen*

*850 g Rinderhackfleisch
½ Becher Paniermehl
1 verquirltes Ei
½ TL schwarzer gemahlener Pfeffer
1 EL getrockneter Oregano
2 EL Öl
2 EL Öl, zusätzlich
1 große Zwiebeln, in Scheiben geschnitten
2 mittelgroße grüne Paprikaschoten, in 1 cm breite Streifen geschnitten
1 EL Mehl
2 TL Paprika
1 TL Kümmel
500 ml Rinderbrühe
1 Dose Tomatenpüree
2 Lorbeerblätter
2 EL Tomatenmark
60 ml Sauerrahm
750 g Fettuccine (Nudeln)*

1 Hackfleisch, Paniermehl, Ei, Pfeffer und Oregano in eine große Rührschüssel geben und gut mischen. Jeweils einen gehäuften Eßlöffel von der Masse abnehmen und 30 Bällchen formen.
2 Öl in einer großen Antihaft-Bratpfanne erhitzen. Die Fleischbällchen bei mittlerer Temperatur 5 Minuten braten; dabei die Pfanne von Zeit zu Zeit schütteln, bis sie rundum braun sind. In mehreren Partien backen (die Pfanne darf nicht zu voll sein).
3 Zusätzliches Öl in einer Pfanne erhitzen. Zwiebel und Paprika hineingeben und unter ständigem Rühren 2 Minuten dünsten, bis sie gar sind. Den Bratensaft von den Fleischbällchen in der Pfanne erhitzen; Mehl, Paprika und Kümmel zugeben und unter ständigem Rühren 2 Minuten dünsten. Nach und nach die Brühe unterrühren; bei geringer Hitze 2 Minuten köcheln lassen. Brühensauce, Tomatenpüree und Lorbeerblätter mit dem Gemüse in einem Topf vermengen. Zum Kochen bringen und die Fleischbällchen hineingeben. Zugedeckt bei schwacher Hitze 20 Minuten köcheln lassen. Tomatenmark zufügen und ohne Deckel weitere 15 Minuten dünsten; gelegentlich umrühren.
4 Nudeln in einem Topf in sprudelnd heißem Wasser garkochen; abgießen. Sauerrahm über die Fleischbällchen geben. Vorsichtig vermengen und sofort mit den Nudeln anrichten.

Rindsklößchen mit würziger Tomatenbutter

*Vorbereitungszeit:
30 Min.
Zubereitungszeit:
20 Min.
Für 4 Personen*

*500 g Hackfleisch vom Rind
1 Becher gekochter Reis
2 TL Currypulver
2 EL Öl*

*Würzige Tomatenbutter
1 EL Öl, zusätzlich
1 große Zwiebel, feingehackt
2 Knoblauchzehen, zerdrückt
1 EL gemahlener Ingwer
2 TL gemahlener Kümmel
2 TL gemahlener Koriander
2 TL französischer Senf
2 TL Zucker
1 EL Tomatenmark
1 Dose Tomaten (440 g)
125 ml Wasser
60 g Butter*

1 Rinderhackfleisch in eine große Rührschüssel geben und mit Reis und Currypulver gut vermengen. Aus der Masse acht gleich große Klößchen formen.
2 Öl in einer großen Bratpfanne erhitzen. Eine Lage Klößchen hineingeben; bei mittlerer Hitze auf jeder Seite 3 Minuten anbraten, bis sie gar sind. Aus der Pfanne nehmen und auf Küchenpapier

Paprika-Fleischbällchen mit Nudeln (oben), Rindsklößchen mit würziger Tomatenbutter

abtropfen lassen; warm stellen.
3 Würzige Tomatenbutter: In einem mittelgroßen Topf das zusätzliche Öl erhitzen. Zwiebeln, Knoblauch und Ingwer zugeben und 2 Minuten anbraten, bis die Zwiebeln weich sind. Kümmel, Koriander, Senf, Zucker, Tomatenmark, Tomaten mit Saft und Wasser zugeben und zum Kochen bringen; Hitze reduzieren und zugedeckt 10 Minuten köcheln lassen, bis die Sauce eingekocht und sämig ist. Vom Herd nehmen und im Rührgerät oder in der Küchenmaschine zu einer glatten Masse verarbeiten. Butter zugeben und rühren, bis die Masse sich gut vermischt hat. Über die Klößchen gießen und anrichten.

Hackfleisch vom Schwe... und vom Kalb

Man kann beide Hackfleischsorten separat kaufen und selbst kombinieren oder als fertige Mischung beim Metzger verlangen. Es eignet sich sehr gut als Füllung für Ravioli und Cannelloni, ergibt aber auch ausgezeichnete, leichte Saucen für Nudelgerichte. Frische Kräuter, besonders Salbei und Basilikum, passen vorzüglich dazu. Natürlich kann man die Fleischsorten auch einzeln verwenden.

Gefüllte Zucchini auf italienische Art

Vorbereitungszeit:
 15 Min.
Zubereitungszeit:
 30 Min.
Für 4 Personen

4 große Zucchini
2 EL Öl
1 große Zwiebel, gehackt
2 Scheiben Speck
2 Knoblauchzehen, zerdrückt
250 g Schweine- und Kalbshackfleisch
1 ½ Becher gekochter Reis
1 Becher Tomatenpüree
1 TL getrocknete gemischte Kräuter
½ TL Chilipulver
2 EL Parmesankäse, gerieben

1 Backofen auf 180 °C (Mittelhitze) vorheizen. Ein Backblech mit zerlassener Butter oder Öl ausstreichen. Die Zucchini der Länge nach halbieren. Mit einem kleinen Löffel das Fruchtfleisch aushöhlen und in Würfel schneiden.
2 Öl in einer Bratpfanne erhitzen; Zwiebel, klein geschnittenen Speck und Knoblauch hineingeben und bei mittlerer Hitze 3 Minuten unter ständigem Rühren hellbraun braten. Die Hackfleischmischung zufügen und bei starker Hitze 4 Minuten goldbraun backen; dabei immer wieder umrühren, bis sämtliche Flüssigkeit verdunstet ist. Das Hackfleisch mit einer Gabel zerdrücken.

Gefüllte Zucchini auf italienische Art (oben) und Pikante spanische Würstchen mit Bohnensalat

Leckere Gerichte mit Hackfleisch

3 Reis, Tomatenpüree, Kräuter, Chili und Zucchiniwürfel zugeben; 1 Minute bei mittlerer Hitze braten. Masse in die ausgehöhlten Zucchinihälften füllen und mit Käse bestreuen. Auf das Blech legen; 30 Minuten backen, bis die Zucchini gar sind.

Pikante spanische Würstchen mit Bohnensalat

Vorbereitungszeit:
  20 Min.
Zubereitungszeit:
  10 Min.
Für 6 Personen

1 kg Hackfleisch vom Schwein
2 Knoblauchzehen, zerdrückt
1 TL Chilipulver
1 TL gemahlener Kümmel
1 TL Zwiebelsalz
1 EL Worcestersauce

Bohnensalat
2 Dosen gemischte Bohnen (800-900 g)
1 mittelgroße rote Zwiebel, in feine Scheiben geschnitten
80 ml Olivenöl
2 EL Apfelessig
1 TL Honig
½ TL Dijon-Senf

1 Hackfleisch, Knoblauch, Gewürze und Sauce in eine Rührschüssel geben und gut mischen. In 12 Portionen teilen und etwa 12 cm lange Würstchen formen.
Zubereitung des Salats:
Bohnen waschen und abtropfen lassen. Zusammen mit der Zwiebel in eine Rührschüssel geben. Öl, Essig, Honig und Senf im Schüttelbecher 1 Minute mischen und über die Bohnen gießen.
3 Grill oder Pfanne erhitzen und dünn mit Öl bestreichen. Die Würstchen bei mittlerer Hitze 10-12 Minuten braten und dabei gelegentlich wenden. Mit Bohnensalat servieren.

Schweinefleisch-Frittata mit pikant gewürzten Äpfeln

Vorbereitungszeit:
  25 Min.
Zubereitungszeit:
  40 Min.
Ergibt 12 Stücke

1 große Kartoffel (350 g), in Würfel geschnitten
500 g Hackfleisch vom Schwein
1 mittelgroße Zwiebel, feingehackt
2 TL getrockneter Salbei
2 TL frischer Schnittlauch, feingehackt
1 verquirltes Ei
Pfeffer zum Abschmecken
2 TL Öl

Pikant gewürzte Äpfel
3 mittelgroße grüne Äpfel
20 g Butter
125 ml Wasser
½ TL gemahlener Ingwer
½ TL Würzmischung
2 EL Frucht-Chutney

1 Kartoffel garen und zu einem nicht zu feinen Brei zerdrücken. Kartoffel, Hackfleisch, Zwiebel, Kräuter und Ei in einer Schüssel gut mischen und zu einem flachen runden Kuchen formen (20 cm).
2 Eine entsprechend große Antihaft-Bratpfanne dünn mit Öl bestreichen. Frittata bei mittlerer Hitze 8 Minuten braten. Zum Wenden auf einen flachen Teller gleiten lassen. Pfanne mit Küchenpapier ausreiben, dünn mit Öl bestreichen und umgekehrt über den Teller legen. Platte über der Pfanne wenden und Frittata auf dieser Seite weitere 8 Minuten backen. Mit pikant gewürzten Äpfeln servieren.
3 **Pikant gewürzte Äpfel:** Äpfel schälen, entkernen und in dünne Scheiben schneiden. Butter in einer Pfanne erhitzen und die Äpfel bei geringer Hitze 2 Minuten anbraten. Wasser, Gewürze und Chutney zugeben und zugedeckt 15 Minuten köcheln lassen; gelegentlich umrühren.

Schweinefleisch-Frittata mit pikant gewürzten Äpfeln

Schweine-Kalbfleisch-Kartoffelgratin

Vorbereitungszeit:
15 Min.
Zubereitungszeit:
30 Min.
Für 4 Personen

1 EL Öl
30 g Butter
2 Stangen Lauch
400 g Hackfleisch vom Schwein und vom Kalb
125 g Peperoni, kleingeschnitten
1 TL frischer Oregano, feingehackt
4 mittelgroße Kartoffeln (etwa 1 kg)
½ Becher geriebener Cheddar-Käse
300 ml Sahne

1 Backofen auf 180 °C (Mittelhitze) vorheizen. Öl und Butter in einer Pfanne erhitzen und Lauch bei mittlerer Hitze 2 Minuten anbraten. Peperoni, Schweine- und Kalbshackfleisch zugeben und bei starker Hitze unter ständigem Umrühren 4 Minuten goldbraun braten, bis sämtliche Flüssigkeit verdunstet ist; dabei das Hackfleisch mit einer Gabel zerdrücken. Oregano untermengen und beiseite stellen.
2 Kartoffeln schälen und in 3 mm dicke Scheiben schneiden. In einem Topf in sprudelnd heißem Wasser garen, absieben, mit kaltem Wasser abbrausen und abtropfen lassen.
3 Die Hälfte der Kartoffelscheiben in eine 1,5 l fassende Auflaufform legen, Hackfleisch daraufgeben. Die restlichen Kartoffelscheiben darüberlegen und mit Käse bestreuen. Sahne zugießen und 30 Minuten backen.

Würzige Fleischbällchen vom Grill

Vorbereitungszeit:
20 Min.
Zubereitungszeit:
15 Min.
Für 4 Personen

750 g Hackfleisch vom Schwein und vom Kalb
1 Becher Paniermehl
2 Knoblauchzehen, zerdrückt
8 Frühlingszwiebeln, feingehackt

Marinade
½ Becher Naturjoghurt
1 kleine Zwiebel, gehackt
2 rote Chilischoten, kleingeschnitten
1 TL frischer, gemahlener Ingwer
1 TL gemahlene Curcuma (Gelbwurz)
3 TL Paprikapulver
1 TL gemahlenes Garam Masala
1 TL fein geriebene Zitronenschale
1 EL Zitronensaft

1 Schweine- und Kalbshackfleisch mit Paniermehl, Knoblauch und Frühlingszwiebeln vermengen. Gehäufte Eßlöffel der Mischung zu 8 Bällchen rollen und in eine flache Backform legen.
2 **Marinade:** Joghurt in die Schüssel einer Küchenmaschine geben und mit Zwiebel, Chili, Ingwer, Gelbwurz, Paprika, Garam Masala, Zitronenschale und Saft 1 Minute pürieren.
3 Marinade über die Fleischbällchen gießen und mit Klarsichtfolie abgedeckt mehrere Stunden oder über Nacht im Kühlschrank lagern; gelegentlich wenden. Fleischbällchen abtropfen lassen und die Marinade einbehalten.
4 Fleischbällchen auf einen kalten, dünn mit Öl bestrichenen Grillrost legen. Bei starker Hitze 15 Minuten garen, bis sie goldbraun sind. Dabei gelegentlich wenden und mit der restlichen Marinade bestreichen.

Hinweis: Die Fleischbällchen können bereits am Vortag mariniert und direkt vor dem Servieren gebraten werden. Nicht einfrieren!

Schweine-Kalbfleisch-Kartoffelgratin (oben) und Würzige Fleischbällchen vom Grill

Leckere Gerichte mit Hackfleisch

Schweine-Kalbsravioli mit Rahmsauce

Vorbereitungszeit:
1 Std.
Zubereitungszeit:
5 Min.
Für 4 Personen

Teig
2 Becher Weißmehl
2 verquirlte Eier
2 EL Öl
80 ml Wasser

Füllung
1 EL Öl
4 Frühlingszwiebeln
3 Knoblauchzehen
250 g Hackfleisch vom Schwein und vom Kalb
1 verquirltes Ei

Sauce
60 g Butter
1 Becher Mascarpone-Käse
2 EL frischer Salbei
⅓ Becher geriebener Parmesankäse
⅓ Becher Mandelsplitter

1 Teig: Mehl, Eier, Öl und Wasser in eine Küchenmaschinenschüssel geben. 5 Sekunden rühren, bis sich die Masse vom Gefäßrand löst. (Die Zutaten können auch in einer Schüssel mit den Fingerspitzen vermengt werden.) Mit Klarsichtfolie zugedeckt 15 Minuten kalt stellen.

2 Füllung: Öl in einer Pfanne erhitzen und Frühlingszwiebeln und Knoblauchzehen hineingeben; 2 Minuten bei mittlerer Hitze unter ständigem Rühren dünsten. Hackfleisch zugeben und bei starker Hitze 4 Minuten goldbraun braten, bis sämtliche Flüssigkeit verdunstet ist; dabei das Hackfleisch mit einer Gabel zerdrücken. Abkühlen lassen und in Ei wenden.

3 Die Hälfte des Teiges auf einer leicht mit Mehl bestäubten Fläche sehr dünn ausrollen (etwa 1 mm). Teig mit einem großen, scharfen Messer in 6 cm große Quadrate schneiden. Die Hälfte der Quadrate dünn mit Wasser bestreichen und auf jedes einen Teelöffel der Füllung geben. Jedes Quadrat versetzt mit einem zweiten bedecken; fest andrücken, damit die Füllung gut eingeschlossen ist. Jeweils eine Lage Ravioli auf die mit Mehl bestäubten Bleche legen. Mit dem restlichen Teig und der Füllung ebenso verfahren.

Sauce: Butter in einem Topf zerlassen, Mascarpone hineingeben und bei geringer Hitze umrühren, bis der Käse geschmolzen ist. Parmesan und feingehackten Salbei zugeben und 1 Minute rühren. Die Ravioli in einem großen Topf in sprudelnd heißem Wasser 5 Minuten garkochen. Abtropfen lassen und mit Sauce servieren. Mit gerösteten Mandelsplittern bestreuen.

Schweine-Kalbsravioli mit Rahmsauce

1. Teig in der Küchenmaschine rühren, bis sich der Mehlkloß vom Gefäßrand löst.

2. Für die Füllung: Hackfleisch mit Frühlingszwiebeln und Knoblauch anbraten.

3. Jedes Teigquadrat mit einem Teelöffel Füllmasse belegen.

4. Sauce: Butter und Mascarpone schmelzen, Parmesan und Salbei unterrühren.

LECKERE GERICHTE MIT HACKFLEISCH

Schweine-Kalb-fleischklößchen in Rahmsauce

Vorbereitungszeit:
15 Min.
Zubereitungszeit:
20 Min.
Für 4 Personen

500 g Hackfleisch vom Schwein und vom Kalb
¼ Becher Schnittlauch, feingehackt
2 Knoblauchzehen, zerdrückt
1 Becher Paniermehl
1 verquirltes Ei
2 EL Öl
2 große, rote Zwiebeln, in Achtel geschnitten
250 ml Hühnerbrühe
250 ml Weißwein
250 ml Sauerrahm
¼ Becher Petersilie, feingehackt

1 Schweine- und Kalbshackfleisch mit Schnittlauch, Knoblauch, Paniermehl und Ei vermengen. Eßlöffelgroße Portionen zu Bällchen rollen.
2 Öl in der Pfanne erhitzen, je eine Lage Fleischklößchen bei mittlerer Hitze 4 Minuten goldbraun braten; gelegentlich wenden. Auf Küchenpapier abtropfen lassen.
3 Zwiebeln in der Pfanne hellbraun braten. Brühe und Wein zugeben, aufkochen, dann die Hitze reduzieren und ohne Deckel 10 Minuten kochen, bis die Mischung um die Hälfte eingekocht ist.
4 Sauerrahm und Fleischbällchen zugeben. Sauce 10 Minuten kochen, bis sie sämig ist und die Fleischbällchen gar sind; vorsichtig in Petersilie wenden.

Schweine-Kalbsrolle auf kontinentale Art

Vorbereitungszeit:
20 Min.
Zubereitungszeit:
45 Min.
Für 4 Personen

500 g Hackfleisch vom Schwein und vom Kalb
½ Becher Paniermehl
1 verquirltes Ei
1 EL Petersilie, feingehackt
12 Spinatblätter (Stiele entfernen)
125 g Salami, in Scheiben
4 Scheiben Schinken
1 Becher Paniermehl (zusätzlich)
4 feingehackte Frühlingszwiebeln
2 EL junger, geriebener Parmesan
2 TL abgeriebene Zitronenschale
2 EL Zitronensaft
250 ml Sauerrahm
2 EL französischer Senf (mild)

1 Backofen auf 210 °C (starke Mittelhitze) vorheizen. Ein Backblech einfetten. Das Schweine- und Kalbshackfleisch mit Paniermehl, der Hälfte des Eies und der Petersilie vermengen. Die Hackfleischmischung auf einem Stück Alu-Folie zu einem Rechteck (20 x 25 cm) formen.
2 Spinat auf dem Fleisch ausbreiten, mit Salami und Schinken belegen.
3 Zusätzliches Paniermehl mit restlichem Ei, Frühlingszwiebeln, Käse, Zitronenschale und Saft mischen und gleichmäßig über dem Schinken verteilen. Rechteck vorsichtig der Länge nach einrollen (Folie als Hebehilfe benutzen). Rolle mit der Naht nach unten auf ein Blech legen und Enden fest verschließen; mit der Folie zudecken. Nach 40 Minuten Backzeit Folie entfernen, Flüssigkeit abschütten und weitere 5 Minuten goldbraun backen.
4 Sauerrahm mit Senf mischen und zu der in Scheiben geschnittenen Schweine-Kalbfleischrolle servieren.

Hinweis: Die Rolle kann bis zu 8 Stunden im voraus hergerichtet und unmittelbar vor dem Servieren gebacken werden. Auch kalt schmeckt sie vorzüglich. Nach dem Backen läßt sich die Rolle bis zu 2 Monaten einfrieren.

Schweine-Kalbfleischklößchen in Rahmsauce (oben) und
Schweine-Kalbsrolle auf kontinentale Art

LECKERE GERICHTE MIT HACKFLEISCH

Pizzastollen

*Vorbereitungszeit:
30 Min.
Zubereitungszeit:
1 Std. 15 Min.
Für 6 Personen*

*1 zylinderförmiges Weißbrot (nicht angeschnitten)
250 g Hackfleisch vom Schwein und vom Kalb
150 g feingeschnittene Salami
2 Frühlingszwiebeln, feingehackt
1 kleine grüne Paprikaschote, kleingeschnitten
1 Dose Ananas in Stückchen (440 g), ohne Saft
2 EL kleingeschnittene schwarze Oliven
¼ Becher Tomatenmark
1 EL frische Thymianblätter
4 Scheiben Cheddar-Käse*

1 Backofen auf 180 °C (Mittelhitze) vorheizen. Ein Ende des Brots abschneiden und einbehalten. Laib aushöhlen; dabei eine 1 cm starke „Wand" stehen lassen. Das Innere zu Paniermehl verarbeiten. Für dieses Rezept ist 1 Becher frisches Paniermehl erforderlich.
2 Paniermehl mit Hackfleischmischung, Salami, Frühlingszwiebeln, Paprika, Ananas, Oliven, Tomatenmark und Thymian vermengen. In den Brotlaib füllen, das Ende wieder anfügen und mit Zahnstochern feststecken.
3 Brotlaib auf einem Blech mit Alufolie zugedeckt 40 Minuten backen. Folie entfernen und weitere 30 Minuten backen. Käsescheiben darüber legen, etwa 5 Minuten backen, bis der Käse geschmolzen ist. 5 Minuten ruhen lassen und aufgeschnitten servieren.

Schweine-Kalbstaschen

*Vorbereitungszeit:
30 Min.
Zubereitungszeit:
25 Min.
Für 4 Personen*

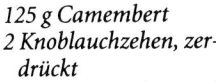

*125 g Camembert
2 Knoblauchzehen, zerdrückt
1 EL französischer Senf (mild)
2 EL frische Petersilie, kleingeschnitten
500 g Hackfleisch vom Schwein und vom Kalb
1 Becher Paniermehl
1 verquirltes Ei
2 EL Öl
8 Platten Strudelteig
90 g Butter, zerlassen
⅓ Becher Mandelsplitter*

1 Backofen auf 180 °C (Mittelhitze) vorheizen. Ein Backblech einfetten. Käse in eine Schüssel geben und mit einer Gabel zerdrücken. Knoblauch, Senf und Petersilie zufügen und gut vermischen.
2 Schweine- und Kalbshackfleisch in einer Schüssel mit Paniermehl und Ei vermengen. Aus einem Viertel der Hackfleischmischung ein etwa 10 x 8 cm großes Rechteck formen. Ein Viertel der Käsemischung auf die Mitte geben, mit der Hackfleischmischung überziehen, mit Klarsichtfolie zudecken und etwa 30 Minuten in den Kühlschrank stellen. Mit den restlichen drei Teilen Fleisch und Käse ebenso verfahren.
3 Öl in einer schweren Pfanne erhitzen, Schweine- und Kalbsrollen hineingeben und bei mittlerer Hitze 4 Minuten auf allen Seiten goldbraun braten. Auf Küchenpapier abtropfen lassen und kalt stellen.
4 Eine Platte Strudelteig mit zerlassener Butter bestreichen, eine weitere Teigplatte quer darüberlegen, ebenfalls einfetten und zur Hälfte falten. Eine Hackfleischrolle auf ein Ende des Teigs geben, zusammenrollen und Enden einschlagen. Mit den restlichen Zutaten drei weitere Taschen richten.
5 Taschen in eine Backform legen, mit Butter bestreichen und mit Mandelsplittern bestreuen. 25 Minuten goldbraun backen.

Pizzastollen (oben) und Schweine-Kalbstaschen

Hackfleisch vom Lamm

Viele Gerichte des Nahen Ostens werden aus Lammhackfleisch zubereitet: Koftas, Fleischbällchen, Strudelgebäck und kleine Taschen aus Weinblättern. Zum Würzen werden meist frische Minze, getrockneter Kreuzkümmel und Pinienkerne verwendet. Aber auch Hamburger, Pasteten, Nudelsaucen und Pfannengerichte schmecken mit Hackfleisch vom Lamm köstlich.

Libanesische Pita-Lammtaschen

Vorbereitungszeit: 20 Min.
Zubereitungszeit: 10 Min.
Für 6 Personen

2 EL Öl
1 große Zwiebel, gehackt
500 g Lammhackfleisch
1 Aubergine (250 g), in 1 cm große Würfel geschnitten
2 TL Garam Masala
125 ml Hühnerbrühe
½ Becher Tomatenpüree
⅓ Becher Sultaninen
2 EL Pinienkerne
6 kleine Pita-Brote (Vollkorn-Fladenbrote)
1 große Karotte, geraspelt
6 Scheiben Rote Bete
2 Becher Kopfsalat, in feine Streifen geschnitten
½ Becher Naturjoghurt

1 Das Öl in einer schweren Pfanne erhitzen, Zwiebeln hineingeben und unter Rühren bei mittlerer Hitze 2 Minuten hellbraun braten. Lammhackfleisch zugeben und bei starker Hitze 4 Minuten bräunen, bis sämtliche Flüssigkeit verdunstet ist; dabei das Hackfleisch mit einer Gabel zerdrücken.
2 Aubergine, Garam Masala, Brühe, Tomatenpüree und Sultaninen zugeben und zum Kochen bringen. Hitze zurücknehmen und zugedeckt 10 Minuten köcheln lassen, bis die Aubergine gar und die Mischung eingekocht und sämig ist. Die Pinienkerne unterrühren.
3 Pita-Taschen halbieren und löffelweise die Lammfüllung hineingeben; Rote Bete, Karotten, Salat und Joghurt daraufgeben.

Libanesische Pita-Lammtaschen (oben) und Lamm-Joghurt-Rauten mit Tabbouleh

LECKERE GERICHTE MIT HACKFLEISCH

Lamm-Joghurt-Rauten mit Tabbouleh

Vorbereitungszeit:
30 Min.
Zubereitungszeit:
30 Min.
Für 6 Personen

1 Becher geschroteter Weizen
500 g Hackfleisch vom Lamm
¼ Becher Pinienkerne
1 kleine Zwiebel, gehackt
1 kleine grüne Paprikaschote, feingehackt
1 TL Piment
½ TL gemahlene Muskatnuß
½ TL gemahlener Zimt
½ TL gemahlener Chili
⅓ Becher Naturjoghurt
1 verquirltes Ei
1 Becher Naturjoghurt, zusätzlich
¼ Becher kleingehackte, frische Minze

Tabbouleh
1 ½ Becher frische Petersilie, kleingeschnitten
½ Becher frische Minze, kleingeschnitten
6 Frühlingszwiebeln, kleingehackt
4 große, reife Tomaten, abgezogen, entkernt und kleingeschnitten
60 ml Olivenöl
1 ½ EL Zitronensaft

1 Backofen auf 210 °C (starke Mittelhitze) vorheizen. Eine Backform (29 x 19 x 3 cm) mit zerlassener Butter oder Öl ausstreichen. Den geschroteten Weizen in eine mittelgroße Rührschüssel geben, mit kochendem Wasser überbrühen und 30 Minuten quellen lassen; abgießen.
2 Weizenschrot mit Lammhackfleisch, Pinienkernen, Zwiebel, Paprika, Universalwürze, Muskatnuß, Zimt, Chili, Joghurt und Ei vermengen. In die vorbereitete Backform drücken und in Rauten einteilen, indem die Masse dreimal längs und fünfmal diagonal eingeritzt wird. 30 Minuten goldbraun backen und rautenförmig aufschneiden.
3 Den zusätzlichen Joghurt mit der Minze vermengen; mit Lamm und Tabbouleh servieren.
4 Zubereitung von Tabbouleh: Petersilie, Minze, Frühlingszwiebeln und Tomaten in einer mittelgroßen Schüssel vermengen; Olivenöl und Zitronensaft zugießen und gut unterrühren.

Hinweis: Die Hackfleischmischung kann bereits am Vortag zubereitet und, in Klarsichtfolie gepackt, im Kühlschrank aufbewahrt werden. Gebratenes oder rohes Hackfleisch läßt sich bis zu 2 Monaten einfrieren. Tabbouleh kann bis zu 8 Stunden im voraus zubereitet werden.

Nudeln mit Lamm und Gemüse

Vorbereitungszeit:
15 Min.
Zubereitungszeit:
20 Min.
Für 4 Personen

2 EL Öl
1 große Zwiebel, in Achtel geschnitten
2 Knoblauchzehen, zerdrückt
500 g Hackfleisch vom Lamm
125 g kleine Zuchtchampignonköpfe, halbiert
1 kleine rote Paprikaschote, entkernt und kleingeschnitten
150 g ausgekernte Puffbohnen
1 Dose Tomaten (440 g)
2 EL Tomatenmark
500 g getrocknete Penne
125 g Feta-Käse
2 EL frisches Basilikum, in Streifen geschnitten

1 Öl in einer schweren Pfanne erhitzen, Zwiebel und Knoblauch hineingeben und bei mittlerer Hitze 2 Minuten hellbraun braten. Lammhackfleisch zufügen und bei starker Hitze 4 Minuten gut anbraten, bis sämtliche Flüssigkeit verdunstet ist; das Hackfleisch mit einer Gabel zerdrücken.
2 Pilze, Paprika, Puffbohnen, pürierte Tomaten (mit Saft) und Tomatenmark zugeben und zum

Nudeln mit Lamm und Gemüse

Kochen bringen. Hitze zurücknehmen und zugedeckt 10 Minuten köcheln lassen, bis das Gemüse gar ist; gelegentlich umrühren.

3 Die Nudeln in einem großen Topf in sprudelnd heißem Wasser mit einem Schuß Öl kochen und abgießen. Auf tiefe Teller verteilen, Lammfleisch und Gemüsesauce darübergeben und mit zerkleinertem Käse und Basilikum bestreuen.

Hinweis: Die Sauce läßt sich bis zu 2 Tagen im voraus zubereiten. Mit Klarsichtfolie zugedeckt im Kühlschrank lagern. Sauce aufwärmen, Teigwaren direkt vor dem Servieren kochen. Nicht einfrieren!

Pikante Crêpetorte

Vorbereitungszeit:
45 Min.
Zubereitungszeit:
30 Min.
Für 4 Personen

Maismehl-Crêpes
1 Becher Weizenmehl
½ Becher feines Maismehl
1 verquirltes Ei
375 ml Wasser

Lammfüllung
1 EL Öl
1 große Zwiebel, gehackt
1 mittelgroße grüne Paprikaschote, kleingeschnitten
2 Knoblauchzehen, zerdrückt
2 rote Chilischoten, kleingeschnitten
350 g Lammhackfleisch
1 Dose Tomaten (440 g)
¼ Becher Tomatenmark
1 Dose rote Gartenbohnen (310 g), abgetropft

½ Becher Crème fraîche
½ Becher Mozzarella

¼ Becher Parmesankäse, gerieben

1 Backofen auf 180 °C (Mittelhitze) vorheizen. Backblech mit zerlassener Butter oder Öl einfetten.
Maismehl-Crêpes: Weizenmehl, Maismehl, Ei und Wasser in Küchenmaschine oder Rührgerät 10 Sekunden zu einem glatten Teig kneten.
2 3 Eßlöffel der Mischung in eine dünn eingefettete Crêpe-Pfanne (Durchmesser 18 cm) geben und gleichmäßig über dem Boden zerlaufen lassen. Die Unterseite bei mittlerer Hitze 1 Minute goldbraun braten, wenden und die andere Seite braten. Auf einen Teller geben und mit einem Geschirrtuch abdecken. Mit dem restlichen Teig ebenso verfahren und die Pfanne nach Bedarf einfetten. Für dieses Rezept werden 9 Crêpes benötigt.

3 Lammfüllung: Öl in einer Pfanne erhitzen, Zwiebeln, Paprika, Knoblauch und Chili hineingeben und unter Rühren bei mittlerer Hitze 2 Minuten anbraten, bis die Zwiebeln hellbraun sind. Das Hackfleisch zugeben und bei starker Hitze 4 Minuten goldbraun braten, bis sämtliche Flüssigkeit verdunstet ist; das Hackfleisch mit einer Gabel zerdrücken. Die pürierten Tomaten (nicht abgesiebt) und das Tomatenmark zugeben und zum Kochen bringen. Hitze zurücknehmen und zugedeckt 5 Minuten köcheln lassen, bis die Mischung eingekocht und sämig ist; gelegentlich umrühren. Die Bohnen hineingeben und mit dem Kochlöffel vermengen.
4 Stapeln: Einen Crêpe auf das Blech legen; mit 3 Eßlöffeln Crème fraîche bestreichen und ein Achtel der Lammfüllung darauf-

Pikante Crêpetorte

1. Weizenmehl, Maismehl, Ei und Wasser in der Küchenmaschine vermengen.

2. Die Crêpes auf einen Teller legen und mit einem Geschirrtuch abdecken.

geben. Auf diese Weise Schicht für Schicht füllen und mit einem Crêpe enden. Diesen mit Mozzarella und Parmesan bestreuen; 30 Minuten backen, bis der Crêpe-Stapel durchgebacken und goldbraun ist. In keilförmige Stücke schneiden und servieren.

Hinweis: Crème fraîche ist eine dicke Sahne mit kräftigem Geschmack, ähnlich dem Sauerrahm, aber milder.

3. Füllung: Zwiebel, Paprika, Knoblauch und Chili anbraten; Hackfleisch zugeben.

4. Crêpes, Crème fraîche und Lammfüllung stapelweise aufschichten.

Leckere Gerichte mit Hackfleisch

Knusprige Paprika-Lammpastete

Vorbereitungszeit:
40 Min.
Zubereitungszeit:
45 Min.
Für 6 Personen

Teig
1 ½ Becher Mehl
125 g Butter
1 Becher geriebener Cheddar-Käse

Füllung
1 EL Öl
1 große Zwiebel, gehackt
500 g Hackfleisch vom Lamm
2 TL gemahlener Paprika
25 g getrocknete Pilze (Suppenmischung)
375 ml Wasser
2 EL Tomatensauce

Haube
3 verquirlte Eier
250 ml Sauerrahm
2 EL Mayonnaise
2 EL frische Petersilie, kleingehackt

1 Backofen auf 210 °C (starke Mittelhitze) vorheizen. Eine Springform (Durchmesser 20 cm) mit zerlassener Butter oder Öl ausstreichen. **Zubereitung des Teigs:** Mehl in eine große Rührschüssel sieben und die flockig geschnittene Butter zugeben. Die Butter mit den Fingerspitzen 2 Minuten in das Mehl einarbeiten, bis die Masse feinkörnig ist. Käse unterziehen. Einen Becher des Teiges für die Haube zurückbehalten. Die restliche Teigmasse so auf den Boden der Springform drücken, daß ein 5 cm hoher Rand stehen bleibt.

2 Füllung: Öl in einer schweren Pfanne erhitzen und die Zwiebel hineingeben; bei mittlerer Hitze 3 Minuten leicht bräunen. Das Lammhackfleisch zufügen und bei starker Hitze gut anbraten, bis sämtliche Flüssigkeit verdunstet ist; dabei das Hackfleisch mit einer Gabel zerdrücken. Paprika zugeben und 1 Minute braten. Suppenmischung, Wasser und Tomatensauce unterrühren und aufkochen. Temperatur herunterschalten und ohne Deckel 5 Minuten köcheln lassen, bis die Mischung eindickt. Abkühlen lassen und in die Teigform drücken.

3 Haube: Eier, Sauerrahm, Mayonnaise und Petersilie vermengen und über die Füllung gießen. Mit der aufbewahrten Teigmischung bestreuen. 45 Minuten backen, bis die Pastete knusprig und goldbraun ist. 5 Minuten stehen lassen, aus der Form nehmen und in keilförmige Stücke schneiden.

Tagliatelle mit Lamm-Rosmarinwurst

Vorbereitungszeit:
20 Min.
Zubereitungszeit:
20 Min.
Für 4 Personen

500 g getrocknete Tagliatelle

Lamm-Rosmarinwurst
500 g Hackfleisch vom Lamm
1 Becher Paniermehl aus ofenfrischem Weißbrot
2 Knoblauchzehen, zerdrückt
1 TL gemahlener Chili
2 EL frische Rosmarinblätter, kleingehackt
2 EL Öl

Sauce
2 EL Öl, zusätzlich
1 große Zwiebel, in Scheiben geschnitten
2 große, reife Tomaten (250 g), abgezogen, entkernt und kleingeschnitten
250 ml Hühnerbrühe
250 ml Doppelrahm
2 EL frische Rosmarinblätter, kleingeschnitten
⅓ Becher junger Parmesan, gerieben

1 Die Tagliatelle in einem großen Topf in sprudelnd heißem Wasser mit einem Schuß Öl garen. Abtropfen lassen und beiseite stellen.

Knusprige Paprika-Lammpastete (oben) und Tagliatelle mit Lamm-Rosmarinwurst

2 Lamm-Rosmarinwurst: Das Lammfleisch in einer großen Rührschüssel mit Paniermehl, Knoblauch, Chili und Rosmarin vermengen. Die Masse in 8 gleich große Portionen teilen und jede Portion zu einer Wurst rollen. Das Öl in einer schweren Pfanne erhitzen, eine Lage Würstchen hineingeben und bei mittlerer Hitze 5 Minuten braten, bis sie gar und rundum braun sind; dabei gelegentlich wenden. Auf saugfähigem Küchenpapier abtropfen lassen, in 1 cm breite Scheiben schneiden und beiseite stellen.

3 Zubereitung der Sauce: Das zusätzliche Öl in einer großen Pfanne erhitzen, die Zwiebeln hineingeben und unter Rühren bei mittlerer Hitze 3 Minuten hellbraun braten. Tomaten, Brühe, Doppelrahm und Rosmarin zugeben, zum Kochen bringen und 1 Minute ziehen lassen. Die Tagliatelle und die Wurstscheiben zufügen und bei mittlerer Hitze 2 Minuten garen. Mit Käse bestreut servieren.

Hinweis: Die Würste können bereits am Vortag zubereitet werden; ebenso die Tagliatelle, über die man etwas Öl träufelt, damit sie nicht kleben. Mit Klarsichtfolie abgedeckt im Kühlschrank lagern. Nicht einfrieren!

Lamm-Rostbraten mit Aprikosen

Vorbereitungszeit:
20 Min.
Zubereitungszeit:
1 Std. 15 Min.
Für 6 Personen

2 kg Lammhaxe ohne Knochen
2 EL Öl

Füllung
200 g Hackfleisch vom Lamm
¼ Becher Paniermehl
¼ Becher getrocknete Aprikosen, kleingeschnitten
2 EL Früchtechutney
1 EL frischer Rosmarin, kleingeschnitten

Sauce
1 ½ EL Mehl
375 ml Hühnerbrühe
2 TL Senf ohne Körner
2 TL Worcestersauce
60 ml Sahne

1 Backofen auf 210 °C (starke Mittelhitze) vorheizen. Überschüssige Fettschicht von der Lammhaxe ablösen und flach auslegen, so daß die fette Seite unten ist.

2 Füllung: Das Hackfleisch mit Paniermehl, Aprikosen, Chutney und Rosmarin vermengen. Die Füllung auf das Lammfleisch geben und in dem Fleisch einrollen. In Abständen mit Küchengarn fixieren; dabei die Enden einschlagen.

3 Lamm rundum mit Öl einreiben, in eine tiefe Backform geben und 1 Stunde 15 Minuten bakken, wenn das Fleisch rot sein soll; rosa (medium) ist es nach 1 Stunde 30 Minuten und durchgebraten nach 1 Stunde 45 Minuten. Lamm von Zeit zu Zeit mit Bratensaft übergießen. Aus dem Backofen nehmen, noch 10 Minuten mit Alufolie bedeckt an einem warmen Ort ruhen lassen. Währenddessen die Sauce zubereiten.

Sauce: Die obere Fettschicht vom Bratensaft abschöpfen und wegschütten. Mehl unter den Bratensaft geben und 1 Minute bei mittlerer Hitze glattrühren. Brühenmischung, Senf und Worcestersauce zugeben und bei mittlerer Temperatur rühren, bis die Sauce kocht und eindickt. Temperatur zurückschalten und 3 Minuten köcheln lassen. Die Sahne unterziehen.

5 Das Küchengarn lösen, Lammbraten aufschneiden und mit Sauce servieren.

Hinweis: Das Lamm kann bereits am Vortag gefüllt und gebunden werden. Mit Klarsichtfolie abgedeckt im Kühlschrank lagern.

Lamm-Rostbraten mit Aprikosen

Lammkebab mit goldgelbem Pilaw

Vorbereitungszeit:
25 Min.
Zubereitungszeit:
30 Min.
Ergibt 8 Spieße

750 g Hackfleisch vom Lamm
1 kleine Zwiebel, feingeschnitten
2 EL frischer Koriander, kleingeschnitten
1 EL gemahlener Kreuzkümmel
1 TL abgeriebene Zitronenschale

Goldgelber Pilaw
3 EL Öl
1 TL Curcuma
1 mittelgroße Zwiebel, in Ringe geschnitten
2 Becher Basmati- oder Jasminreis
1 l Gemüsebrühe

1 Hackfleisch, Zwiebel, Koriander, Kümmel und Zitronenschale in eine Rührschüssel geben und gut vermengen. Mischung in 8 gleich große Portionen teilen und wurstförmig um große Metall- oder Holzspieße rollen. Bis zur Weiterverwendung kalt stellen.

2 **Goldgelber Pilaw:** Öl in einer Pfanne erhitzen. Curcuma und Zwiebel darin bei mittlerer Hitze unter Rühren 2 Minuten braten, bis die Zwiebel gar ist. Reis zufügen, 1 Minute rühren, bis der Reis das Öl aufgenommen hat.

3 Brühe zugießen und einen gut schließenden Deckel auf die Pfanne geben; langsam aufkochen, dabei einmal umrühren. Temperatur reduzieren und zugedeckt 10 Minuten köcheln lassen, bis das Wasser nahezu absorbiert ist. Vom Herd nehmen und 5 Minuten zugedeckt stehen lassen, bis das Wasser vollständig eingezogen und der Reis gar ist. Reis vor dem Servieren mit einer Gabel auflockern.

Lammkebab mit goldgelbem Pilaw

1. Das Hackfleisch wurstförmig um große Metall- oder Holzspieße rollen.

2. Pilaw: Reis, Zwiebeln und Curcuma braten, bis der Reis das Öl aufgenommen hat.

4 Grill oder Bratpfanne erhitzen und mit Öl bestreichen. Die Kebabs 12 Minuten rundum bräunen und auf goldgelbem Pilaw servieren.

TIP
Um bei der Zubereitung eines Hackfleischgerichts die Würze zu testen, einen Teelöffel der Mischung anbraten und probieren. Nach Belieben mit Salz, Pfeffer, Kräutern und Würzmittel abschmecken.

3. Den Reis zugedeckt 10 Min. köcheln lassen, bis das Wasser nahezu absorbiert ist.

4. Kebabs 12 Min. braten; dabei gelegentlich wenden, bis sie rundum braun sind.

Leckere Gerichte mit Hackfleisch

Italienische Fleischklößchen

Vorbereitungszeit:
30 Min.
Zubereitungszeit:
35 Min.
Für 6 Personen

750 g Lammhackfleisch
1 Knoblauchzehe, zerdrückt
2 TL getrockneter Rosmarin
¼ Becher Pinienkerne, feingehackt
2 mittelgroße Auberginen
1 EL Salz
2 EL Olivenöl
2 mittelgroße Oliven, in 1 cm breite Spalten geschnitten
4 mittelgroße Zucchini, in 1 cm dicke Scheiben geschnitten
2 mittelgroße rote Paprikaschoten, in 2 cm große Würfel geschnitten
2 mittelgroße grüne Paprikaschoten, in 2 cm große Würfel geschnitten
3 große Tomaten, kleingeschnitten
3 EL Tomatenmark
1 TL getrockneter Oregano
½ Becher frische Basilikumblätter, kleingehackt

1 Hackfleisch mit Knoblauch, Rosmarin und Pinienkernen in eine Rührschüssel geben und gut mischen. 36 Bällchen formen; dafür jeweils einen

gestrichenen Eßlöffel von der Masse abnehmen. Bis zur Weiterverwendung kalt stellen.
2 Auberginen in 2 cm dicke Scheiben schneiden, auf einem Teller flach auslegen und mit Salz bestreuen. Nach 15 Minuten abspülen, trockentupfen und in 2 cm große Würfel schneiden. Öl in einer Pfanne erhitzen, Zwiebeln hineingeben und bei mittlerer Hitze 3 Minuten braten, bis sie weich sind; Zucchini, Auberginen und Paprikaschoten zufügen. Weitere 5 Minuten garen. Tomaten, Tomatenmark und Oregano untermischen. Bei geringer Temperatur zugedeckt 15 Minuten ziehen lassen, bis das Gemüse weich, aber noch nicht zerfallen ist. Basilikum zugeben.
3 Pfanne erhitzen und dünn mit Öl bestreichen. Fleischbällchen bei mittlerer Hitze 12 Minuten braten; dabei die Pfanne immer wieder schwenken, bis sie schön braun sind. Auf Küchenpapier abtropfen lassen und zur Gemüsemischung geben. Fleischbällchen unter Rühren in der Sauce wälzen. Mit geröstetem Brot servieren.

Honig-Chili-Lamm mit Bohnen

Vorbereitungszeit:
15 Min.
Zubereitungszeit:
20 Min.
Für 4 Personen

2 EL Öl
500 g Lammhackfleisch
1 große Zwiebel, in Scheiben geschnitten
1 kleine rote Paprikaschote, in Streifen geschnitten
1 kleine grüne Paprikaschote, in Streifen geschnitten
2 Knoblauchzehen, zerdrückt
2 rote Chilischoten, kleingehackt
2 TL frischer Ingwer, gemahlen
1 TL gemahlener Kreuzkümmel
1 TL Paprika, gemahlen
250 ml Rinderbrühe
1 Becher Tomatenpüree
⅓ Becher Honig
80 ml Weinessig (weiß)
2 EL Sojasauce
1 Dose Lima-Bohnen, abgetropft (440 g)

1 Öl in einer schweren Pfanne erhitzen, Lammhackfleisch hineingeben und unter Rühren bei hoher Temperatur 4 Minuten anbraten, bis alle Flüssigkeit verdunstet ist; dabei das Hackfleisch mit einer Gabel zerdrücken.
2 Zwiebel, rote und grüne Paprika, Knoblauch, Chili, Ingwer, Kreuzkümmel

Italienische Fleischklößchen (oben) und
Honig-Chili-Lamm mit Bohnen

und Paprikapulver zugeben; bei mittlerer Hitze 2 Minuten anbraten.
3 Brühe, Tomatenpüree, Honig, Essig und Sojasauce zugeben; zum Kochen bringen, Temperatur zurückschalten und 10 Minuten zugedeckt köcheln lassen. Bohnen zufügen und weitere 10 Minuten ziehen lassen, bis die Masse eingekocht und dick ist.

Lamm-Spinatpastete
Vorbereitungszeit:
45 Min.
Zubereitungszeit:
40 Min.
Für 6 Personen

Füllung
2 EL Öl
1 große Zwiebel, kleingeschnitten
2 Knoblauchzehen, zerdrückt
500 g Lammhackfleisch
250 g Zuchtchampignons, in Scheiben geschnitten
1 TL frischer Rosmarin, kleingehackt
¾ Becher Tomatenpüree
2 EL Mehl
250 ml Hühnerbrühe
6 große Spinatblätter
Milch zum Glasieren
1 EL Sesam
1 EL Kümmel

Teig
625 ml Mehl
185 g Butter
1 verquirltes Ei
2 EL Wasser

1 Backofen auf 210 °C (starke Mittelhitze) vorheizen. Ein Backblech mit zerlassener Butter oder Öl einfetten. Öl in einer schweren Pfanne erhitzen, Zwiebel und Knoblauch hineingeben und unter mehrmaligem Rühren bei mittlerer Hitze 2 Minuten hellbraun braten. Lammhackfleisch zugeben und bei starker Hitze gut anbräunen, bis alle Flüssigkeit verdunstet ist; dabei das Hackfleisch mit einer Gabel zerdrücken.
2 Pilze, Rosmarin, Tomatenpüree und das mit Brühe angerührte Mehl zufügen und bei hoher Temperatur unter Rühren zum Kochen bringen. Temperatur zurückschalten und ohne Deckel 5 Minuten köcheln lassen, bis die Flüssigkeit verdunstet und die Mischung eingedickt ist; immer wieder umrühren und abkühlen lassen.
3 Stiele der Spinatblätter entfernen. Blätter in kochendem Wasser 3 Minuten blanchieren, bis sie gar sind. Unter kaltem Wasser abbrausen; abtropfen lassen und grob zerkleinern.
4 **Teig:** Mehl und Butter in eine Küchenmaschinenschüssel geben und rühren (Momentschalter etwa 20 Sekunden drücken), bis die Mischung feinkörnig ist. Ei und nahezu alles Wasser zugeben und in weiteren 5 Sekunden zu einer glatten

Masse verarbeiten; je nach Bedarf das restliche Wasser zufügen. Mit Klarsichtfolie bedeckt 30 Minuten im Kühlschrank ruhen lassen.
5 Teig auf eine dünn mit Mehl bestäubte Arbeitsplatte geben und 1 Minute kneten, bis er geschmeidig ist. Die Hälfte des Teigs kreisförmig ausrollen (Durchmesser 23 cm) und auf ein Backblech legen.
6 Lammfüllung löffelweise auf dem Teig verteilen; dabei einen 2 cm breiten Rand freilassen. Spinat auflegen und den Rand mit Milch bestreichen.
7 Den restlichen Teig kreisförmig ausrollen (Durchmesser 26 cm), auf die Füllung legen und die Ränder so zusammendrücken, daß eine Manschette entsteht. Mit Milch bestreichen, mit Sesam und Kümmel bestreuen. Zum Servieren in keilförmige Stücke schneiden.

Lamm-Burger mit Nüssen und Joghurtsauce
Vorbereitungszeit:
20 Min.
Zubereitungszeit:
16 Min.
Für 6 Personen

750 g Lammhackfleisch
½ Becher Walnüsse, feingehackt

Lamm-Spinatpastete (oben) und Lamm-Burger mit Nüssen und Joghurtsauce

1 kleine Zwiebel, gehackt
1 TL Currypulver
3 Tomaten, kleingeschnitten

Joghurtsauce
½ Becher Naturjoghurt
¼ Becher Mayonnaise
1 Knoblauchzehe, zerdrückt
1 EL feingehackte Minze
1 EL feingehackte Petersilie

1 Minze, Walnüsse, Zwiebel und Currypulver in eine große Rührschüssel geben und gründlich vermengen. Die Mischung in 6 gleich große Portionen teilen und 1½ cm dicke Pastetchen formen. Zudecken und bis zur Weiterverwendung kalt stellen.

2 **Joghurtsauce:** Zutaten mischen und kalt stellen.
3 Grill oder Pfanne erhitzen und dünn mit Öl bestreichen. Burger bei mittlerer Hitze auf jeder Seite 8 Minuten braten; dabei nur einmal wenden. In Pita-Brot mit Tomatenwürfeln und Joghurtsauce servieren.

Hackfleisch vom Hähnchen

Hähnchengerichte erfreuen sich wachsender Beliebtheit. Deshalb bieten Fleischer heute reichlich Hähnchenhackfleisch an, das früher nur mit Hilfe der Küchenmaschine zubereitet werden konnte. Es eignet sich gut für Hamburger, Currypfannen, Pasteten und Schmortöpfe, ja, selbst für Würste. Hackfleisch vom Hähnchen ist sehr mager und somit ideal für fettarme Kost. Da mageres Fleisch allerdings leicht austrocknet, sollte es mit saftigen Zutaten kombiniert werden.

Thai-Hähnchen und Bohnen

Vorbereitungszeit:
  20 Min.
Zubereitungszeit:
  12 Min.
Für 4 Personen

2 EL Öl
2 große rote Zwiebeln, in Achtel geschnitten
500 g Hähnchenhackfleisch
1 EL Fischsud
1 Dose Tomaten (440 g)
250 ml Hühnerbrühe
250 g Bohnen, in 2,5 cm große Stücke geschnitten
⅓ Becher frisches Basilikum, in Streifen geschnitten
2 EL frischer Koriander, kleingehackt
⅓ Becher geröstete Erdnüsse, kleingehackt

Würziges Dressing
2 Frühlingszwiebeln, kleingeschnitten
2 Knoblauchzehen, zerdrückt
2 TL abgeriebene Zitronenschale
2 rote Chilischoten, gehackt
3 TL gemahlener Paprika
1 TL gemahlenes Curcuma
1 TL gemahlener Kreuzkümmel
80 ml Wasser

1 Öl in einer schweren Pfanne erhitzen, die Zwiebeln hineingeben und bei mittlerer Hitze 2 Minuten leicht bräunen. Das Hähnchenfleisch zufügen und bei hoher Temperatur unter Rühren 4 Minuten anbraten, bis sämtliche Flüssigkeit verdunstet ist; das Hackfleisch mit einer Gabel zerdrücken.

Thai-Hähnchen und Bohnen (oben) und Kokosnuß-Hähnchencurry

2 Würziges Dressing: Frühlingszwiebeln, Knoblauch, Zitronenschale, Chilischoten, Paprika, Curcuma, Kreuzkümmel und Wasser in Küchenmaschine oder Rührgerät 30 Sekunden zu einer glatten Masse pürieren.
3 Dressing zum Hähnchenhackfleisch geben, bei hoher Temperatur 1 Minute braten. Fischsud, pürierte Tomaten mit Saft, Brühe und Bohnen zufügen, aufkochen und zugedeckt bei geringer Hitze 5 Minuten köcheln lassen, bis die Bohnen weich sind. Basilikum und Koriander unterrühren. Mit Erdnüssen bestreut servieren.

Kokosnuß-Hähnchencurry

Vorbereitungszeit:
  20 Min.
Zubereitungszeit:
  20 Min.
Für 4 Personen

10 getrocknete chinesische Pilze
750 g Hähnchenhackfleisch
2 TL gemahlener Ingwer
2 EL Öl
2 große Zwiebeln, in Achtel geschnitten
1 Dose Kokosnußmilch (400 ml)
125 ml Wasser
1 EL Fischsud
¼ Becher frisches Basilikum, in Streifen geschnitten

Curry-Dressing
2 frische Koriandertriebe mit Wurzeln und Blättern
1 Trieb frisches Zitronengras, feingehackt
2 Knoblauchzehen, zerdrückt
2 TL abgeriebene Zitronenschale
2 grüne Chilischoten, kleingehackt
2 TL Curcuma, gemahlen
80 ml Wasser, zusätzlich

1 Pilze in eine Schüssel geben und mit so viel kochendem Wasser überbrühen, daß sie bedeckt sind. 20 Minuten stehen lassen, bis sie gar sind, dann abgießen. Köpfe kleinschneiden (Stiele wegwerfen).
2 Pilze in einer Schüssel mit Hähnchenhackfleisch und Ingwer vermengen. Die Mischung löffelweise zu Bällchen rollen.
3 Öl in einer schweren Pfanne erhitzen, eine Lage Bällchen hineingeben und bei starker Mittelhitze 4 Minuten schön braun braten; dabei mehrmals wenden. Die Hähnchenbällchen auf Küchenpapier abtropfen lassen.
4 Zwiebeln in der Pfanne bei mittlerer Hitze 2 Minuten hellbraun braten.

5 Curry-Dressing: Koriander, Zitronengras, Knoblauch, Zitronenschale, Chilischoten, Curcuma und das zusätzliche Wasser in die Küchenmaschine oder den Mixer geben und zu einer glatten Masse pürieren.
6 Das Curry-Dressing zur Zwiebel geben und 2 Minuten anbraten. Kokosnußmilch, Wasser und Fischsud zugießen und unter Rühren zum Kochen bringen. Hitze zurücknehmen und köcheln lassen. Die Fleischbällchen hineinlegen und zugedeckt 20 Minuten schmoren, bis die Sauce eingedickt ist. In Basilikum wenden.

Indische Hähnchenfrikadellen mit Sahne-Chutney

Vorbereitungszeit:
  20 Min.
Zubereitungszeit:
  16 Min.
Für 6 Personen

800 g Hackfleisch vom Hähnchen
1 Becher Paniermehl
2 TL gemahlener Kreuzkümmel
2 TL gemahlener Koriander
1 TL gemahlener Ingwer
½ TL Garam Masala
2 TL Joghurt
1 EL Zitronensaft
1 Knoblauchzehe
1 EL feingehackte Petersilie

Indische Hähnchenfrikadellen mit Sahne-Chutney

Sahne-Chutney
⅓ Becher Mangochutney
2 EL Joghurt

1 Alle Zutaten für die Frikadellen in eine Rührschüssel geben und gut vermengen. Die Masse in 6 Teile teilen und 1 cm dicke Pastetchen formen. Bis zur Weiterverwendung zugedeckt kalt stellen.

2 Sahne-Chutney: Zutaten in einer Schüssel mischen und bis zur Weiterverwendung kalt stellen.
3 Pfanne oder Grill vorheizen und dünn mit Öl bestreichen. Frikadellen bei mittelhoher Temperatur auf jeder Seite 7 Minuten backen; dabei nur einmal wenden. Mit Sahne-Chutney sofort servieren.

TIP
Für ofenfrisches Paniermehl die Krusten der Weißbrotscheiben abschneiden und in die Schüssel einer Küchenmaschine oder in einen Mixer geben; 8 Sekunden zerkleinern.
4 Scheiben Brot ergeben 1 Becher Paniermehl.

Hähnchenstrudel mit Rahm

Vorbereitungszeit: 30 Min.
Zubereitungszeit: 30 Min.
Für 4 Personen

1 EL Öl
1 große Zwiebel, kleingeschnitten
2 Knoblauchzehen, zerdrückt
250 g Hackfleisch vom Hähnchen
1 TL Currypulver
⅓ Becher Ricotta-Käse
60 ml Sauerrahm
10 Platten Strudelteig
90 g Butter, zerlassen
1 Stange Sellerie, feingeschnitten
1 kleine rote Paprikaschote, kleingeschnitten
1 Avocado, in Scheiben geschnitten
1 EL Sesamsamen

1 Den Backofen auf 180 °C (Mittelhitze) vorheizen. Ein Backblech mit zerlassener Butter oder Öl ausstreichen. Das Öl in einer schweren Pfanne erhitzen, Zwiebeln und Knoblauch hineingeben und bei mittlerer Hitze unter Rühren 2 Minuten leicht bräunen. Hähnchenhackfleisch zufügen und bei hoher Temperatur 4 Minuten rundum braun braten, bis sämtliche Flüssigkeit verdunstet ist; dabei das Hackfleisch mit einer Gabel zerdrücken. Mit Curry würzen und noch 1 Minute braten. Hähnchenmischung mit Ricotta-Käse und Sauerrahm vermengen.
2 Eine Platte Strudelteig auf die Arbeitsfläche legen und mit zerlassener Butter bestreichen. Eine zweite Platte Strudelteig auflegen und mit Butter bestreichen. Mit den restlichen Teigplatten und der Butter ebenso verfahren.
3 Hähnchenmischung auf die Längsseite der Strudelteigplatten geben und mit Sellerie, Paprika und Avocado bestreuen.
4 Zusammenrollen und die Enden einschlagen. Die Rolle mit der Nahtstelle nach unten auf ein mit Butter bestrichenes Blech legen und mit Sesam bestreuen. 30 Minuten backen, bis der Strudelteig goldbraun ist. In Scheiben geschnitten servieren.

Hähnchenstrudel mit Rahm

TIP
Die Hähnchenmischung kann schon am Vortag zubereitet und mit Klarsichtfolie zugedeckt im Kühlschrank aufbewahrt werden. Den Strudel erst kurz vor dem Bakken zusammenrollen. Teigstücke mit einem feuchten Tuch bedecken, sonst trocknen sie aus. Nicht einfrieren!

1. Currypulver zur Hähnchenmischung geben, 1 Minute braten, abkühlen lassen.

2. Eine Platte Teig auf die Arbeitsfläche legen und mit Butter bestreichen.

3. Die Hähnchenmischung mit Sellerie, Paprikaschoten und Avocado belegen.

4. Strudel mit der Nahtstelle nach unten auf das vorbereitete Backblech heben.

Hähnchen-Maiswürstchen mit Salsa Cruda

Vorbereitungszeit:
20 Min.
Zubereitungszeit:
35 Min.
Ergibt 12 Würstchen

800 g Hackfleisch vom Hähnchen
1 Becher Paniermehl aus ofenfrischem Weißbrot
1 kleine Dose cremig pürierter Mais (130 g)
1 EL frischer Schnittlauch, kleingeschnitten
¼ Becher Maismehl

Salsa Cruda
2 große Tomaten, kleingeschnitten
1 mittelgroße Zwiebel, feingehackt
1 Knoblauchzehe, zerdrückt
2 EL frischer Koriander, kleingehackt
1 EL Orangensaft

1 Backofen auf 180 °C (Mittelhitze) vorheizen. Ein Backblech mit Alufolie auslegen und dünn mit Öl ausstreichen. Hackfleisch, Paniermehl, pürierten Mais, Schnittlauch und Maismehl in eine große Rührschüssel geben und gründlich vermengen. Die ziemlich feuchte Mischung in 12 gleich große Portionen teilen und etwa 13 cm lange Würstchen formen.

2 Salsa: Sämtliche Zutaten in einer Schüssel vermengen und mindestens 1 Stunde im Kühlschrank durchziehen lassen. Nicht zu kalt servieren (Zimmertemperatur).
3 Würstchen auf das vorbereitete Backblech legen und 35 Minuten backen; dabei gelegentlich wenden. Mit Salsa Cruda anrichten.

Hähnchen-Tortillas

Vorbereitungszeit:
30 Min.
Zubereitungszeit:
25 Min.
Für 4 Personen

Tortillas
1 Becher Maismehl, feingemahlen
1 Becher Weizenmehl
60 g Butter
125 ml Wasser

Belag
1 EL Öl
125 g Hähnchenhackfleisch
125 g Chorizo-Wurst, kleingeschnitten
2 TL Sambal Oelek (Chilipaste)
1 große Zwiebel, gehackt
1 mittelgroße grüne Paprikaschote, entkernt und kleingeschnitten
⅓ Becher Tomatenmark
1 Becher geriebener Cheddar-Käse

1 Backofen auf 180 °C (Mittelhitze) vorheizen. Zwei Backbleche mit zerlassener Butter oder Öl ausstreichen. **Zubereitung der Tortillas:** Maismehl, Weizenmehl und Butter in die Küchenmaschine geben. 20 Sekunden rühren (Momentschalter betätigen), bis die Masse feinkörnig ist. So viel Wasser zugeben, daß alles gut vermengt ist; dabei weitere 5 Sekunden rühren. Teig auf ein dünn bemehltes Backbrett legen und 1 Minute kneten, bis er geschmeidig ist.
2 Den Teig in 8 Portionen teilen und jede Portion kreisförmig (Durchmesser 10 cm) ausrollen. Auf Backbleche legen und 15 Minuten backen.
3 Zubereitung des Belags: Öl in einer Pfanne erhitzen; Hähnchenhackfleisch und Wurst hineingeben und bei hoher Temperatur unter ständigem Rühren 4 Minuten braun braten, bis sämtliche Flüssigkeit verdunstet ist; dabei das Hackfleisch mit einer Gabel zerdrücken. Sambal Oelek, Zwiebel und Paprika zugeben und 3 Minuten garen.
4 Tortillas mit Tomatenmark bestreichen, Hähnchenmischung daraufgeben und mit Käse bestreuen. 10 Minuten hellbraun backen.

Hähnchen-Maiswürstchen mit Salsa Cruda (oben) und Hähnchen-Tortillas

Leckere Gerichte mit Hackfleisch

Leckere Gerichte mit Hackfleisch

Hähnchen-Eintopf

Vorbereitungszeit:
20 Min.
Zubereitungszeit:
20 Min.
Für 4 Personen

500 g Hähnchenhackfleisch
1 Päckchen Hähnchen-
  cremesuppe (60 g)
2 EL Öl
2 große Zwiebeln, in Schei-
  ben geschnitten
2 große Kartoffeln, in 2 cm
  Würfel geschnitten
4 mittelgroße Karotten, in
  1 cm dicke Scheiben
  geschnitten
250 ml Weißwein
750 ml Wasser
300 ml Crème Fraîche

1 Hähnchenhackfleisch und Suppenmischung in einer Rührschüssel vermengen und zu eßlöffelgroßen Bällchen rollen.
2 Das Öl in einer schweren Pfanne erhitzen, eine Lage Bällchen hineingeben und bei mittlerer Hitze 5 Minuten rundum braun braten. Aus der Pfanne nehmen und auf Küchenpapier abtropfen lassen.
3 Zwiebeln, Kartoffeln und Karotten in die Pfanne geben und bei mittlerer Hitze 4 Minuten leicht anbräunen. Wein, Wasser und Crème Fraîche zufügen. Die Fleischbällchen wieder in die Pfanne geben und kurz aufkochen; Temperatur reduzieren und ohne Deckel 20 Minuten köcheln lassen, bis das Gemüse gar und die Sauce eingekocht und dick ist; dabei gelegentlich umrühren.

Hinweis: Dieses Gericht läßt sich bis zu zwei Tagen im voraus zubereiten und zwei Monate einfrieren.

Hähnchen mit Süßkartoffelauflauf

Vorbereitungszeit:
30 Min.
Zubereitungszeit:
20 Min.
Für 6 Personen

1 EL Öl
1 große Zwiebel, kleinge-
  schnitten
750 g Hackfleisch vom
  Hähnchen
750 g Kumara (3 mittel-
  große Süßkartoffeln),
  kleingeschnitten
250 g Zuchtchampignons,
  halbiert
375 ml Hühnerbrühe
1 Dose Tomaten (440 g)
½ Becher Tomatenpüree
2 TL frische Thymian-
  blätter
1 EL Worcestersauce

Belag
4 große alte Kartoffeln
  (1,2 kg), kleingeschnitten
60 g Butter
125 ml Sauerrahm

1 Backofen auf 180 °C (Mittelhitze) vorheizen. Öl in einer Pfanne erhitzen, Zwiebeln zugeben und bei mittlerer Temperatur unter Rühren 2 Minuten hellbraun braten. Hackfleisch zufügen und bei starker Hitze 4 Minuten braun braten, bis alle Flüssigkeit verdunstet ist; das Hackfleisch mit einer Gabel zerdrücken.
2 Kumara, Pilze, Brühe, die kleingeschnittenen Tomaten mit dem Saft, Tomatenpüree, Thymian und Worcestersauce zugeben. Zum Kochen bringen, Hitze reduzieren und zugedeckt 15 Minuten köcheln lassen, bis die Masse eingedickt ist und die Kartoffeln weich sind. Mit dem Löffel in eine Auflaufform füllen (Durchmesser 24 cm).
3 Haube: Kartoffeln 10 Minuten in sprudelnd heißem Wasser garkochen, abgießen. Mit Butter und Sauerrahm in eine Schüssel füllen und mit einer Gabel oder einem Gemüsestampfer zu einem glatten, flockigen Brei zerstoßen. Auf die Hähnchenmischung geben und mit einer Gabel verstreichen. 20 Minuten backen, bis der Auflauf hellbraun ist.

Hähnchen-Eintopf (oben) und
Hähnchen mit Süßkartoffelauflauf

Pastamuscheln mit Hähnchen und Pesto

Vorbereitungszeit:
  30 Min.
Zubereitungszeit:
  15 Min.
Für 4 Personen

20 getrocknete große Pastamuscheln (etwa 5 cm lang)
2 EL Öl
2 Stangen Lauch, in Scheiben geschnitten
500 g Hackfleisch vom Hähnchen
1 EL Mehl
250 ml Hühnerbrühe
⅓ Becher Pimiento, kleingehackt
½ Becher geriebener Parmesankäse

Pesto
1 Becher frisches Basilikum
¼ Becher Pinienkerne
2 Knoblauchzehen, zerdrückt
60 ml Olivenöl

1 Backofen auf 180 °C (Mittelhitze) vorheizen. Eine flache Backform mit zerlassener Butter oder Öl ausstreichen. Die Pastamuscheln in einem Topf in sprudelnd heißem Wasser kochen; einen Schuß Öl hineingeben, damit sie nicht kleben. Sobald sie gar sind, abgießen.
2 Öl in einer schweren Pfanne erhitzen, Lauch zugeben und bei mittlerer Hitze unter Rühren 2 Minuten dünsten, bis er weich ist. Hähnchenhackfleisch zugeben und bei starker Hitze 4 Minuten goldbraun braten; dabei gelegentlich umrühren, bis sämtliche Flüssigkeit verdunstet ist; das Hackfleisch mit einer Gabel zerdrücken. Mehl einstreuen und auf dem Herd 1 Minute unterrühren. Brühe und Pimiento zufügen und bei mittlerer Hitze zum Kochen bringen. Temperatur zurücknehmen und noch etwa 1 Minute ziehen lassen, bis die Mischung eingekocht und dick ist.
3 Zubereitung des Pesto: Basilikum, Pinienkerne, Knoblauch und Öl in die Schüssel einer Küchenmaschine oder in einen Mixer füllen. 30 Sekunden zu einer glatten Masse pürieren. In eine kleine Schüssel oder einen Krug füllen und mit Klarsichtfolie luftdicht verschließen.
4 Die gekochten Pastamuscheln mit der Hähnchenmischung füllen und in eine Backform geben. Mit Alu-Folie bedeckt 15 Minuten backen. Einen Löffel Pesto daraufgeben, mit Käse bestreuen und servieren.

Pastamuscheln mit Hähnchen und Pesto

1. Die Pastamuscheln in einem Topf in sprudelnd heißem Wasser kochen.

2. Den Lauch unter Rühren bei mittlerer Hitze 2 Minuten dünsten.

LECKERE GERICHTE MIT HACKFLEISCH

3. Pesto: Basilikum, Pinienkerne, Knoblauch und Öl zu einer glatten Masse mixen.

4. Die Hähnchenmischung in die Pastamuscheln füllen und 15 Minuten backen.

Hähnchen-Waldorfsalat-Brötchen

Vorbereitungszeit:
20 Min.
Zubereitungszeit:
5 Min.
Für 4 Personen

1 EL Öl
125 g Hähnchenhackfleisch
2 Frühlingszwiebeln, kleingeschnitten
1 kleiner grüner Apfel, kleingeschnitten
1 Stange Sellerie
2 EL Walnüsse, kleingehackt
¼ Becher Mayonnaise
2 EL Sauerrahm
4 Brötchen
1 große, reife Tomate, in Scheiben geschnitten
4 Blätter Kopfsalat

1 Öl in einer schweren Pfanne erhitzen, Hähnchenfleisch hineingeben und bei großer Hitze unter Rühren 4 Minuten braun braten, bis sämtliche Flüssigkeit verdunstet ist; dabei das Hackfleisch mit einer Gabel zerdrücken. Frühlingszwiebeln zugeben und unter Rühren bei schwacher Hitze 1 Minute braten.
2 Hähnchenmischung mit Apfel, Sellerie, Walnuß, Mayonnaise und Sauerrahm vermengen.
3 Das obere Drittel der Brötchen (Deckel) abschneiden und einen großen Teil des Brötcheninneren mit einem Löffel aushöhlen.
4 Die Hälfte der Brötchen mit Hähnchenmischung füllen. Mit Tomatenscheiben und Salatblättern bedecken und die restliche Hähnchenmischung daraufgeben. Die abgeschnittenen Deckel nun wieder darüberlegen.

Hähnchen-Rissoles in Pilzsauce

Vorbereitungszeit:
25 Min.
Zubereitungszeit:
25 Min.
Für 6 Personen

1 kg Hackfleisch vom Hähnchen
1 Becher Paniermehl aus ofenfrischem Weißbrot
1 EL getrocknetes Estragon
1 kleine Zwiebel, feingeschnitten
¼ Becher Mayonnaise

Sahnige Pilzsauce
40 g Butter
3 Frühlingszwiebeln, feingehackt
300 g Zuchtchampignons, in Scheiben geschnitten
60 ml Weißwein
200 ml Sahne

1 Das Hackfleisch vom Hähnchen, Paniermehl, Estragon, Zwiebel und Mayonnaise in eine große Schüssel geben und gründlich vermengen. Die Mischung in 6 gleich große Portionen teilen und 1½ cm dicke Pastetchen formen.
2 Eine große Bratpfanne erhitzen und dünn mit Öl bestreichen. Die Rissoles bei starker Hitze auf jeder Seite 8 Minuten braten; dabei nur einmal wenden. Wenn nötig in Partien backen (die Pfanne darf nicht zu voll sein). Aus der Pfanne nehmen und warm stellen, bis die Sauce zubereitet ist.
3 Zubereitung der Sauce: Butter in der Bratpfanne schmelzen lassen. Frühlingszwiebeln und Pilze hineingeben und bei mittlerer Hitze 5 Minuten weich dünsten. Wein und Sahne zufügen; Temperatur zurückschalten und ohne Deckel 10–12 Minuten ziehen lassen, bis ein Teil der Sauce eingekocht und dick ist. Sofort servieren.

Hähnchen-Waldorfsalat-Brötchen (oben) und Hähnchen-Rissoles in Pilzsauce

LECKERE GERICHTE MIT HACKFLEISCH

Klassische Braten

SO TRANCHIERT MAN EINEN RIPPENBRATEN

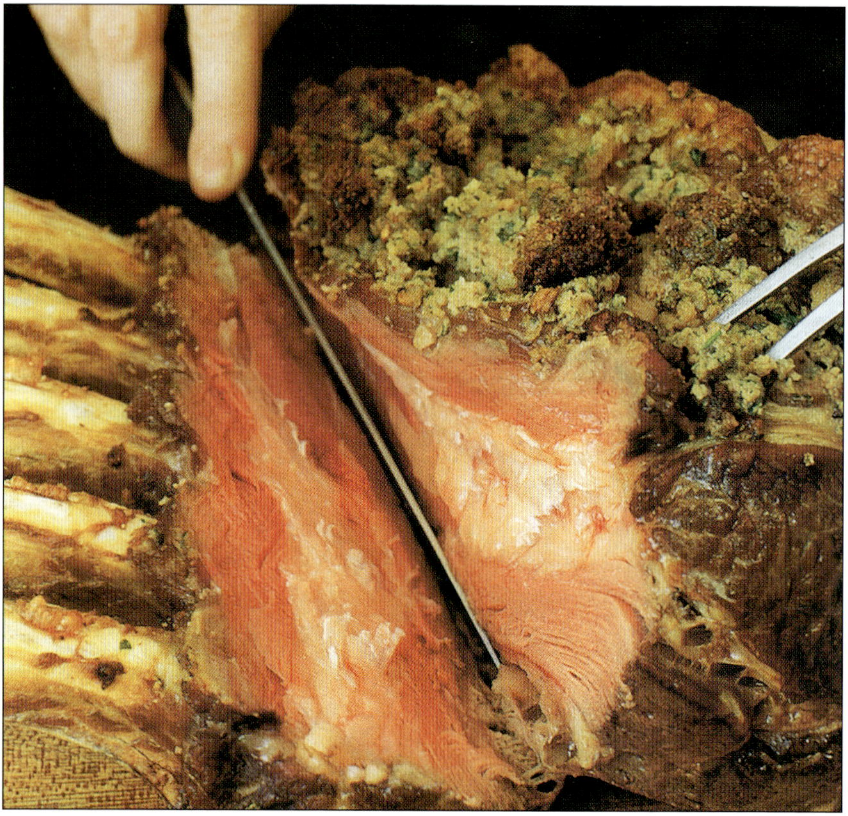

1. Obere Rückenknochen entfernen, dabei nicht in das Fleisch stechen. Fleisch mit Tranchiergabel festhalten und durch horizontales Schneiden an den Rippen abtrennen.
2. Den Braten senkrecht aufschneiden. Jede Scheibe läßt sich gut abtrennen.

Rippenbraten mit Pastete

Vorbereitungszeit:
30 Min.
Zubereitungszeit:
1³/₄ Std.
Für 8 Personen

1 Speckstreifen ohne Rinde, geschnitten
1 kleine Zwiebel, kleingehackt
125 g Pilze, kleingeschnitten
125 g fertig gekaufte Pfefferpastete
¹/₂ Becher Semmelbrösel
2 EL frische Petersilie, gehackt
¹/₄ TL Kräutermischung, getrocknet
frisch gemahlener schwarzer Pfeffer
1 Ei, leicht verquirlt
3 kg Rippenbraten vom Rind (s. Hinweis)

1. Den Speck in einer Bratpfanne erhitzen. Nach dem Weichwerden Zwiebel und Pilze zufügen. Etwa 3 Minuten unter Rühren kochen. In eine Schüssel geben. Pastete, Semmelbrösel, Petersilie, Kräuter, Pfeffer und Ei unterrühren.
2. Das Fleisch zwischen den Rippenknochen und der äußeren Fettschicht am Schmalende einschneiden. Fett entfernen.
3. Pastetenfüllung in den Zwischenraum geben. Evtl. mit Küchengarn umwickeln.
4. Das Fleisch mit der Fettseite nach oben in Bräter legen (die Knochen bilden einen natürlichen Rost). Bei 220 °C 15 Minuten braten. Auf 180 °C herunterschalten und weitere 1¹/₂ Stunden braten. Evtl. vorher Garprobe vornehmen.
5. Bis zum Tranchieren 15 Minuten warten. Mit Bratensauce, Meerrettich, Röstkartoffeln und Gemüse servieren.

Hinweis: Beim Metzger kann man das Fleisch küchenfertig vorbereiten lassen. 20 Minuten Garzeit je 500 g Gewicht werden benötigt. So wird der Braten außen gar und innen rosa.

Rippenbraten mit Pastete

Rindfleisch mit Blauschimmelkäse im Teigmantel

Vorbereitungszeit:
  45 Min.
Zubereitungszeit:
  30 Min.
Für 8 Personen

1 Bund frischer Spinat oder 500 g gefrorener Blattspinat
60 g Butter oder Margarine
1 1/2 kg mageres Roastbeef
2 Streifen gefrorener Blätterteig, aufgetaut
200 g Blauschimmelkäse, weich
1 Streifen Blätterteig zusätzlich (wahlweise)
1 Ei, leicht verquirlt

1. Den Spinat verlesen und gründlich waschen oder den gefrorenen Spinat auftauen lassen und das Tauwasser abschütten.
2. Frische Blätter in kochendes Wasser geben. 30 Sekunden kochen. In kaltem Wasser abschrecken und trockentupfen.
3. Butter in großer Pfanne erhitzen. Fleisch zugeben und alle Seiten anbräunen. Auskühlen lassen. Den Saft aus der Pfanne beiseite stellen.
4. Blätterteig auf ein Küchenbrett legen. An den Rändern 1 cm überlappen. Gut zusammenpressen. Den Spinat auf dem Teig verteilen, 5 cm Rand lassen.
5. Käse über dem Spinat zerkrümeln. Rindfleisch in die Mitte des Teigs legen. Teig an den Schmalseiten einschlagen. Restlichen Teig über das Rindfleisch legen. Umdrehen, so daß die Naht unten ist. Zusätzlichen Teig evtl. zur Dekoration verwenden. Mit Ei bepinseln.
6. Auf ein leicht gefettetes Backblech legen. Bei 220 °C 25–30 Minuten braten. Vor dem Aufschneiden 10 Minuten mit Alufolie bedeckt durchziehen lassen. Mit Bratensauce und Gemüse servieren.

TIP
Fleisch wird vor dem Garen oft kurz angebraten. Dazu schwenkt man es kurz in Butter oder Öl. So wird das Fleisch noch zarter.

Rindfleisch mit Blauschimmelkäse im Teigmantel

Gepfeffertes Rinderfilet mit Sauce Béarnaise

Gepffeffertes Rinderfilet mit Sauce Béarnaise

Vorbereitungszeit:
45 Min.
Zubereitungszeit:
30 Min.
Für 6 Personen

1 kg Rinderfilet
1 EL Öl
2 Knoblauchzehen, gepreßt
1 EL schwarze Pfefferkörner, gemahlen
2 TL Koriander, gemahlen

Sauce Béarnaise
125 g Butter
3 Schalotten, gehackt
125 ml trockener Weißwein
2 EL Estragonessig
1 EL frischer Estragon
4 Eigelb
1 EL Zitronensaft

1. Fett entfernen. Filet mit Küchengarn umwickeln. Mit Öl und Knoblauch bepinseln. In der Mischung von Pfefferkörnern und Koriander wenden.
2. Das Filet auf einem Rost in einem Bräter legen. Im heißen Ofen 10 Minuten braten. Auf 180 °C herunterschalten. Wenn das Filet halbenglisch gewünscht wird, noch 20 Minuten braten. Evtl. Garprobe vornehmen. Vor dem Servieren 10–15 Minuten ruhen lassen.
3. **Für die Sauce Béarnaise:** Butter vorsichtig schmelzen.
4. Schalotten, Wein, Essig und Estragon in einen Kochtopf geben. Aufkochen, bis nur noch 2 EL übrig sind. Beiseite stellen.
5. Die 4 Eigelb mit einem Mixer 10 Sekunden verquirlen. Zitronensaft beigeben. 5 Sekunden rühren. Die zerlassene Butter während des Rührens teelöffelweise zufügen. Gewürze und durchgeseihten Schalottensaft zugeben. Einige Sekunden rühren. Sauce nicht überhitzen. Das gepfefferte Rinderfilet heiß mit der Sauce Béarnaise servieren.

TIP
Eine Garprobe nimmt man durch einen kurzen Druck auf den mittleren Teil des Fleisches vor. Je mehr es nachgibt, desto weniger gar ist es.

Kalbslende mit Pfeffersauce

Vorbereitungszeit:
30 Min.
Zubereitungszeit:
1 1/2 Std.
Für 6 Personen

2 kg Kalbslende
2 EL Dijon-Senf
frisch gemahlener Pfeffer
1 EL Öl
15 g Butter
250 ml trockener Weißwein
Suppengrün
2 EL Brandy
60 ml Sahne
1 EL grüne Pfefferkörner aus der Dose, abgetropft

1. Kalbfleisch mit der Fettseite nach unten mit 1 EL Senf bestreichen. Pfeffern.
2. Das Kalbfleisch zusammenrollen und mit Küchengarn umwickeln. Fettschicht der Lende mit restlichem Senf einreiben.
3. Öl und Butter erhitzen. Kalbfleisch hineingeben. Langsam erhitzen und von allen Seiten anbräunen. Kalbfleisch in eine Bratpfanne geben. Wein und Suppengrün zugeben. Die Pfanne mit Alufolie bedecken.
4. Bei 180 °C ungefähr 1 1/2 Stunden braten. Fleisch häufig übergießen. Auf eine Platte legen, Garn entfernen, zudecken, warm halten.
5. Bratflüssigkeit in einen Topf geben. Suppengrün herausnehmen. Fett abschöpfen. Aufkochen, herunterschalten und unbedeckt köcheln. Brandy, Sahne und gemahlene Pfefferkörner unterrühren. Nicht mehr kochen lassen.
6. Die Kalbslende in dünne Scheiben geschnitten mit Sauce servieren.

Roastbeef mit Kräutern und Sauce Bordelaise

Vorbereitungszeit:
30 Min.
Zubereitungszeit:
1 1/2 Std.
Für 6 Personen

2,5 kg mageres Rindfleisch
frisch gemahlener schwarzer Pfeffer
1 TL Thymian, gemahlen
1 TL Oregano, gemahlen
1 Knoblauchzehe, geschält

Sauce Bordelaise
310 ml Rinderbrühe
250 ml trockener Rotwein
3 EL Tomatenmark
30 g Butter
2 Lorbeerblätter
2 TL Mehl

1. Fleisch von außen mit reichlich schwarzem Pfeffer, gemahlenem Thymian, Oregano und Knoblauchzehe einreiben. Auf Rost in einen Bräter legen.
2. Bei 180 °C garen. 25 Minuten je 500 g Gewicht, wenn das Fleisch halbenglisch, bzw. etwas länger, wenn es gut durchgebraten sein soll. Lose mit Alufolie bedecken und vor dem Tranchieren 15–20 Minuten ruhen lassen.
3. Für die Sauce: Brühe, Wein, Tomatenmark, Butter und Lorbeerblätter in einen Topf geben. Aufkochen. Herunterschalten und unbedeckt köcheln, bis die Flüssigkeit um die Hälfte reduziert ist. Lorbeerblätter entfernen.
4. 1 EL Fett aus dem Bräter aufbewahren. In einen Topf geben und bei mittlerer Hitze erwärmen, Mehl zufügen. Gut rühren. Brühe und Wein zugeben und weiterhin rühren bis zum Aufkochen und Andicken der Sauce.

TIP
Alle Braten sollte man vor dem Tranchieren kurz im warmen Backofen stehen lassen. So bleibt das Fleisch saftig.

Roastbeef mit Kräutern und Sauce Bordelaise

Kalbsrücken mit Kräuterkruste

Vorbereitungszeit:
30 Min.
Zubereitungszeit:
1–1 1/2 Std.
Für 6 Personen

*1,5 kg Kalbfleisch
(6 Koteletts)
1 Becher frische Semmelbrösel
1/2 Becher Paniermehl
1 EL Petersilie, feingehackt
1 EL Basilikum, feingehackt
2 Eiweiß, leicht verquirlt
2 Knoblauchzehen, gepreßt
1 EL Öl
30 g Butter, zerlassen*
Zitronensauce
*60 ml trockener Weißwein
60 ml Wasser
2 EL Zitronensaft
1 TL Zucker
90 g Butter, in Würfeln
2 TL Petersilie, feingehackt*

1. Fett entfernen. Semmelbrösel, Paniermehl, Petersilie und Basilikum gut mischen. Evtl. etwas Wasser zugeben.
2. Die Mischung fest auf Fettseite des Kalbsrücken pressen. Rücken mit der Kruste nach oben in einen Bräter legen. Bei 160 °C 1–1 1/2 Stunden braten.
3. Fleisch vor dem Aufschneiden 10–15 Minuten im Backofen ruhen lassen. 2 EL Bratensaft aus Fettpfanne aufbewahren, Rest abgießen.
4. **Für die Sauce:** Einen Topf erhitzen. Wein, Wasser, Zitronensaft und Zucker hineingeben. Aufkochen, zurückschalten. Unbedeckt köcheln, bis die Sauce auf die Hälfte reduziert ist.
5. Nach und nach die Butter einrühren. Petersilie zugeben. Jedes Kotelett mit Zitronensauce servieren.

Hinweis: Beim Metzger kann man sich das Fleisch küchenfertig vorbereiten lassen.

TIP
Bei zartem Kalbfleisch genügt eine mäßige bzw. mittelheiße Backofentemperatur. Bei magereren Stücken muß der Saftigkeit wegen Fett zugegeben werden. Frisches Schweineschmalz oder Mischung aus Öl und Butter zum Bepinseln nehmen.

Klassische Braten

Kalbsrücken mit Kräuterkruste

KLASSISCHE BRATEN

LAMMFLEISCH

Gebratenes Lamm mit Orangen- und Rosmarinfüllung, Geschmorten Sahnezwiebeln und Brokkoli mit Nuß-Buttersauce

KLASSISCHE BRATEN

Der Frühling ist die beste Zeit, um zartes saftiges Lammfleisch zu genießen, und unsere Rezepte gehören zu den besten der Welt. Sie zeigen, wie vielseitig dieses Fleisch zubereitet werden kann.
Verwendet werden auch typische Zutaten der Küche fremder Länder, um so ganz besondere Geschmacksnoten zu bekommen.
Zum Braten eignen sich Keule, Schulter, Filet, Rücken und Kronenbraten, Brust und Kotelett.

Gebratenes Lamm mit Orangen- und Rosmarinfüllung

Vorbereitungszeit:
50 Min.
Zubereitungszeit:
1½ Std.
Für 6 Personen

2 kg Lammkeule, entbeint
1 Becher Semmelbrösel
2 EL Rosmarin, feingehackt
2 EL Pekannüsse, grobgehackt
1 EL Orangenmarmelade
2 TL geriebene Orangenschale
2 EL Orangensaft
1 EL Orangensaft, zusätzlich
125 ml trockener Weißwein
1 TL geriebene Orangenschale, zusätzlich
2 EL Orangenmarmelade, zusätzlich

1. Fett entfernen. Fleisch ausbreiten. Semmelbrösel, Rosmarin und Pekannüsse mischen. Mischung aus Orangenmarmelade, -schale und -saft beigeben. Vermengen und evtl. zusätzlich Orangensaft zufügen.
2. Füllung in die Lammkeule pressen, Fleisch zusammenrollen. Mit Küchengarn umwickeln und in einen Bräter legen. Mit zusätzlicher Marmelade bestreichen. Unbedeckt bei 200 °C 10–15 Minuten braten; auf 180 °C herunterschalten. Noch 1–1½ Stunden garen, bis das Fleisch durchgebraten ist. Vor dem Tranchieren 15–20 Minuten warm halten.
3. Bräter auf dem Herd langsam erwärmen. Wein zufügen. Gut rühren. Aufkochen und köcheln, bis sich eine Sauce bildet. Zusätzliche Orangenschale und Marmelade zugeben. Gut rühren.
4. Küchengarn entfernen. In dünne Scheiben schneiden. Sauce über das Lammfleisch geben.

Hinweis: Den Metzger um das Entbeinen der Lammkeule bitten.

Gebratene Lammschulter mit Senf und roter Johannisbeerglasur

Vorbereitungszeit:
20 Min.
Zubereitungszeit:
1½ Std.
Für 6 Personen

2 kg Lammschulter
2 EL Dijon-Senf
3½ EL rotes Johannisbeergelee
1 Knoblauchzehe, gepreßt
2 TL Öl
2 TL Sojasauce

1. Fett entfernen. Senf, Gelee, Knoblauch, Öl und Sojasauce mischen und Fleisch damit bepinseln.
2. Lamm auf Rost in einen mit 125 ml Wasser gefüllten Bräter legen. Bei 180 °C bis zur gewünschten Garzeit braten. Des öfteren übergießen. 10–15 Minuten ruhen lassen.
3. Den glasierten Braten mit Bratensauce servieren.

Lamm auf indische Art

Vorbereitungszeit:
40 Min. + Marinierzeit über Nacht
Zubereitungszeit:
1¾ Std.
Für 6 Personen

2 kg magere Lammkeule
Marinade
⅓ Becher Mandeln
2 mittelgroße Zwiebeln, gehackt
6–8 Knoblauchzehen, geschält
1 Ingwerknolle, geschält
4 TL Chilipulver oder 4 frische Chilischoten, gehackt
500 g Joghurt
2 EL Zitronensaft
60 ml Öl
jeweils ½ TL Koriander, Kümmel, Cayennepfeffer und Garam Masala
frisch gemahlener Pfeffer

1. Lammkeule mit kleinem, scharfem Messer an mehreren Stellen tief einschneiden. In einen Bräter legen.
2. **Für die Marinade:** Mandeln, Zwiebeln, Knoblauch, Ingwer, Chili und 3 EL Joghurt verquirlen. Rühren, bis sich ein zähflüssiger Teig bildet.
3. Masse in eine Schüssel geben. Restliche Zutaten beigeben. Mit einem Löffel die Marinade über die Lammkeule geben, auch in die Kerben.
4. Die Keule wenden, so daß alles gut mit Marinade bedeckt ist. In Frischhaltefolie wickeln und mindestens 24 Stunden in den Kühlschrank stellen. Ab und zu wenden.
5. Fleisch auf Zimmertemperatur erwärmen. Folie abnehmen. Bräter zudecken. Bei 180 °C 1¼ Stunden braten.
6. Deckel oder Alufolie entfernen. Weitere 20–30 Minuten im Ofen lassen. Ab und zu mit Wasser begießen. Vor dem Aufschneiden 15 Minuten auskühlen.
7. Alles Fett von der Marinade in der Schüssel abschöpfen. Die Lammkeule mit der Marinade übergießen. Evtl. mit ganzen gerösteten Mandeln und Rosinen garnieren.

Hinweis: Die Keule in einem Bräter aus Metall mit integriertem Rost garen. Etwas Wasser in den Bräter füllen.

TIP
Übergießen bedeutet, während der Garzeit Fett oder Flüssigkeit über einen Braten zu löffeln, um dessen Austrocknen zu vermeiden.

Lamm auf indische Art

Lammrücken auf tropische Art

Lammrücken auf tropische Art

Vorbereitungszeit:
50 Min.
Zubereitungszeit:
1 Std.
Für 4 Personen

2 Lammrücken à 6 Koteletts
1/2 Becher Minzgelee
2 EL Ananassaft
Tropische Gewürzmischung
30 g Butter
1 Becher frische Semmelbrösel
1 Becher Ananas, kleingeschnitten
60 ml Ananassaft
2 EL Minze, feingehackt
1 TL frischer Ingwer, gerieben
Johannisbeer-Minz-Sauce
1 EL rotes Johannisbeergelee
1 EL heißes Wasser
2 EL Rotweinessig
2 EL Minze, feingehackt

1. Fett entfernen. Minzgelee und Ananassaft mischen. Die Lammrücken mit der Fettseite nach oben in einen Bräter legen. Mit der Minzgeleemischung bepinseln. Bei 180 °C 3/4–1 Stunde oder länger braten. Mit restlichem Gelee bepinseln. Vor dem Tranchieren zudecken und 10–15 Minuten durchziehen lassen. Warm halten.
2. **Für die tropische Gewürzmischung:** Butter in einem Topf erhitzen. Semmelbrösel zufügen. Erwärmen und rühren, bis die Mischung goldbraun ist. Ananas, Saft, Minze und Ingwer einrühren. In eine feuerfeste Form legen, zudecken und 15 Minuten bei 180 °C braten. Deckel abnehmen und weitere 15 Minuten garen, bis sich eine goldbraune Färbung zeigt.
3. **Für die Sauce:** Zutaten mischen. Unter Rühren kochen. Die Koteletts mit der tropischen Gewürzmischung und der Sauce servieren.
Hinweis: Der Lammrücken kann vom Metzger küchenfertig vorbereitet werden.

Knusprige Lammkeule

Vorbereitungszeit:
30 Min.
Zubereitungszeit:
1 1/2 Std.
Für 6 Personen

2 kg Lammkeule
1 Eigelb, leicht verquirlt
60 g Butter, zerlassen
1 Becher Cornflakes
1 EL Sesam
1/2 TL Kräutermischung
1 kleine Zwiebel, gehackt
125 ml Wasser

1. Fett entfernen. Die Lammkeule oben mit etwas Eigelb bepinseln.
2. Butter, Cornflakes, Sesam, Kräutermischung und die Hälfte des restlichen Eigelbs mischen. Mischung fest auf obere Hälfte des Lammfleisches drücken. Die Zwiebeln als Ringe auf der Oberfläche der Keule verteilen. Zwiebelringe festpressen und mit restlichem Eigelb bepinseln.
3. Das Lammfleisch auf einen Rost in einen mit Wasser gefüllten Bräter legen. Bei 180 °C ca. 1 1/2 Stunden oder länger braten. Sobald die Kruste golden und knusprig wird, während restlicher Garzeit mit Alufolie bedecken. Evtl. Wasser in den Bräter nachfüllen.
4. Lamm mit Minzsauce und Gemüse servieren.

TIP
Fleisch brät man im Backofen am besten in einem Bräter mit Rost. So wird der Braten mager, da das Fett in die Pfanne tropft. Etwa 125 ml Wasser in den Bräter füllen, damit das Fett nicht anbrennt und der Braten schön saftig bleibt. Evtl. Wasser nachfüllen.

Lammrücken mit Schnittlauchkruste

Vorbereitungszeit:
30 Min.
Zubereitungszeit:
1 Std.
Für 4 Personen

¹/₂ Becher trockene Semmelbrösel
2 TL frischer Schnittlauch, gehackt
2 TL Minze, gehackt
1 Knoblauchzehe, gepreßt
1 EL Zitronensaft
1 TL unbehandelte Zitronenschale, gerieben
2 Lammrücken mit je 6 mageren Koteletts
60 g Butter oder Margarine, zerlassen
Sauce
60 ml Weißwein
60 ml Wasser
1 TL brauner Zucker
1 EL Zitronensaft
100 g Butter, in Würfeln
1 EL Minzgelee

1. Die ersten sechs Zutaten mischen. Evtl. etwas Wasser zufügen.
2. Mischung fest auf Fettseite der Lammrücken drücken. Butter darüber verteilen.
3. Die Lammrücken mit unbedeckter Seite nach unten in einen Bräter legen. Bei 180 °C ³/₄ Stunde garen.
4. Fleisch vor dem Aufschneiden 15 Minuten ruhen lassen. 2 EL des Saftes behalten, Rest in einen Topf gießen.
5. **Für die Sauce:** Wein und Wasser zum Fleischsaft geben. Unter stetigem Rühren aufkochen, bis sich die Flüssigkeit um die Hälfte reduziert.
6. Zucker und Zitronensaft einrühren. Butterwürfel nach und nach zugeben. Das Minzgelee zufügen.
Hinweis: Beim Metzger Fleisch küchenfertig vorbereiten lassen.

TIP
Ein Lamm ist ein junges, etwa einjähriges Schaf; mit zwei Jahren bezeichnet man das männliche Tier als Hammel. Lamm- und Hammelfleisch schmecken gleichermaßen köstlich. Lammfleisch ist besonders zart, Hammelfleisch hat einen intensiveren Geschmack; man muß es länger und langsamer garen.

TIP
Die Hauptsaison für zartes junges Lammfleisch ist der Frühling. Sein Genuß empfiehlt sich dann besonders.

Lammrücken mit Schnittlauchkruste

KLASSISCHE BRATEN

Gebratene Lammkeule mit Johannisbeersauce

Vorbereitungszeit:
 30 Min.
Zubereitungszeit:
 2 Std.
Für 6 Personen

2 Porreestangen, geschnitten
1/4 Becher Sultaninen
1/4 Becher fertige Füllung
2 EL Pinienkerne
1 EL Tomatensauce
1 Ei, verquirlt
2 kg Lammkeule, entbeint
frisch gemahlener
 schwarzer Pfeffer
60 ml Wasser
125 ml Hühnerbrühe
1 EL Brandy
1 EL rotes Johannisbeergelee
1 EL Stärkemehl

1. Porree, Rosinen, fertige Füllung, Pinienkerne, Tomatensauce und Ei gut mischen. Masse in die Keule geben. Mit Spießen zustecken.
2. Das Fett oben auf der Keule mit scharfem Messer im Zickzack-Muster einschneiden. Mit Pfeffer einreiben. Das Fleisch mit Fettseite nach oben auf einen Rost in einem Bräter legen. Bei 180 °C 40 Minuten garen.
3. Wasser in den Bräter füllen. Weitere 1 1/2 Std. oder länger braten.
4. Das Lamm im warmen Backofen ruhen lassen. Kochflüssigkeit abseihen und wieder in den Bräter geben. Brühe, Brandy und Gelee zufügen.
5. Das Mehl mit etwas Kochflüssigkeit zu glattem Teig verrühren. In die Sauce geben. Unter Rühren erhitzen, bis die Sauce aufkocht und andickt. 3 Minuten köcheln. Die Keule mit der Sauce und Gemüse nach Wahl servieren.

Hinweis: Den Metzger um das Einschneiden der Keule bitten.

TIP
Füllungen kann man auch fertig kaufen. Der Geschmack kann durch verschiedene Zutaten, z.B. frische Kräuter, Gewürze und Zitronenschale variieren.

Gebratene Lammkeule mit Knoblauch

Vorbereitungszeit:
 20 Min.
Zubereitungszeit:
 1 1/2 Std.
Für 6–10 Personen

2 kg Lammkeule
2 Knoblauchzehen
1 EL Rosmarinzweige
2 TL Öl
frisch gemahlener
 schwarzer Pfeffer

1. Fett entfernen. Knoblauchzehen in schmale Scheiben schneiden. Mit kleinem scharfem

Gebratene Lammkeule mit Knoblauch

Messer Keule mehrmals einritzen. Knoblauch und Rosmarin in die Kerben geben.
2. Die Lammkeule mit Öl bepinseln und mit schwarzem Pfeffer bestreuen. Auf einen Rost in einen mit ca. 125 ml Wasser gefüllten Bräter legen. Bei 180 °C ca. 1½ Stunden oder länger braten. Öfter mit Fleischsaft übergießen. 10–15 Minuten im Ofen lassen.
3. Die Lammkeule mit Minzsauce und Gemüsen der Saison servieren.

TIP
Am besten frischen Rosmarin verwenden. Getrockneten Rosmarin sehr fein hacken und in die Kerben der Lammkeule reiben.

Klassische Braten

SCHWEINEFLEISCH

Schweinshaxe mit Aprikosen

KLASSISCHE BRATEN

Moderne Zuchtmethoden haben zu steigender Beliebtheit von Schweinefleisch geführt. Schweinefleisch ist heute viel magerer und somit außergewöhnlich zart, leicht verdaulich und wesentlich gesünder als früher.
Mageres Schweinefleisch muß nicht mehr lange gebraten werden und schmeckt dadurch nicht zäh oder trocken. Um abschätzen zu können, wie lange das Fleisch zubereitet werden muß, sollte man es zuerst wiegen und evtl. zusammenbinden, bei mittlerer Hitze im Backofen ca. 30 Minuten je 500 g Gewicht braten. Größere Stücke, von denen die Schwarte noch nicht entfernt wurde, schon vor der üblichen Garzeit 30 Minuten in den heißen Ofen stellen. So bekommt man eine zarte Kruste. Zum Braten eignen sich Keule, Lende, Schulter, Eisbein, Kotelett und Filet. Den Metzger kann man um das Entfernen oder Einritzen der Schwarte bitten. Die eingeritzte Schwarte mit Öl und etwas Salz oder Zitronensaft bepinseln. Im Backofen mit der Schwarte nach oben braten, bis sie knusprig und golden ist. Zu gebratenem Schweinefleisch passen warme Apfel- und Preiselbeersauce.

Schweinshaxe mit Aprikosen

Vorbereitungszeit:
  30 Min. + 24 Std. Marinierzeit
Zubereitungszeit:
  2½ Std.
Für 8 Personen

2,5 kg Schweinshaxe
Marinade
425 ml Aprikosensaft
60 ml Weißwein
2 EL Olivenöl
2 Knoblauchzehen, gepreßt
2–3 TL Currypulver
1–2 TL Currypaste
¼ TL Kräutermischung
frisch gemahlener
  schwarzer Pfeffer

1. Schwarte von der Haxe entfernen, indem man mit dem Daumen ca. 5 cm um den Rand der Haxe unmittelbar unter der Schwarte entlangfährt. An der breitesten Seite anfangen. Mit den Händen die Schwarte vom Fett abziehen und mit einem Messer abtrennen.
2. **Für die Marinade:** Alle Zutaten mischen. Mit scharfem Messer tief in das Fleisch einschneiden. In einen Bräter legen und Marinade darübergeben. 24 Stunden im Kühlschrank marinieren.
3. Marinade abgießen, 2 EL aufbewahren. Die Schweinshaxe bei mittlerer Hitze 2½ Stunden braten. Mehrmals mit restlicher Marinade übergießen.
4. Den Braten vor dem Aufschneiden 15 Minuten ruhen lassen. Mit Reis und Salat anrichten. Die restliche Marinade kann heiß als Sauce serviert werden.

TIP
Man kann die abgelöste Schwarte mit Öl und Salz einreiben und mit der Außenseite nach oben auf ein Backblech legen. Danach bei 220 °C backen, bis sie schön knusprig ist.

Gebratenes Schweinefilet mit Apfel-Senfsauce

Vorbereitungszeit:
30 Min.
Zubereitungszeit:
35 Min.
Für 4 Personen

750 g Schweinefilet
30 g Butter
1 EL Öl
125 ml Wasser
1 Knoblauchzehe, gepreßt
½ TL frischer Ingwer, gemahlen
1 EL grobkörniger Senf
¼ Becher Apfelpüree
2 EL Hühnerbrühe
125 ml Sahne
1 TL Stärkemehl

1. Fett und Sehnen außen wegschneiden. Filet mit Küchengarn zusammenbinden.
2. Butter und Öl in einer Bratpfanne erhitzen, Filet zugeben und braten, bis es leicht angebräunt ist. Filet auf einen Rost in einen mit Wasser gefüllten Bräter legen (Bratensaft in der Pfanne aufbewahren). Bei mittlerer Hitze 30–35 Minuten braten. Vor dem Aufschneiden 10 Minuten im Backofen ruhen lassen.
3. **Für die Sauce:** Restliches Öl in der Pfanne erhitzen. Knoblauch und Ingwer zugeben, erhitzen, 1 Minute rühren. Senf, Apfelpüree, Hühnerbrühe einrühren. Langsam die Sahne mit dem Stärkemehl zugeben und bis zum Aufkochen und Andicken rühren. Schweinefilet aufschneiden und Sauce darüberlöffeln. Mit Bratkartoffeln und gedämpftem Brokkoli servieren.

TIP
Das Schweinefilet ist das Stück Fleisch unter dem mittleren Teil der Lende. Filets sind saftig und dick oder lang und dünn. Ihre Zubereitungszeit ist unterschiedlich. Deshalb Garprobe vornehmen.

KLASSISCHE BRATEN

Gebratenes Schweinefilet mit Apfel-Senfsauce

Schweinelende mit Ahornsirupglasur

Vorbereitungszeit:
  30 Min.
Zubereitungszeit: 2 Std.
Für 8 Personen

2 kg Schweinelende am Stück, ausgelöst
30 g Butter
2 EL Schnittlauch, feingehackt
2 TL Koriander, gemahlen
½ TL schwarzer Pfeffer, gemahlen
⅓ Becher Ahornsirup
⅓ Becher brauner Zucker
30 g Butter, zerlassen
1 EL grobkörniger Senf

1. Fett fast völlig entfernen, jedoch muß durch einen Rest die Lende während des Bratens feucht gehalten werden. Fleisch ausbreiten, mit Butter bestreichen und mit Schnittlauch bestreuen. Zusammenrollen und gleichmäßig mit Küchengarn umwickeln. Mit Mischung aus Koriander und Pfeffer bestreuen.
2. Ahornsirup, braunen Zucker, Butter und Senf mischen. Die Lende auf einen Rost in einem mit Wasser gefüllten Bräter legen. Mit 1 EL der Ahornsirup-Mischung bepinseln.
3. Bei 180 °C 1½–2 Stunden braten. Dabei mehrmals mit Ahornsirupglasur bestreichen. Wasser nachfüllen, damit Bratensaft und Glasur nicht anbrennen. Vor dem Tranchieren 15 Minuten im Backofen ruhen lassen.
4. Die Schweinelende mit der restlichen Glasur bepinseln, aufschneiden und mit Pflaumensauce servieren.

Schweinelende mit Ahornsirupglasur

TIP
Für eine köstlich knusprige Kruste die Haut des Lendchens mit Zitronensaft einreiben, einritzen und unter den Grill legen.

Würziger Keulenbraten

Vorbereitungszeit:
30 Min.
Zubereitungszeit:
1¾ Std.
Für 6 Personen

1½ kg Schweinekeule
2 TL Kümmel, gemahlen
2 TL Kardamom, gemahlen
2 TL Ingwer, gemahlen
3 große Zwiebeln, gehackt
125 ml Wasser
2 EL brauner Zucker

1. Fett entfernen und Fleisch in Abständen einritzen. Mit der Gewürzmischung die Keule gleichmäßig einreiben.
2. Zwiebeln in einen mit Wasser gefüllten Bräter schichten, Schweinefleisch darüberlegen und Öl darübergießen. Mit Alufolie bedecken und bei 180 °C 1¾ Stunden garen.
3. Folie entfernen, braunen Zucker über das Fleisch streuen. Weitere 15–20 Minuten braten, bis das Fleisch golden ist. Mit dem Tranchieren 15 Minuten warten. Warm halten. Mit Gemüse oder Salat servieren.

TIP
Beim Verwenden eines Fleischthermometers dieses in den dicksten Teil des Fleisches stecken und aufpassen, daß kein Fett oder Knochen in der Nähe sind, da sonst die Temperatur nicht richtig angezeigt würde. Um festzustellen, ob das Fleisch gar ist, Gewicht berechnen und auf der Skala des Thermometers nachsehen.

Schweinelende mit Apfel-Backpflaumenfüllung

Schweinelende mit Apfel-Backpflaumenfüllung

Vorbereitungszeit:
40 Min.
Zubereitungszeit:
2¼ Std.
Für 8 Personen

1 Granny-Smith-Apfel, geschält, entkernt und geschnitten
⅓ Becher entsteinte Backpflaumen, geschnitten
2 EL Portwein
2 kg Schweinelende am Stück, entbeint
Sauce
2 EL Portwein
60 g Butter, in Würfeln

1. Apfel, Backpflaumen und Portwein mischen. Füllung über die Fleischseite der Lende streichen. Zusammenrollen. Mit Spießen festmachen.
2. Schwarte einritzen und Salz hineinreiben. Auf Rost in einen Bräter legen. Bei 200 °C 10–15 Minuten, bei 180 °C weitere 1½–2 Stunden braten.
3. Danach Fleisch mit Alufolie bedecken. Vor dem Aufschneiden 15 Minuten ruhen lassen.
4. 2 EL des Fleischsaftes aufbewahren. Erhitzen, Portwein zugeben. Aufkochen und rühren, bis die Sauce auf die Hälfte reduziert ist.
5. Gewürfelte Butter zufügen. Das Schweinelendchen mit der Sauce und Gemüse servieren.

> **TIP**
> „Einritzen" bedeutet das Einschneiden von Fleisch in regelmäßigen Abständen. Die Garzeit wird so verringert und gleichmäßiges Braten sichergestellt.

Schmetterlingsbraten

Vorbereitungszeit:
50 Min. + 24 Std. Marinierzeit
Zubereitungszeit:
2 Std.
Für 6 Personen

2 kg Schweinekeule ohne Schwarte
2 Knoblauchzehen, gepreßt
6 ganze Knoblauchzehen
2 Lorbeerblätter
frische Thymianzweige
60 ml Öl
60 ml Zitronensaft
125 ml Rotwein

1. Mit Küchenmesser das dicke Ende des Schlegels ein- und um den Knochen herumschneiden. Dabei so viel Fleisch wie möglich vom Knochen lösen und diesen herausnehmen. Den dicksten Teil des Fleisches so weit durchschneiden, so daß das Fleisch ausgebreitet werden kann.
2. Das Fleisch mehrmals 1 cm tief einritzen. Mit dem Knoblauch die Kerben auffüllen und in flache Glasschüssel legen. Lorbeer und Thymian zufügen. In Öl, Zitronensaft und Rotwein über Nacht marinieren.
3. Fleisch aus Marinade nehmen und auf Rost in einem Bräter legen. Bei schwacher bis mittlerer Hitze 1½–2 Stunden braten. Häufig mit Marinade übergießen. Vor dem Tranchieren 15 Minuten warten. Der Schmetterlingsbraten wird warm oder kalt mit Apfelsauce serviert.

> **TIP**
> Hellrosa Fleisch mit cremigem weißem Fett wählen. Dann handelt es sich um ein besonders zartes Stück.

KLASSISCHE BRATEN

GEFLÜGEL

Brathähnchen mit Estragon und Speck

Geflügel muß man waschen, mit Küchenpapier trockentupfen und innerhalb von zwei Tagen zubereiten. Der Preis richtet sich nach dem Gewicht, und man sollte von einer Garzeit von 25 Minuten je 500 g Gerwicht ausgehen. Hähnchen und Truthahn bieten sich für Füllungen mit Obst, Knoblauch, Gewürzen, Nüssen und Semmelbröseln an. Verwenden Sie frische Kräuter wie Minze, Petersilie, Koriander und Estragon. Durch eine Marinade oder eine Glasur wird das Fleisch zarter. Um den Geschmack eines Hähnchens zu variieren, kann man sein Fleisch auf Karotten und Sellerie braten – auch die Bratensauce erhält dadurch einen guten Geschmack.

Beim Braten sollte die Haut über der Brust und den Schenkeln mit einem feinen Spieß durchstochen werden, denn dadurch verliert Geflügelfleisch an Fett.

Wachteln sollten nur so lange gebraten werden, bis das Fleisch anfängt, zart zu werden; zu langes Braten macht sie hart und trocken.

Die Beilagen zum Geflügel sollten ganz einfach sein – mit Brat- oder geschmorten Kartoffeln, Saisongemüse oder Salat anrichten.

Dazu schmecken Apfel-, Preiselbeer- und Brotsauce seit jeher besonders gut.

Brathähnchen mit Estragon und Speck

Vorbereitungszeit:
30 Min.
Zubereitungszeit:
1 1/2 Std.
Für 4 Personen

1 1/2 kg Hähnchen
2 große Zweige frischer Estragon oder Rosmarin
15 g Butter, zerlassen
3 Streifen Speck ohne Rinde

1 EL Öl
125 ml Hühnerbrühe
2 TL frischer Estragon

1. Fett entfernen. Hähnchen waschen, trockentupfen. Estragon und Butter in das Hähnchen pressen.

2. Speck über Kreuz auf Hähnchenbrust legen. Mit kleinen Spießen oder Zahnstochern feststecken.

3. Hähnchen mit Öl bepinseln und auf Rost in einen Bräter legen. Bei 180 °C ca. 1 1/2 Stunden braten. Dabei mehrmals mit Hühnerbrühe übergießen. (Evtl. Hähnchen mit Alufolie bedecken, um zu starkes Bräunen des Specks zu vermeiden.) Vor dem Aufschneiden 15 Minuten im heißen Backofen ruhen lassen.

4. Zusätzlichen Estragon in den Bratensaft geben. Vor dem Servieren über das Hähnchen gießen.

TIP

Gefrorenes Geflügel sollte auf jeden Fall im Kühlschrank aufgetaut werden, da es besonders anfällig für Bakterien ist, die sich beim Auftauen bei Raumtemperatur bilden. Das Hähnchen aus dem Gefrierfach nehmen, jedoch mit dem Entfernen der Gefrierfolie noch warten, da die Haut an der Luft sehr schnell austrocknet. Zum Auftauen in den Kühlschrank legen.

Traditionelles Brathähnchen mit Pilzsauce

Vorbereitungszeit:
40 Min.
Zubereitungszeit:
1 Std.
Für 4 Personen

1,2 kg Hähnchen
Füllung
2 Becher frische Semmelbrösel
1 Zwiebel, feingehackt
1 Streifen Speck ohne Rinde, geschnitten
125 g Pilze, feingeschnitten
1 Stangensellerie, feingehackt
1 EL frische Petersilie, gehackt
1 TL Kräutermischung, getrocknet
frisch gemahlener schwarzer Pfeffer
1 Ei, leicht verquirlt
Sauce
30 g Butter
250 g Pilze, geschnitten
4 Schalotten, gehackt
30 g Butter, zusätzlich
1 EL Mehl
60 ml trockener Weißwein
1 EL Sherry
190 ml Sahne
eine Prise weißer Pfeffer

1. Fett entfernen. Hähnchen gründlich waschen und abtrocknen. Beiseite stellen.
2. **Für die Füllung:** Alle Zutaten verrühren und gut kneten. In die Öffnung des Hähnchens drücken und mit einem Spieß schließen. Bei 180 °C ca. 1 Stunde braten. Vor dem Aufschneiden 15 Minuten ruhen lassen.
4. **Für die Sauce:** Butter in einem Topf schmelzen. Die Pilze und Schalotten 2–3 Minuten anbraten und dann aus dem Topf nehmen.
5. Zusätzliche Butter schmelzen. Mehl zufügen und gut verrühren. 1 Minute köcheln lassen. Vom Herd nehmen und nach und nach Wein, Sherry, Sahne und Pfeffer zugeben.
6. Unter ständigem Rühren wieder erhitzen, bis die Sauce aufkocht und sämig wird. Die Pilz-Schalotten-Mischung einrühren. 3 Minuten köcheln lassen. Das Hähnchen mit Sauce, Gemüse, Erbsen und Bohnen servieren.

> **TIP**
> Gebratenes Geflügel höchstens 2–3 Tage im Kühlschrank aufbewahren. Die Füllung herausnehmen und separat aufbewahren. Füllungen im mäßig heißen Ofen 30 Minuten aufwärmen. Fleischbrühe oder Bratensauce immer extra in den Kühlschrank stellen.

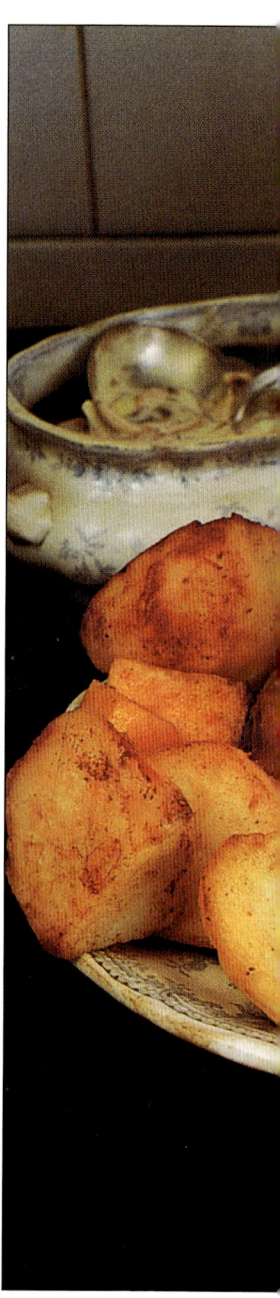

Traditionelles Brathähnchen mit Pilzsauce

KLASSISCHE BRATEN

SO BEREITET MAN EIN HÄHNCHEN VOR
Etwas Butter und Petersilie in die Füllöffnung geben. Füllung hineinpressen. Zubinden. Mit einem Spieß oder einer großen Nähnadel und Küchengarn die Flügel vernähen und sie über die Öffnung legen, um das Ausquellen der Füllung zu verhindern. Das Hähnchen mit der Brustseite nach oben legen und die Füllung mit den Händen in eine glatte, gleichmäßige Form bringen. Die Keulen mit Küchengarn so umwickeln, daß sie fest am Rumpf anliegen.

Brathähnchen mit Obstfüllung

Vorbereitungszeit:
  40 Min.
Zubereitungszeit:
  1½ Std.
Für 6 Personen

1,5 kg Hähnchen
30 g Butter
1 Zwiebel, feingehackt
¼ Becher Backpflaumen, geschnitten
½ Becher getrocknete Aprikosen
½ Becher Trauben
2 Granny-Smith-Äpfel, geschält und geschnitten
½ TL Zimt
1 TL brauner Zucker
frisch gemahlener schwarzer Pfeffer
30 g Butter, zusätzlich
1½ EL Zitronensaft

1. Fett entfernen. Hähnchen gründlich waschen und trockentupfen. Beiseite stellen.
2. Zwiebel in geschmolzener Butter dünsten. Backpflaumen, Aprikosen, Trauben und Äpfel zugeben und bei schwacher Hitze ca. 2 Minuten kochen. Zimt und braunen Zucker einrühren. Die Füllung lose in die Öffnung des Hähnchens löffeln. Füllöffnung feststecken.
3. Zusätzliche Butter auf dem Hähnchen verreiben und mit Zitronensaft beträufeln. Das Hähnchen auf Rost in einem Bräter legen und bei 180 °C ca. 1½ Std. braten (evtl. Hähnchen mit Alufolie bedecken; es soll nicht zu dunkel werden). 15 Minuten im Backofen lassen. Das Hähnchen mit Reis servieren.

Gebratener Truthahn mit Cashewnüssen

Vorbereitungszeit:
  50 Min.
Zubereitungszeit:
  2–2½ Std.
Für 6–8 Personen

3 kg Truthahn
60 g Butter
1 große Zwiebel, gehackt
4 Becher Vollkornreis, gekocht
2 Becher getrocknete Aprikosen, zerteilt
1 Becher ungesalzene Cashewnüsse
½ Becher Petersilie, feingehackt
⅓ Becher Minze, feingehackt
2 EL Zitronensaft
125 ml Hühnerbrühe
2 EL Öl

Gebratener Truthahn mit Cashewnüssen

Wein-Bratensauce
¼ Becher Mehl
375 ml Hühnerbrühe
125 ml Weißwein

1. Halsstück und Innereien entfernen. Truthahn gut waschen und trockentupfen.
2. Zwiebel in Butter anbraten und mit Reis, Aprikosen, Cashewnüssen, Petersilie, Minze und Zitronensaft gut mischen.
3. Füllung in den Truthahn löffeln. Öffnung mit Spießen schließen. Flügel unter den Truthahn legen und Keulen zusammenbinden. Auf Rost in einen Bräter legen. Im mäßig heißen Backofen 2–2½ Stunden braten. Mehrmals mit der Mischung aus Hühnerbrühe und Öl übergießen. Nach 1 Stunde Brust und Keulen mit Alufolie bedecken, so daß die Haut nicht zu dunkel wird. Vor dem Tranchieren 20 Minuten im Backofen ruhen lassen. Mit Gemüse und Wein-Bratensauce servieren.
4. **Für die Wein-Bratensauce:** 2 EL Fett aus dem Bräter erhitzen, Topf auf mäßig heiße Herdplatte stellen, Mehl zufügen und gut verrühren. Bei mittlerer Hitze unter Rühren anbräunen. Brühe mit dem Wein mischen und nach und nach in die Mehlschwitze einrühren. Erhitzen, bis die Bratensauce aufkocht und andickt.

Truthahnbrust mit Aprikosen-Backpflaumenfüllung

Vorbereitungszeit:
1 1/2 Std.
Zubereitungszeit:
2 1/2 Std.
Für 8–10 Personen

1 1/2 kg Truthahnbrust (s. Hinweis)
Füllung
3 Becher Semmelbrösel
1 Becher entsteinte Backpflaumen, zerteilt
1 Becher getrocknete Aprikosen, zerteilt
4 Schalotten, feingehackt
125 ml Portwein
1 Orangen- und 1 Zitronenschale
1 Ei, leicht verquirlt
Zum Beträufeln
250 ml Aprikosensaft (von Aprikosen aus der Dose)
1 EL brauner Zucker
2 EL Teriyaki-Sauce
Sauce
1/2 Becher getrocknete Aprikosen
125 ml Wasser
2 EL Brandy
1 Würfel Hühnerbrühe
250 ml Wasser, zusätzlich
1 EL Stärkemehl
frisch gemahlener schwarzer Pfeffer
Zum Garnieren
Aprikosenhälften aus der Dose (den Nektar zum Beträufeln verwenden)
Backpflaumen

1. Die Truthahnbrust im Kühlschrank auftauen (s. Hinweis).
2. Zum Entbeinen der Brust (s. Hinweis und Instruktionen) das Schmalende einschneiden, Fleisch an jeder Seite lockern, so daß es lose wegfällt. Den Konturen der Knochen folgen, evtl. das Fleisch abschaben.
3. Zur Freilegung des Knochens um das Flügelgelenk herumschneiden. Messer senkrecht halten. Gelenkbänder durchtrennen, Knochen entfernen.
4. Das Fleisch zu beiden Seiten des Brustkorbs lockern, bis das Rückgrat freigelegt ist. Das Fleisch am Rückgrat entlang abtrennen.
5. **Für die Füllung:** Semmelbrösel, Backpflaumen, Aprikosen, Schalotten, Portwein und Orangen- und Zitronenschale gut mischen. Verquirltes Ei einrühren. Mischung gut kneten. In der Mitte des Fleisches verteilen. Zusammenrollen.
6. Mit großer Nadel und Baumwollfaden vernähen. Haut am Genick einschlagen und vernähen.
7. Fleisch auf Rost in einen Bräter legen. Bei 180 °C 2 1/2–3 Stunden braten. Mehrmals mit der Mischung aus Aprikosennektar, braunem Zucker und Teriyaki-Sauce beträufeln (evtl. mit Alufolie bedecken). Vor dem Tranchieren 20 Minuten zugedeckt ruhen lassen.
9. **Für die Aprikosensauce:** Aprikosen und Wasser aufkochen, bis die Früchte weich sind. Aprikosen verrühren und wieder in den Topf geben. Brandy, Brühwürfel, Wasser und Stärke zugeben. Bis zum Aufkochen und Andicken rühren. Pfeffern.
8. Truthahn vor dem Servieren mit Aprikosenhälften und Backpflaumen dekorieren. Mit restlicher Mischung aus Aprikosennektar übergießen. Die Truthahnbrust aufgeschnitten mit Aprikosensauce servieren.

Hinweis: Die Truthahnbrust ist in unterschiedlichen Gewichten – 1,5 bis 5,5 kg – erhältlich. Das Auftauen im Kühlschrank dauert je nach Größe 24–36 Std. Dazu den Truthahn in der Verpackung lassen. Wenn man die Brust nicht entbeinen möchte, kommt die Füllung in die Genicköffnung, und man fährt fort wie beschrieben.

Truthahnbrust mit Aprikosen-Backpflaumenfüllung

KLASSISCHE BRATEN

So wird's gemacht

So bereitet man eine Truthahnbrust vor

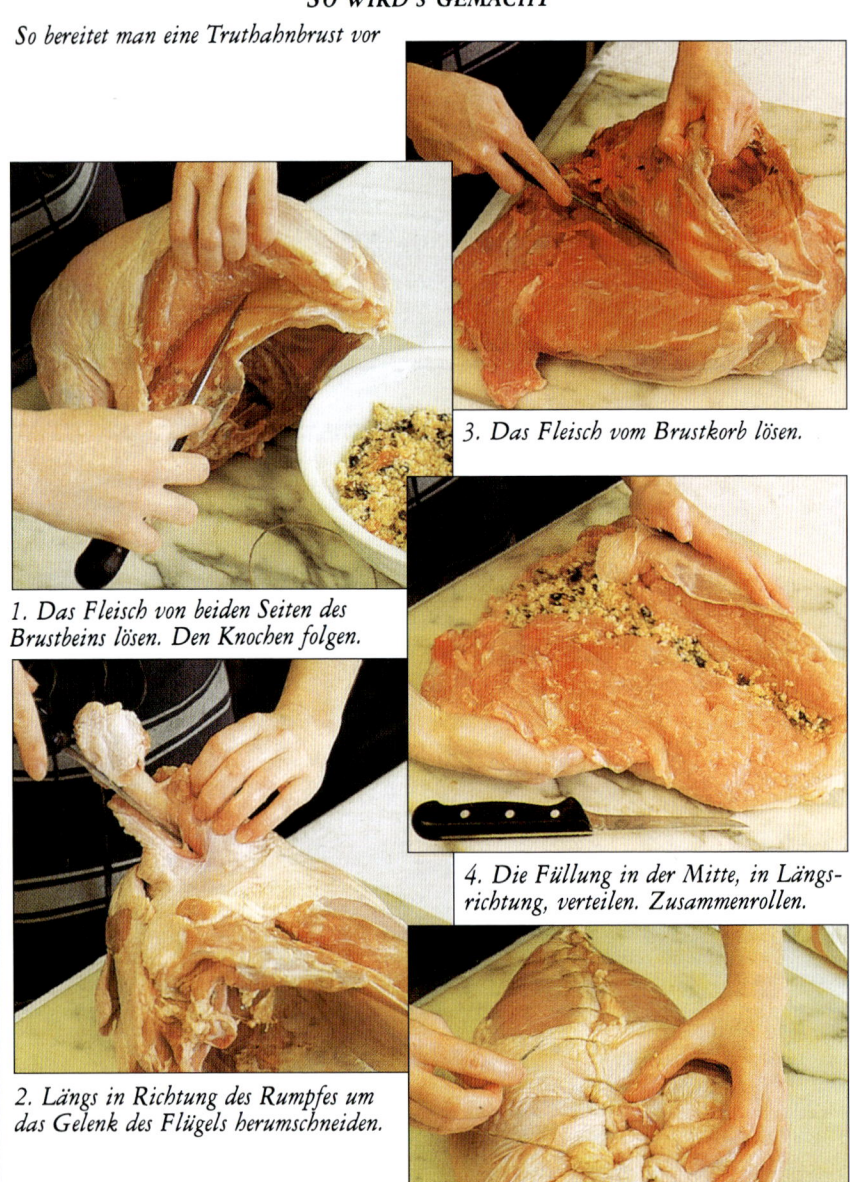

1. Das Fleisch von beiden Seiten des Brustbeins lösen. Den Knochen folgen.

2. Längs in Richtung des Rumpfes um das Gelenk des Flügels herumschneiden.

3. Das Fleisch vom Brustkorb lösen.

4. Die Füllung in der Mitte, in Längsrichtung, verteilen. Zusammenrollen.

5. Vernähen. Haut am Hals einschlagen.

Hähnchen auf orientalische Art

Vorbereitungszeit:
20 Min. + Marinierzeit über Nacht
Zubereitungszeit:
1¼ Std.
Für 6 Personen

1,5 kg Hähnchen
Marinade
60 ml Sojasauce
2 EL Teriyaki-Sauce
2 EL Honig
2 EL trockener Sherry
2 EL Zitronensaft
2 Schalotten, feingehackt
1 TL Ingwer, gemahlen
½ TL Gewürzmischung
½ TL Sesamöl

Sauce
1 EL Stärkemehl
250 ml Wasser
1 Brühwürfel

1. Hähnchen gut waschen und abtrocknen. Auf eine Frischhaltefolie legen.
2. Zutaten für die Marinade verrühren. Über das Hähnchen gießen und dieses einwickeln und versiegeln. Über Nacht in den Kühlschrank stellen. Hin und wieder wenden.
3. Hähnchen aus der Folie nehmen. Marinade aufbewahren. Das Hähnchen in einen Bräter legen. Bei 180 °C 1¼–1½ Stunden braten. Mehrmals mit Marinade übergießen.
4. **Für die Sauce:** Stärkemehl mit etwas Wasser mischen. Restliche Marinade, Wasser und Brühwürfel zugeben.
5. Unter ständigem Rühren bis zum Aufkochen und Andicken der Sauce erhitzen. 3 Minuten köcheln. Das Hähnchen mit Sauce, Reis und Salat servieren.

TIP
Frischen Ingwer zum Aufbewahren schälen, in Scheiben schneiden, mit Sherry übergießen, fest in einem Glas verschließen. Im Kühlschrank lagern.

Hähnchen auf orientalische Art

So tranchiert man Entenfleisch

Mit diesen einfachen Instruktionen wird das Tranchieren und Servieren von Entenfleisch leicht gemacht. Man benötigt eine Geflügel- oder Küchenschere.

1. Mit dem Tranchieren des gebratenen Entenfleisches etwa 15 Minuten warten. Hinten beginnen, durch die Brust bis zum Hals schneiden.

2. Die Ente umdrehen und mit der Schere dicht am Rückgrat entlangschneiden.

3. Der Linie zwischen Brust und Keulen folgen und quer vierteln. (Diese Methode eignet sich auch für kleineres Geflügel.)

Ente mit Orangensauce

Vorbereitungszeit:
40 Min.
Zubereitungszeit:
1 Std.
Für 4 Personen

1,2 kg junge Ente
Füllung
2 Becher Reis, gekocht
½ Becher Pinienkerne
½ Becher Rosinen
4 Schalotten, gehackt
Saft und Schale einer unbehandelten Orange
1 Knoblauchzehe, gepreßt
frisch gemahlener
   schwarzer Pfeffer
Sauce
2 EL Mehl
250 ml Weißwein
125 ml Orangensaft
frisch gemahlener Pfeffer
2 Orangen, in Schnitzen

1. Fett entfernen. Gründlich waschen und abtrocknen. Beiseite stellen.
2. **Für die Füllung:** Alle Zutaten mischen und verrühren. In die vorbereitete Ente drücken. Die Öffnung mit Spieß zustecken.
3. Auf Rost in einem Bräter legen. Bei 180 °C ca. 1 Stunde braten. Aus dem Bräter nehmen. Warm halten.
4. **Für die Sauce:** 2 EL des Saftes aus dem Bräter aufbewahren. Auf dem Herd erhitzen. Mehl zugeben und gut verrühren. 1 Minute kochen. Topf vom Herd nehmen und Wein und Orangensaft einrühren.
5. Topf wieder auf die Herdplatte stellen. Unter Rühren kochen, bis die Sauce sämig wird. 3 Minuten köcheln. Gewürze und Orangenschnitze zufügen.
6. Die Ente mit Sauce, Kartoffelkasserolle und Gemüse servieren.

TIP
Evtl. etwas Salz auf der Haut verreiben. Das Fleisch wird so noch knuspriger. Entenfleisch muß 20 Minuten je 500 g Gewicht in den Backofen.

Orangenente mit Knoblauch

Vorbereitungszeit:
 40 Min.
Zubereitungszeit: 1 Std.
Für 4 Personen

1,2 kg junge Ente
1 Orange
6 Knoblauchzehen, gepreßt
30 g Butter
frisch gemahlener
 schwarzer Pfeffer
2 TL Mehl
200 ml trockener
 Weißwein

1. Fett entfernen. Entenfleisch gut waschen und abtrocknen. Beiseite stellen.
2. Orange vierteln. Knoblauch, Butter und Pfeffer gut verrühren. Knoblauchbutter in die Ente streichen und geviertelte Orange zufügen. Öffnungen mit einem Spieß zustecken.
3. Auf Rost in einen Bräter legen. Bei 180 °C ca. 1 Stunde braten. Mehrmals mit Saft übergießen. Vor dem Aufschneiden 15 Minuten ruhen lassen.
4. 1 EL Fett aus dem Bräter aufbewahren,

Orangenente mit Knoblauch

Rest abgießen. Bräter bei schwacher Hitze auf den Herd stellen. Mehl zufügen. Gut rühren. Unter Rühren bei mittlerer Hitze kochen, bis die Mehlschwitze angebräunt ist. Nach und nach Wein und Bratensaft zugeben. Unter Rühren erhitzen, bis die Sauce aufkocht und andickt. Das Entenfleisch mit Bratkartoffeln, Zwiebeln und Paprikagemüse servieren.

TIP
Vor dem Braten das Fett beim Bürzel entfernen. Die Öldrüsen zum Entleeren nahe des Bürzels eindrücken.

Gebratene Gans

Vorbereitungszeit:
40 Min.
Zubereitungszeit:
2 ½ Std.
Für 6 Personen

3 kg Gans
30 g Butter
1 Zwiebel, feingehackt
2 grüne Äpfel, geschält und zerkleinert
1½ Becher entsteinte Backpflaumen, zerkleinert
3 Becher Croûtons
2 TL Zitronenschale, gerieben
½ Becher Petersilie, gehackt
1 EL Mehl
1 EL Mehl, zusätzlich
2 EL Brandy
375 ml Hühnerbrühe

1. Fett entfernen. Mit einem feinen Spieß in die Haut über der Brust einstechen.
2. Butter in einer Pfanne schmelzen, Zwiebel zufügen und unter Rühren goldbraun werden lassen. Butter und Zwiebel mit Äpfeln, Brot, Zitrone und Petersilie gut verrühren. Die Füllung in die Gans löffeln. Mit einem Spieß zustecken. Die Schenkel zusammenbinden.
3. 1 EL Mehl über das Fleisch streuen und auf Rost in einem Bräter legen. Bei 200 °C 15 Minuten braten. Zum Entfernen von überflüssigem Fett in die Haut einstechen. Mit Alufolie bedecken. Bei 180 °C nochmals 2 Stunden braten. Mehrmals übergießen. Gegebenenfalls Fett aus Bräter abgießen. Folie entfernen, weitere 15 Minuten garen, bis der Braten schön goldbraun ist. Vor dem Aufschneiden 15 Minuten im Backofen ruhen lassen.
4. 2 TL Fett aus dem Bräter aufbewahren, Rest abgießen. Fett bei schwacher Hitze erwärmen, Mehl zufügen und gut rühren. Unter Rühren bei mittlerer Hitze kochen, bis die Mehlschwitze gut angebräunt ist. Nach und nach Brandy und Hühnerbrühe einrühren. Sauce unter Rühren aufkochen und andicken lassen. Die Gans mit Bratensauce, Bratkartoffeln und Sahnezwiebeln servieren.

TIP
Während des Bratens die Gans mit eigenem Fett übergießen. So wird mehr Fett weggeschmolzen und die Haut knusprig.

KLASSISCHE BRATEN

Gebratene Wachteln mit Speck und Rosmarin

KLASSISCHE BRATEN

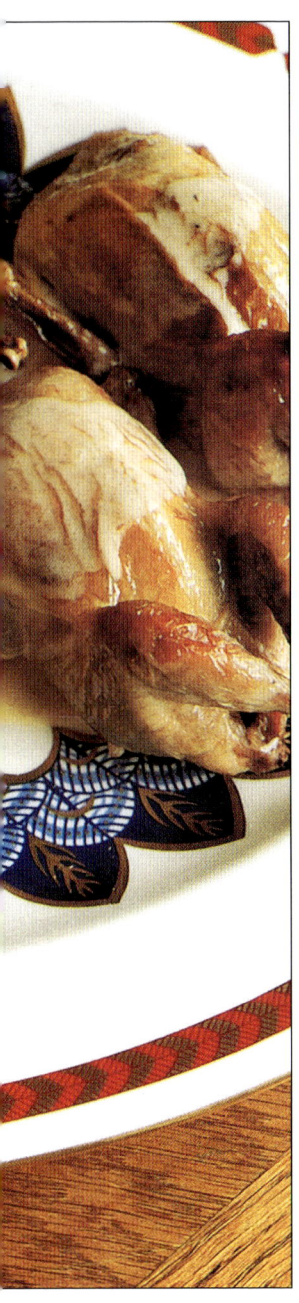

Gebratene Wachteln mit Speck und Rosmarin

Vorbereitungszeit:
40 Min.
Zubereitungszeit:
25 Min.
Für 4 Personen

8 Wachteln
1 mittelgroße Zwiebel, gehackt
3 Streifen Speck, geschnitten
1 EL frische Rosmarinzweige
30 g Butter, zerlassen
125 ml Portwein
60 ml Wasser
125 ml Sahne
1 TL Stärkemehl

1. Wachteln gut waschen und abtrocknen. Keulen und Flügel eng an den Körper binden.
2. Zwiebel, Speck und Rosmarinblätter in einer Fettpfanne verteilen. Wachteln hineinlegen, mit Butter bepinseln. 125 ml der Mischung aus Portwein und Wasser darübergießen.
3. Bei 180 °C ca. 25 Minuten braten. Vor dem Servieren 10 Minuten ruhen lassen.
4. Vorsichtig den Bratensaft aus dem Bräter in kleinen Topf gießen, restlichen Portwein und Wasser zugeben. Aufkochen. Herd herunterschalten und Mischung aus Sahne und Stärke einrühren. Rühren, bis Sauce leicht andickt. Die Wachteln mit Sauce und Gemüse servieren.

TIP
Es ist durchaus üblich, Wachteln mit den Fingern zu essen, nachdem man das Fleisch mit Messer und Gabel von der Brust gelöst hat. Schüsselchen mit warmem Wasser für die Gäste bereitstellen, dieses evtl. mit Zitronen versehen.

TIP
Das Zusammenbinden von Geflügel garantiert die gute Form, das gleichmäßige Anbräunen und leichtere Handhabung der gebratenen Stücke.

KLASSISCHE BRATEN

GEMÜSEBEILAGEN

Pastinaken und Zucchini mit Ingwer und Mandeln   *Glasierte Karotten*

KLASSISCHE BRATEN

*Frisches Gemüse der Saison ist eine köstliche Beilage zu gebratenen Fleischgerichten. Gemüse sollte man einfach zubereiten, nur kurz kochen, mit Kräutern verfeinern und leicht würzen. Am besten serviert man zwei oder drei Gemüsesorten als Beilagen zum Braten.
In diesem Kapitel weihen wir Sie in unser Geheimnis der besten Bratkartoffeln ein. Sie sind außen goldbraun und knusprig und innen saftig und weich. Besondere Leckerbissen sind Kürbis Julienne, geschmorte Sahnezwiebeln und Brokkoli mit Nuß-Buttersauce.*

Pastinaken und Zucchini mit Ingwer und Mandeln

Vorbereitungszeit:
15 Min.
Zubereitungszeit:
10 Min.
Für 6 Personen

*3 Pastinaken, geschält und in Scheiben geschnitten
3 Zucchini, in Scheiben
1 TL frischer Ingwer, feingerieben
15 g Butter
2 EL Mandelsplitter, geröstet*

Die Pastinaken und Zucchini kochen, dämpfen, evtl. in der Mikrowelle. Ingwer, Butter und Mandeln zugeben. Schwenken und sofort servieren.

Glasierte Karotten

Vorbereitungszeit:
15 Min.
Zubereitungszeit:
15 Min.
Für 6 Personen

*8 mittelgroße Karotten, geschält und geschnitten
60 g Butter, zerlassen
2 EL brauner Zucker
1 TL Honig
Schnittlauch, geschnitten*

1. Karotten kochen oder dämpfen, bis sie gar sind. Evtl. in der Mikrowelle.
2. Mischung aus Butter, braunem Zucker und Honig darübergeben. Mit Schnittlauch garnieren, servieren.

Geschmorte Sahnezwiebeln

Vorbereitungszeit:
20 Min.
Zubereitungszeit:
25 Min.
Für 6 Personen

*18 kleine Zwiebeln, geschält und zerkleinert
300 ml Sahne
gemahlener Pfeffer*

1. Die Zwiebeln als gleichmäßige Schicht in niedriger feuerfester Schüssel verteilen.
2. Die Sahne in einem Topf köcheln. Über die Zwiebeln gießen. Mit Pfeffer abschmecken.
3. Zudecken und bei 180 °C 15 Minuten backen. Ohne Deckel nochmals ca. 5–10 Minuten in den Ofen stellen, bis die Zwiebeln weich sind.

TIP
Für dieses Rezept eignen sich rote Zwiebeln. Die Enden an beiden Seiten entfernen. Dabei aufpassen, daß diese ganz bleiben; so fallen die Zwiebeln nicht auseinander. Für ca. 5 Min. in kochendes Wasser legen, um die Schale zu lockern. Sofort schälen.

Links: Junges Gemüse mit Kräutern

Junges Gemüse mit Kräutern

Vorbereitungszeit:
 15 Min.
Zubereitungszeit:
 10 Min.
Für 6–8 Personen

1 kg junges Gemüse der Saison
2 Zwiebeln, gehackt
60 g Butter
¼ Becher Petersilie, gehackt
¼ Becher frischer Oregano oder Thymian, gehackt (oder 2 TL getrocknet)
gemahlener Pfeffer

1. Gemüse waschen und in gleichmäßige Stücke schneiden.
2. Zwiebeln im Topf in Butter 1 Minute andünsten. Gemüse zugeben, gut schwenken.
3. Topf zudecken. Herd herunterschalten und ca. 10 Minuten dämpfen.
4. Petersilie, Kräuter und Pfeffer zufügen.

Hinweis: Junge Auberginen, Karotten, gelber oder grüner Kürbis, kleine Zwiebeln, kleine grüne Bohnen und Zucchini eignen sich gut. Junge Erbsen erst kurz vor Ende von Punkt 3 zugeben; sie garen schneller.

TIP
Beim Kauf stets auf frisches Gemüse achten. Während der Saison erhält man Gemüse am günstigsten. Kein in Plastik eingeschweißtes Gemüse nehmen; es schwitzt und verdirbt schneller. Nur kaufen, was man sofort verwerten kann.

Rechts: Kürbis Julienne

Kürbis Julienne

Vorbereitungszeit:
  30 Min.
Zubereitungszeit:
  45 Min.
Für 8 Personen

*4 kleine Golden-Nugget-
  oder Hokkaido-Kürbisse
30 g Butter
frisch gemahlener
  schwarzer Pfeffer
4 mittelgroße Karotten
300 g Süßkartoffeln
165 ml Wasser
2 EL Honig
Petersilie, gehackt*

1. Kürbisse halbieren; Kerne entfernen. Mit der Schnittseite nach oben in eine Backform legen. Auf jede Hälfte ¹/₂ TL Butter geben. Pfeffern.
2. Bei 180 °C ca. 45 Minuten backen, bis die Kürbisse weich sind. Saft der Kürbishälften abgießen.
3. Kurz vor Ende der Backzeit Karotten und Kartoffeln in kleine Stifte schneiden. Mit dem Wasser und dem Honig in einen Topf geben.
4. Zudecken und aufkochen. Danach ca. 8–10 Minuten köcheln, bis das Gemüse weich ist. Alles Wasser abgießen.
5. Karotten- und Kartoffelstifte in Kürbishälften füllen. Mit Petersilie garnieren.

TIP
Hokkaido-Kürbisse gibt es im Herbst und im Winter beispielsweise in Naturkostläden. Sie haben ein intensiv oranges Fruchtfleisch.

Bratkartoffeln

Vorbereitungszeit:
 15 Min.
Zubereitungszeit:
 1 1/2 Std.
Für 6 Personen

8 mittelgroße Kartoffeln, geschält
125 g Bratenfett vom Rind oder Schweineschmalz oder 125 ml Öl

1. Große Kartoffeln halbieren. Waschen und abtrocknen.
2. Bratenfett in einer Pfanne im Ofen schmelzen. Kartoffeln zugeben. Im Fett wenden; Kartoffeln müssen mit Fett bedeckt sein. Bei 180 °C 30 Minuten in der oberen Hälfte des Backofens braten. Einmal wenden.
3. Fett abgießen. Nochmals 1 Stunde unter Wenden in der Pfanne rösten, bis sie weich, knusprig und goldfarben sind.

> **TIP**
> Bratkartoffeln werden knuspriger und goldener, wenn man sie in einer Pfanne aus Metall röstet. Zur Verkürzung der Zubereitungszeit die Kartoffeln 10 Minuten vorkochen. Gut abtropfen, bevor man sie ins Fett gibt.

Bratkartoffeln mit Paprika und Zwiebeln

Vorbereitungszeit:
 30 Min.
Zubereitungszeit:
 45 Min.
Für 6 Personen

6 mittelgroße Kartoffeln, geschält und längs geviertelt
1 großer roter Paprika, entkernt und in 8 Streifen geschnitten
1 großer grüner Paprika, entkernt und in 8 Streifen geschnitten
4 Zwiebeln, längs geviertelt
4 Knoblauchzehen, feingehackt
3 EL Olivenöl
1 TL Rosmarin, getrocknet
frisch gemahlener schwarzer Pfeffer

1. Die Kartoffeln und Paprikastreifen in einer großen, flachen und feuerfesten Schüssel anordnen.
2. Die Zwiebeln in die Mitte geben. Knoblauch darüberstreuen. Mit Öl übergießen. Die restlichen Zutaten darübergeben.
3. Bei 200 °C ca. 45 Minuten backen, bis das Gemüse goldfarben, knusprig und weich ist.

Brokkoli mit Nuß-Buttersauce

Vorbereitungszeit:
 10 Min.
Zubereitungszeit:
 15 Min.
Für 6 Personen

Bartkartoffeln mit Paprika und Zwiebeln

12 Brokkolistengel
90 g Butter
¼ Becher Mandelsplitter oder geraspelte Mandeln
etwas frischgepreßter Zitronensaft
frisch gemahlener schwarzer Pfeffer

1. Brokkoli ca. 8 Minuten in köchelndem Wasser dämpfen. Sobald er weich ist, Wasser abgießen. Auf warmer Servierplatte anrichten.
2. Inzwischen Butter bei mittlerer Hitze schmelzen. Mandeln zugeben. Anbraten, bis Mandeln und Butter bräunlich sind, aber Butter nicht anbrennen lassen. 3. Etwas gepreßten Zitronensaft über den Brokkoli geben. Mit Pfeffer abschmecken.

Klassische Braten

BEILAGEN, FÜLLUNGEN UND SAUCEN

Aprikosen-Kräuterfüllung

KLASSISCHE BRATEN

Diese Beilagen sind zusätzliche Leckerbissen, die einen Braten noch besser schmecken lassen. Eine Delikatesse wie gebratener Truthahn sollte mit wohlschmeckenden Saucen und Füllungen ergänzt werden. Auch Roastbeef wäre nur halb so köstlich ohne Yorkshire Pudding und einer herzhaften Braten- und Meerrettichsauce. Durch Beilagen, Saucen und Füllungen wird ein Braten saftig; sie verleihen Farbe, Geschmack und Substanz.

Aprikosen-Kräuterfüllung

Vorbereitungszeit: 30 Min.
Zubereitungszeit: keine
Ergibt 750 ml

1 Becher getrocknete Aprikosen, zerkleinert
$^3/_4$ Becher Sultaninen
1 Zwiebel, gehackt
1 Stangensellerie, feingeschnitten
3 Becher Semmelbrösel
1 EL Petersilie, feingehackt
$^1/_4$ TL Salbei, getrocknet
$^1/_4$ TL Rosmarin, getrocknet
$^1/_4$ TL Thymian, getrocknet
1 Ei, verquirlt

1. Alle Zutaten in einer großen Schüssel mischen. In Kühlbehälter oder Plastik versiegeln. Ggf. einfrieren.
2. Bei Bedarf auftauen. In die Öffnung des vorbereiteten Truthahns geben und mit einem Spieß zustecken. Truthahn wie angegeben braten.

Salbei-Zwiebelfüllung

Vorbereitungszeit: 30 Min.
Zubereitungszeit: keine
Ergibt 750 ml

30 g Butter
1 große Zwiebel, feingehackt
2 Streifen Speck, geschnitten
1 EL frischer Salbei, gehackt
2 TL unbehandelte Zitronenschale, gerieben
3 Becher Semmelbrösel
1 Ei, leicht verquirlt

1. Butter in einem Topf erhitzen, Zwiebel und Speck zugeben. Unter Rühren weich werden lassen. Nun Salbei, Zitronenschale, Semmelbrösel und Ei zugeben. In Plastik verschließen und ggf. einfrieren.
2. Auftauen. In den vorbereiteten Vogel geben. Öffnung mit einem Spieß zustecken. Die Gans wie angegeben braten.

Walnuß-Schinkenfüllung

Vorbereitungszeit: 30 Min.
Zubereitungszeit: keine
Ergibt 750 ml

1 Becher Schinken, kleingeschnitten
$^1/_2$ Becher Walnüsse, kleingeschnitten
$^1/_2$ Becher Pilze, kleingeschnitten
1 Becher Semmelbrösel
$^1/_4$ Becher Petersilie, feingehackt
1 Ei, leicht verquirlt

1. Alle Zutaten in großer Schüssel mischen. In Kühlbehälter oder Plastik versiegeln. Ggf. einfrieren.
2. Zur Verwendung: vollständig auftauen. In die Öffnung des vorbereiteten Geflügels geben. Mit einem Spieß zustecken.

TIP
Trockene Scheibe Brot buttern; mit gepreßtem Knoblauch einreiben. Das Brot nach dem Füllen des Geflügels über die Öffnung legen. Die Brotscheibe verhindert, daß die Füllung herausquillt.

1. Mehl und Salz in eine Schüssel sieben. Eier in Vertiefung einschlagen.

2. Milch einrühren, um glatten Teig zu erhalten.

3. Jedes Förmchen vorsichtig zu ²/₃ mit Teig füllen.

Yorkshire Puddings

Vorbereitungszeit:
15 Min. + 1 Std. Ruhezeit
Zubereitungszeit:
20 Min.
Für 8 Personen

1 Becher Mehl
Prise Salz
1 oder 2 Eier
250 ml Milch
1 EL Wasser
3 EL Bratenfett oder Schweineschmalz, geschmolzen

1. Mehl und Salz in eine Schüssel sieben. Eier in eine Vertiefung in der Mitte einschlagen. Nach und nach Milch für einen steifen, aber glatten Teig zugeben. Keine Klümpchen bilden lassen. Nach und nach restliche Milch einrühren. Teig in einen Krug geben. Zudecken und 1 Stunde in den Kühlschrank stellen. Wasser einrühren.
2. ¼ TL Fett in Törtchenformen löffeln. 3–5 Minuten bei 200 °C in den Backofen stellen, damit das Fett heiß wird. Jedes Förmchen zu ²/₃ mit Teig füllen.
3. Bei 220 °C 15–20 Minuten backen, bis die Puddings goldbraun und knusprig sind. Sofort servieren.

TIPS

☐ Den Teig kann man auch in einer ca. 23 x 18 cm großen länglichen Backform backen.
☐ Fettarme Milch oder Milch, die im Verhältnis 2:1 mit kaltem Wasser vermischt wird, macht den Teig lockerer.
☐ 1 EL frische Kräuter oder getrockneter Thymian kann dem Puddingteig zugegeben werden.

Yorkshire Puddings

Fritierte Kartoffeln

Vorbereitungszeit:
 20 Min. + 1 Std.
 Ruhezeit
Zubereitungszeit:
 15 Min.
Für 4 Personen

*500 g Spätkartoffeln
Fritieröl*

1. Kartoffeln schälen und in dünne Scheiben schneiden. In kaltem Wasser 1 Stunde einweichen. Gut abtrocknen.
2. Öl zum Fritieren erhitzen. Kartoffeln nach und nach fritieren, bis sie leicht goldbraun sind. Mit Küchenpapier trockentupfen.
3. Kartoffeln nochmals fritieren. Wenn sie knusprig sind, abtupfen und sofort zu gebratenem Truthahn oder Gans servieren.

TIP
Nach Wunsch Süßkartoffeln anstelle der üblichen verwenden.

Brotsauce

Vorbereitungszeit:
15 Min.
Zubereitungszeit:
25 Min.
Für 4 Personen

*1 kleine Zwiebel,
  feingehackt
250 ml Milch
1 Lorbeerblatt
4 Pfefferkörner
1 Becher frische weiche
  Weißbrotkrumen
15 g Butter*

Zwiebel, Milch, Lorbeerblatt und Pfefferkörner in einem Topf mischen und 20 Minuten köcheln. Sieben. Brotkrumen und Butter einrühren. Servieren.

TIP
Brotsauce wird als traditionelle Beilage zu gebratenem Truthahn, Gans oder Hähnchen serviert. Gemahlene Muskatnuß oder Gewürznelke verleihen dieser Sauce Würze.

Cumberlandsauce

Vorbereitungszeit:
15 Min.
Zubereitungszeit:
10 Min.
Ergibt 500 ml

*1 unbehandelte Orange
1 unbehandelte Zitrone
250 ml rotes Johannis-
  beergelee
2 EL Dijon-Senf
60 ml Portwein
frisch gemahlener
  schwarzer Pfeffer*

1. Orange und Zitrone schälen. Schalen in feine Streifen schneiden. 5 Minuten in Wasser köcheln lassen. Wasser abgießen.
2. Orangen- und Zitronensaft, Johannisbeergelee und Senf mischen. Langsam erhitzen, rühren, bis das Gelee sich auflöst. Portwein zugeben. 3 Minuten köcheln lassen.
3. Pfeffern und mit Orangen- und Zitronenschalen servieren.

Hinten links: Brotsauce, rechts: Cumberlandsauce

Minzsauce

Vorbereitungszeit:
 10 Min.
Zubereitungszeit:
 10 Min.
Ergibt 250 ml

60 ml Wasser
3 EL Zucker
80 ml Essig
3 EL Minze, fein-
 gehackt

Wasser und Zucker in kleinen Topf geben. Aufkochen; rühren, bis der Zucker sich auflöst. Essig zugeben. Noch einmal aufkochen. Vom Herd nehmen und Minze gut verrühren. Mit gebratenem Lamm servieren.

TIP
Die Minze kurz vor dem Einrühren zerkleinern. So verfärbt sie sich nicht.

Apfelsauce

Vorbereitungszeit:
 20 Min.
Zubereitungszeit:
 30 Min.
Ergibt 500 ml

4 große grüne Äpfel,
 geschält und entkernt
30 g Butter
¼ Becher weißer Zucker
2 TL Zitronenschale,
 gerieben
60 ml Wasser

Äpfel, Butter, Zucker, Zitronenschale und Wasser mischen. Zudecken, mehrmals umrühren, bis die Äpfel weich und breiig werden. Warm zu Schweinebraten, gebratener Ente oder Gans.

TIP
Man kann Apfelsauce bis zu 3 Tagen vorher zubereiten und zugedeckt im Kühlschrank aufbewahren.

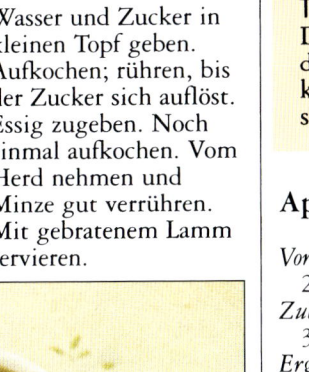

Vorne links: Apfelsauce, rechts: Minzsauce

Herzhafte Gerichte aus aller Welt

HERZHAFTE GERICHTE AUS ALLER WELT

SUPPEN

Herzhafte Erbsensuppe mit Lamm

*S*uppen geben vorzügliche und preiswerte Vorspeisen ab, die insbesondere an kalten Tagen wohltun. Nahrhafte Suppen wie die herzhafte Erbsensuppe mit Lamm lassen sich als vollwertige, sättigende Mahlzeit zu Tisch bringen. Daß es Ihnen „warm ums Herz" wird, dafür soll die folgende Auswahl der schmackhaftesten und typischsten bodenständigen Suppen verschiedener Länder sorgen.

Suppen lassen sich im voraus zubereiten und aufgewärmt servieren. Manche gewinnen sogar an Geschmack, wenn sie ein bis zwei Tage im Kühlschrank durchziehen.

TIP
Lammhaxe ist ein preiswerter Ersatz für Lammschulter: Lammhaxe mit 2 l Wasser in einer Kasserolle zum Kochen bringen. Bei reduzierter Hitzezufuhr ohne Deckel leise kochen lassen, bis sich das Fleisch leicht vom Knochen löst (etwa 3 Stunden). Brühe seihen, abkühlen lassen und über Nacht kühl stellen. Erstarrtes Fett abnehmen. Ausgelöstes Lammfleisch beiseite stellen. Brühe würzen und Gemüse simmernd darin garen. Lammfleisch zugeben und servieren.

Herzhafte Erbsensuppe mit Lamm

Vorbereitungszeit:
Über Nacht Einweichen
+ 20 Min.
Zubereitungszeit:
1 ½ Std.
Für 8 Personen

1 Becher grüne Erbsen, getrocknet
½ Becher halbe gelbe Erbsen, getrocknet
1 ½ l Wasser
3 Zwiebeln, feingeschnitten
500 g Kartoffeln, gewürfelt
1 Becher Möhren, in Scheiben
1 Becher Sellerie, gewürfelt
1 kg Lammschulter, ausgelöst
1 TL Pfefferkörner
2 Lorbeerblätter
250 g Weißkohl, gehobelt
Petersilie, gehackt

1 Grüne und gelbe Erbsen über Nacht in kaltem Wasser einweichen.
2 Anderntags Erbsen abtropfen lassen und mit 1 ½ l Wasser in einen großen Kochtopf füllen. Zwiebeln, Kartoffeln, Möhren, Sellerie, Fleisch, Pfefferkörner und Lorbeerblätter beigeben. Zugedeckt 1 bis 1 ½ Stunden köcheln lassen. Fett abschöpfen. Weißkohl zufügen und weitere 10 Minuten köcheln lassen.
3 Fleisch herausnehmen, in Scheiben schneiden und getrennt auf einer Platte servieren. Oder das Fleisch in kleinere Stücke schneiden und zurück in die Suppe geben. Suppe vor dem Servieren mit Petersilie bestreuen.

Vichyssoise

Vorbereitungszeit:
10 Min.
Zubereitungszeit:
30 Min.
Für 4 Personen

1 Stange Lauch
2 EL Butter
2 Zwiebeln, feingeschnitten
500 g Kartoffeln, geschält, in Scheiben
1 l Gemüsebrühe
Schlagsahne
Schnittlauchröllchen

1 Lauch waschen und in Ringe schneiden. In der Butter mit den Zwiebeln weichdünsten.
2 Kartoffeln und Brühe zugeben. Zugedeckt kochen, bis die Kartoffeln gar sind. Abseihen, Gemüse durch ein Sieb streichen und das Püree unter den Sud rühren. Kalt stellen. Gut gekühlt mit je einem Löffel Schlagsahne und Schnittlauchröllchen servieren.

Ochsenschwanzsuppe

*Vorbereitungszeit:
3 Std.
Zubereitungszeit:
1 Std.
Für 8 Personen*

*1 kg Ochsenschwanz, zerteilt
2 ½ l Wasser
Mehl
Pfeffer
30 g Butter
125 g Schinkenspeck, zerkleinert, ohne überschüssiges Fett
2 Zwiebeln, in Scheiben
3 Möhren, in Scheiben
¾ Becher Sellerie, gehackt
2 Petersilienzweige
1 Lorbeerblatt
1 Thymianzweig
12 Pfefferkörner
3 EL Perlgraupen
gehackte Petersilie*

1 Ochsenschwanz in einem Topf mit Wasser aufkochen. 2 Stunden köcheln lassen, herausnehmen und trockentupfen. Brühe kalt stellen. Ochsenschwanz in mit Pfeffer gemischtem Mehl wälzen.
2 Butter zerlassen und Ochsenschwanz darin bräunen. Speck, Zwiebeln, Möhren und Sellerie zufügen und bei mäßiger Hitze mitbräunen. Erstarrtes Fett entfernen. Brühe über Ochsenschwanz und Gemüse gießen. Petersilie, Lorbeerblatt und Thymian zu einem Strauß binden, mit den Pfefferkörnern in den Topf geben. Aufkochen, abschäumen und zugedeckt 1 Stunde köcheln lassen.
3 Ochsenschwanz herausnehmen. Graupen waschen und in den Topf geben. Fleisch auslösen und zur Suppe geben. Zugedeckt 1 Stunde köcheln lassen. Kräuterbund entfernen. Mit Petersilie bestreut servieren.

> **TIP**
> ¼ Becher Tomatenmark verleiht der Ochsenschwanzsuppe noch kräftigeres Aroma. Das Tomatenmark wird mit den Graupen beigegeben.

Französische Zwiebelsuppe

*Vorbereitungszeit:
20 Min.
Zubereitungszeit:
45 Min.
Für 4 Personen*

*500 g Zwiebeln
60 g Butter
2 Würfel Gemüse- oder Rinderbouillon
1 ¼ l Wasser
1 Stange Lauch, in Ringen
1 Prise Thymian
2 Knoblauchzehen, zerdrückt
schwarzer Pfeffer, frisch gemahlen
60–70 ml trockener Weißwein
Weißbrotscheiben
250 g Greyerzer oder Emmentaler, gerieben*

1 Zwiebeln in feine Ringe schneiden. In der Butter bei wenig Hitze leicht dünsten. Bouillonwürfel, Wasser, Lauch, Thymian, Knoblauch und Pfeffer zugeben.
2 Zugedeckt 25–30 Minuten leise kochen lassen. Wein zufügen.
3 In feuerfeste Terrine oder Suppentassen füllen. Weißbrotscheiben auflegen und großzügig mit Käse bestreuen.
4 Bei 240 °C überbacken, bis der Käse bräunt und Blasen wirft.

Hinweis: Die Zwiebeln müssen bei sehr schwacher Hitze unter Rühren leicht gedünstet werden – eine unerläßliche Geduldsprobe, die bis zu 20 Minuten dauern kann.

> **TIP**
> Weißbrotscheiben mit Butter und zerdrücktem Knoblauch bestreichen und knusprig rösten, ehe man sie mit geriebenem Käse bestreut und auf Terrine oder Suppentassen verteilt.

Herzhafte Gerichte aus aller Welt

Französische Zwiebelsuppe

Mulligatawny

Mulligatawny

Vorbereitungszeit:
30 Min.
Zubereitungszeit:
1 Std.
Für 6 Personen

1 kg Hühnerteile, z.B. Schenkel, Brust
2 EL Mehl
2 TL Currypulver
1 TL Kurkuma
½ TL Ingwer, gemahlen
60 g Butter
6 Nelken
12 Pfefferkörner
1 großer Apfel, geschält, gewürfelt
1 ½ l Hühnerbrühe
2 EL Zitronensaft
125 ml Sahne
gekochter Reis und Chutney als Beilage

1 Hühnerteile waschen, mit sauberem Tuch oder Küchenkrepp abtrocknen und gut mit vermischtem Mehl, Currypulver, Kurkuma und Ingwer einreiben.
2 Hühnerteile in heißer Butter rundum bräunen. Nelken, Pfefferkörner, Apfel und Brühe zugeben. Zum Kochen bringen und 1 Stunde zugedeckt leicht kochen lassen.
3 Hühnerteile aus der Brühe nehmen, Pfefferkörner und Nelken entfernen. Haut abziehen und das Fleisch fein würfeln. Fleischwürfel mit Zitronensaft und Sahne zur Suppe geben. Erneut vorsichtig erhitzen.
4 Suppe in vorgewärmte Portionsschalen füllen. Dazu gekochten Reis und ein Chutney servieren, die jeder nach Belieben zur Suppe gibt. Auch weitere Beilagen wie geraspeltes Kokosfleisch, Sultaninen und gehackte Erdnüsse werden gern gereicht.

Borschtsch

Vorbereitungszeit:
1 Std.
Zubereitungszeit:
15 Min.
Für 8 Personen

1 kg Rinderhaxe
2 l Wasser
1 Zwiebel, feingeschnitten
3 Lorbeerblätter
1 TL Pimentkörner
2 Tomaten, enthäutet, feingewürfelt
2 Kartoffeln, geschält, in schmale Streifen geschnitten
2 Möhren, geschält, in schmale Streifen geschnitten
1 kleiner Weißkohl, feingeschnitten
750 g rote Bete, in schmale Streifen geschnitten
2 TL Essig
Pfeffer, frisch gemahlen
¼ Becher Petersilie, gehackt
2 EL frischer Dill, gehackt

1 Rinderhaxe, Wasser, Zwiebel, Lorbeerblätter und Pimentkörner in einem großen Topf zum Kochen bringen. Bei Bedarf den Schaum abschöpfen. Zugedeckt 1 Stunde leise kochen lassen, bis das Fleisch gar ist.
2 In der Zwischenzeit das Gemüse zerkleinern. Damit die Suppe nicht trübe wird, das Gemüse mit einem scharfen Messer statt mit Hobel oder Reibe schneiden, auch wenn es etwas länger dauert.
3 Gares Fleisch aus dem Topf nehmen, vom Knochen lösen und in dicke Streifen schneiden. Fleisch zurück in die Brühe geben, Gemüse zufügen und etwa 15 Minuten ohne Deckel kochen lassen. (Bei geschlossenem Topf verliert die Suppe ihre leuchtende Farbe.)
4 Essig, Pfeffer, Petersilie und Dill unterrühren. Die Suppe sehr heiß servieren, dazu Schwarzbrot und einen Klacks Meerrettichsahne reichen.

TIP
Die Blätter junger roter Bete können z.B. roh als zarte, delikate Zutat für gemischten Salat oder feingeschnitten mit Knoblauch in Butter gedünstet verwendet werden.

Borschtsch

Griechische Hühnersuppe

Vorbereitungszeit:
1 Std. + über Nacht Kühlen
Zubereitungszeit:
20 Min.
Für 6 Personen

1 Huhn à 1 kg
1 ½ l Wasser
1 Möhre, in Scheiben
1 Zwiebel, in Streifen oder Ringe geschnitten
1 Stengel Stangensellerie, geschnitten
1 TL frischer Thymian
1 Lorbeerblatt
2 Knoblauchzehen, gehackt
1 TL weiße Pfefferkörner
¼ Becher Reis
1 EL Pflanzenöl
Pfeffer
1 Eigelb
2 ganze Eier
Saft einer Zitrone
Schnittlauch, geschnitten

1 Huhn, Wasser, Möhre, Zwiebel, Sellerie, Thymian, Lorbeerblatt, Knoblauch und Pfefferkörner in einem Topf zum Kochen bringen. Bei Bedarf abschäumen. Kochen, bis das Huhn gar ist. Huhn aus der Brühe nehmen und zerteilen. Brühe abseihen und kalt stellen.
2 Erstarrtes Fett abnehmen. Reis im heißen Öl einige Minuten anrösten, zur Hühnerbrühe geben und 15 Minuten garen. Zerkleinertes Huhn zugeben. Abschmecken, eventuell pfeffern. Für eine dickere Suppe die Reismenge verdoppeln.
3 Eigelb, Eier und Zitronensaft verquirlen. Etwas heiße Suppe vorsichtig unter die Eicreme schlagen. Mischung in den Topf auf dem Herd rühren. Unter Rühren erhitzen, aber nicht kochen lassen.
4 Suppe mit Schnittlauch bestreut servieren. Dazu Brot und Käse reichen.

Meeresfrüchtesuppe

Vorbereitungszeit:
15 Min.
Zubereitungszeit:
15 Min.
Für 4 Personen

1 Stange Lauch
1 Knolle Fenchel
½ Becher Sellerie, in Scheiben
8 Champignons, zerteilt
1 Knoblauchzehe, zerdrückt
3 EL Olivenöl
1 l Fischbrühe
1 Lorbeerblatt
2 TL Zitronensaft
Pfeffer
500 g Fischfilet, gewürfelt
125 g Jakobsmuscheln
250 g frische Garnelen, ohne Schale
60–70 ml trockener Weißwein
½ Becher Mayonnaise
3 Knoblauchzehen, zerdrückt
Croûtons

1 Lauch und Fenchel putzen und in Streifen schneiden. Mit Sellerie, Champignons und 1 Knoblauchzehe in Olivenöl 10 Minuten dünsten. Fischbrühe, Lorbeerblatt, Zitronensaft und Pfeffer zugeben und 5 Minuten kochen lassen.
2 Gewürfeltes Fischfilet und Muscheln zufügen. Weitere 5 Minuten köcheln lassen. Garnelen und Weißwein beigeben. Abschmecken und wieder erhitzen.
3 Mayonnaise mit 3 Knoblauchzehen mischen. Suppe in Tellern oder Tassen mit Croûtons und einem Klacks Knoblauchmayonnaise servieren.

Provenzalische Gemüsesuppe

Vorbereitungszeit:
  15 Min.
Zubereitungszeit:
  40 Min.
Für 6 Personen

1 ½ l Wasser
2 Becher Kartoffeln, gewürfelt
1 Becher Möhren, gewürfelt
1 große Stange Lauch, in Streifen
1 Becher frische Schnittbohnen, in Stücken
gut 300 g Wachsbohnen aus der Dose
½ Becher Spaghetti, zerbrochen
½ Becher weiches Paniermehl
2 Knoblauchzehen
2 EL Tomatenmark
2 EL frische Basilikumblätter
¼ Becher Parmesankäse, gerieben
1 TL Currypaste (falls erwünscht)
2 EL Olivenöl

1 Wasser, Kartoffeln, Möhren, Lauch und Schnittbohnen in einem großen Topf zugedeckt 20 Minuten kochen.

2 Wachsbohnen, Spaghetti und Paniermehl zufügen. 12 Minuten ohne Deckel kochen, bis die Nudeln gar sind.

3 Knoblauch, Tomatenmark, Basilikum, Parmesan und nach Wunsch Currypaste im Mixer pürieren. Dabei tropfenweise Olivenöl beimengen. Mischung unter die heiße Suppe rühren. Mit krossem Brot und einer Extraportion geriebenem Parmesan servieren.

Provenzalische Gemüsesuppe, Meeresfrüchtesuppe und Griechische Hühnersuppe

HERZHAFTE GERICHTE AUS ALLER WELT

MEERESFRÜCHTE

Mandelforelle

Fische und Schalentiere bieten delikate Alternativen zu Fleischgerichten, ob als appetitanregende Vorspeise oder schmackhafte Hauptmahlzeit. Die Vielfalt an Zubereitungsarten – z. B. schlicht in Butter gebräunt, von Saucen begleitet oder als Fülle leichter Blätterteigpasteten – stellt selbst die wählerischsten Gaumen zufrieden. Da die Garzeit meist kurz ist, sind die folgenden Rezepte schnell und einfach nachzuvollziehen.

Mandelforelle

Vorbereitungszeit:
  10 Min.
Zubereitungszeit:
  12 Min.
Für 4 Personen

*4 mittelgroße Forellen
Mehl
Pfeffer
125 g Butter
2 TL Zitronensaft
Pfeffer, frisch gemahlen
⅓ Becher Mandeln, geröstet, enthäutet und halbiert
Zitronenspalten*

1 Flossen der Forellen kürzen, Kopf und Schwanz unversehrt lassen. In mit Pfeffer gemischtem Mehl wenden.
2 Die Hälfte der Butter in einer Bratpfanne zerlassen. Forellen in die Pfanne geben und unter einmaligem Wenden von beiden Seiten bräunen und garen.
3 Forellen behutsam auf eine Servierplatte legen und warm halten. Restliche Butter mit Zitronensaft, Pfeffer und Mandeln 2–3 Minuten unter Rühren in der Pfanne erhitzen und auf den Forellen verteilen. Sofort mit Zitronenspalten servieren.

TIP
Forellen besitzen kleine Schuppen, zarte Haut und weiches Fleisch von mildem Aroma. Beim Abschuppen sollte man darauf achten, die Haut nicht zu verletzen.

Gebackener Fisch mit Kräuterfüllung

Vorbereitungszeit:
  20 Min.
Zubereitungszeit:
  45 Min.
Für 4 Personen

*1 großer Schnapper oder anderer Fisch
125 g Butter
2 Becher Brotwürfel
4 Speckscheiben, kleingeschnitten
1 kleine Knoblauchzehe, zerdrückt
1 Stangensellerie, in Scheiben
3 Frühlingszwiebeln, feingehackt
1 TL frischer Thymian, gehackt
Pfeffer, frisch gemahlen
etwas zerlassene Butter
Schnitze von Limonen oder Zitronen zum Garnieren*

1 Fisch innen und außen säubern und in gefettete Form legen. Butter in einer großen Pfanne erhitzen. Brotwürfel in heißer Butter goldgelb rösten, herausnehmen und abkühlen lassen.
2 In derselben Pfanne den Speck knusprig braten. Knoblauch, Sellerie und Frühlingszwiebeln zufügen und etwa 5 Minuten garen. Pfanneninhalt mit Brotwürfeln, Thymian und Pfeffer vermengen.
3 Mischung mit einem Löffel in den Fisch füllen. Fisch außen mit zerlassener Butter bepinseln. Im vorgeheizten Ofen bei 180 °C etwa 45 Minuten backen; das Fleisch soll weiß, nicht mehr durchsichtig und mit einer Gabel leicht zerteilbar sein. In Scheiben tranchiert mit je einem Löffel Füllung und Limonen- oder Zitronenschnitzen servieren.

TIP
Achten Sie beim Fischkauf auf klare Augen, glänzende Haut, festsitzende Schuppen und frischen Geruch.

Fisch nach Pariser Art

*Vorbereitungszeit:
15 Min.
Zubereitungszeit:
25 Min.
Für 4 Personen*

*500 g festes Fischfilet
etwa 450 ml Wasser
1 kleiner Stangensellerie
½ kleine Zwiebel
2 Petersilienzweige
1 Lorbeerblatt
etwa 170 ml trockener
    Weißwein
125 g Jakobsmuscheln,
    halbiert
250 g frische Garnelen,
    ohne Schalen und Darm-
    strang
185 g junge Champignons,
    feingeschnitten
3 Frühlingszwiebeln, fein-
    gehackt
35 g Butter
Pfeffer
1 EL Mehl
geröstetes Paniermehl*

1 Fischfilet enthäuten, entgräten und fein würfeln. Wasser mit Sellerie, Zwiebel, Petersilie, Lorbeerblatt und Wein erhitzen. 5 Minuten köcheln lassen. Fisch zugeben, bei wenig Hitze garen, dann mit Schaumlöffel herausnehmen und beiseite stellen. Muscheln und Garnelen zugeben, nach 2 Minuten Köcheln wieder aus dem Topf nehmen. Sud abseihen und knapp 320 ml aufbewahren.

2 Champignons und Frühlingszwiebeln in 15 g Butter weich dünsten. Mit Pfeffer abschmecken. In 4 feuerfeste Portionsschalen oder eine flache, hitzebeständige Schüssel füllen.

3 Die restlichen 20 g Butter zerlassen. Mehl zugeben, 1 Minute in der Butter rühren. Nach und nach Sud zugießen. Unter Rühren aufkochen und weitere 3–4 Minuten leise kochen lassen. Pfeffer, dann Fisch, Muscheln und Garnelen zugeben. Simmernd etwa 2 Minuten erhitzen.

4 In vorbereitete Schalen oder Schüssel füllen. Mit Paniermehl (etwa 6 EL bei mäßiger Hitze in 3 EL zerlassener Butter kross geröstet) bestreuen und sofort servieren.

Tip
Gehaltvoller fällt der „Fisch nach Pariser Art" aus, wenn man 60–70 ml des Fischsuds durch Sahne ersetzt.

Tip
Geschält und mit Sherry bedeckt in ein Gefäß mit Schraubverschluß gefüllt, hält sich frischer Ingwer im Kühlschrank bis zu 6 Monate.

Pfannengerührtes nach China-Art

*Vorbereitungszeit:
15 Min.
Zubereitungszeit:
5 Min.
Für 2 Personen*

*1 EL Pflanzenöl
1 Knoblauchzehe, zerdrückt
2 Blätter Chinakohl, in
    Streifen geschnitten
1 Möhre, feingestiftelt
1 kleine weiße Rübe, fein-
    gestiftelt
1 weiße Zwiebel, längs
    feingeschnitten
4 Champignons oder ande-
    re Pilze, geschnitten
2 TL frischer Koriander,
    gehackt
1 TL frischer Ingwer, fein-
    gehackt
1 TL Honig
1 TL Zitronensaft
12 frische Krabben oder 6
    Garnelen, ohne Schalen
1 TL Sojasauce*

1 Öl in einer schweren Pfanne oder einem Wok erhitzen. Knoblauch zugeben. Unter Rühren Chinakohl, Möhre, Rübe, Zwiebel und Pilze rasch „al dente" garen,

2 Koriander, Ingwer, Honig und Zitronensaft zügig untermengen. Krabben oder Garnelen und Sojasauce zugeben, ebenfalls schnell unter Rühren garen. Mit gedämpftem Reis oder chinesischen Nudeln servieren.

Herzhafte Gerichte aus aller Welt

Pfannengerührtes nach China-Art

Muscheln in Blätterteig

Muscheln in Blätterteig

Vorbereitungszeit:
30 Min.
Zubereitungszeit:
10 Min.
Für 4 Personen

3 EL Butter
1 kleine Stange Lauch, in feinen Ringen
125 g Champignons, in feinen Scheiben
3 EL Mehl
375 ml Milch
60–70 ml Weißwein
60–70 ml Sahne
1 Eigelb
½ TL Estragon
Pfeffer
12 Austern, ohne Schale
12 Miesmuscheln, ohne Schale
1 Blätterteigpastete, 18–20 cm Durchmesser
Petersilie, feingehackt
1 Frühlingszwiebel, feingehackt
Paprikapulver

1 Lauch und Champignons in Butter andünsten. Mit Mehl bestäuben, umrühren, Milch langsam zugeben und unter Rühren andicken lassen. Wein einrühren und einige Minuten köcheln lassen.
2 Sahne und Eigelb leicht verquirlen und langsam in die Sauce rühren. Estragon beigeben, mit Pfeffer abschmecken. Austern und Muscheln zufügen. 2–3 Minuten köcheln lassen.
3 In der Zwischenzeit die Blätterteigpastete bei mittlerer Hitze im Ofen aufbacken. Mit der garen Schalentiermischung füllen, mit Petersilie, Frühlingszwiebeln und etwas Paprika bestreuen. Sofort servieren.

Tip
Fertige Blätterteigpasteten sind in gutsortierten Lebensmittelabteilungen zu finden. Ist keine große Pastete erhältlich, lassen sich auch Minipasteten verwenden.

Miesmuscheln in Sahnesauce

Vorbereitungszeit:
15 Min.
Zubereitungszeit:
15 Min.
Für 4 Personen

36 frische Miesmuscheln
60 g Butter
2 EL Mehl
375 ml Muschelsud
1 Knoblauchzehe, zerdrückt
80–90 ml Weißwein
2 Eigelb
2 EL Zitronensaft
80–90 ml Sahne
Pfeffer, frisch gemahlen
feingehackte Petersilie

1 Muscheln unter fließendem kalten Wasser spülen, dabei mit einer harten Bürste gründlich schrubben. Nicht fest geschlossene Muscheln wegwerfen. Muscheln in einen breiten Topf geben, mit kochendem Wasser bedecken und bei starker Hitze etwa 5 Minuten kochen, bis sich die Schalen öffnen. Muscheln mit geschlossener Schale wegwerfen. Muscheln aus den Schalen lösen. Die schönsten Schalen zum Servieren aufbewahren. Muschelsud abseihen, 375 ml aufheben.
2 Butter zerlassen. Bei niedriger Hitze das Mehl einrühren und 1 Minute rösten. Von der Herdstelle nehmen, warmen Muschelsud und Knoblauch einrühren. Zum Kochen bringen und 5 Minuten leise kochen lassen.
3 Wein, Eigelb, Zitronensaft und Sahne verschlagen, dann in den Topf rühren. Sauce unter Rühren andicken lassen. Mit Pfeffer abschmecken. Muscheln zugeben und vorsichtig erhitzen.
4 In die Muschelschalen füllen und mit Petersilie bestreuen.

Tip
Miesmuscheln, auch „Arme-Leute-Austern" genannt, dürfen nicht zu lange kochen, da ihr Fleisch leicht zäh wird.

Thunfischtopf

*Vorbereitungszeit:
20 Min.
Zubereitungszeit:
15 Min.
Für 4 Personen*

*250 g Kartoffeln, geschält, gewürfelt
15 g Butter
2 Speckscheiben, ohne Schwarte, gewürfelt
2 mittelgroße Zwiebeln, in feinen Streifen oder Ringen
375 ml Kondensmilch
Pfeffer
425 g Thunfisch aus der Dose
gehackte Petersilie*

1 Kartoffeln in ½ l kochendem Wasser etwa 8 Minuten garen. Topf vom Herd nehmen.
2 Butter zerlassen. Speck und Zwiebeln rösten, bis die Speckwürfel kroß und die Zwiebeln glasig sind. Kartoffeln zufügen.
3 Nach und nach die Milch einrühren. Mit Pfeffer abschmecken und 10 Minuten köcheln lassen.
4 Thunfischlake abgießen. Fisch zerpflücken, in den Topf geben und 5–7 Minuten erhitzen. Mit Petersilie bestreuen.

Sailors' Pie

*Vorbereitungszeit:
20 Min.
Zubereitungszeit:
20 Min.
Für 4 Personen*

*1 kg Kartoffeln
60 g Sardellenfilets aus der Dose, abgetropft
¼ Becher würziger Käse, gerieben
¼ Becher gehackte Petersilie
125 ml saure Sahne
375 g festes, weißes Fischfilet
Pfeffer
250 g Jakobs- oder Miesmuscheln*

1 Kartoffeln schälen und in kochendem Wasser garen. Abgießen. Sardellenfilets hacken und mit Käse, Petersilie und saurer Sahne mischen.
2 Die Hälfte einer gefetteten, ofenfesten Auflaufform mit dem Fischfilet auslegen. Pfeffern. Muscheln, dann Sardellenpaste auf dem Fisch verteilen.
3 Kartoffeln durch ein Sieb in die zweite Hälfte der Form neben den Fisch streichen. 20–25 Minuten bei 180 °C backen, bis der Fisch mit einer Gabel leicht zerteilbar und die Oberfläche zart gebräunt ist.

Sailors' Pie

Grillfisch in Alufolie

Vorbereitungszeit:
15 Min.
Zubereitungszeit:
40 Min.
Für 4 Personen

1 ganzer Fisch (1 kg), z.B.
  Snapper, Brasse oder
  Barsch
Knoblauchsalz
Zitronenpfeffer
1 EL Butter
2 EL Frühlingszwiebeln,
  gehackt
¾ Becher Champignons,
  gehackt
2 EL Petersilie, gehackt
1 Zitrone
20 g Butter, zerlassen

1 Beide Seiten des Fisches an der jeweils dicksten Stelle in etwa 2,5 cm Abstand mit je 3 diagonalen Einschnitten versehen. Fisch innen mit Knoblauchsalz und Zitronenpfeffer würzen.
2 In einem Pfännchen 1 Eßlöffel Butter zerlassen. Frühlingszwiebeln und Champignons zugeben, langsam weich garen. Petersilie unterrühren. Mit der Mischung den Fisch füllen, 2–3 Zitronenspalten zugeben. Bauchhöhle mit Spießchen verschließen.
3 Ein ausreichend großes Stück fester Alufolie dünn mit der zerlassenen Butter bepinseln. Fisch auf die Mitte der Folie legen und mit dem Saft des Zitronenrestes beträufeln. Ränder der Folie hochziehen und zur dichten, doch lockeren Hülle falten. Etwa 40 Minuten grillen oder im Ofen bei 180 °C backen. Mit einer Gabel testen, ob das Fleisch gar ist.

> **Tip**
> Man kerbt ganze Fische an der dicksten Stelle diagonal ein, um ein gleichmäßiges Garen zu sichern.

Garnelen nach Koromandel-Art

Vorbereitungszeit:
20 Min.
Zubereitungszeit:
20 Min.
Für 4 Personen

60 g Butter
2 TL Currypulver
4 Frühlingszwiebeln, in
  feine Ringe geschnitten
1 Knoblauchzehe, zerdrückt
1 Paprikaschote, feingeschnitten
180–190 ml Kondensmilch
1 EL Tomatenmark
2 TL Sojasauce
125 ml saure Sahne
1 EL trockener Sherry
750 g Garnelen, ohne
  Schale
250 g Tiefkühlspinat, aufgetaut

1 Butter zerlassen. Currypulver, Frühlingszwiebeln, Knoblauch und Paprika zugeben und einige Minuten weich dünsten. Kondensmilch, Tomatenmark und Sojasauce einrühren, 3–4 Minuten vorsichtig dünsten.
2 Saure Sahne, Sherry und Garnelen zugeben. Unter Rühren gründlich vermengen und gut erhitzen, aber nicht mehr kochen lassen.
3 Auftauwasser aus dem Spinat pressen. Spinat kurz garen, abtropfen lassen und auf Servierschale anrichten. Currygarnelen auf den Spinat häufen. Dazu Reis und krosses Brot reichen.

> **Tip**
> Für dieses Rezept eignen sich frische oder tiefgefrorene Garnelen.

> **Tip**
> Gewürze sollte man in kleinen Mengen kaufen und luftdicht verschlossen dunkel und kühl lagern.

Garnelen nach Koromandel-Art

Herzhafte Gerichte aus aller Welt

FLEISCH UND GEFLÜGEL

Huhn à la Provence

Diese rustikalen Fleisch- und Geflügelgerichte sollten ursprünglich Bauern, die körperlich hart arbeiteten, bei Kräften halten. Doch selbst in unserer modernen Industriegesellschaft ist kräftige, nahrhafte Kost – insbesondere für Kinder im Wachstumsalter – wichtig. Pikante Schmor- und Eintöpfe bringen auch preiswerte Fleisch- und Geflügelstücke zur Geltung. Die folgenden Rezepte sind genau richtig, um den gesunden Appetit einer Familie zu stillen, und führen beispielhaft vor, wie vielfältig sich Zutaten und Gewürze kombinieren lassen.

Huhn à la Provence

Vorbereitungszeit:
  15 Min.
Zubereitungszeit:
  40 Min.
Für 4 Personen

2 EL Öl
30 g Butter
1,5 kg Hühnerteile
2 EL Weinbrand
180–190 ml trockener Weißwein
4 Tomaten, enthäutet
8 kleine Zwiebeln, geschält
1 Apfel, geschält und gewürfelt
½ Becher grüne Oliven
1 TL Currypulver
½ TL getrockneter Thymian
250 g junge Champignons gehackte Petersilie Schnittlauchröllchen

1 Öl mit der Butter erhitzen. Hühnerteile darin von allen Seiten bräunen. Öl und Butter abgießen und zum Garen der Champignons aufbewahren.
2 Weinbrand über das Huhn gießen. Weißwein, Tomaten, Zwiebeln, Apfel, Oliven, eventuell Curry, dann Thymian zufügen. Festschließenden Deckel auflegen und etwa 30–35 Minuten langsam garen. Falls nötig, etwas mehr Wein auffüllen.
3 Champignons in der reservierten Öl-Butter-

> **TIP**
> Zum Enthäuten die Tomate einmal kreuzweise einritzen und 1–2 Minuten in kochendem Wasser blanchieren. Danach läßt sich die Haut mühelos abziehen.

Mischung dünsten. Zum Huhn geben, mit Petersilie und Schnittlauch bestreuen. Mit Bandnudeln als Beilage servieren.

Italienisches Zitronenhuhn

Vorbereitungszeit:
  10 Min.
Zubereitungszeit:
  40 Min.
Für 4 Personen

1,5 kg kleine Hühnerteile
Pfeffer
½ TL getrocknetes Rosmarin
2 EL Pflanzenöl
1 Knoblauchzehe, zerdrückt
125 ml trockner Weißwein
2 Eier
2 EL Zitronensaft
1 EL Petersilie, feingehackt

1 Hühnerteile mit Pfeffer und Rosmarin würzen. Öl in der Pfanne erhitzen und Huhn auf beiden Seiten anbräunen. Weiter braten, bis das Fleisch gar und zart ist.
2 Knoblauch und Wein einrühren. Huhn aus der Pfanne nehmen und auf Servierplatte oder -schale anrichten. Eier mit dem Zitronensaft verschlagen, unter ständigem Rühren in die heiße Pfanne geben. Die Masse darf nicht kochen, nur andicken! Über das Huhn gießen. Mit Petersilie garnieren und unverzüglich mit in Butter geschwenkten Nudeln und einem grünen Salat zu Tisch bringen.

Landpastete mit Ei und Huhn

Landpastete mit Ei und Huhn

Vorbereitungszeit:
 40 Min.
Zubereitungszeit:
 1 ½ Std.
Für 8 Personen

*2 Becher Mehl
1 TL Backpulver
150 g kalte Butter, in
 Stücken
1 Eigelb, leicht verquirlt
kaltes Wasser*

*8 Hühnerbrüste
1 Scheibe Kochschinken
6 Frühlingszwiebeln, feingehackt
1 EL gehackte Petersilie
1 TL Kräutermischung
Pfeffer
5 hartgekochte Eier
verquirltes Eigelb, zum
 Bepinseln*

1 Mehl und Backpulver in einer Schüssel mischen. Butterstücke zugeben und mit den Fingerspitzen zu einer bröseligen Masse kneten. Eigelb und so viel kaltes Wasser unterkneten, daß ein fester Teig entsteht. 30 Minuten kalt stellen.
2 Zwei Drittel des Teigs zu einer runden Platte ausrollen und damit eine gefettete Springform (23 cm Durchmesser) auslegen. Hühnerfleisch zerkleinern, Schinken würfeln und in einer Schüssel mit Frühlingszwiebeln, Petersilie, Kräutern und Pfeffer mischen.
3 Die Hälfte der Mischung in den Teigmantel füllen. Hartgekochte Eier

darauf verteilen und mit dem restlichen Hühnerfleisch bedecken. Übrigen Teig als Deckplatte ausrollen. Ränder des Teigmantels anfeuchten, Deckplatte auflegen. Ränder von Teigmantel und Deckplatte mit den Fingern fest zusammenpressen. Aus Teigresten Verzierungen ausstechen oder ausschneiden. Oberfläche mit Eigelb bepinseln. Zwei kleine Schlitze anbringen, damit der Dampf abziehen kann.
4 Bei 180 °C etwa 1 ½ Stunden backen. Falls die Kruste zu schnell bräunt, mit Alufolie abdecken. Abgekühlt in den Kühlschrank stellen. Kalt mit Salat servieren.

TIP
Mürbeteig läßt sich rasch in der Küchenmaschine herstellen. Allerdings ist es wichtig, den Teig nicht zu lange zu bearbeiten. Daher schaltet man besser mehrfach kurz auf hohe Schaltstufe. Man gibt Mehl und Butter in die Schüssel und setzt jeweils wenige Sekunden den Knethaken ein, bis die Masse feinbröselige Beschaffenheit hat. Diese wird in ca. 30 Sekunden mit Eigelb und Wasser zu einem geschmeidigen Teig verarbeitet. Danach stellt man den Teig zugedeckt 30 Minuten kalt.

Bauernhuhn

Vorbereitungszeit:
10 Min.
Zubereitungszeit:
2 Std.
Für 4 Personen

1 ganzes Huhn (1,5 kg)
1 ¼ l Wasser
1 Möhre, in Scheiben
2 Knollen Sellerie
1 Zwiebel oder Lauchstange
2 Petersilienzweige
1 mit Nelken gespickte Zwiebel

1 Alle Zutaten, samt Hühnerinnereien, in einen großen Topf geben. Zugedeckt etwa 2 Stunden bei niedriger Flamme garen.
2 Huhn herausnehmen. Brühe zur Geschmacksintensivierung noch etwas kochen lassen. Fett abschöpfen und Brühe als Suppenfond aufheben.
3 Das Huhn zerteilen und heiß mit Petersiliensauce oder kalt mit Salat reichen.

TIP
Die Hühnerbrühe in Behältern einfrieren und zum Würzen von Suppen verwenden.

Bauernhuhn

Huhn in Käsesauce

Huhn in Käsesauce

Vorbereitungszeit:
10 Min.
Zubereitungszeit:
45 Min.
Für 8 Personen

2 kg Hühnerteile
Pfeffer
125 ml Hühnerbouillon
1 Stange Lauch, in Ringen
250 ml süße Sahne
175 g Blauschimmelkäse,
 zerbröckelt
125 g saure Sahne
60–70 ml trockener Wermut
½ Becher Walnüsse, grobgehackt

1 Hühnerteile mit Pfeffer würzen und in eine ofenfeste Form legen. Bei 200 °C unter einmaligem Wenden 25 Minuten backen. Hühnerbouillon gleichmäßig über die Hühnerteile schöpfen und weitere 10 Minuten backen.

2 Huhn in eine andere hitzebeständige Form füllen und warm halten. Die Form mit der Brühe auf den Herd stellen. Überschüssiges Fett abschöpfen, dann Lauch, süße Sahne und Käse beigeben. Rühren, bis der Käse schmilzt. Saure Sahne und Wermut einrühren.

3 Sauce über die Hühnerteile gießen. Mit Walnüssen bestreuen und sofort servieren. Dazu passen Nudeln und gedünstetes grünes Gemüse.

TIP
Für diese Sauce eignet sich außer Blauschimmelkäse fast jeder Weichkäse, z. B. Brie oder Camembert.

Falsche Gans

Vorbereitungszeit:
20 Min.
Zubereitungszeit:
2 Std. + 20 Min. Ruhen
Für 6 Personen

1 Lammkeule à 2,5 kg
2 Lammnieren
90 g Butter
1 mittelgroße Zwiebel, fein-
gehackt
2 Becher weiche Weißbrot-
brösel
2 TL frischer Rosmarin,
gehackt (oder ½ TL
getrocknet)
2 TL frischer Salbei,
gehackt (oder ½ TL
getrocknet)
2 TL gehackte Petersilie
feingemahlener Pfeffer
Bratensauce
2 EL Mehl
375 ml Fleischbrühe

1 Lammkeule vom Metzger auslösen lassen.
2 Lammnieren wässern, waschen, häuten, von den inneren Häuten und Sehnen befreien, nochmals gründlich waschen und fein würfeln. Zwiebeln in zerlassener Butter goldgelb rösten. Nieren zugeben und unter Rühren leicht bräunen. Pfanne vom Herd nehmen, Brot und Kräuter unterrühren und nach Geschmack pfeffern.
3 Mischung leicht abkühlen lassen. Lammfleisch damit füllen, einem Rollbraten ähnlich binden und pfeffern. In eine Fettpfanne geben und auf den Rost des auf 180 °C vorgeheizten Ofens stellen.
4 Ohne Deckel im Ofen braten: 2 Stunden für durchgegartes, 1 ½ Stunden für rosagebratenes Fleisch. Gelegentlich mit Bratensaft begießen. Garen Braten 20 Minuten ruhen lassen, dann Bindfaden entfernen und tranchieren.
5 Inzwischen die Bratensauce zubereiten: Den Bratenfond bis auf 2 Eßlöffel abgießen. In den Rest bei niedriger Flamme sorgfältig das Mehl rühren. Fleischbrühe langsam zugeben. Sauce unter ständigem Rühren andicken lassen. Mit Gewürzen abschmecken und servieren.

TIP
Für eine dunkelbraune Bratensauce gibt man das Mehl in den heißen Bräter und rührt es mit dem Bratenfond glatt. Dann schaltet man den Herd zurück und rührt gleichmäßig, bis die Sauce kräftig bräunt.

Pikante Rindsrouladen

Vorbereitungszeit:
30 Min.
Zubereitungszeit:
1 ¼ Std.
Für 4 Personen

4 sehr dünne Scheiben
Rinderlende (500 g)
1 Becher weiches Panier-
mehl
2 EL Petersilie, hackt
1 kleiner Apfel, geschält,
feingewürfelt
1 Speckscheibe, feingewür-
felt
½ TL Kümmelkörner
Pfeffer
2 EL Öl
2 große Möhren, in Schei-
ben geschnitten
1 große Zwiebel, in Schei-
ben geschnitten
375 ml Rinderbrühe
2 EL Tomatenmark
1 Lorbeerblatt

1 Falls nötig, Fleisch zurechtschneiden (in 10 x 10 cm große Quadrate). Paniermehl, Petersilie, Apfel, Speck und Kümmel mischen. Mit Pfeffer abschmecken. Mischung auf den Fleischscheiben verteilen. Scheiben zu Rollen wickeln, mit festem Baumwollfaden binden. Rouladen im Mehl wenden.
2 Öl erhitzen und Rouladen rundum anbräunen. Rouladen mit Möhren und Zwiebel in einen gefetteten ofenfesten Topf geben. Mit Mehlresten bestäuben.
3 Rinderbrühe und Tomatenmark verrühren. Lorbeerblatt zugeben und zu den Rouladen gießen. Zugedeckt 1–1 ¼ Stunden bei 160 °C in der Backröhre garen; das Fleisch muß zart sein. Vor dem Servieren Bindfäden entfernen.

Schafscherertopf mit Jumbuck-Klößen

*Vorbereitungszeit:
20 Min.
Zubereitungszeit:
2 Std.
Für 6 Personen*

*1 EL Öl
30 g Butter
1 kg Lammkeule, ausgelöst, gewürfelt und in Mehl gewendet
3 Zwiebeln, geviertelt
3 Pastinaken, in dicke Scheiben geschnitten
3 Möhren, in dicke Scheiben geschnitten
2 Stangen Staudensellerie, gehackt
Fleisch- oder Gemüsebrühe oder Wasser
3 EL Petersilie, gehackt
¾ TL gemischte Trockenkräuter
1 EL Worcestersauce
Pfeffer und 1 Prise Zucker*

1 Öl und Butter in einer großen, schweren Bratpfanne erhitzen. Fleisch darin bräunen, eventuell etwas Öl zugeben. Fleisch zum Pfannenrand schieben und Zwiebeln glasig dünsten.

2 In einen schweren Kochtopf umschichten. In der Bratpfanne haftenden Fleischsatz mit wenig Brühe oder Wasser lösen und zum Fleisch geben. Pastinaken, Möhren und Sellerie zufügen. Mit

Schafscherertopf mit Jumbuck-Klößen

oder Wasser knapp bedecken. Petersilie, Trockenkräuter, Worcestersauce, Pfeffer und Zucker zugeben. Bei niedriger Hitze etwa 2 Stunden schmoren, bis das Fleisch zart ist.
3 Mit Jumbuck-Klößen servieren.

Jumbuck-Klöße

Vorbereitungszeit:
 10 Min.
Zubereitungszeit:
 15 Min.
Für 6 Personen

2 Becher Mehl
2 ½ gestrichene TL Backpulver
1 EL Petersilie, gehackt
reichlich schwarzer Pfeffer
180–190 ml Milch oder Wasser

1 Mehl und Backpulver in einer Schüssel mischen. Petersilie und Pfeffer zugeben. So viel Milch oder Wasser beimengen, daß ein geschmeidiger, aber vom Löffel fallender Teig entsteht. Mit bemehlten Händen Klöße formen. Klöße etwa 15 Minuten vor Ablauf der Kochzeit auf den Eintopf legen.
2 Zugedeckt gar ziehen lassen.

Schweineragout in Madeirasauce

Vorbereitungszeit:
20 Min.
Zubereitungszeit:
15 Min.
Für 6 Personen

*1 kg Schweinefilets
2 EL Mehl
Pfeffer, frischgemahlen
2 EL Pflanzenöl
1 EL Butter
1 Zwiebel, gehackt
375 g junge Champignons
30 g Butter
125 ml ungesüßter Apfelsaft
125 ml Sahne
125 ml Madeira
1 EL Tomatenmark*

1 Schweinefilets in dicke Würfel schneiden und in Mehl, vermischt mit Pfeffer, wenden.
2 Öl mit 1 EL Butter erhitzen. Darin Zwiebeln langsam dünsten, bis sie einen Hauch Farbe annehmen. Champignons zugeben, einige weitere Minuten dünsten. Zwiebeln und Champignons aus der Pfanne nehmen.
3 In 30 g erhitzter Butter das Fleisch rasch etwa 7–10 Minuten braten. Zwiebeln und Champignons unterrühren, 1 Minute dünsten. Apfelsaft, Sahne, Madeira und Tomatenmark beigeben. Rühren, bis die Sauce andickt.
4 Mit Reis oder Kartoffeln und Salat servieren.

> **TIP**
> Für eine dickere Madeirasauce den Apfelsaft durch Apfelmus ersetzen.

Deftige Rindfleischkasserolle

Vorbereitungszeit:
20 Min.
Zubereitungszeit:
2 Std.
Für 4 Personen

*750 g Rindfleisch (Schorrippe oder Grat), gewürfelt
2 EL Mehl
Pfeffer
2 EL Öl
250 ml Rotwein
1 Lorbeerblatt
1 TL frischer Thymian
1 Knoblauchzehe, zerdrückt
2 EL Tomatenmark
1 TL Wacholderbeeren (falls erwünscht)
12 kleine Zwiebeln
2 Möhren, in Scheiben
1 Sellerieknolle, in Scheiben
1 Lauchstange, in Stücken*

1 Fleischwürfel in Mehl und Pfeffer gründlich wenden. Im heißen Öl in einer Pfanne bräunen. In eine ofenfeste Kasserolle füllen.
2 Wein in die Pfanne geben, dabei Fleisch- und Mehlkrusten vom Boden der Pfanne schaben und unterrühren. Lorbeerblatt, Thymian, Knoblauch, Tomatenmark und nach Belieben Wacholderbeeren zugeben und vermengen. Sauce über das Fleisch gießen. Kasserolle zugedeckt in die Backröhre schieben. 1 Stunde bei 180 °C schmoren lassen.
3 Zwiebeln, Möhren und Sellerie zur Kasserolle geben. Weitere 30 Minuten backen. Lauch zufügen. Weitere 20–30 Minuten im Ofen schmoren, bis das Fleisch mürbe ist.

> **TIP**
> Wacholderbeeren sind getrocknet das ganze Jahr über im Supermarkt erhältlich. Will man ihr Aroma intensivieren, kann man sie im Mörser zerstoßen und dann den Gerichten beigeben.

Herzhafte Gerichte aus aller Welt

Deftige Rindfleischkasserolle

Roastbeef mit Pflaumenglasur

Vorbereitungszeit:
10 Min.
Zubereitungszeit:
1 Std. und 40 Min.
Für 6 Personen

1,5 kg gepökeltes Roastbeef
1 EL brauner Zucker
1 EL Essig
1 Knoblauchzehe, in Scheibchen
1 Zwiebel, mit 4 Nelken gespickt
4 Pfefferkörner
1 Kräutersträußchen (1 Lorbeerblatt, Thymian- und Petersilienzweige)
4 Möhren
4 kleine Zwiebeln, geschält
4 Kartoffeln
4 mittelgroße Pastinaken
1 Becher Pflaumenkompott aus dem Glas
1 TL Honig
1 TL Orangensaft

1 Roastbeef mit Zucker, Essig, Knoblauch, der Nelkenzwiebel, Pefferkörnern und Kräutersträußchen in einen schweren Topf geben. Mit Wasser bedecken. Zum Kochen bringen, Deckel auflegen und 40 Minuten simmernd kochen. Möhren, Zwiebeln, Kartoffeln und Pastinaken zufügen. Etwa 1 Stunde simmern lassen, bis das Fleisch zart durchgegart ist. Gemüse herausnehmen, abtropfen lassen und warm halten. Pastinaken beiseite stellen.

2 In der Zwischenzeit das Pflaumenkompott mit Honig und Orangensaft im Wasserbad erhitzen, glatt rühren und warm halten.

3 Fleisch auf eine angewärmte Servierplatte legen und mit dem Pflaumenmus glasieren. Aufgeschnitten neben Gemüsebett und Pastinakenküchlein, zubereitet aus den gegarten Pastinaken, servieren. Dazu paßt eine grüne Kräuter-, Senf- oder Meerrettichsauce.

TIP
Das Pflaumenkompott läßt sich durch Mus aus gedünsteten frischen Pflaumen oder Pfirsichen ersetzen. Gegebenenfalls muß mit etwas Orangensaft gestreckt werden.

Roastbeef mit Pflaumenglasur und Pastinakenküchlein

Kaninchenkasserolle

*Vorbereitungszeit:
40 Min. + 8 Std. Beizen
Zubereitungszeit:
1 ½ Std.
Für 4 Personen*

*1 Kaninchen, portioniert
2 TL Essig
Mehl, gemischt mit Salz und Pfeffer
1 EL Öl
1 EL Butter
3 mittelgroße Zwiebeln, grobgehackt
3 Scheiben durchwachsener Speck, gewürfelt
1 EL Mehl
250 ml trockener Weißwein
125 ml Hühnerbouillon
1 EL Tomatenmark
3 Petersilienzweige
2 Thymianzweige
1 Lorbeerblatt
Pfeffer, frisch gemahlen
125 g junge Champignons, halbiert oder in Scheibchen
1 EL Butter
gehackte Petersilie*

1 Kaninchen 6–8 Stunden in kaltem Essig-Salzwasser beizen. Beize abgießen. Fleisch gründlich abtrocknen und im gewürzten Mehl wenden.
2 Öl mit 1 Eßlöffel Butter in einer Pfanne erhitzen. Kaninchenteile darin bräunen, dann in ofenfeste Kasserolle legen. Zwiebeln mit Speck in der Pfanne langsam weich dünsten. 1 Eßlöffel Mehl zugeben, 1–2 Minuten rühren, dann Wein und Bouillon zugießen. Tomatenmark zufügen und unter Rühren aufkochen. Sauce über die Kaninchenteile gießen. Petersilie, Thymian und Lorbeerblatt, zum Strauß gebunden, in die Kasserolle geben. Nach Geschmack pfeffern.
3 Zugedeckt bei 160 °C etwa 1 ½ Stunde in der Backröhre schmoren, bis das Fleisch gar und mürbe ist. Kurz vor Ende der Garzeit die Champignons in 1 EL Butter 1–2 Minuten dünsten, dann in die Kasserolle geben und untermengen. Kräuterbund entfernen. Die Kasserolle mit Petersilie bestreut zu Tisch geben.

Kaninchenterrine

*Vorbereitungszeit:
3 Std.
Zubereitungszeit:
1 ¼ Std.
Für 8 Personen*

*Fleisch von Hinterschlegel und Rücken zweier Kaninchen, feingehackt oder im Fleischwolf haschiert und einige Stunden in 60–70 ml Weinbrand mariniert
2 Kaninchen- oder Hühnerlebern, feingehackt
500 g durchwachsener Schweinebauch, gehackt
1 weiße Zwiebel, feingehackt, in 1 EL Butter angebraten
125 g Champignons, gehackt
1 TL frischer Rosmarin, gehackt
1 TL frische Petersilie, gehackt
125 ml Weißwein
Pfeffer
½ TL Muskat, gemahlen
2 EL Sahne
6 Scheiben Frühstücksspeck, ohne Schwarte
2 Lorbeerblätter*

1 In einer Schüssel alle Zutaten außer Speck und Lorbeer mischen. Eine ofenfeste Terrine mit dem Speck so auslegen, daß die Enden der Speckscheiben über den Terrinenrand hängen. Fleischfarce einfüllen.
2 Lorbeerblätter auflegen. Speckscheiben zur Mitte klappen. Terrine auf ein halb mit Wasser gefülltes Backblech setzen. Bei 180 °C im Ofen 1–1 ¼ Stunden garen; mit einem Spießchen testen, ob der Fleischsaft klar ist. Kalt mit Salat servieren.

> **TIP**
> Als Beilage eignet sich Knoblauchbrot mit Kräutern. Man bestreicht Baguettescheiben mit zerdrücktem Knoblauch, bepinselt sie mit Olivenöl und bestreut sie mit Kräutern. Dann röstet man sie auf einem Backblech knusprig goldbraun.

Kaninchenterrine

Lammpilaw

Lammpilaw

Vorbereitungszeit:
  15 Min.
Zubereitungszeit:
  30 Min.
Für 4 Personen

500 g Lammfilet, gewürfelt
90 g Ghee, Butterschmalz
  oder Butter
1 Zwiebel, gehackt
1 Möhre, feingestiftelt
Pfeffer
875 ml kochende Hühnerbrühe
2 Becher Reis
½ Becher Rosinen
rohe Zwiebelstreifen
Petersilie, gehackt

1 Lammfilet in Ghee, Butterschmalz oder Butter bräunen. Zwiebel und Möhre zugeben, einige Minuten auf dem Herd rühren. Pfeffern, Reis beigeben und gut mit dem Fett verrühren.
2 Kochende Brühe zugießen. Hitzezufuhr reduzieren. Festschließenden Deckel auflegen und etwa 20 Minuten garen lassen, bis der Reis die Flüssigkeit aufgesogen hat und weich ist. Rosinen unterziehen und bei geschlossenem Topf ausquellen lassen.
3 Mit Zwiebeln und Petersilie garniert servieren.

TIP
Ghee, ein in Indien gern verwandtes hochwertiges Fett, ist in asiatischen Feinkostläden erhältlich. Es kann auch durch Butterschmalz ersetzt werden.

Australische Fleischpasteten

Vorbereitungszeit:
 40 Min.
Zubereitungszeit:
 20 Min.
Für 4 x 10 cm Pasteten

250 g Blätterteig
1 EL Butter
1 Zwiebel, feingehackt
250 g Rinderhack
1 EL Mehl
2 EL Worcestersauce
2 EL Wasser
Salz und Pfeffer
1 Ei, verquirlt

1 Blätterteig ausrollen. 4 runde Platten ausschneiden. 4 Pastetenformen mit den Teigplatten auslegen.
2 Zwiebeln in Butter andünsten. Rinderhack zugeben und anbraten. Mehl, Worcestersauce, Wasser, Salz und Pfeffer einrühren und aufkochen. Abkühlen lassen.
3 Fleischfarce in die 4 Formen füllen. Aus dem restlichen Blätterteig Deckel ausstechen, auflegen und fest andrücken. Deckel in der Mitte einstechen, damit Dampf abziehen kann, und eventuell mit Teigresten verzieren. Mit verquirltem Ei bestreichen. Pastetenformen auf ein Backblech setzen. Bei 190 °C 20 Minuten backen.
4 Pasteten mit Tomatensauce reichen. Für eine Hauptmahlzeit mit sahnigem Kartoffelpüree und Erbsengemüse servieren.

Australische Fleischpasteten

Italienischer Putenauflauf

*Vorbereitungszeit:
40 Min.
Zubereitungszeit:
15 Min.
Für 4 Personen*

*250 g rote, grüne oder weiße Tagliatelle (oder gemischt)
60 g Butter
125 g Champignons, feingeschnitten
1 kleine Zwiebel, geraspelt
¼ Becher Mehl
250 ml Kondensmilch
375 ml Hühnerbrühe
2 EL trockener Sherry
Pfeffer
1 kleine grüne und 1 kleine rote Paprikaschote, in feinen Streifen
2 Becher gares Putenfleisch, gewürfelt
½ Becher Parmesankäse, gerieben*

1 Nudeln in Salzwasser al dente kochen. Abtropfen lassen und in eine Auflaufform schichten.
2 Champignons in der Hälfte der Butter vorsichtig weich dünsten. Restliche Butter und Zwiebel zugeben, 20 Sekunden dünsten. Mehl 1 Minute unterrühren. Langsam Milch und Brühe einrühren und aufkochen lassen. Sherry zugeben, mit Pfeffer abschmecken und 1–2 Minuten ziehen lassen.
3 Paprikastreifen in Töpfchen oder kleiner Pfanne mit kaltem Wasser langsam zum Kochen bringen. Abgießen und zur Pilzsauce geben. Die Hälfte der Pilzsauce über die Nudeln gießen, vorsichtig untermengen. Putenfleisch zur restlichen Pilzsauce geben. Mischung auf den Nudeln verteilen und mit geriebenem Parmesan bestreuen. Bei 180 °C 15 Minuten überbacken. Heiß mit grünem Salat reichen.

TIP
Als Abwandlung statt Pute gekochtes Huhn, Thunfischstücke oder geräucherten Dorsch verwenden.

Herzhafte Gerichte aus aller Welt

Italienischer Putenauflauf

Herzhafte Gerichte aus aller Welt

GEMÜSE, SALATE UND BROTE

Australisches Fladenbrot

Gemüse und Salate runden, ob als Beilage oder Hauptgang, durch Farbe, Geschmack und Konsistenz eine Mahlzeit ab. Auf dem täglichen Speisezettel sollten sie nicht zuletzt deshalb stehen, weil sie dem Körper wichtige Mineralien, Vitamine und Ballaststoffe zuführen.

Frische Gemüse und Salate sind in reicher Auswahl das ganze Jahr über erhältlich. Die folgenden Rezepte mögen dazu anregen, außer Kartoffeln, Möhren und Kohl auch ausgefallenere Gemüse wie Pastinaken, Auberginen und viele andere mehr zu verwenden. Dieses Kapitel umfaßt auch Brote und brotähnliches Gebäck, die – gern warm mit reichlich Butter – köstliche Beilagen abgeben.

Australisches Fladenbrot

Vorbereitungszeit:
 15 Min.
Zubereitungszeit:
 30 Min.
Für 1 großes Fladenbrot

3 Becher Mehl
3 ¾ gestrichene TL Backpulver
2 TL Salz
45 g kalte Butter
125 ml Milch
125 ml Wasser

1 Mehl, Backpulver und Salz in einer Schüssel mischen. Mit der Butter zu einer bröseligen Masse verarbeiten. In die Mitte eine Vertiefung drücken. Milch und Wasser mischen, hineingeben und vorsichtig mit einem Messer untermengen, bis sich der Teig vom Schüsselrand löst.

2 Teig auf leicht bemehlter Arbeitsfläche zügig zu einem runden Laib kneten. Auf gefettetes Backblech legen und zu einem Fladen von 15 cm Durchmesser klopfen.

3 10 Minuten bei 210 °C backen. Auf 180 °C zurückschalten und weitere 20 Minuten backen.

TIP
Dieses Fladenbrot sollte am selben Tag verzehrt werden. Das Rezept läßt sich pikant variieren, indem man dem Teig ¾ Becher geriebenen Cheddarkäse hinzufügt.

Irisches Brot

Vorbereitungszeit:
 20 Min.
Zubereitungszeit:
 35 Min.
Für 6 Personen

15 g Butter
3 Becher Mehl
1 TL Backpulver
1 TL Natron
1 TL Salz
1 Becher gekochte Kartoffeln, durch Sieb gestrichen
1 Ei
gut 300 ml Buttermilch

1 Mehl, Backpulver, Natron und Salz mischen. Butter und Kartoffeln untermengen.

2 Ei mit der Hälfte der Buttermilch verschlagen und unter den Teig mengen. Nach und nach so viel Buttermilch einrühren, daß ein weicher Teig entsteht.

3 Teig in eine gefettete Kastenform füllen. Mit einem scharfen Messer in die Oberfläche ein Kreuz ritzen. Bei 180 °C etwa 35 Minuten backen. Für eine weiche Kruste heiß mit zerlassener Butter bepinseln.

TIP
Kartoffeln nicht zusammen mit Milch oder Butter zerdrücken. Mit Butterflocken bestreuen.

Gefüllte Gemüse

Vorbereitungszeit:
20 Min.
Zubereitungszeit:
20 Min.
Für 6 Personen

3 große, feste Paprikaschoten
30 g Butter
1 mittelgroße Zwiebel, feingehackt
1 Knoblauchzehe, zerdrückt
¼ TL Basilikum, getrocknet
1 TL Tomatenmark
60–65 ml Sahne
1 Ei, verquirlt
2 TL Weizenkeime
Pfeffer, frisch gemahlen
250 g gemischte Bohnenkerne aus der Dose
½ Becher kleine Muschelnudeln, gegart, abgetropft
½ Becher Parmesankäse, gerieben

1 Deckel der Paprikaschoten abschneiden. Kerne und Scheidewände entfernen. 1 Minute blanchieren. Unter kaltem Wasser abschrecken. Abtropfen lassen.

Kürbisbrot und Gefüllte Gemüse

2 Zwiebeln, Knoblauch und Basilikum in der Butter andünsten. Tomatenmark, Sahne, Ei, Weizenkeime und Pfeffer gut unterrühren. Bohnen und Nudeln einrühren.
3 Paprikaschoten in eine Backform setzen. Füllung gleichmäßig verteilen. Mit Parmesan bestreuen und 15–20 Minuten bei 180 °C backen.

> **TIP**
> Auf dieselbe Weise lassen sich Zucchini, Auberginen und Tomaten füllen. Bei Auberginen und Tomaten entfällt das Blanchieren.

Kürbisbrot

Vorbereitungszeit:
  30 Min.
Zubereitungszeit:
  25 Min.
Für 6 Personen

30 g Butter
2 EL Zucker
1 Becher Kürbisfleisch, gekocht, zerdrückt, gut abgetropft
1 Ei
2 Becher Mehl
2 ½ TL Backpulver
1 Prise Salz
⅓ Becher Sultaninen
Milch zum Bepinseln

1 Butter und Zucker schaumig rühren. Kürbis und Ei unterrühren.
2 Mehl, Backpulver und Salz mischen. Mit den Sultaninen gut unter die Kürbismasse mengen.
3 Teig auf einer bemehlten Fläche leicht kneten und zu einer runden Platte von 20 cm Durchmesser klopfen. Teigplatte auf ein leicht gefettetes Backblech legen. Mit einem scharfen Messer tief, bis fast zum Boden, 8 „Tortenstücke" ritzen. Mit Milch bepinseln und 20–25 Minuten bei 210 °C backen.

> **TIP**
> Für dieses Brot verwendet man traditionell Winterkürbis mit süßem, kräftig orangefarbenem Fleisch.

Lunchplatte

*Zubereitungszeit:
30 Min.
Für 4 Personen*

125 g Champignons
1 EL Zitronensaft
Endivien-, Kopf- oder anderer grüner Salat
8 Spargelköpfe aus der Dose
1 reife Avocado, in Scheiben
1 Becher Staudensellerie, in Stückchen
2 hartgekochte Eier, geviertelt
½ Becher Salatgurke, in feinen Scheiben
1 kleine Gemüsezwiebel, feingeschnitten
½ Becher Pekannüsse
2 Becher ungeschälter Reis, gegart, abgekühlt
1 Schälchen Cocktailtomaten

Meerrettich-Dressing
¼ Becher Mayonnaise, nicht gestreckt
3 EL Sahne
1 TL tafelfertiger Meerrettich

1 Champignons in Scheiben schneiden und mit Zitronensaft beträufeln. Grünen Salat, Spargel und Avocado dekorativ auf 4 flachen Tellern verteilen.
2 Sellerie, Eier, Gurke, Zwiebel, Nüsse, Reis, Tomaten und Pilze mischen. Auf die Salatteller häufen. Kalt stellen.
3 Zutaten für Meerrettich-Dressing gut vermengen. Dressing unmittelbar vor dem Servieren über den Salat geben. Dazu knuspriges Brot reichen.

Süßkartoffel-Püree

*Vorbereitungszeit:
5 Min.
Zubereitungszeit:
20 Min.
Für 6 Personen*

5 große weiße oder rote Süßkartoffeln (Bataten), grobgewürfelt
3 Äpfel (Granny Smith), geschält, entkernt, gewürfelt
125 ml Kondensmilch, erhitzt
30 g zerlassene Butter
1 Prise Muskatpulver
Pfeffer

1 Kartoffeln in kochendem Wasser garen. Gut abtropfen lassen.
2 Äpfel in 125 ml Wasser weich kochen. Gut abtropfen lassen.
3 Kartoffeln zerstampfen, Äpfel pürieren. Mit der heißen Kondensmilch und zerlassenen Butter mischen. Mit Muskat und Pfeffer abschmecken.
4 Zu einem feinen Püree schlagen und in einer angewärmten Schüssel servieren, zum Beispiel als Beilage zu Kalbs-, Lamm- oder Schweinebraten, zu Huhn oder Koteletts.

Bubble and Squeak

*Vorbereitungszeit:
20 Min.
Zubereitungszeit:
20 Min.
Für 2 Personen*

30 g Butter
1 Becher Corned beef aus der Dose
½ Becher Kartoffeln, gekocht, gewürfelt
½ Becher Möhren, gekocht, gewürfelt
½ Becher Pastinaken, gekocht, gewürfelt
½ Becher Weißkraut, gehobelt, gedünstet
2 Eier
Petersilie

1 Butter in einer schweren Pfanne erhitzen. Fleisch, Kartoffeln, Möhren, Pastinaken und Weißkraut zugeben. 1 Minute auf heißer Herdstelle rühren.
2 Fleisch-Gemüse-Mischung in der Pfanne gleichmäßig flachpressen. Bei mittlerer Flamme wie ein Omelett von beiden Seiten bräunen.
3 Eier pochieren oder als Spiegeleier braten und auf das Pfannengericht legen. Mit Petersilie garniert servieren.

> **TIP**
> Für dieses Gericht lassen sich alle Reste von gegartem Gemüse und Fleisch verwerten.

Bubble and Squeak

Ratatouille

Ratatouille

Vorbereitungszeit:
  1 Std.
Zubereitungszeit:
  30–40 Min.
Für 6 Personen

1 Aubergine
Salz
3 EL Olivenöl
500 g Zucchini, in Scheiben
2 Zwiebeln, in Ringen
1 rote Paprikaschote, in Streifen
500 g Tomaten, gewürfelt
1 Knoblauchzehe, zerdrückt
2 EL gehackte Petersilie
frisch gemahlener schwarzer Pfeffer

1 Aubergine in Scheiben schneiden und in ein Sieb geben. Mit Salz bestreuen. 1 Stunde stehen lassen, abspülen und trockentupfen.
2 Öl in einem schweren Bräter erhitzen. Aubergine, Zucchini, Zwiebeln und Paprika zugeben und einige Minuten dünsten. Tomaten, Knoblauch, Petersilie und nach Geschmack Pfeffer zufügen.
3 Zugedeckt kurze Zeit garen. Das Gemüse soll bißfest bleiben, daher nicht zu lange kochen lassen.
4 Ratatouille mit grünem Salat, Reis und/oder knusprigem Brot servieren.

TIP
Das Salzen entzieht rohen Auberginen Wasser und damit Bitterstoffe. Danach spült man sie gründlich ab und tupft sie trocken.

Pikantes Hufeisenbrot

Vorbereitungszeit:
40 Min.
Zubereitungszeit:
20 Min.
Für 12 Personen

Teig
2 Becher Mehl
2 ½ TL Backpulver
1 Prise Salz
30 g Butter oder Margarine, in Stückchen
125 ml Milch
125 ml Wasser

Füllung
1 Becher würziger Käse, geraspelt
1 Tomate, gehäutet, gewürfelt
2 Essiggurken, gehackt
½ kleine Zwiebel, gehackt
¼ Becher Paprika, gehackt
6–8 gefüllte Oliven, gehackt
Gewürze nach Geschmack

Zum Bestreuen
½ Becher würziger Käse, geraspelt

1 Ofen auf 210 °C vorheizen. Mehl, Backpulver und Salz in einer großen Schüssel mischen. Butter mit den Fingerspitzen locker untermengen. In der Mitte eine Mulde eindrücken.

2 Milch und Wasser mischen und (bis auf einen Teelöffel zum Glasieren) in die Mulde gießen. Von der Mitte aus rasch einen weichen Teig kneten.

3 Teig auf einer bemehlten Fläche mit den Händen vorsichtig zu einem etwa 1,5 cm dicken Rechteck ausrollen.

4 Käse, Tomaten, Gurken, Zwiebeln, Paprika, Oliven und nach Belieben Gewürze vermengen.

5 Füllung auf dem Teig verteilen. Teigplatte nach Art einer Biskuitrolle aufwickeln und mit der „Naht" nach unten auf ein gefettetes Backblech legen.

6 Rolle zum Hufeisen formen, in Abständen von 2 cm einkerben und mit Käse bestreuen. 15–20 Minuten backen.

Pikantes Hufeisenbrot

Pastinakenküchlein

Pastinakenküchlein

Vorbereitungszeit:
  30 Min.
Zubereitungszeit:
  10 Min.
Für 6 Küchlein

4 mittelgroße Pastinaken, gekocht, zerstampft
4 EL Mehl
1 Messerspitze Backpulver
1 Ei, verquirlt
Pfeffer
1 Prise Muskat
Butter zum Braten

1 Pastinaken mit Mehl, Backpulver, Ei, Pfeffer und Muskat vermengen.
2 Küchlein formen und von beiden Seiten knusprig braten. Auf Küchenkrepp abtropfen lassen.
3 Als Beilage, z. B. zu Roastbeef mit Pflaumenglasur, reichen.

Hinweis: Pastinaken nicht mit Butter oder Milch zerstampfen, da die Küchlein eine trockene Grundlage benötigen.

Gurkensalat

Zubereitungszeit:
  15 Min.
Für 4 Personen

1 große Salatgurke
1 Becher Frühlingszwiebeln, gehackt
1 EL frische Minze, gehackt
2 TL frisches Basilikum, gehackt
¼ Becher Sultaninen
½ Becher Walnüsse, gehackt
1 Becher Joghurt
1 Knoblauchzehe, zerdrückt

Gurke würfeln oder in Scheiben schneiden und mit den restlichen Zutaten vermengen. In eine Schüssel füllen und servieren.

Avocadosalat mit Walnüssen

Zubereitungszeit:
  15 Min.
Für 4 Personen

gemischter Blattsalat
3 kleine reife Avocados
½ Becher Walnüsse, gehackt
2 TL Weißweinessig
1 TL Dijonsenf
Pfeffer, frisch gemahlen
2 TL Walnußöl
½ Becher Rosinen

1 Salatblätter auf Portionstellern anrichten. Avocados schälen, in Scheiben schneiden, auf den Salatblättern verteilen und mit Walnüssen bestreuen.
2 Essig, Senf und Pfeffer verrühren. Das Öl tropfenweise unter ständigem Schlagen zugeben, damit das Dressing eindickt. Rosinen unterziehen. Dressing auf den Avocados verteilen. Sofort servieren.

Kartoffeltopf mit Mais und Speck

*Vorbereitungszeit:
20 Min.
Zubereitungszeit:
25 Min.
Für 4 Personen*

*250 g Frühstücksspeck, in breiten Streifen
2 Zwiebeln, in Ringen
1 Knoblauchzehe, zerdrückt
400 g Tomaten aus der Dose
4 kleine Kartoffeln, in Scheiben
Pfeffer
4 frische oder tiefgekühlte Maiskolben*

1 Speck in einer Kasserolle bräunen. Herausnehmen, Zwiebeln und Knoblauch einige Minuten dünsten. Tomaten, Kartoffeln und Speck einrühren. Zugedeckt 10–15 Minuten dämpfen.

2 Maiskolben zerteilen, auf den Eintopf legen, leicht andrücken. Falls nötig, etwas Gemüsebrühe zugießen. Deckel auflegen. Etwa 10 Minuten dämpfen, bis der Mais gar ist.

Kartoffeltopf mit Mais und Speck

Herzhafte Gerichte aus aller Welt

NACHSPEISEN

Orangenschnee mit Zitronensauce

Süßspeisen stehen fast immer im Brennpunkt kulinarischer Kindheitserinnerungen. Wohl jeder denkt mit genüßlicher Nostalgie an jene Puddings oder Cremespeisen zurück, mit der Mutter und Oma bewiesen, daß Liebe durch den Magen geht. Hier werden einige traditionelle warme wie kalte Süßspeisen verschiedener Länder vorgestellt, die als Nachtisch jede Mahlzeit krönen.

Orangenschnee mit Zitronensauce

Zubereitungszeit:
35 Min.
Für 8 Personen

Orangenschnee
3 Eier, getrennt
½ Becher Zucker
250 ml Milch, erhitzt
3 EL Gelatine, in wenig
  Wasser gequollen
250 ml Orangensaft
300 ml Sahne
Zitronensauce
1 Eigelb
¼ Becher Zucker
60 g Butter, weich
2 TL Stärkemehl
125 ml Orangensaft
60–65 ml Zitronensaft

1 Für den Orangenschnee die 3 Eigelbe mit dem Zucker verquirlen. Heiße Milch gründlich unterschlagen. In einen Topf füllen und bei niedriger Temperatur bis knapp unter den Siedepunkt erhitzen.
2 Gelatine zugeben und unter Rühren auflösen.
3 In eine Schüssel füllen und in kaltem Wasserbad unter Rühren abkühlen lassen. Orangensaft einrühren. Die 3 Eiweiße zu Schnee, dann die Sahne steif schlagen. Eischnee und Sahne unter die Orangencreme ziehen.
4 Orangenschnee in eine gläserne Servierschale füllen. Im Kühlschrank kalt stellen. Mit in Orangenlikör marinierten und gut gekühlten Orangenscheiben und der Zitronensauce reichen.
5 Für die Zitronensauce alle Zutaten in einem Topf gut verquirlen. Bei niedriger Temperatur rühren, bis die Sauce aufkocht und andickt. Von der Herdstelle nehmen und in kaltem Wasserbad unter Rühren abkühlen lassen. Zu dicke Sauce läßt sich mit etwas Sahne strecken.

> **TIP**
> Gelatine wird zunächst in etwas warmem Wasser aufgelöst und muß dann auf Zimmertemperatur abkühlen.

Brotauflauf

Vorbereitungszeit:
30 Min.
Zubereitungszeit:
40 Min.
Für 4 Personen

4–5 Scheiben Weißbrot
Butter
½ Becher Sultaninen
3 Eier
500 ml Milch
2 EL Zucker
einige Tropfen Vanillearoma
Muskat

1 Brotscheiben mit der Butter bestreichen. Die Brotscheiben können nach Belieben in Streifen geschnitten werden.
2 Sultaninen in einer gefetteten Auflaufform verteilen. Das Brot auflegen. Eier, Milch, Zucker und Vanillearoma verquirlen und über das Brot gießen. 20 Minuten ruhen lassen.
3 Mit Muskat bestreuen und 35–40 Minuten bei mäßiger Hitze backen. Warm mit Apfelmus servieren.

> **TIP**
> Dieses Rezept läßt sich variieren, indem man die Brotscheiben mit Erdbeer- oder Himbeermarmelade bestreicht.

Brotauflauf mit Baiser

Vorbereitungszeit:
15 Min.
Zubereitungszeit:
55 Min.
Für 6 Personen

1 Becher weiches Paniermehl
500 ml Milch, abgekocht
2 Eier, getrennt
⅓ Becher Zucker
3 EL Erdbeermarmelade
1 Becher Erdbeeren, in Scheiben

1 In einer Schüssel das Paniermehl in heißer Milch 10 Minuten einweichen. Eigelbe mit der Hälfte des Zuckers verquirlen und unter die Brotmasse rühren.
2 Eigelbcreme in eine gefettete Auflaufform füllen. Bei 160 °C etwa 45 Minuten backen, bis die Masse fest wird.
3 Erdbeermarmelade und Erdbeeren vermengen, auf dem Auflauf verteilen. Eiweiß steif, dann unter Einrieseln des restlichen Zuckers zur glänzenden, steifen Baisermasse schlagen.
4 Baisermasse auf den Erdbeeren verstreichen. Hitze auf 210 °C erhöhen. 8–10 Minuten backen, bis der Baiser fest und hauchzart gebräunt ist. Heiß oder warm, mit flüssiger Sahne zu Tisch geben.

Likörsoufflé

Vorbereitungszeit:
30 Min.
Zubereitungszeit:
40 Min.
Für 6 Personen

¼ Becher Zucker
1 ½ EL Mehl
180–190 ml Milch
60–65 ml Orangenlikör
15 g Butter
5 Eigelbe, geschlagen
7 Eiweiße

1 Zucker und Mehl in einem Topf mischen. Nach und nach die Milch unterrühren und bei niedriger Flamme kochen, bis die Masse andickt.
2 Von der Herdstelle nehmen, Likör und Butter unterrühren. Ein wenig der heißen Masse zum verquirlten Eigelb geben und glatt rühren. Eigelbcreme in den Topf geben und gut unterschlagen.
3 Eiweiße steif schlagen und vorsichtig unter die Eigelbmasse heben. In eine gefettete, dünn mit Zucker ausgestreute Souffléform füllen.
4 35–40 Minuten bei 210 °C backen. Das Soufflé soll außen fest, innen cremig sein. Mit Puderzucker besieben und sofort servieren.

Likörsoufflé

Crème Caramel

Vorbereitungszeit:
  20 Min. + über Nacht Kühlen
Zubereitungszeit:
  25 Min.
Für 6 Personen

1 Becher Feinzucker
125 ml Wasser
375 ml Milch
125 ml Sahne
⅓ Becher Zucker
4 Eier, verquirlt
einige Tropfen Vanillearoma

1 Feinzucker im Wasser in einer kleinen Kasserolle unter Rühren auf niedriger Flamme auflösen. Ohne zu rühren, goldbraun karamelisieren. Sofort von der Herdstelle nehmen und in 6 gefettete Puddingförmchen gießen. Durch Schwenken die Förmchen gleichmäßig mit dem Karamel beziehen.
2 Milch und Sahne erhitzen. Zucker zugeben, unter Rühren auflösen, dann etwas abkühlen lassen. Verquirlte Eier und Vanillearoma einrühren.
3 Creme in die Puddingförmchen füllen und in eine halb mit warmem Wasser gefüllte Backform setzen. 20–25 Minuten bei 180 °C backen, bis die Creme gestockt ist. Aus dem Ofen nehmen und über Nacht kühl stellen.
4 Creme auf Dessertteller stürzen oder in den Förmchen servieren.

Mangocreme

Zubereitungszeit:
  30 Min. + über Nacht kühlen
Für 4 Personen

1 große reife Mango
2 EL Sherry
60–65 ml Orangensaft
1 EL Zitronensaft
¼ Becher Puderzucker, gesiebt
3 TL Gelatine
200 ml Sahne, geschlagen
Papaya und Melone, Kiwi und Passionsfrüchte zum Garnieren

1 Mango schälen. Fruchtfleisch vom Kern lösen, pürieren und in eine Schüssel füllen. Sherry, Orangen- und Zitronensaft, dann Puderzucker unterrühren.
2 Gelatine in wenig kaltem Wasser quellen lassen, dann in heißem Wasserbad unter Rühren lösen. Abkühlen lassen.
3 Gelatine und Schlagsahne unter die Mangocreme ziehen.
4 In eine feuchte Puddingform füllen und kalt stellen. Gelee auf eine Servierplatte stürzen. Mit Schnitzen von Papaya und Melone, Kiwischeiben und halbierten Passionsfrüchten garnieren.

Crème Caramel

Herzhafte Gerichte aus aller Welt

Mangocreme

HERZHAFTE GERICHTE AUS ALLER WELT

KUCHEN UND KLEINGEBÄCK

Adventskuchen

Kuchen und Kleingebäck „nach Großmutterart" behaupten sich als kulinarische Evergreens von Generation zu Generation. Zunehmend multikulturell und reiselustig geworden, wächst auch unsere Bereitschaft, klassisches Backwerk anderer Nationen zu entdecken. Vieles davon haben wir unserer Küche bereits einverleibt. Einige Highlights seien hier vorgestellt – auf die Gefahr hin, daß sie süchtig machen.

Adventskuchen

Vorbereitungszeit:
 1 Std.
Zubereitungszeit:
 3 Std.
Für 1 Springform von 20 cm Durchmesser

250 g Rosinen, gehackt
250 g Sultaninen
250 g Korinthen
125 g kandierte Kirschen, gehackt
125 g Zitronat und Orangeat, gehackt
125 g Mandeln, geschält, gehackt
80–90 ml Weinbrand oder Orangensaft
2 ½ Becher Mehl
¾ TL Backpulver
½ TL Muskat
½ TL Zimt
1 TL Backgewürze nach Wahl
250 g Butter
1 ½ Becher brauner Zucker
2 EL Marmelade
4 Eier

1 Rosinen, Sultaninen, Korinthen, Kirschen, Zitronat, Orangeat und Mandeln mischen. In Weinbrand oder Orangensaft einweichen.
2 Mehl, Backpulver und Gewürze mischen. Butter und Zucker schaumig rühren. Marmelade einrühren. Eier einzeln zugeben und gründlich verrühren.
3 Abwechselnd die Trockenfrucht- und Mehlmischung zugeben und gut vermengen. Eine hohe Springform mit je 2 Lagen Alufolie und Pergamentpapier, ersatzweise mit Backpapier, ausschlagen. Teig einfüllen und 30 Minuten bei 180 °C backen. Auf 160 °C zurückschalten und weitere 2 ½–3 Stunden backen. Garprobe machen. Wenn der Teig nicht mehr klebt, aus dem Ofen nehmen.

> **TIP**
> Man kann die Trockenfrüchte schon einige Wochen vor dem Backen in Weinbrand einlegen.

Teekuchen mit Zimt

Vorbereitungszeit:
 20 Min.
Zubereitungszeit:
 30 Min.
Für 1 Kuchen

1 Becher Mehl
1 TL Backpulver
½ TL Zimt
¼ TL Muskat
1 Ei, getrennt
½ Becher Zucker
60–65 ml Milch
Vanillearoma
30 g Butter, zerlassen
zerlassene Butter zum Bepinseln
1 TL Zimt zum Bestreuen
1 EL Zucker zum Bestreuen

1 Mehl, Backpulver, Zimt und Muskat miteinander vermengen.
2 Eiweiß steif schlagen. Eigelb zugeben und unterschlagen. Zucker einrieseln lassen und kräftig unterschlagen. Nach und nach Milch und Vanillearoma einrühren.
3 Mehlmischung und zerlassene Butter unterrühren. Teig in eine runde Backform von 18 cm Durchmesser füllen und etwa 30 Minuten bei mittlerer Hitze (180 °C) backen. Heiß mit zerlassener Butter bepinseln und mit Zimt und Zucker bestreuen. Warm oder kalt mit Butter zum Tee reichen.

Kaffeekuchen

Vorbereitungszeit:
 10 Min.
Zubereitungszeit:
 40 Min.
Für 1 Kuchen

1 ¼ Becher Mehl
1 ½ TL Backpulver
¾ Becher brauner Zucker
2 TL Instantkaffeepulver
90 g Butter, zerlassen
2 Eier
3 EL Sahne
100 g Schokolade
enthäutete Mandeln zum Verzieren

1 Mehl, Backpulver, Zucker und Kaffeepulver mischen. Butter, Eier und Sahne zugeben und zu einem glatten Teig rühren.
2 Teig in eine gefettete Kastenform füllen und 35–40 Minuten bei 180 °C backen. Auf Kuchengitter abkühlen lassen.
3 Schokolade im Wasserbad schmelzen. Kuchen mit Schokolade bestreichen und mit Mandeln verzieren.

Kaffeekuchen

Käsekuchen mit Apfel

Vorbereitungszeit:
 10 Min.
Zubereitungszeit:
 25 Min.
Für 8 Personen

¾ Becher Mehl
60 g weiche Butter
2 TL Wasser
rote Marmelade
2 Äpfel, geschält, entkernt, in Scheiben
¼ Becher Sultaninen
1 Becher Hüttenkäse
½ Becher Mehl
½ Becher Zucker
3 Eier
geriebene Zitronenschale
1 EL Zitronensaft
60–70 ml Sahne, geschlagen
Puderzucker zum Besieben

1 ¾ Becher Mehl, Butter und Wasser verkneten. Teig gleichmäßig auf den Boden einer gefetteten Springform drücken. Mit Marmelade bestreichen. Apfelscheiben auflegen und mit der Hälfte der Sultaninen bestreuen.
2 Hüttenkäse, ½ Becher Mehl, Zucker, Eier, Zitronenschale, Zitronensaft und restliche Sultaninen gut verrühren. Schlagsahne unterziehen. Masse auf den Äpfeln verteilen.
3 Im vorgeheizten Ofen 25 Minuten bei 210 °C backen. Puderzucker darübersieben und warm servieren.

Käsekuchen mit Apfel

Zitronentörtchen

Vorbereitungszeit:
15 Min. + 30 Min.
kühlen
Zubereitungszeit:
15 Min.
Für 20 Törtchen

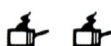

Teig
1 ¼ Becher Mehl
2 EL Zucker
125 g Butter
1 Eigelb
1 EL Zitronensaft
Zitronenmus
125 g Butter
1 Becher Zucker
feingeriebene Schale von 3 mittelgroßen Zitronen
60–65 ml Zitronensaft
4 Eier, leicht verschlagen

1 Mehl und Zucker mischen. Butter zugeben und zu einer bröseligen Masse verarbeiten.
2 Eigelb und Zitronensaft vermengen. Zum Teig geben und zu einem geschmeidigen Laib kneten. Eingewickelt 30 Minuten kalt stellen.
3 Teig auf bemehlter Arbeitsfläche ausrollen. Runde Scheiben ausstechen und in Törtchenformen legen. 12–15 Minuten bei 180 °C lichtgold bakken. Törtchen aus den Formen lösen und abkühlen lassen. Mit Zitronenmus füllen und mit Schlagsahne servieren.
4 Für das Zitronenmus Butter im Wasserbad zerlassen. Zucker, Zitronenschale und -saft, dann rasch die Eier unterrühren. Im kochenden Wasserbad etwa 5 Minuten unter Rühren andicken, bis die Masse am Löffelrücken geliert. Durch ein Sieb streichen. Mus in heiße, sterilisierte Gläser füllen und gut verschließen. Bis zum Gebrauch im Kühlschrank lagern.

Tip
Köstlich schmecken die Törtchen auch mit Marzipan gefüllt und gekrönt von Marmelade.

Zitronentörtchen

Schottisches Mürbegebäck

Schottisches Mürbegebäck

Vorbereitungszeit:
15 Min.
Zubereitungszeit:
20 Min.
Für 2 Fladen

250 g Butter
½ Becher Feinzucker

2 ¼ Becher Weizenmehl
½ Becher Reismehl

1 Butter und Zucker gut vermengen. Beide Mehlsorten zugeben. Zu einem glatten Teig kneten und zu 2 Klößen formen.
2 Die Teigklöße auf 2 mit Backpapier ausgelegte Bleche setzen. Zu runden, 1 cm dicken Platten von 20 cm Durchmesser ausrollen und die Ränder mit den Fingern eindrücken. Je 8 „Tortenstücke" markieren. Oberfläche mit einer Gabel einstechen.
3 Bei 160 °C etwa 20 Minuten goldgelb backen. Etwas abkühlen lassen, dann in die markierten Stücke schneiden oder brechen.

Französische Apfeltorte

Französische Apfeltorte

*Vorbereitungszeit:
20 Min.
Zubereitungszeit:
30 Min.
Für 1 Torte von 28 cm
Durchmesser*

*375 g Tiefkühl-Blätterteig,
aufgetaut
4 Kochäpfel, geschält, in
feinen Schnitzen
½ Becher Aprikosenmarmelade
1 EL Weißwein oder Wasser*

1 Teig zu einer runden Platte ausrollen und in eine Form von 28 cm Durchmesser legen. Eng mit überlappenden Apfelschnitzen belegen.
2 Marmelade mit Wein oder Wasser erhitzen. Äpfel sorgfältig mit der Masse bepinseln. 25–30 Minuten bei 200 °C backen, dabei gelegentlich mit Marmelade bestreichen. Soll die Oberfläche glasig glänzen, den Kuchen gegen Ende der Backzeit unter die Oberhitze schieben. Warm servieren.

Apfelkuchen mit Zitrusmarmelade

*Vorbereitungszeit:
30 Min.
Zubereitungszeit:
50 Min.
Für 1 Kuchen von 23 cm
Durchmesser*

*2 EL heißes Wasser
150 g Butter
1 ½ Becher Mehl
1 kg Äpfel (Granny Smith),
geschält, in Scheiben
3 EL Marmelade von
Zitrusfrüchten
1 Prise Nelkenpulver
½ Becher Feinzucker
Eiweiß, ungeschlagen zum
Bepinseln
Zucker zum Bestreuen
Zimt zum Bestreuen*

1 Mit heißem Wasser zerlassene Butter zum Mehl geben und zu einem geschmeidigen Teig verarbeiten. Bei Bedarf etwas Mehl oder heißes Wasser zufügen. Auf bemehltem Brett zügig ausrollen. Eine Springform von 23 cm Durchmesser mit dem Teig ausschlagen.
2 Apfelscheiben, Marmelade, Nelken und Zucker mischen und auf dem Teig verteilen.
3 Teigränder mit heißem Wasser bepinseln. Deckplatte aus übrigem Teig auflegen, Ränder fest zusammendrücken. Nach Belieben mit dekorativ geschnittenen Teigresten verzieren. Die Mitte einstechen, damit der Dampf abziehen kann.
4 Mit Eiweiß bepinseln und großzügig mit Zucker bestreuen. 40–50 Minuten bei 190 °C goldbraun backen. Mit Alufolie abdecken, falls die Oberfläche zu stark bräunt. Vor dem Servieren mit Zimt bestäuben. Heiß oder abgekühlt mit gesüßter Zimtschlagsahne zu Tisch bringen.

Herzhafte Gerichte aus aller Welt

Apfelkuchen mit Zitrusmarmelade

Leichte Küche für Geniesser

Suppen

Alle Gerichte in diesem Kapitel enthalten sehr wenig Fett. Sie können sie essen, so oft Sie wollen. Geben Sie etwas Brot (2 Scheiben enthalten 1 g Fett) und frisches Obst (enthält kein Fett) dazu, und Sie haben eine sättigende, fettarme Mahlzeit!

Süßkartoffel-Kürbis-Suppe mit Orange

Vorbereitungszeit:
  30 Min.
Zubereitungszeit:
  20 Min.
Für 4 Personen

1 Zwiebel, gehackt
1 Knoblauchzehe
1 Zweig Rosmarin
750 g Kürbis, geschält, entkernt und in Stücke geschnitten
500 g Süßkartoffeln, geschält und in Stücke geschnitten
750 ml Hühnerbrühe
250 ml Orangensaft

1. Alle Zutaten in einem großen Topf miteinander vermengen. Zum Kochen bringen, abdecken und auf kleiner Flamme ca. 15 bis 20 Minuten kochen lassen, bis das Gemüse weich ist. Rosmarinzweig entfernen.
2. Die Suppe pürieren. Vor dem Servieren die Suppe wieder in den Topf geben und aufwärmen. In Suppenschalen füllen und mit frisch gemahlenem Pfeffer bestreuen.

Fett pro Portion: 1 g

Hinweis: Zu dieser Suppe paßt gut getoastetes Fladenbrot.

> **TIP**
> Beim Pürieren nicht zu große Mengen in die Küchenmaschine oder das Mixgefäß geben. Portionsweises Verarbeiten verhindert, daß die kochend heiße Flüssigkeit überläuft.

Süßkartoffel-Kürbis-Suppe mit Orange

LEICHTE KÜCHE FÜR GENIEẞER

Chinesische Hühnersuppe mit Nudeln

Vorbereitungszeit:
 10 Min.
Zubereitungszeit:
 25 Min.
Für 4 Personen

6 Stengel Korianderkraut mit Blättern und Wurzeln
1 1/2 l Hühnerbrühe
6 Limonenblätter, getrocknet
1 TL frischer Ingwer, gehackt
2 kleine Hähnchenbrustfilets (250 g), ohne Haut, in feine Streifen geschnitten
175 g feine chinesische Eiernudeln
1 TL frische Chilischote, gehackt
10 Frühlingszwiebeln, in ca. 2 1/2 cm lange Stücke geschnitten
200 g Sojabohnensprossen
1 EL Fischfond

1. Korianderwurzeln abschneiden; Blätter abzupfen, 1/2 Tasse davon aufheben. Brühe, Korianderwurzeln, Limonenblätter und Ingwer in einen großen Topf geben, aufkochen lassen, abdecken und 10 Minuten auf kleiner Flamme kochen lassen. Brühe durchseihen und wieder in den Topf gießen.
2. Hähnchenfleisch in die Brühe geben und zum Kochen bringen. Dann 3 Minuten bei geringer Hitze köcheln lassen.
3. Nudeln in 3 cm lange Stücke brechen, zusammen mit Chili und Frühlingszwiebeln in den Topf geben. 3 Minuten köcheln lassen, bis die Nudeln gar sind. Sojabohnen und Fischsauce zugeben. Vorsichtig umrühren. Nur so lange ziehen lassen, bis die Sprossen noch knackig sind.
4. Die Korianderblätter auf die Suppenteller verteilen, Suppe daraufgeben und servieren.

Fett pro Portion: 3 g

Kartoffel-Porree-Suppe mit Spinat

Vorbereitungszeit:
 20 Min.
Zubereitungszeit:
 35 Min.
Für 4 Personen

2 TL Olivenöl
1 mittelgroße Zwiebel, geschält und gehackt
1 Knoblauchzehe, zerdrückt
1 TL getrockneter Thymian
2 große Porreestangen
400 g Kartoffeln, geschält und grobgewürfelt
1 l Hühnerbrühe
200 g frischer Spinat, gewaschen und gehackt
1/2 Becher Magermilchpulver
Saft einer halben Zitrone

1. Öl erhitzen. Zwiebel, Knoblauch und Thymian zugeben, abgedeckt bei kleiner Hitze 3–4 Minuten dünsten, ab und zu umrühren.
2. Porreestangen in feine Ringe schneiden, die äußeren, harten Blätter nicht verwenden. Porree und Kartoffeln zu den Zwiebeln geben, zudecken und 3–4 Minuten andünsten, dabei ein- bis zweimal umrühren.
3. Brühe zufügen, aufkochen und ca. 20 Minuten köcheln lassen.
4. Den Spinat zugeben und weitere 3–4 Minuten kochen.
5. Die Suppe pürieren. Dabei das Milchpulver zugeben.

Fett pro Portion: 3 g

Chinesische Hühnersuppe mit Nudeln (oben) und Kartoffel-Porree-Suppe mit Spinat

LEICHTE KÜCHE FÜR GENIEßER

Leichte Küche für Genießer

Gemüsesuppe mit Pesto

Vorbereitungszeit:
15 Min. + Quellzeit
über Nacht
Zubereitungszeit:
60 Min.
Für 6 Personen

1 Becher getrocknete weiße Bohnen
2 TL Olivenöl
2 mittelgroße Zwiebeln, feingeschnitten
1 Knoblauchzehe, zerdrückt
1 TL getrocknete Thymianblätter
2 l Hühnerbrühe
2 mittelgroße Kartoffeln, geschält und gewürfelt
1 große Porreestange, geputzt und geschnitten
1 mittelgroße Karotte, in Scheiben geschnitten
2 Becher Kürbis, geschält und gewürfelt
2 Becher Zucchini, in Scheiben geschnitten
2 Becher grüne Bohnen, in Stücke geschnitten
Pfeffer zum Abschmecken

Pesto
1 großes Bund frisches Basilikum
2 Knoblauchzehen, geschält
2 EL Zitronensaft
1 EL Olivenöl, kaltgepreßt
2 EL Pinienkerne
2 EL feingeriebener Parmesankäse

Gemüsesuppe mit Pesto (oben)
und Grüne Erbsensuppe

1. Bohnen mit Wasser bedecken und über Nacht quellen lassen.
2. Bohnen abgießen und in 1½ l kaltem Wasser aufkochen lassen, abdecken und 40 Minuten bei geringer Hitze bißfest garen. Danach abgießen.
3. Öl, Zwiebeln, Knoblauch und Thymian zugeben, abdecken und bei niedriger Temperatur 5 Minuten dünsten, dabei die Zwiebeln nicht anbräunen lassen. Brühe, weiße Bohnen, Kartoffeln, Porree, Karotte und Kürbis zugeben, zum Kochen bringen, abdecken und 7–8 Minuten köcheln lassen.
4. Zucchini, grüne Bohnen und Pfeffer zufügen und noch 3–4 Minuten weiterköcheln lassen. Suppe in Servierschälchen füllen, jedes mit einem Löffel Pesto garnieren.

Zubereitung des Pesto: Basilikumblätter mit Knoblauch, Zitronensaft und Öl in die Küchenmaschine geben und fein hacken. Pinienkerne und Parmesan zugeben und alles zu einer glatten Paste verarbeiten.

Fett pro Portion: 10 g

Grüne Erbsensuppe

Vorbereitungszeit:
15 Min.
Zubereitungszeit:
15 Min.
Für 4 Personen

1 l Hühnerbrühe
500 g tiefgekühlte Erbsen
6 Frühlingszwiebeln, kleingeschnitten
3 oder 4 große äußere Kopfsalatblätter,
1 TL Zucker
1 großer oder 2 kleine Zweige frischer Rosmarin
½ Becher Minzezweige
Saft einer Zitrone
125 ml fettarmer Joghurt
schwarzer Pfeffer

1. Brühe erhitzen. Erbsen, Frühlingszwiebeln, Salat, Zucker, Rosmarin und Minze zugeben. Aufkochen, abdecken und 5 Minuten bei geringer Temperatur kochen lassen, so daß die frische grüne Farbe erhalten bleibt. Rosmarin und Minze entfernen.
2. Die Suppe mit dem Mixer glattrühren.
3. Die fertige Suppe auf Teller verteilen. In jede Portion einen Löffel Joghurt spiralförmig einrühren und mit gemahlenem schwarzen Pfeffer bestreuen. Sofort servieren.

Fett pro Portion: 1 g

Suppe mit Meeresfrüchten

Vorbereitungszeit:
 15 Min.
Zubereitungszeit:
 45 Min.
Für 4 Personen

*500–750 g Fischgräten
 oder 1 Fischkopf*
1 l kaltes Wasser
*1 mittelgroße Karotte,
 grob zerkleinert*
3 Lorbeerblätter
einige Zweige Petersilie
*1 TL Kräutermischung,
 getrocknet*
½ Zitrone
2 TL Olivenöl
*1 große Zwiebel,
 feingeschnitten*
*2 Knoblauchzehen,
 zerdrückt*
*1 Porreestange, geputzt
 und in Ringe
 geschnitten*
*500 g Kartoffeln, geschält
 und gewürfelt*
*350 g Fischfilets,
 entgrätet und in Würfel
 geschnitten*
*500 g Miesmuscheln mit
 Schale, geputzt, ohne
 Bärte*
*500 g frische Hummer-
 krabben, ausgelöst, ohne
 Darmfäden*
2 EL Zitronensaft
*½ Becher Koriander oder
 Petersilie, frisch gehackt*

1. Fischgräten oder -kopf, Wasser, Karotte, Lorbeerblätter, Petersilie, Kräutermischung und Zitrone in einen großen Topf geben. Aufkochen, abdecken und 20 Minuten bei geringer Temperatur kochen. Fischbrühe durchseihen und beiseite stellen.
2. Topf auswaschen. Öl erhitzen, Zwiebel und Knoblauch darin 3–4 Minuten dünsten. Porree und Kartoffeln zugeben und locker mischen. Fischbrühe angießen, aufkochen und ca. 12–15 Minuten köcheln lassen, bis die Kartoffeln gar sind.
3. Fischfilets zugeben und wieder zum Kochen bringen. Muscheln zufügen und einige Minuten mitkochen lassen, bis sie sich öffnen und der Fisch gar ist. Ungeöffnete Muscheln entfernen.
4. Krabben zugeben und kochen lassen, bis sie zartrosa werden. Mit Zitronensaft und Koriander würzen und sofort servieren.

Fett pro Portion: 5 g

Suppe mit Meeresfrüchten

Leichte Küche für Genießer

Frühstückssuppe mit Obst

Vorbereitungszeit:
 5 Min. + 30 Min. Quellzeit
Zubereitungszeit:
 15 Min.
Für 4–6 Personen

*750 ml Apfelsaft
1 Becher getrocknete Pfirsiche, in Viertel geschnitten
1 Becher getrocknete Äpfel
1 Becher Backpflaumen
1 Stange Zimt
1 Vanilleschote
1/2 Becher Rundkornreis
250 ml Orangensaft
250 ml Pfirsichsaft
200 g fettarmer Joghurt
1 TL Zimt, gemahlen
2 TL Zucker
2 Orangen, geschält und quer zerteilt
frische Minzezweige zum Garnieren*

1. Apfelsaft, getrocknete Pfirsiche, Äpfel und Backpflaumen, Zimtstange, Vanilleschote und Reis in einen großen Topf geben. Beiseite stellen und 30 Minuten einweichen lassen.
2. Die Mischung aufkochen und 15 Minuten bei geringer Temperatur kochen. Abkühlen lassen, Zimtstange und Vanilleschote herausnehmen. (Schwarze Körnchen in der Suppe von der Vanilleschote sind normal.)
3. Orangen- und Pfirsichsaft zufügen und gut durchrühren. Joghurt nur spiralförmig – mit einem Streifeneffekt – einrühren, ohne ihn völlig unterzumischen.
4. Gemahlenen Zimt und Zucker in einer Tasse mischen. Suppe gekühlt in Schälchen servieren; mit Orangenscheiben garnieren und mit Zimt und Zucker bestreuen. Mit Minze dekorieren.

Fett pro Portion: 0 g

Rote-Bete-Suppe

Vorbereitungszeit:
 15 Min.
Zubereitungszeit:
 15 Min.
Für 4 Personen

*2 TL Olivenöl
1 mittelgroße Zwiebel, gehackt
4 mittelgroße frische rote Bete, geschält und gerieben
1 Apfel (Granny Smith), ohne Kerngehäuse und kleingeschnitten
1 Becher Rotkohl, gehobelt
1 l Hühnerbrühe
2 EL Tomatenmark
125 ml Weißwein
200 g fettarmer Joghurt
Schnittlauch oder Petersilie, feingehackt*

1. Öl in einem großen Topf erhitzen. Zwiebel darin bei geringer Temperatur unter gelegentlichem Umrühren 4–5 Minuten andünsten.
2. Rote Bete, Apfel, Rotkohl, Brühe und Tomatenmark zugeben, zum Kochen bringen, 10 Minuten bei niedriger Temperatur kochen. Wein angießen. Soll die Suppe heiß verzehrt werden, sofort servieren; soll sie kalt gegessen werden, mindestens 2 Stunden kalt stellen. Die Suppe in Servierschalen füllen und mit einem Schlag Joghurt verzieren. Evtl. mit Schnittlauch oder Petersilie garnieren.

Fett pro Portion: 3 g

> **TIP**
> Das Aroma frischer roter Bete macht diese Suppe zu einem Geschmackserlebnis. Statt frischer Knollen kann man auch ein großes Glas (ca. 800 g) rote Bete in Scheiben verwenden (abgetropft). Im Winter heiß, im Sommer gekühlt servieren.

Rote-Bete-Suppe (oben) und Frühstückssuppe mit Obst

Leichte Küche für Genießer

Salate & Gemüse

Gemüse können Sie in Salaten und warmen Gerichten sehr phantasievoll verwenden. Die folgenden Rezepte sind köstlich und leicht nachzukochen. Alle enthalten nur ganz wenig Fett – zwischen 1 und 6 g.

Mittelmeer-Salat

Vorbereitungszeit:
  15 Min. + 20 Min.
  Ruhezeit + 30 Min.
  Kühlzeit
Zubereitungszeit:
  15 Min.
Für 4 Personen

1 mittelgroße Aubergine
  (ca. 500 g), in ca.
  ½ cm breiten Scheiben
Salz
1 EL Olivenöl
1 große rote Zwiebel, in
  Scheiben geschnitten
1 Knoblauchzehe,
  zerdrückt
1 TL getrocknete Oregano-
  blätter
1 rote Paprikaschote,
  entkernt, in Streifen
  geschnitten
1 grüne Paprikaschote,
  entkernt, in Streifen
3–4 mittelgroße Tomaten
1 EL Kapern
2 EL Balsamessig
gemahlener schwarzer
  Pfeffer

1. Auberginenscheiben mit Salz bestreuen und ungefähr 20 Minuten beiseite stellen.
2. Öl in einer beschichteten Pfanne erhitzen. Zwiebelscheiben, Knoblauch, Oregano und Paprikastreifen hineingeben, zudecken und bei geringer Temperatur andünsten, aber dabei nicht bräunen.
3. Tomaten in eine hitzebeständige Schüssel legen, mit kochendem Wasser übergießen und 2 Minuten stehen lassen. Wasser abgießen und Tomaten in kaltes Wasser tauchen. Haut von oben nach unten abziehen und anschließend die Tomaten in Scheiben schneiden und in eine große Schüssel geben. Die Zwiebel-Paprika-Mischung und Kapern zugeben.
4. Auberginen gründlich abspülen und mit Küchenkrepp trockentupfen.

Mittelmeer-Salat

Leichte Küche für Genießer

Unter den heißen Grill legen, bis sie zu bräunen beginnen. In Stücke schneiden und in die Salatschüssel geben. Essig über das Gemüse träufeln, mit Pfeffer bestreuen und gut durchmischen. 30 Minuten kühlen. Mit gehackter Petersilie bestreuen und mit knusprigem Brot servieren.
Fett pro Portion: 5 g

Nudelsalat mit Kräutern

Vorbereitungszeit:
  15 Min. + Kühlzeit
Zubereitungszeit:
  10 Min.
Für 4 Personen

375 g Spiralnudeln
1 EL Olivenöl
2 Knoblauchzehen
6 Frühlingszwiebeln, feingeschnitten
4 Sardellenfilets, grobgehackt
1 große Karotte, in feine Streifen geschnitten
8 schwarze Oliven, feingeschnitten
1–2 EL Zitronensaft
1 Becher frisches Basilikum, gehackt
1/4 Becher frischer Koriander, gehackt
2 EL frische Minze, gehackt

1. Einen großen Topf mit Wasser zum Kochen bringen, Nudeln *al dente* kochen.
2. Während die Nudeln kochen, das Öl in einer mittelgroßen Pfanne erhitzen und Knoblauch und Frühlingszwiebeln darin 1 Minute andünsten. Topf vom Herd nehmen, Sardellen, Karotte, Oliven, Zitronensaft und Kräuter zugeben und gut mischen.
3. Die Mischung auf die heißen, abgetropften Nudeln geben, gut durchmischen und kalt stellen.
Fett pro Portion: 6 g

Gemüsepfanne mit Zitrone und Honig

Vorbereitungszeit:
  10 Min.
Zubereitungszeit:
  15 Min.
Für 4 Personen

2 TL Sesamöl
1 mittelgroße Zwiebel, in Achtel geteilt
1 Knoblauchzehe, zerdrückt
1 TL Chilischote, gehackt
1 TL frischer Ingwer, gehackt
1 EL Honig
8 Becher Gemüse, kleingeschnitten (Brokkoli, Blumenkohl, Zucchini, grüne Bohnen, Zuckererbsen, Champignons, Paprikaschote)
125 ml Hühnerbrühe
1 EL Sojasauce
1 EL Zitronensaft

1. Öl erhitzen, Zwiebel anbraten.
2. Knoblauch, Chili, Ingwer und Honig zugeben.
3. Gemüse zugeben und anbraten, bis die Gemüsestücke gar sind.
4. Brühe mit Sojasauce und Zitronensaft mischen, über das Gemüse gießen. Temperatur erhöhen und umrühren.
Fett pro Portion: 3 g

> **TIP**
> Für dieses Gericht kann man auch andere Gemüsesorten verwenden oder frische Gemüsereste praktisch verwerten. Welke Gemüse verderben das Gericht allerdings!

Gemüsepfanne mit Zitrone und Honig (oben) und Nudelsalat mit Kräutern

Leichte Küche für Genießer

Geröstetes Gemüse

Vorbereitungszeit:
15 Min.
Zubereitungszeit:
25 Min.
Für 4 Personen

2 rote Paprikaschoten
4 kleine Zwiebeln
4 mittelgroße Tomaten
4 Zweige frischer
   Rosmarin
2 kleine Fenchelknollen
2 Knoblauchknollen
2 TL Olivenöl
frisch gemahlener
   schwarzer Pfeffer

1. Backofen auf 200 °C vorheizen. Paprikaschoten längs halbieren, Kerne und Häutchen entfernen; Zwiebeln schälen. Tomaten halbieren, ohne dabei den Stielansatz zu durchtrennen. In jede einen Zweig Rosmarin stecken und wieder zuklappen.
2. Fenchelknollen längs halbieren; Knoblauchknollen quer halbieren. Fenchel und Knoblauch mit Öl einpinseln.
3. Gemüse in einer Röstpfanne 25 Minuten im Backofen rösten. Herausnehmen und den gerösteten Knoblauch über dem Fenchel ausdrücken. Mit gemahlenem schwarzen Pfeffer bestreuen und sofort servieren. Paßt zu gegrilltem Fisch, Geflügel und magerem Fleisch.

Fett pro Portion: 3 g

Geröstetes Gemüse

1 Paprikaschoten längs halbieren, Kerne und Häutchen entfernen.

2 Knoblauchknollen quer halbieren, damit der Saft aus den Zehen austreten kann.

3 Das Gemüse in einer Röstpfanne anrichten und 25 Minuten im Ofen rösten.

4 Gemüse herausnehmen und gerösteten Knoblauch über dem Fenchel ausdrücken.

Leichte Küche für Genießer

Warmer Kürbissalat

Vorbereitungszeit:
15 Min.
Zubereitungszeit:
20 Min.
Für 4 Personen

1 EL Sesamsamen
2 TL Olivenöl
1 kleine Zwiebel, in feine Ringe geschnitten
1 mittelgroße Fenchelknolle, in dünne Scheiben geschnitten
500 g Kürbis, geschält und in ca. $^{1}/_{2}$ cm dicke Scheiben geschnitten
60 ml Orangensaft
2 TL Zitronensaft
2 TL Honig
1 TL Sesamöl
2 TL feingeriebene Orangenschale
2 EL frischer Schnittlauch, gehackt

1. Sesamsamen in einer Bratpfanne nur goldgelb anrösten. Vom Herd nehmen und beiseite stellen.
2. Olivenöl in einer Pfanne erhitzen, Zwiebel und Fenchel hineingeben, abdecken und bei geringer Temperatur 3–4 Minuten andünsten.
3. Kürbis zugeben und mitdünsten, bis er weich ist. Dabei vorsichtig umrühren. In eine flache Schüssel geben.
4. Orangen- und Zitronensaft mit Honig, Sesamöl und Orangenschale mischen. Über den Kürbis gießen und Schnittlauch darüber streuen.

Fett pro Portion: 5 g

Bulgursalat mit Minze

Vorbereitungszeit:
15 Min. + 30 Min. Quell- und Ruhezeit
Zubereitungszeit: keine
Für 4 Personen

1 Becher Weizengrütze (Bulgur)
$^{1}/_{2}$ Becher getrocknete Aprikosen, gehackt
500 ml kochendes Wasser
1 Salatgurke
1 Becher Minze, gehackt
$^{1}/_{2}$ Becher Petersilie, gehackt
$^{1}/_{2}$ Becher Korianderkraut, gehackt
1 kleine rote Zwiebel, sehr feingehackt
$^{1}/_{2}$ Becher Frühlingszwiebeln, feingehackt
2 EL Zitronensaft
8 schalenförmige Salatblätter (Eisbergsalat)

1. Bulgur und getrocknete Aprikosen in einen Topf mit dicht schließendem Deckel geben. Kochendes Wasser darübergießen, zudecken und 15 Minuten quellen lassen (das Wasser wird aufgesogen).
2. Gurke schälen und längs halbieren. Mit einem Teelöffel die Kerne herauskratzen. Gurke in feine Scheiben schneiden und 15 Minuten beiseite stellen. Falls nötig, mit Küchenpapier trockentupfen.
3. Gurke, Minze, Petersilie, Koriander, Zwiebel, Frühlingszwiebeln und Zitronensaft zum Weizenschrot geben, alles mischen und mit einer Gabel auflockern.
4. Salat in Salatblättern anrichten und mit Fladenbrot und aufgeschnittenen reifen Tomaten servieren. Nach Wunsch mit Petersilie garnieren.

Fett pro Portion: 1 g

Warmer Kürbissalat (oben) und Bulgursalat mit Minze

Augenbohnen mit Porree

Vorbereitungszeit:
5 Min.
Zubereitungszeit:
60 Min.
Für 4 Personen

250 g getrocknete Augenbohnen
1 l Wasser
2 Porreestangen, gut gewaschen
2 TL Olivenöl
1 Knoblauchzehe, zerdrückt
1 EL körniger Senf
250 ml Cidre
1 EL frischer oder 1 TL getrockneter Thymian
2 EL frische Petersilie, gehackt

1. Bohnen mit Wasser bedecken. Aufkochen, Temperatur vermindern und 40 Minuten köcheln lassen.
2. Porree in Ringe schneiden (nur die weißen und zartgrünen Teile verwenden).
3. Öl in einem großen Topf erhitzen, Knoblauch und Porree zufügen und 4–5 Minuten bei geringer Temperatur andünsten.
4. Senf, Cidre, abgetropfte Bohnen und Thymian zufügen, zudecken und noch ca. 15 Minuten kochen, bis die Bohnen weich sind. Mit Petersilie bestreut servieren.

Fett pro Portion: 4 g

TIP
Die kleinen Augenbohnen müssen nicht eingeweicht werden. Bei Verdauungsproblemen sollten Sie sie über Nacht quellen lassen und mit frischem Wasser 25 Minuten kochen.

Augenbohnen mit Porree

1 Augenbohnen in einem großen Topf mit ausreichend Wasser bedecken.

2 Porree in Ringe schneiden, harte äußere Blätter entfernen.

3 Öl in einem großen Topf erhitzen, Knoblauch und Porree andünsten.

4 Senf, Cidre, abgegossene Bohnen und Thymian zufügen.

Kartoffelsalat mit Basilikum-Joghurt-Dressing

Vorbereitungszeit:
  10 Min. + Kühlzeit
Zubereitungszeit:
  5–10 Min.
Für 4 Personen

500 g neue (kleine) Kartoffeln
2 EL Zitronensaft
200 g fettarmer Joghurt
1 Knoblauchzehe, zerdrückt
1 Becher frisches Basilikum, gehackt
¹/₂ Becher frische Petersilie, gehackt
frisch gemahlener schwarzer Pfeffer
1 EL geröstete Pinienkerne

1. Kartoffeln abbürsten (falls nötig) und weichkochen. Noch heiß halbieren oder vierteln und mit Zitronensaft beträufeln.
2. Joghurt, Knoblauch, Basilikum, Petersilie und viel schwarzen Pfeffer miteinander verrühren. Über die warmen Kartoffeln geben und vorsichtig untermischen. Abkühlen lassen und kalt stellen. Mit Pinienkernen bestreuen. Mit Vollkornbrot und einem grünen Salat aus verschiedenen Blattsorten, Brunnenkresse und jungem Spinat servieren. Nach Wunsch noch Cocktailtomaten oder rote Bete hinzufügen.

Fett pro Portion: 3 g

Ratatouille

Vorbereitungszeit:
  25 Min. + 20 Min. Quellzeit
Zubereitungszeit:
  40 Min.
Für 4 Personen

1 mittelgroße Aubergine, kleingeschnitten
4 große Tomaten
1 EL Olivenöl
2 mittelgroße Zwiebeln, gehackt
2 Knoblauchzehen, zerdrückt
1 grüne Paprikaschote, entkernt und kleingeschnitten
1 rote Paprikaschote, entkernt und kleingeschnitten
4 große Zucchini, in Scheiben geschnitten
1 TL getrocknete Oreganoblätter
2 große Lorbeerblätter

1. Aubergine salzen und 20 Minuten beiseite stellen. Salz abspülen und mit Küchenkrepp trockentupfen. Die Tomaten kreuzförmig einritzen und mit kochendem Wasser übergießen. 3–4 Minuten stehen lassen, abschrecken, schälen und grob hacken.
2. Öl erhitzen. Zwiebel sehr weich dünsten. Knoblauch zugeben und 1 Minute mitdünsten.
3. Aubergine, Paprika und Zucchini zugeben und bei mittlerer Hitze 5 Minuten dünsten. Tomaten, Oregano und Lorbeerblätter zufügen, Temperatur vermindern, abdecken und 15 Minuten köcheln lassen. Offen noch 5 Minuten weiterkochen lassen, bis die Flüssigkeit leicht eingedickt ist.

Fett pro Portion: 5 g

> **TIP**
> Ratatouille schmeckt köstlich in Pitta-Brot oder zu gegrilltem Fisch oder Geflügel. Eine delikate, fettarme Variante: einige Vertiefungen in das Ratatouille drücken, in jede ein Ei aufschlagen und braten, bis die Eier gestockt sind.

Ratatouille (oben) und Kartoffelsalat mit Basilikum-Joghurt-Dressing

Tomaten mit Basilikumfüllung

Vorbereitungszeit: 20 Min.
Zubereitungszeit: 20 Min.
Für 6 Personen

6 mittelgroße, reife Tomaten
1 großes Bund Basilikum (ca. 2 Becher Blätter)
2 EL frischer Schnittlauch, gehackt
2 Knoblauchzehen, zerdrückt
2 EL Zitronensaft
250 g Ricotta-Käse
Salz und Pfeffer zum Abschmecken
2 Scheiben zerkrümeltes Vollkornbrot
2 EL geriebener Parmesankäse
1 EL Petersilie, gehackt

1. Backofen auf 180 °C vorheizen. Von den Tomaten einen Deckel abschneiden, das Fleisch herausstechen, Tomaten umdrehen und abtropfen lassen. Das Tomatenfleisch zerkleinern und in einem Sieb abtropfen lassen.
2. Die Basilikumblätter, Schnittlauch, Knoblauch und Zitronensaft mit dem Mixer mischen. Ricotta, Salz und Pfeffer und das Tomatenfleisch zufügen, alles gut vermengen.
3. Die Füllung in die ausgehöhlten Tomaten geben, die Brotkrumen darüberstreuen. In eine tiefe Auflaufform legen und 15–20 Minuten backen. Mit Petersilie bestreut servieren.

Fett pro Portion: 5 g

Hinweis: Beim Auslösen der Tomaten darauf achten, daß nicht zuviel Fruchtfleisch entfernt wird, da die Tomaten sonst beim Backen platzen können.

> **TIP**
> Mit knusprigen Vollkornbrötchen ergeben die gefüllten Tomaten eine einfache Mahlzeit. Sie passen auch zu gegrilltem Lamm oder Fisch.

Tomaten mit Basilikumfüllung

Leichte Küche für Genießer

Kleine leichte Gerichte

Mahlzeiten auf Getreidebasis sind sättigend, delikat und preiswert – selbst die feinsten Nudeln oder ein spezieller Reis wie der italienische Arborio-Reis kosten normalerweise weniger als das preiswerteste Fleisch. Die folgenden Gerichte enthalten zwischen 1 und 7 g Fett pro Portion. Mit reichlich Gemüse, Salat und frischem Brot ergeben sie eine komplette Mahlzeit.

Fettuccine mit grünem Gemüse

Vorbereitungszeit:
  20 Min.
Zubereitungszeit:
  15–20 Min.
Für 4 Personen

1 EL Olivenöl
2 Knoblauchzehen, feingehackt
4 Sardellenfilets, abgetropft und gehackt
1 frische Chilischote, entkernt und kleingeschnitten
500 g Brokkoli
1 Bund frischer Spargel, in 3 cm lange Stücke geschnitten
1 Bund Rucola, kleingeschnitten
500 g Fettuccine
frisch gemahlener schwarzer Pfeffer
frischer Chili zum Garnieren, in Streifen geschnitten

1. Öl mit Knoblauch, Sardellen und Chili in eine große Bratpfanne geben und bei sehr niedriger Hitze 1–2 Minuten anbraten.
2. Die dicken Brokkolistiele abschneiden, nicht verwenden. Die restlichen fein aufschneiden. Den Brokkoli in kleine Röschen zerteilen. Die Röschen und Stielstücke in die Pfanne geben und 2–3 Minuten unter ständigem Rühren anbraten.
3. Spargel und Rucola in die Pfanne geben und einige Minuten weiter anbraten, bis der Spargel eben gar ist.
4. Während der Gemüsezubereitung einen großen Topf Wasser zum Kochen bringen und die Fettuccine bißfest (*al dente*) garen. Die Nudeln rasch abgießen, dabei ein wenig

Fettuccine mit grünem Gemüse

Leichte Küche für Genießer

Wasser zurückhalten, damit die Pasta feucht bleibt. Die Nudeln in eine vorgewärmte tiefe Schüssel umfüllen. Gemüse untermischen, mit viel schwarzem Pfeffer bestreuen und sofort servieren. Mit feinen Chilistreifen garnieren.

Fett pro Portion: 7 g

Fusilli mit Thunfisch

Vorbereitungszeit:
  20 Min.
Zubereitungszeit:
  15 Min.
Für 6 Personen

400 g Fusilli (oder andere spiralförmige Nudeln)
1 EL Olivenöl
10 Frühlingszwiebeln, gehackt
500 g kleine Champignons, geviertelt
2 Knoblauchzehen, zerdrückt
Thunfisch aus der Dose (ca. 425 g, in Wasser), abgegossen und zerteilt
2 TL feingeriebene Zitronenschale
2 EL Zitronensaft
⅓ Becher Petersilie, gehackt
⅓ Becher Schnittlauch, gehackt

1. Einen großen Topf Wasser zum Kochen bringen und die Fusilli *al dente* kochen.

2. Während die Nudeln kochen, das Öl in einem mittelgroßen Topf erhitzen und die Frühlingszwiebeln und Champignons bei mittlerer Hitze 3–4 Minuten anbraten, bis die Zwiebeln und Pilze weich sind.

3. Den Knoblauch zugeben und noch 1 Minute mitbraten.

4. Die Nudeln abgießen, wieder in den Topf geben und die Zwiebel-Champignon-Mischung, Thunfisch, Zitronenschale und -saft, Petersilie und Schnittlauch dazugeben und kräftig durchmischen, bis alle Zutaten gut verteilt und erwärmt sind.
Sofort servieren.

Fett pro Portion: 6 g

TIP
Sie können auch rosa oder roten Lachs statt Thunfisch verwenden.

Tofu mit Nudeln

Vorbereitungszeit:
  10 Min. + 20 Min. Quellzeit
Zubereitungszeit:
  15 Min.
Für 4 Personen

4 oder 5 getrocknete Shiitake Pilze
250 ml Wasser
1 l Hühnerbrühe
1 Becher Brokkolistücke
2 Becher grünes Chinagemüse, kleingeschnitten
250 g feine Reisnudeln, in warmem Wasser eingeweicht (5 Min.)
1 Becher junge Frühlingszwiebeln, in Ringe geschnitten
2 Becher Sojabohnensprossen
200 g Tofu, in 1 cm dicke Würfel geschnitten
1 EL Sojasauce
1 TL Sesamöl

1. Pilze 20 Minuten einweichen und in Scheiben schneiden.
2. Hühnerbrühe aufkochen, Pilze und Brokkoli zugeben.
3. Gemüse und Nudeln zufügen und 3–4 Minuten; Zwiebeln, Soja, Tofu weitere 2 Minuten mitköcheln lassen.
4. Sojasauce und Sesamöl darüber träufeln und sofort servieren.

Fett pro Portion: 4 g

Fusilli mit Thunfisch (oben) und Tofu mit Nudeln

Leichte Küche für Genießer

Gegrillte Polenta mit gerösteten Paprikaschoten

Vorbereitungszeit:
 25 Min.
Zubereitungszeit:
 35 Min.
Für 4 Personen

1 rote Paprikaschote
1 grüne Paprikaschote
1 gelbe Paprikaschote
1 l Hühnerbrühe
1 Prise Salz
1 Becher Polenta (Maismehl)
1 EL Balsamessig
4 Flaschentomaten

1. Paprikaschoten halbieren und mit den Schnittflächen nach unten auf ein Blech legen. Unter den heißen Grill legen, bis die Haut Blasen wirft. Herausnehmen und 2–3 Minuten mit einem feuchten Geschirrtuch abdecken.
2. Während die Paprikaschoten rösten, Brühe mit Salz in eine große gußeiserne Pfanne geben. Aufkochen und Polenta langsam einstreuen, dabei umrühren (mit einem Holzlöffel). Unter Rühren bei mittlerer Hitze 20 Minuten kochen. Eine quadratische Kuchenform von 20 cm Kantenlänge mit kaltem Wasser ausspülen und die heiße Polenta einfüllen. Ca. 15 Minuten stehen lassen, bis sich die Polenta setzt.
3. Währenddessen die Paprikaschoten häuten. Das Fleisch in Streifen schneiden und mit Balsamessig begießen.
4. Tomaten in dünne Scheiben schneiden. Die Polenta aus der Form nehmen, in Scheiben schneiden und unter dem Grill bräunen. Mit den Paprikastreifen und den Tomaten anrichten, mit grobgemahlenem schwarzen Pfeffer bestreuen und servieren.

Fett pro Portion: 2 g

TIP
Polenta enthält sehr wenig Fett. Sie macht ein wenig Aufwand beim Kochen, doch die Mühe lohnt sich. Dies ist eines der wenigen Gerichte, bei dem Salz für den Geschmack notwendig ist.

Gegrillte Polenta mit gerösteten Paprikaschoten

Leichte Küche für Genießer

LEICHTE KÜCHE FÜR GENIEßER

Spaghetti mit Tomatensauce

Vorbereitungszeit:
 10 Min.
Zubereitungszeit:
 20 Min.
Für 4 Personen

2 TL Olivenöl
1 Zwiebel, feingehackt
2–3 Knoblauchzehen, zerdrückt
1/2 Becher Petersilie, gehackt
2 TL getrocknete Oreganoblätter oder 1 EL frischer Oregano, gehackt
1 große Dose (800 g) Tomaten
2 EL Tomatenmark
125 ml guter Rotwein
500 g Spaghetti
2 EL Kapern
12 schwarze Oliven
1/2 Becher Petersilie, gehackt (zusätzlich)
2 EL frisches Basilikum, gehackt

1. Öl erhitzen und Zwiebel, Knoblauch, Petersilie und Oregano 1–2 Minuten bei niedriger Temperatur anbraten.
2. Tomaten mit der Flüssigkeit, Tomatenmark und Wein zugeben und aufkochen. Abdecken und 5 Minuten köcheln lassen.
3. Die Spaghetti mit kochendem Wasser bißfest (*al dente*) garen.
4. Kapern und Oliven in die Tomatensauce geben und zu den Spaghetti servieren. Mit Petersilie und Basilikum bestreuen.

Fett pro Portion: 5 g

Zucchini-Paprika-Risotto

Vorbereitungszeit:
 10 Min.
Zubereitungszeit:
 35 Min.
Für 4 Personen

2 TL Olivenöl
2–3 Knoblauchzehen, feingehackt
1 Zwiebel, feingehackt
500 g Zucchini, in Scheiben geschnitten
1 rote Paprikaschote, entkernt und kleingeschnitten
2–3 frische Rosmarinzweige oder 1 TL getrockneter Rosmarin
350 g Arborio-Reis
125 ml Weißwein
1 1/3 l heiße Hühnerbrühe
2 EL feingeriebener Parmesan
2 EL frischer Oregano, gehackt
2 EL frische Petersilie, gehackt

1. Öl, Knoblauch und Zwiebel bei geringer Hitze 2–3 Minuten zugedeckt andünsten.
2. Zucchini, Paprika, Rosmarin und Reis hineingeben und 2–3 Minuten umrühren.
3. Wein und 125 ml Brühe zugeben und aufkochen. So lange köcheln lassen, bis die Flüssigkeit aufgenommen worden ist. Rest der Brühe nach und nach zugeben, bis der Reis gar ist (ca. 20–25 Minuten).
4. Parmesan und Kräuter mit einer Gabel unterrühren. Mit schwarzem Pfeffer aus der Mühle bestreuen und sofort servieren. Nach Wunsch mit Oregano garnieren.

Fett pro Portion: 5 g

> **TIP**
>
> Für ein Risotto kann man auch andere Rundkornreissorten verwenden. Der italienische Arborio-Reis, der viel Wasser aufnimmt, ohne zu kleben, ist die am besten geeignete Sorte.

Spaghetti mit Tomatensauce (oben) und Zucchini-Paprika-Risotto

Couscous mit Gemüse

Vorbereitungszeit:
20 Min.
Zubereitungszeit:
20 Min.
Für 4 Personen

1 Becher Couscous
500 ml kochendes Wasser
2 TL Olivenöl
1 mittelgroße Zwiebel, in Achtel zerteilt
1 TL frischer Ingwer, gehackt
1 Prise Safran
1 Zimtstange
375 ml Hühnerbrühe
1 große Karotte, in Stücke geschnitten
250 g tiefgekühlte Erbsen
250 g Kürbis, geschält u. in Stücke geschnitten
400 g Kichererbsen aus der Dose oder 1 Becher gekochte Kichererbsen, abgetropft
2–3 mittelgroße Zucchini, in Stücke geschnitten
3 EL frische Petersilie, gehackt

1. Couscous mit kochendem Wasser übergießen und dicht verschlossen ca. 10–15 Minuten quellen lassen; dabei den Topf nicht öffnen.
2. Öl erhitzen und Zwiebel, Ingwer und Safran bei geringer Hitze 2–3 Minuten anbraten. Zimtstange, Hühnerbrühe und Karotte zugeben. Aufkochen, Deckel abnehmen und 5 Minuten offen köcheln lassen.
3. Erbsen, Kürbis, Kichererbsen und Zucchini zufügen und weiterkochen lassen, bis der Kürbis gar ist. Die Petersilie unterrühren, Zimtstange entfernen.
4. Das Couscous auflockern und in eine Servierschüssel geben. Das Gemüse und die verbleibende Kochflüssigkeit darübergießen und sofort servieren.
Fett pro Portion: 4 g

TIP
Couscous ist ein Hauptbestandteil der nordafrikanischen Küche. Um es auf ursprünglichere Art zuzubereiten, in einem Sieb anfeuchten. In eine tiefe Schüssel geben und 250 ml Wasser darübergießen. 10 Minuten quellen lassen, mit den Fingern die Masse zerreiben, so daß das Wasser aufgesogen werden kann. Im dicht verschlossenen Topf mit Dämpfeinsatz über kochendem Wasser oder Brühe in ca. 20 Minuten garen.

Couscous mit Gemüse

1 Couscous in einen Topf geben und mit kochendem Wasser übergießen.

2 Zimtstange, Brühe und Karotte zu Zwiebel, Ingwer und Safran zufügen.

LEICHTE KÜCHE FÜR GENIESSER

3 Kochen lassen, bis der Kürbis eben gar ist, dann die Petersilie untermischen.

4 Topf öffnen und das gequollene Couscous mit einer Gabel auflockern.

Reis-Auflauf

Vorbereitungszeit:
25 Min.
Zubereitungszeit:
75 Min.
Für 4 Personen

¾ Becher Naturreis
375 ml Wasser
150 g geriebener fettarmer Käse
½ Becher frische Minze, gehackt
½ Becher Frühlingszwiebeln, in Ringe geschnitten
1 rote Paprikaschote, entkernt und feingehackt
1 große Karotte, gerieben
2–3 Zucchini, gerieben
1 Becher Maiskörner aus der Dose, abgegossen
3 Eier, verquirlt
125 ml fettarmer Joghurt
1 TL Paprikapulver

1. Backofen auf 180 °C vorheizen. Eine Auflaufform mit ca. 23 cm Durchmesser dünn mit Öl einfetten. Reis mit Wasser aufkochen und abdecken. Temperatur herunterschalten und ca. 25 Minuten köcheln lassen, bis das Wasser ganz aufgesogen ist. Reis in einer Schüssel 5 Minuten abkühlen lassen.
2. Die restlichen Zutaten – bis auf das Paprikapulver – zum Reis geben und in die vorbereitete Form drücken. Nun mit Paprika bestreuen. 50 Minuten backen, herausnehmen und vor dem Servieren 5 Minuten stehen lassen oder kalt stellen. Heiß mit gedämpftem Gemüse oder kalt mit einem Salat servieren.

Fett pro Portion: 5 g

Salat-Baguette

Vorbereitungszeit:
10 Min. + 30 Min. Kühlzeit
Zubereitungszeit:
25 Min.
Für 4 Personen

2 rote Paprikaschoten
1 Baguette
1 EL körniger Senf
1 Dose Thunfisch in eigenem Saft (ca. 185 g), abgegossen
2 EL Kapern
½ Becher Petersilie, gehackt
1 EL Zitronensaft
125 ml fettarmer Joghurt
8 Salatblätter
4 kalte gekochte Kartoffeln, in Scheiben geschnitten
2 hartgekochte Eier, in Scheiben geschnitten
frisch gemahlener schwarzer Pfeffer

1. Backofen auf 250 °C vorheizen. Die Paprikaschoten unzerteilt auf ein Backblech legen und 25 Minuten rösten (bis die Haut dunkel wird). Herausnehmen, einige Minuten abkühlen lassen und die Haut abziehen. Halbieren, Kerne entfernen und in Streifen schneiden.
2. Baguette längs aufschneiden und die untere Hälfte dünn mit Senf bestreichen.
3. Thunfisch, Kapern, Petersilie, Zitronensaft und Joghurt verrühren. Salatblätter auf die mit Senf bestrichene Hälfte legen. Die Thunfischmischung, Kartoffeln, Eier und Paprika daraufschichten und mit viel schwarzem Pfeffer würzen.
4. Die obere Brothälfte auflegen. Fest in Klarsichtfolie einwickeln und mindestens 30 Minuten kühlen. Vor dem Servieren in 4 Portionen schneiden.

Fett pro Portion: 6 g

> **TIP**
> Sie können auch dünn aufgeschnittene rote Zwiebeln zugeben. Statt Thunfisch können Sie Lachs verwenden – der Fettgehalt erhöht sich dann auf 8 g pro Portion.

Salat-Baguette (oben) und Reis-Auflauf

Leichte Küche für Genießer

Pilaw mit Zwiebeln und Mandeln

Vorbereitungszeit:
10 Min.
Zubereitungszeit:
45–60 Min.
Für 2–4 Personen

1 EL Olivenöl
2 mittelgroße Zwiebeln, feingeschnitten
1 Becher Reis (weißer oder Naturreis)
2 EL Rosinen
500 ml Wasser
1 EL Mandeln, gehobelt
1/2 Becher Korianderkraut, gehackt
2 EL frischer Schnittlauch oder Oregano, gehackt
Salz und Pfeffer zum Abschmecken

1. Öl in einer schweren Pfanne erhitzen. Zwiebeln darin zugedeckt bei niedriger Temperatur 20 Minuten dünsten; gelegentlich umrühren.
2. Reis und Rosinen zugeben, 2–3 Minuten lang umrühren; Wasser zugeben und aufkochen. Abgedeckt bei niedriger Hitze 20 Minuten bzw. 30–40 Minuten (Naturreis) kochen.
3. In dieser Zeit die Mandeln in einer trockenen Bratpfanne bei niedriger Hitze goldbraun rösten. Beiseite stellen.
4. Mandeln, Koriander und Schnittlauch oder Oregano unter den gekochten Reis mischen. Abschmecken und mit Oregano servieren.
Fett pro Portion: 7 g

Kräuterbrot

Vorbereitungszeit:
35 Min. + 90 Min. Ruhezeit
Zubereitungszeit:
25 Min.
Für 6 Personen

7 g Trockenhefe
1 TL Zucker
300 ml lauwarmes Wasser
4–5 getrocknete Tomaten
3 Becher Mehl
1 Prise Salz
1 rote Paprikaschote, entkernt und feingehackt
2 TL getrocknete Rosmarinblätter
2 TL getrocknete Oreganoblätter
2 EL frischer Schnittlauch, gehackt
2 TL Olivenöl

1. Ein Backblech dünn mit Öl bestreichen. Hefe und Zucker mit ein wenig Wasser sorgfältig anrühren; restliches Wasser zugeben. An einem warmen Ort ca. 5 Minuten ruhen lassen, bis die Hefe aufgegangen ist. Tomaten in kochendem Wasser 5–10 Minuten einweichen. Wasser abgießen, Tomaten fein hacken.
2. Mehl und Salz in eine große Schüssel sieben, in der Mitte eine Mulde formen, Hefe hineingeben. Zu einem weichen Teig verarbeiten; falls erforderlich, mehr Mehl zugeben.
3. Den Teig auf einer leicht bemehlten Unterlage ca. 10 Minuten kneten. In eine mit Öl ausgepinselte Schüssel legen, zudecken und an einem warmen Ort ca. 60 Minuten gehen lassen.
4. Den Teig noch einmal 2–3 Minuten kneten und ausrollen. Paprika, Tomaten und Kräuter einrollen und weiterkneten. Den Teig zu einem runden Laib formen (ca. 23 cm Durchmesser), auf einem Backblech mit Olivenöl bestreichen und evtl. die Oberfläche einritzen. Weitere 30 Minuten gehen lassen.
5. Ofen auf 200 °C vorheizen und das Brot ca. 25 Minuten backen. Warm servieren.
Fett pro Portion: 3 g

Kräuterbrot (oben) und Pilaw mit Zwiebeln und Mandeln

Leichte Küche für Genießer

Hauptmahlzeiten

Gemüse mit Reis, Nudeln oder anderen Getreideprodukten, zusammen mit einer kleinen Portion magerem Fleisch, Geflügel oder Fisch serviert, decken den Nahrungsbedarf des Körpers bei der täglichen Hauptmahlzeit. Die folgenden Rezepte enthalten 2–10 g Fett pro Portion.

Gegrilltes Hähnchen mit asiatischen Kräutern

Vorbereitungszeit:
 20 Min.
Zubereitungszeit:
 10 Min.
Für 4 Personen

500 g Hähnchenbrustfilets
1 Becher Minze, gehackt
½ Bund Korianderkraut, gehackt
1 Becher Basilikum
½ grüne Papaya, dünn geschnitten
8 Limonenblätter, feingehackt
1 TL Zitronengras, feingeschnitten
2 TL Ingwer, feingehackt
1–2 Chilischoten, entkernt und feingeschnitten
1 EL gehackte Erdnüsse, geröstet
1 Becher Sojabohnensprossen

Sauce
60 ml frischer Limonensaft
1 EL Zucker
1½ EL Fischfond

1. Die Hähnchenfilets ca. 10 Minuten unter dem vorgeheizten Grill gar braten.
2. Minze, Koriander und Basilikum, Papaya, Limonenblätter, Zitronengras, Ingwer, Chilis, Erdnüsse und Sojabohnensprossen in eine mittelgroße Schüssel geben und gut mischen.
3. Auf Serviertellern das Hähnchenfleisch auf der Kräutermischung anrichten und mit Sauce beträufeln. Nach Wunsch mit Paprikastreifen garnieren. Mit gedämpftem Reis und angebratenen Zuckererbsen oder grünen Bohnen servieren (zum Anbraten für 4 Portionen reicht 1 TL Sesamöl).

Gegrilltes Hähnchen mit asiatischen Kräutern

Leichte Küche für Genießer

4. Zubereitung der Sauce:
Alle Zutaten in einer Schale verrühren.
Fett pro Portion des Geflügelgerichts: 6 g.
Mit Zuckererbsen und Reis: 7 g.

Meeresfrüchte-Topf

Vorbereitungszeit:
20 Min.
Zubereitungszeit:
15 Min.
Für 4 Personen

400 g Weißfischfilets, entgrätet
300 g frische mittelgroße oder große Hummerkrabben
12 Miesmuscheln
2 TL Olivenöl
1 große Zwiebel, in Scheiben geschnitten
3 kleine Zucchini, in Scheiben geschnitten
1 Knoblauchzehe, zerdrückt
1 TL getrocknete Thymianblätter
1 TL getrocknete Rosmarinblätter
1 große Dose Tomaten (ca. 800 g), gehackt
125 ml Weißwein
½ Becher Petersilie, gehackt
½ Becher frisches Basilikum, gehackt
2 EL Zitronensaft

1. Fisch in 2 cm große Stücke schneiden.

Krabben auslösen und Darmfäden entfernen; Schwänze daranlassen. Muscheln abbürsten.
2. Öl erhitzen; Zwiebel und Zucchini bei geringer Hitze ca. 5 Minuten weich dünsten.
3. Knoblauch, Thymian, Rosmarin, Tomaten und Wein zufügen, aufkochen und offen 5 Minuten köcheln lassen. Den Fisch 2 Minuten mitkochen, bis das Fischfleisch weiß wird.
4. Krabben und Muscheln zugeben und zugedeckt ca. 3 Minuten kochen, bis die Krabben rosa werden und sich die Muscheln öffnen. Petersilie, Basilikum und Zitronensaft einrühren.
Fett pro Portion: 5 g

> **TIP**
> Mit gedünsteten Kartoffeln serviert schmecken die Meeresfrüchte besonders gut. Die zusätzlichen Kohlehydrate machen daraus eine kräftige, sättigende Mahlzeit.

Königsmakrelen-Steaks mit Chermoula

Vorbereitungszeit:
10 Min.
Zubereitungszeit:
10 Min.
Für 4 Personen

4 Königsmakrelen-Steaks

Chermoula
1 kleiner Bund frisches Korianderkraut
1 Becher Petersilienzweige
2 Knoblauchzehen
125 ml Zitronensaft
2 TL geriebene unbehandelte Zitronenschale
1 TL Kreuzkümmel, gemahlen
1 TL Paprika, gemahlen
schwarzer Pfeffer, gemahlen

1. Fischfilets grillen oder braten, bis sich die Schichten des Fischfleisches lösen.
2. Zubereitung des Chermoula: Während der Fisch gart, alle Zutaten in der Küchenmaschine verarbeiten. Zum Fisch servieren.
Fett pro Portion: 2 g

Hinweis: Chermoula ist eine marokkanische Sauce, die man auch als Fischmarinade verwenden kann.

Meeresfrüchte-Topf (oben) und Königsmakrelen-Steaks mit Chermoula

Leichte Küche für Genießer

Leichte Küche für Genießer

Schweinefleisch mit Nudeln aus dem Wok

Vorbereitungszeit:
20 Min.
Zubereitungszeit:
5–10 Min.
Für 4 Personen

250 g feine Reisnudeln
2 Knoblauchzehen
2 rote Chilischoten
1 EL Nußöl
1 mittelgroße Zwiebel, in Scheiben geschnitten
300 g mageres Schweinesteak oder -filet, in Streifen geschnitten
6–8 Becher Gemüse, kleingeschnitten (Paprikaschote, Brokkoli, Sellerie, Weißkohl, Bohnen, Spargel, Pilze, Blumenkohl, Karotte, Zucchini, Rosenkohl, Aubergine oder Spinat)
1 EL Sojasauce
250 g Sojabohnensprossen

1. Die Nudeln mit kochendem Wasser bedecken und 5 Minuten quellen lassen.
2. Die Chilischoten und den Knoblauch zusammen in einem kleinen Mörser zerstampfen. (Wenn Sie keine scharfen Gerichte mögen, die Chilikerne mit Plastikhandschuhen entfernen.)
3. Das Öl erhitzen. Chili, Zwiebel und Schweinefleisch braten bis das Fleisch gebräunt ist (ca. 5 Minuten).
4. Das Gemüse zugeben und 3–4 Minuten weiterbraten.
5. Sojasauce, Sojabohnensprossen und Nudeln zugeben.

Fett pro Portion: 7 g

Cognac-Hähnchen mit Gemüse

Vorbereitungszeit:
20 Min. + 60 Min. Kühlzeit
Zubereitungszeit:
50–55 Min.
Für 4 Personen

60 ml Limonensaft
2 TL feingeriebene unbehandelte Limonenschale
2 EL Cognac
4 halbe Hähnchenbrustfilets ohne Haut (600 g)
1 kleine Aubergine
2 rote Paprikaschoten
1 grüne Paprikaschote
1 Knoblauchzehe, zerdrückt
3–4 TL Zitronensaft
4 mittelgroße Zucchini
4 große Champignons

Cognac-Hähnchen mit Gemüse (oben)
und Schweinefleisch mit Nudeln aus dem Wok

1. Limonensaft, Limonenschale und Cognac mischen. Über das Fleisch gießen, abdecken und mindestens 60 Minuten kühlen. Fleisch einmal wenden.
2. Ofen auf 250 °C vorheizen. Aubergine mehrfach einstechen und mit den Paprikaschoten auf ein Backblech legen. 25–40 Minuten rösten. Etwas abkühlen lassen; die gebräunte Haut von den Paprikaschoten abziehen, Schoten halbieren und Kerne und Häutchen entfernen, Saft auffangen (das Gemüse kann bis zum folgenden Arbeitsschritt auch schon vorab vorbereitet werden).
3. Aubergine halbieren und Fleisch herausnehmen. Mit Knoblauch und Zitronensaft zu einer Masse verrühren und beiseite stellen.
4. Hähnchenfleisch 10–15 Minuten grillen, dabei einmal wenden und mit Marinade bestreichen. Zucchini längs halbieren und mit den Champignons in den Grill legen, wenn das Fleisch gewendet wird.
5. Die Paprikaschoten in Streifen schneiden. Auf jede Portion Fleisch ein Viertel der Auberginenmasse geben und mit Paprikastreifen garnieren. Zucchini und Pilze dazulegen.

Fett pro Portion: 3 g

Lammsteaks mit roter Paprikasauce

Vorbereitungszeit:
  20 Min.
Zubereitungszeit:
  40 Min.
Für 4 Personen

2 rote Paprikaschoten
3 mittelgroße Tomaten, ohne Kerne
1/2 TL Kreuzkümmel, gemahlen
1 TL Koriander, gemahlen
1 TL Chilischote, gehackt
frisch gemahlener Pfeffer
2 TL frische Minze, gehackt
1 Knoblauchzehe
4 Lammsteaks à 110 g, ohne Fettränder
frische Korianderblätter zum Garnieren

1. Ofen auf 250 °C vorheizen. Paprikaschoten auf ein Backblech legen und 15 Minuten rösten. Tomaten zugeben und weitere 10 Minuten rösten.
2. Abkühlen lassen und die gebräunte Haut von den Schoten und Tomaten abziehen. Das Gemüse in einen Mixer geben, mit Kreuzkümmel, Koriander, Chili, Pfeffer, Minze und Knoblauch zu einer sämigen Sauce verarbeiten.
3. Lammsteaks grillen. Auf jeden Teller etwas Paprikasauce geben und ein gegrilltes Lammsteak darauf anrichten. Mit Gemüse oder Salat servieren.

Fett pro Portion: 7 g (Wenn Sie zum Salat ein Dressing reichen, berücksichtigen Sie dessen Fettgehalt.)

Osso buco

Vorbereitungszeit:
  20 Min.
Zubereitungszeit:
  150 Min.
Für 4 Personen

2 TL Olivenöl
2 große Kalbshaxenscheiben (Osso buco)
2 mittelgroße Zwiebeln, gehackt
1 Porreestange, gewaschen und in Ringe geschnitten
2 Knoblauchzehen, zerdrückt
1 große Dose Tomaten (ca. 800 g), gehackt
1 große Aubergine, gehackt
250 ml Wasser
250 ml guter Rotwein
2 Lorbeerblätter
1 TL getrocknete Oreganoblätter
1 TL getrocknete Rosmarinblätter
2 TL Zitronenschale, feingerieben
1/2 Becher Oregano, gehackt
1 Knoblauchzehe, zerdrückt (zusätzlich)

1. Das Öl erhitzen. Das Fleisch in 2 Durchgängen kräftig anbräunen, auf einer Platte beiseite stellen. Zwiebel und Porree bei mittlerer Hitze 10 Minuten mitdünsten.
2. Knoblauch 1 Minute mitdünsten. Das Fleisch hineinlegen; Tomaten mit Brühe, Aubergine, Wasser, Wein, Lorbeerblättern, Oregano und Rosmarin zufügen. Aufkochen und zugedeckt auf kleiner Flamme 90 Minuten köcheln lassen.
3. Deckel abnehmen und im offenen Topf noch ca. 30 Minuten weiterköcheln lassen, bis die Sauce eindickt. Zitronenschale, Petersilie und Knoblauch in einem Schälchen verrühren und das auf Serviertellern angerichtete Osso buco damit garnieren.

Fett pro Portion: 4 g

TIP
Dieses Gericht muß lange schmoren. Besser schmeckt es aufgewärmt am nächsten Tag.

Osso buco (oben) und Lammsteaks mit roter Paprikasauce

Leichte Küche für Genießer

Rindfleisch-Kebabs mit Tomaten-Salsa

Vorbereitungszeit:
15 Min. + Quellzeit
+ Kühlzeit
Zubereitungszeit:
15 Min.
Für 4 Personen

1 Becher Weizengrütze
   (Bulgur)
250 ml kochendes Wasser
400 g Rinderhackfleisch,
   mager
1 Becher Minze, gehackt
½ Becher Petersilie,
   gehackt
1 TL Kreuzkümmel,
   gemahlen
8 Holzspieße

Tomaten-Salsa:
1 große reife Tomate, feingehackt
1 rote Zwiebel, fein-
   gehackt
2 EL frisches Koriander-
   kraut, gehackt
2–3 EL Zitronensaft
1 TL Zucker
2 TL geriebene unbehan-
   delte Zitronenschale

1. Bulgur in einen Topf, mit kochendem Wasser und mit dicht schließendem Deckel 15 Minuten quellen lassen (das Wasser soll aufgesogen werden).
2. Hackfleisch, Bulgur, Minze, Petersilie und Kreuzkümmel gut durchmischen. Die Masse in 8 Portionen um die Holzstäbchen herum formen. Mindestens 30 Minuten kühl stellen.
3. Die Kebabs grillen und mit Salsa, Salat und Brot servieren.
4. Zubereitung der Salsa: Zutaten mischen und kühl stellen.

Fett pro Portion: 5 g

TIP
Kaufen Sie nur mageres Rinderhack, oder bereiten Sie aus fettlosem Rind (Oberschale, Rumpsteak) selbst Hackfleisch in der Küchenmaschine zu.

Lachsburger

Vorbereitungszeit:
20 Min. + 30 Min.
   Kühlzeit
Zubereitungszeit:
10 Min.
Für 6 Personen

250 g Hüttenkäse
1 Dose Lachs (ca. 400 g),
   abgegossen
½ Becher Weizenkeime
2 TL feingeriebene unbe-
   handelte Zitronenschale
1 kleine Zwiebel, feingehackt
½ Becher Petersilie,
   gehackt
frisch gemahlener
   schwarzer Pfeffer
1 Ei, leicht verquirlt

Zum Servieren:
6 Burgerbrötchen
4 Salatblätter
1 große Tomate, in Schei-
   ben geschnitten
6 große Scheiben rote Bete
   aus dem Glas, abgegossen
1 Becher Sojabohnensprossen
200 g Magerjoghurt
3 EL Minze, gehackt

1. Hüttenkäse in ein Sieb geben und überschüssige Flüssigkeit herausdrücken.
2. Lachs, Hüttenkäse, Weizenkeime, Zitronenschale, Zwiebel, Petersilie und Pfeffer mischen. Das Ei damit verrühren.
3. Die Mischung in 6 Portionen aufteilen und Bratlinge formen, nebeneinander auf Teller oder eine Platte legen, mit Klarsichtfolie abdecken und 30 Minuten kühl stellen.
4. Die Bratlinge in einer beschichteten Pfanne auf jeder Seite ca. 5 Minuten braten.
5. Brötchen halbieren und toasten. Salatblatt, Tomate und rote Bete auf die untere Hälfte legen; Bratling, Bohnensprossen, Joghurt und Minze darauflegen und mit der oberen Brothälfte abdecken. Sofort servieren.

Fett pro Portion: 7 g

Rindfleisch-Kebabs mit Tomaten-Salsa (oben)
und Lachsburger

LEICHTE KÜCHE FÜR GENIEẞER

Desserts

In den folgenden Rezepten wird kein Fett verwendet. Die meisten enthalten allerdings ein wenig Honig oder Zucker - denken Sie bitte daran, daß Sie langsamer abnehmen werden, wenn Sie zuviel davon essen! Genießen Sie die Desserts in Maßen oder nur zu besonderen Anlässen.

Süße Vanille-Pfirsiche

Vorbereitungszeit:
 5 Min. + mehrere Stunden Kühlzeit
Zubereitungszeit:
 10 Min.
Für 4 Personen

8 reife Pfirsiche
500 ml Weißwein
2 EL Honig
1 Vanilleschote, längs zerteilt
Minzeblättchen zum Garnieren

1. Die Pfirsiche mit kochendem Wasser übergießen, 1 Minute stehen lassen und abgießen. Die Haut läßt sich jetzt abziehen.
2. Weißwein, Honig und Vanilleschote in einem Topf verrühren. Bei niedriger Temperatur unter Umrühren erhitzen, bis der Honig aufgelöst ist. Die Pfirsiche zugeben und dünsten, bis das Fruchtfleisch gerade weich ist. Abkühlen lassen, mehrere Stunden kalt stellen. Vanilleschote herausnehmen. Die Pfirsiche mit Kochflüssigkeit in Cocktailgläsern servieren.

Fett pro Portion: 0 g

> **TIP**
> Die süßen, weißfleischigen Spätsommerpfirsiche eignen sich für dieses Rezept am besten. Im Winter nehmen Sie evtl. konserviertes Obst und servieren es warm oder kalt.

Süße Vanille-Pfirsiche (oben) und Aprikosensoufflé

Aprikosen-soufflé

Vorbereitungszeit:
  25 Min.
Zubereitungszeit:
  30 Min.
Für 4 Personen

150 g getrocknete Aprikosen, grobgehackt
250 ml Orangensaft
3 Eiweiß
2 EL feiner Zucker
2 TL Puderzucker

1. Ofen auf 180 °C vorheizen. Vier Souffléförmchen leicht mit Öl einfetten. Boden und Seitenwände mit feinem Zucker bestreuen, überschüssigen Zucker ausschütteln. Um jede Form aus Backpapier einen erhöhten Rand formen und mit Küchenzwirn befestigen. Das Papier leicht einfetten.
2. Aprikosen mit Orangensaft aufkochen, Temperatur vermindern und die Aprikosen weichköcheln lassen. Vom Herd nehmen und abkühlen lassen. In der Küchenmaschine pürieren.
3. Eiweiß mit dem Mixer in einer kleinen, trockenen Schüssel schlagen, bis sich kleine Spitzen bilden. Nach und nach Zucker unterschlagen.
4. Das Aprikosenpüree mit einem großen Metallöffel unter das steife Eiweiß heben, in die Förmchen füllen und auf ein Backblech stellen. Ca. 20 Minuten backen, bis die Soufflés gut aufgegangen und durchgebacken sind. Das Papier entfernen und sofort mit gesiebtem Puderzucker bestreut servieren.

Fett pro Portion: 0 g

Orangen in Brandy

Vorbereitungszeit:
  15 Min. + 180 Min. Kühlzeit
Zubereitungszeit:
  10 Min.
Für 4 Personen

1 EL unbehandelte Orangenschale, in feine Streifen geschnitten
125 ml Wasser
½ Becher Zucker
6–8 Orangen, geschält und in enthäutete Scheiben zerteilt
250 ml Orangensaft
3 EL Weinbrand

1. Orangenschale mit kochendem Wasser übergießen. Nach 3–4 Minuten abgießen.
2. In einem kleinen Topf den Zucker in Wasser unter Rühren auflösen und aufkochen. Orangenschale zugeben und ca. 8–10 Minuten kochen, bis sie glasig wird.
3. Orangen in feine Scheiben schneiden und in einer Glasschale anrichten. Die gekochten Orangenschalen mit dem restlichen Sirup daraufgeben. Orangensaft mit Weinbrand verrühren und darübergießen. Mindestens 3 Stunden kühl stellen.

Fett pro Portion: 0 g

Gefrorener Orangen-Mango-Joghurt

Vorbereitungszeit:
  10 Min. + Gefrierzeit + Kühlzeit
Zubereitungszeit:
  keine
Für 6 Personen

2 Mangos
125 ml Orangensaft
1 kg Magerjoghurt

Mangosauce
2 Mangos
2 EL Limonensaft

1. Mangos schälen und Fruchtfleisch von den Steinen ablösen. Das Fruchtfleisch in der Küchenmaschine mit Saft und Joghurt verarbeiten. Die Masse in einem Eiscremebehälter gefrieren lassen. Ersatzweise kann man auch eine Kuchenform be-

Orangen in Brandy (links) und Gefrorener Orangen-Mango-Joghurt

nutzen und die Masse so lange gefrieren lassen, bis sie an den Rändern fest wird. Wieder aus dem Eisfach nehmen und zu einer glatten Masse aufschlagen, danach wieder fest gefrieren lassen. Eine Stunde vor dem Verzehr aus dem Eisfach nehmen und in das Kühlfach stellen. Mit Mangosauce servieren.

2. Zubereitung der Sauce:
Mangos schälen. Im Mixer Mango mit Limonensaft mischen. Bis zum Verzehr kühl stellen.
Fett pro Portion: 0 g

1 Joghurt in einem mit Musselin ausgelegten Sieb abtropfen lassen.

2 Rhabarber mit Saft, Honig, Zimtstange und Nelken in einen Topf geben.

Honig-Rhabarber mit Joghurt

Vorbereitungszeit:
10 Min. + 120 Min. Stehzeit
Zubereitungszeit:
8 Min.
Für 4 Personen

500 g Magerjoghurt
1 TL Vanilleessenz
1 TL feingeriebene unbehandelte Orangenschale
1 Bund Rhabarber, gewaschen und in 3 cm lange Stücke geschnitten
125 ml Orangensaft
2 EL Honig
1 Zimtstange
6 Gewürznelken
1 TL Zucker
1 TL Zimt, gemahlen

1. Joghurt mit Vanille und Orangenschale in einer mittelgroßen Schüssel verrühren. Ein Sieb mit einem sauberen Musselintuch (o.ä.) auslegen und den Joghurt daraufgießen. Über einer Schüssel mindestens 2 Stunden lang abtropfen lassen, am besten im Kühlschrank.
2. Rhabarber mit Saft, Honig, Zimtstange und Nelken in einen Topf geben. Aufkochen, abdecken und bei ganz geringer Hitze 8 Minuten kochen lassen. Vom Herd nehmen und abkühlen lassen. Zimtstange und Nelken herausnehmen und Rhabarber kalt stellen.
3. Zucker und gemahlenen Zimt in einer kleinen Schüssel mischen. Rhabarber mit einem Schuß von dem abgetropften Joghurt und mit Zucker und Zimt bestreut servieren, am besten gut gekühlt. Bei kühlem Wetter auch heiß zu servieren.
Fett pro Portion: 0 g

Honig-Rhabarber mit Joghurt

3 Zimtstange und Nelken aus der Rhabarbermasse nehmen.

4 Zucker und gemahlenen Zimt in einer kleinen Schüssel mischen.

Leichte Küche für Genießer

Erdbeerjoghurt-Eis

Vorbereitungszeit:
15 Min. + Gefrierzeit über Nacht
Zubereitungszeit:
keine
Für 6 Personen

1 Schale Erdbeeren, entstielt (oder 300 g tiefgekühlte Blaubeeren oder Himbeeren)
2 TL Gelatine
2 EL Orangensaft
2 EL Honig
500 g Magerjoghurt
2 Eiweiß
1 EL Zucker

1. Beeren glattpürieren. Gelatine mit Orangensaft in einer Tasse verrühren und in eine Schüssel mit heißem Wasser stellen. Rühren bis die Gelatine aufgelöst ist.
2. Honig und Joghurt in eine Schüssel geben; Gelatinemischung einrühren.
3. Eiweiß steif schlagen. Den Zucker nach und nach gründlich unterschlagen, bis die Mischung dick und glänzend ist. Joghurt und Beerenpüree vorsichtig unter das geschlagene Eiweiß heben. In einen Gefrierbehälter gießen und gefrieren lassen, bis die Masse am Rand fest wird. In eine große Rührschüssel umfüllen und mit dem Mixer cremig schlagen. Wieder in das Gefrierfach stellen und über Nacht (oder bis die Masse fest ist) gefrieren lassen. Eine Stunde vor dem Verzehr aus dem Gefrierfach nehmen und zum Antauen ins Kühlfach stellen. Mit Obstsalat oder Beeren servieren.

Fett pro Portion: 0 g

Heißes Winterobst

Vorbereitungszeit:
10 Min.
Zubereitungszeit:
15 Min.
Für 4 Personen

12 getrocknete Aprikosen
12 Backpflaumen
½ Becher Rosinen
250 ml Orangensaft
1 Zimtstange
4 Bananen, geschält und in Scheiben geschnitten
1–2 EL Rum (oder mehr Orangensaft)

1. Aprikosen, Backpflaumen, Rosinen, Orangensaft und Zimtstange in einem Topf aufkochen lassen, zudecken und 10 Minuten köcheln lassen.
2. Bananen zugeben und 2–3 Minuten weiterkochen lassen. Rum oder zusätzlichen Orangensaft zugießen und sofort servieren.

Fett pro Portion: 0 g

Zimtreis-Pudding

Vorbereitungszeit:
5 Min.
Zubereitungszeit:
80 Min.
Für 4 Personen

½ Becher Rundkornreis
1 EL Zucker
2 EL Sultaninen
1 TL feingeriebene unbehandelte Orangenschale
750 ml Magermilch
½ TL Zimt, gemahlen
2 TL brauner Zucker

1. Eine tiefe feuerfeste Form mit dem Fassungsvermögen von ca. 1 l dünn mit Öl einfetten. Reis in die Form füllen und mit Zucker, Sultaninen und Orangenschale bestreuen. Milch darübergießen und 60 Minuten bei 150 °C im Ofen backen.
2. Zucker und Zimt mischen, über den Pudding streuen und weitere 20 Minuten backen. Den Pudding mit zerkleinerten Orangenschalen garnieren.

Fett pro Portion: 0 g

Heißes Winterobst, Erdbeerjoghurt-Eis und Zimtreis-Pudding

LECKERES
AUS EINEM TOPF

Schmortöpfe

Ob in der schlichten Alltagsversion oder in Kombination mit besonderen Zutaten als Hauptgericht für die Festtafel – herzhafte Schmortöpfe erfreuen sich allgemeiner Beliebtheit. Die vorgestellten Rezepte schmecken im Sommer genauso gut wie bei kalter Witterung – statt warmes Gemüse wird dann nur frischer Salat und knuspriges Brot dazu gereicht.

Hühnchen mit Aprikosen

Vorbereitungszeit:
10 Min.
Zubereitungszeit:
1 Std.
Für 4 Personen

4 Hühnerbrustfilets (750 g)
¾ Becher Mehl, mit Salz und Pfeffer gewürzt
EL Öl
ittelgroße Zwiebel, in ten
2 TL ... er Senf
125 ml trockener Weißwein
425 ml Aprikosennektar
1 Dose Aprikosenhälften (425 g), abgetropft
2 TL Maismehl, mit 1 EL Wasser verrührt

1 Backofen auf 180 °C vorheizen. Die Filets in gewürztem Mehl wenden. Öl in einer schweren Pfanne erhitzen und Filets darin bei mittlerer Hitze anbraten. Zum Abtropfen auf Küchenpapier legen.

2 Zwiebeln in der Pfanne 1 Minute lang weich dünsten. Hühnchen und Zwiebeln in einen Schmortopf geben.

3 Senf, Wein und Aprikosennektar verrühren und über das Fleisch gießen. Topf gut verschließen und alles 40 Minuten im Backofen schmoren lassen.

4 Aprikosen und das mit Wasser angerührte Maismehl unterrühren. Ohne Deckel etwa 10 Minuten weitergaren, bis das Fleisch weich und die Sauce sämig ist. Mit Nudeln und grünem Gemüse servieren.

Hühnchen mit Aprikosen (oben), Champagnerhuhn mit Estragon (unten)

LECKERES AUS EINEM TOPF

Champagnerhuhn mit Estragon

Vorbereitungszeit:
10 Min.
Zubereitungszeit:
1 Std. 20 Min.
Für 4 Personen

1 Hühnchen à 1,6 kg
120 g frisches Paniermehl
1 Ei, leicht verschlagen
2 Knoblauchzehen, zerdrückt
2 TL geriebene Zitronenschale
1 EL frischer Estragon, feingehackt
500 ml Sekt oder trockener Weißwein
250 ml Hühnerbrühe
4 ganze Pfefferkörner
1 Lorbeerblatt

1 Backofen auf 180 °C vorheizen. Hühnchen abspülen und trocken tupfen. Flügel nach unten einschlagen. Paniermehl, Eier, Knoblauch, Zitronenschale und Estragon vermischen und das Huhn mit der vorbereiteten Masse füllen. Ränder mit Zahnstochern zusammenstecken und das Huhn mit Küchengarn zusammenbinden.
2 Huhn mit der Brustseite nach oben in einen Schmortopf legen. Sekt oder Wein mit Brühe verrühren und darüber gießen. Zum Schluß die Pfefferkörner und das Lorbeerblatt dazugeben.
3 Ohne Deckel etwa 1 ¼ Stunden im Backofen goldbraun schmoren lassen.
4 Huhn zerlegen und auf einer Servierplatte warm halten. Sauce durchseihen und zum Huhn servieren. Dazu gedämpften Spargel und kleine Möhren reichen.

Hühnchen in Sahne

Vorbereitungszeit:
6 Min.
Zubereitungszeit:
1 Std.
Für 4 Personen

8 Hühnerkeulen, enthäutet
1 EL Öl
4 dicke Scheiben Frühstücksspeck
2 EL Zwiebelsuppenpulver
250 ml saure Sahne
375 ml Wasser
1 mittelgroßer roter Paprika, zerkleinert
2 EL frische Petersilie, feingehackt

1 Backofen auf 180 °C vorheizen. Öl in einer schweren Pfanne erhitzen und Hühnerkeulen mit Frühstücksspeck bei mittlerer Hitze 4 Minuten scharf anbraten. Auf Küchenpapier abtropfen lassen.
2 Huhn und Frühstücksspeck in einen Schmortopf geben. Suppenpulver mit Wasser und saurer Sahne verrühren und über das Fleisch gießen.
3 Deckel schließen und 45 Minuten im Backofen schmoren lassen, bis das Fleisch gar ist. Paprika und Petersilie darüber streuen, Deckel wieder schließen und für 5 Minuten zurück in den Backofen stellen. Dazu schmeckt frischer Salat.

Schweinefleisch mit Kümmel

Vorbereitungszeit:
10 Min.
Zubereitungszeit:
2 Std.
Für 4 – 6 Personen

1 kg Schweinefleisch, in 2 cm große Würfel geschnitten
¾ Becher Mehl
1 EL Öl
500 ml Hühnerbrühe
1 TL Kümmel, gemahlen
1 EL Sojasauce
1 EL Austernsauce
2 mittelgroße Süßkartoffeln, geschält und gewürfelt
2 EL frischer Koriander, feingehackt

1 Backofen auf 180 °C vorheizen. Das gewürfelte Fleisch im Mehl wenden. Öl in einer schweren Pfanne erhitzen. Das Fleisch portionsweise 2 Minuten scharf anbraten, bis es schön gebräunt ist. Auf Küchenpapier abtropfen lassen.

Hühnchen in Sahne (oben), Schweinefleisch mit Kümmel (unten)

2 Fleisch in einen Schmortopf legen. Hühnerbrühe mit Kümmel, Soja- und Austernsauce verrühren und darüber gießen.
3 Deckel schließen und 1 ¾ Stunden im Backofen schmoren lassen. Die süßen Kartoffeln zufügen und den Topf noch einmal für etwa 15 Minuten in den Ofen stellen. Wenn die Kartoffeln gar sind, Koriander dazugeben. Mit Brokkoli und rotem Paprika servieren.

TIP
Scharfes Anbraten erhöht das Aroma. Am besten das Fleisch portionsweise bei hoher Temperatur rundherum schön anbräunen.

Leckeres aus einem Topf

Schweinefleisch mit Orangen

Vorbereitungszeit:
6 Min.
Zubereitungszeit:
1 Std. 35 Min.
Für 4 Personen

4 Schweinesteaks à 200 g
2 TL Öl
2 TL Ingwer, gemahlen
250 ml Orangensaft
1 EL geriebene Orangenschale
1 EL Honig
3 TL Maismehl, mit 1 EL Wasser verrührt
2 EL frischer Schnittlauch, feingehackt

1 Backofen auf 180 °C vorheizen. Das Fleisch von Fett und Sehnen befreien. Öl in schwerer Pfanne erhitzen, Schweinefleisch zufügen und bei starker Hitze auf jeder Seite 2 Minuten scharf anbraten. Auf Küchenpapier abtropfen lassen.
2 Schweinesteaks in einen Schmortopf geben. Ingwer, Orangensaft, Orangenschale und Honig verrühren und die Mischung über das Fleisch gießen. Deckel schließen und 1 ½ Stunden im Backofen weich garen.
3 Die Maismehlmischung in den Topf geben und gut unterrühren. Das Ganze noch einmal 5 Minuten in den Ofen stellen. Mit Schnittlauch garnieren. Dazu schmecken Kartoffeln und Zuckererbsen.

Überbackener Wursteintopf

Vorbereitungszeit:
10 Min.
Zubereitungszeit:
1 Std.
Für 4 Personen

8–10 Bratwürste
4 mittelgroße Kartoffeln, gepellt und in Scheiben geschnitten
1 Dose Lauch-Kartoffelsuppe (425 ml)
400 ml Wasser
½ TL Chilipulver

Für die Kruste
2 Becher Paniermehl
30 g Butter, geschmolzen
1 Becher geriebener Cheddar oder Parmesankäse

1 Backofen auf 180 °C vorheizen. Grill einschalten und vorheizen. Die Würste ringsherum mit einer Gabel oder einem Fleischspieß einstechen; 5 Minuten grillen und öfter wenden. Auf Küchenpapier abtropfen lassen.
2 Kartoffelscheiben in einen Schmortopf mit leicht gefettetem Boden geben und die Würste darüber verteilen.
3 Suppe, Wasser und Chilipulver verrühren und über die Würste gießen. Den Topf schließen und 45 Minuten im Backofen garen.
4 Für die Kruste Paniermehl mit Butter und Käse vermischen und auf den Wursttopf geben. Ohne Deckel 10 Minuten im Ofen überbacken, bis die Oberfläche knusprig und goldgelb ist. Mit gedünstetem Gemüse der Saison servieren.

> **TIP**
> Zum Schmoren und Kochen sind geeignet:
> *Rind:* Hochrippe, Bugstück, Unterschale, Kaldaunen. Nacken oder Keule (gewürfelt).
> *Schwein:* Fuß, Blatt, Lende, Kotelett; Haxe oder Kamm (gewürfelt).
> *Kalb:* Hals oder Schulter (gewürfelt).
> *Lamm:* Nacken, Kotelett, Brust und Bauch; Schulter oder Keule.

Überbackener Wursteintopf (oben),
Schweinefleisch mit Orangen (unten)

Italienischer Lammtopf

Italienischer Lammtopf

Vorbereitungszeit: 25 Min.
Zubereitungszeit: 1 Std.
Für 6 Personen

1 Lammkeule à 1,5 kg, entbeint
½ Becher Weizenmehl
1 EL Olivenöl
30 g Butter
4 mittelgroße Stangen Sellerie, diagonal in Scheiben geschnitten
2 große Zwiebeln, in Scheiben geschnitten
2 mittelgroße Möhren, diagonal in Scheiben geschnitten
2 Knoblauchzehen, zerdrückt
1 Dose Tomaten (450 g)
2 EL Tomatenmark
250 ml trockener Weißwein
250 ml Hühnerbrühe
¾ TL Oregano, gemahlen
¾ TL Thymian, gemahlen
½ TL Rosmarin, gemahlen
frisch gemahlener schwarzer Pfeffer

1 Backofen auf 180 °C vorheizen. Fleisch von Fett und Sehnen befreien und in 4 cm große Würfel schneiden. Fleischwürfel in Mehl wenden. Öl und Butter in einer schweren Pfanne erhitzen. Würfel in kleinen Portionen scharf anbraten. Dann in einen Schmortopf geben.

2 Sellerie, Zwiebeln, Möhren und Knoblauch in die Pfanne geben. Tomaten mit Saft dazugeben, mit Tomatenmark verrühren. Wein, Brühe und Kräuter zufügen. Zum Kochen bringen, dabei den Bratensatz vom Pfannenboden kratzen und einrühren. Das Ganze über das Fleisch gießen und mit einer Prise Pfeffer abschmecken.

3 Den Topf schließen und alles etwa 1 Stunde im Ofen garen. Dazu schmeckt knuspriges Brot und Salat.

Osso Bucco

Osso Bucco

Vorbereitungszeit:
  10 Min.
Zubereitungszeit:
  1 Std. 30 Min.
Für 4–6 Personen

8 Beinscheiben vom Kalb, gewürfelt
½ Becher Mehl
80 ml Olivenöl
1 große Zwiebel, gehackt
1 große Mohrrübe, in Scheiben geschnitten
1 Knoblauchzehe, zerdrückt
250 ml Hühnerbrühe
125 ml Weißwein
1 Dose Tomaten (440 g), zerkleinert
2 EL Petersilie, feingehackt
1 EL geriebene Zitronenschale
1 Knoblauchzehe, feingehackt

1 Backofen auf 180 °C vorheizen. Beinscheiben im Mehl wenden.
2 Öl in einer schweren Pfanne erhitzen und die Beinscheiben scharf anbraten. Auf Küchenpapier abtropfen lassen.
3 Fleisch in einen Schmortopf legen. Zwiebeln, Möhren, Knoblauch, Brühe, Wein und Tomaten mit Saft zufügen. Deckel schließen und im Backofen 1 ½ Stunden schmoren, bis Fleisch weich ist.
4 Vor dem Servieren mit gehackter Petersilie, abgeriebener Zitronenschale und dem restlichen Knoblauch bestreuen.

TIP

Die Speisen sind bekömmlicher, wenn Sie die Fleischstücke vom Fett befreien und die beim Garen auftauchenden Fettaugen abschöpfen. Wenn Sie Ihren Schmortopf im voraus zubereiten, sollten Sie vor dem Aufwärmen die Fettschicht abschöpfen.

Leckeres aus einem Topf

Lamm mit Pilzen

Vorbereitungszeit:
5 Min.
Zubereitungszeit:
2 Std.
Für 4 Personen

4 dicke Lammkoteletts aus der Keule à 175 g
1 EL Öl
1 Dose Pilzcremesuppe (450 ml)
1 EL Worcestersauce
180 ml Hühnerbrühe
125 ml trockener Sherry
2 TL Öl zusätzlich
250 g Champignons, halbiert
2 große Zwiebeln, in Ringe geschnitten

1 Backofen auf 180 °C vorheizen. Lammkoteletts von Fett und Sehnen befreien. Öl in einer schweren Pfanne erhitzen. Koteletts 1 Minute lang auf jeder Seite scharf anbraten. Auf Küchenpapier abtropfen lassen.
2 Lammkoteletts in einen Schmortopf legen. Suppe, Worcestersauce, Brühe und Sherry verrühren und die Mischung über das Fleisch geben. Zudecken und 1 ½ Stunden im Backofen garen.
3 Restliches Öl in der Pfanne erhitzen, die Pilze 3 Minuten darin anbräunen und beiseite stellen.

Dann Zwiebeln in die Pfanne geben und ca. 4 Minuten goldgelb dünsten. 4 Pilze in den Schmortopf einrühren. Zwiebelscheiben darüber geben. Topf zurück in den Backofen stellen und ohne Deckel ca. 20 Minuten weiterschmoren lassen, bis die Zwiebeln knusprig und die Fleischstücke weich sind. Dazu schmeckt gedämpftes Gemüse.

Fleischbällchen mit Tomaten und Artischocken

Vorbereitungszeit:
10 Min.
Zubereitungszeit:
1 Std.
Für 4 Personen

750 g Rinderhackfleisch
2 Knoblauchzehen, zerdrückt
2 EL frisches Basilikum, feingehackt
1 Ei, leicht verschlagen
½ Becher Paniermehl
2 EL Öl
1 Dose geschälte Tomaten (450 g), zerkleinert
2 EL Tomatenmark
125 ml Rotwein
½ TL Oregano, gemahlen
125 ml Rindfleischbrühe
1 Dose Kichererbsen (425 g), abgetropft
1 Dose Artischockenherzen (425 g), abgetropft und geviertelt
⅓ Becher schwarze Oliven, entsteint

1 Backofen auf 180 °C vorheizen. Hackfleisch mit Knoblauch, Basilikum, verschlagenem Ei und Paniermehl gut vermischen. Mit einem Eßlöffel Fleischbällchen formen.
2 Öl in einer schweren Pfanne erhitzen. Fleischbällchen 4 Minuten unter häufigem Wenden rundherum anbräunen, auf Küchenpapier abtropfen lassen und in einen Schmortopf legen.
3 Tomaten, Tomatenmark, Rotwein, Oregano und Brühe vermischen und über das Fleisch geben.
4 Deckel schließen und 40 Minuten im Backofen schmoren lassen. Kichererbsen, Artischocken und Oliven zufügen und den Fleischtopf dann ohne Deckel noch weitere 10 Minuten fertig garen lassen.

TIP

Lammfleisch harmoniert hervorragend mit Rosmarin, Minze und Oregano; ebenso passen Kümmel, Koriander und Kurkuma. Geröstete Auberginenscheiben oder Gerste sind eine sehr gute Beilage zu diesem rustikalen Lammeintopf.

Lamm mit Pilzen (oben),
Fleischbällchen mit Tomaten und Artischocken (unten)

1. Für den Rindfleischeintopf das Fleisch portionsweise kurz anbraten.

2. Angebratenes Fleisch und gehackte Zwiebeln in den Topf geben.

Rindfleischeintopf mit Kräuterküchlein

Vorbereitungszeit:
10 Min.
Zubereitungszeit:
2 Std.
Für 4 – 6 Personen

1 kg Hochrippensteak
2 EL Öl
½ Becher Mehl
2 Zwiebeln, gehackt
375 ml Rindfleischbrühe
2 EL Worcestersauce
1 EL Sojasauce
2 kleine Möhren, feingeschnitten
1 grüner Paprika, geschnitten

Kräuterküchlein
1 Becher Mehl
1 Messerspitze Backpulver
60 g Butterflöckchen
1 EL Milch
1 EL frische Petersilie, feingehackt
1 EL frischer Thymian, feingehackt
1 EL frischer Schnittlauch, feingehackt
⅓ Becher geriebener Cheddar oder Parmesan

1 Backofen auf 180 °C vorheizen. Fleisch von Fett und Sehnen befreien und in 4 cm dicke Würfel schneiden. Die Fleischwürfel im Mehl wenden. Die Hälfte des Öls in einer schweren Pfanne erhitzen und das Fleisch portionsweise ca. 4 Minuten scharf anbraten. Das Fleisch auf Küchenpapier abtropfen lassen.
2 Restliches Öl in der Pfanne erhitzen. Zwiebeln 2 Minuten anbräunen und auf Küchenpapier abtropfen lassen. Die Fleischwürfel mit den Zwiebeln in einen Schmortopf geben.
3 Brühe mit Worcester- und Sojasauce verrühren, über die Fleischwürfel und die Zwiebeln geben. 1 ¾ Stunden lang zugedeckt im Backofen garen.
4 Für die Küchlein: Mehl in eine Schüssel geben und die Butterflocken behutsam unterheben. Wenn die Mischung bröselig ist, Milch, Kräuter und Käse einarbeiten. Die Teigmasse auf einer mit Mehl bestäubten Arbeitsfläche 2 Minuten durchkneten. Den geschmeidigen Teig ca. 3 cm dick ausrollen und Kreise von 4 cm Durchmesser ausstechen.
5 Den Topf aus dem Ofen nehmen. Möhren und Paprika zugeben. Die runden Küchlein auflegen und ohne Deckel bei 180 °C 10 Minuten weitergaren, bis der Teig eine goldgelbe Farbe annimmt.

TIP
Um Zeit zu sparen, können Sie das Fleisch bereits vom Metzger würfeln lassen.

Rindfleischeintopf mit Kräuterküchlein

3. Mit einer scharfen Ausstechform Kreise aus dem Teig ausstechen.

4. Die Küchlein obenauf legen und den Eintopf im Ofen fertig garen.

Irischer Schmorbraten

Vorbereitungszeit:
10 Min.
Zubereitungszeit:
1 Std. 30 Min.
Für 4 Personen

1 kg Hochrippensteak
2 EL Öl
3 Scheiben Frühstücksspeck, kleingeschnitten
2 große Möhren, in Scheiben geschnitten
8 kleine Zwiebeln, halbiert
180 g Champignons
1 TL getrocknete Thymianblätter
2 EL Weizenmehl
250 g trockener Weißwein
375 ml Rindfleischbrühe

1 Backofen auf 180 °C vorheizen. Fleisch von Sehnen und Fett befreien und in 2 cm große Würfel schneiden. Öl in einer schweren Pfanne erhitzen. Fleisch portionsweise kurz anbraten; wenn es schön gebräunt ist, auf Küchenpapier abtropfen lassen.
2 Frühstücksspeck in die Pfanne geben. Bei mittlerer Hitze bräunen und auf Küchenpapier abtropfen lassen.
3 Fleisch und Speck in einen Schmortopf geben; Möhren, Zwiebeln, Pilze und Thymian zufügen.
4 Mehl, Wein und Brühe glattrühren und über Fleisch und Gemüse geben.
5 Topf schließen und 1 ½ Stunden backen, bis das Fleisch weich und zart ist. Mit Reis und gemischtem Salat anrichten.

Hinweis: Die Champignons sind auch durch andere Pilzsorten ersetzbar.

Seemannsstew

Vorbereitungszeit:
10 Min.
Zubereitungszeit
1 Std. 30 Min.
Für 6 Personen

1,5 kg Hochrippensteak
½ Becher Weizenmehl
2 EL Pflanzenöl
30 g Butter
4 große Kartoffeln, gepellt und dick in Scheiben geschnitten
4 mittelgroße Zwiebeln, in Ringe geschnitten
2 große Möhren, in Scheiben geschnitten
1 TL schwarze Pfefferkörner
750 ml Bier
2–3 Lorbeerblätter
500 ml Rindfleischbrühe
2 EL Sojasauce

1 Backofen auf 180 °C vorheizen. Fleisch von Fett und Sehnen befreien und in ca. 2 cm große Würfel schneiden. Fleischwürfel leicht in Mehl wenden und abklopfen. Öl und Butter in einer schweren Pfanne erhitzen. Fleisch portionsweise kurz anbraten, bis es schön goldbraun ist, und zum Abtropfen auf Küchenpapier legen.
2 In einem ausreichend großen Schmortopf Fleischwürfel, Kartoffeln, Zwiebeln und Möhren übereinander schichten; Pfefferkörner darüber geben. Bier, Lorbeerblätter, Brühe und Sojasauce zufügen.
3 Den Fleischtopf ohne Deckel 1 ½ Stunden im Ofen garen lassen, bis das Fleisch weich ist. Dazu schmeckt frisch gebackenes, knuspriges Brot.

TIP
Eine hervorragende Variante sind die scharf gewürzten Schmortöpfe auf Tomatenbasis, wenn sie mit Couscous serviert werden. Dieser Hartweizengrieß orientalischer Herkunft schmeckt köstlich und ist doch einfach zuzubereiten. In Feinkostabteilungen ist auch Instant-Couscous erhältlich.

Seemannsstew (oben), Irischer Schmorbraten (unten)

Leckeres aus einem Topf

Dreikäsetopf mit Nudeln und Spinat

Vorbereitungszeit:
5 Min.
Zubereitungszeit:
30 Min.
Für 4 Personen

4 Becher gekochte Spiralnudeln
2 TL Öl
2 Knoblauchzehen, zerdrückt
10 Spinatblätter, zerpflückt
375 ml Sahne
125 ml trockener Weißwein
1 Becher geriebener Mozzarella
1 Becher geriebener Cheddar
60 g milder Blauschimmelkäse, zerbröckelt
½ TL Salbei, gemahlen
1 TL weißer Pfeffer, gemahlen

1 Backofen auf 180 °C vorheizen. Nudeln in einen gefetteten Schmortopf geben. Öl in schwerer Pfanne erhitzen, Knoblauch und Spinat 3 Minuten weich garen. Die Nudeln mit dem Knoblauchspinat bedecken.
2 Sahne mit dem Weißwein in die Pfanne geben. Zum Kochen bringen und die Hitze reduzieren. Ohne Deckel 5 Minuten köcheln lassen, bis die Sauce etwas eindickt. Vom Herd nehmen; geriebenen und zerkleinerten Käse, Salbei und weißen Pfeffer unterrühren.
3 Die Sauce über die Spinatnudeln gießen und 20 Minuten backen. Dazu frischen Gärtnersalat reichen.

Weißes Wintergemüse

Vorbereitungszeit:
5 Min.
Zubereitungszeit:
1 Std. 15 Min.
Für 4 Personen

8 kleine Kartoffeln, halbiert
2 mittelgroße Steckrüben, geputzt und in Stücke geschnitten
4 kleine Zwiebeln, halbiert
200 g Blumenkohlröschen
60 g Butter
⅓ Becher Weizenmehl
1 Dose Hühnerconsommé (425 ml)
375 ml Milch
½ Becher frisch geriebener Parmesankäse

1 Backofen auf 180 °C vorheizen. Kartoffeln, Steckrüben, Zwiebeln und Blumenkohl in einen gefetteten Schmortopf geben.
2 Butter in mittelgroßer Pfanne erhitzen; Mehl zufügen und bei schwacher Hitze 2 Minuten rühren, bis die Mischung eine goldgelbe Farbe annimmt.
3 Brühe und Milch nach und nach in die Pfanne geben und glattrühren. Die Sauce bei mittlerer Hitze 2 Minuten ständig weiterrühren, bis sie kocht und sämig wird.
4 Die Sauce über das Gemüse gießen, zudecken und 1 Stunde lang im Ofen backen. Mit Parmesankäse bestreuen und ohne Deckel 10 Minuten weitergaren, bis das Gemüse weich ist und der Käse eine goldbraune Kruste bildet.

Indischer Bohneneintopf

Vorbereitungszeit:
10 Min. + 2 Std. Ruhezeit
Zubereitungszeit:
1 Std. 35 Min.
Für 6 Personen

1 Becher Borlottibohnen
1 Becher Augenbohnen
1,5 l kochendes Wasser
1 EL Öl
2 Knoblauchzehen, zerdrückt
2 große Zwiebeln, gehackt
1 TL Kümmel, gemahlen
1 TL Koriander, gemahlen
4 Kardamomsamen
1 Stange Zimt
½ TL Kurkuma
½ TL Chilipulver
1 l Gemüsebrühe
250 ml Kokosmilch
1 Becher rote Linsen, gewaschen

Von oben links im Uhrzeigersinn: Weißes Wintergemüse, Dreikäsetopf mit Nudeln und Spinat, Indischer Bohneneintopf

1 Backofen auf 180 °C vorheizen. Borlotti- und Augenbohnen in eine große Schüssel geben und mit 1,5 l kochendem Wasser bedecken. 2 Stunden stehen lassen. Wasser abgießen und Bohnen abtropfen lassen.
2 Öl in einer schweren Pfanne erhitzen. Knoblauch, Zwiebeln, Kümmel, Koriander, Kardamom, Zimtstange, Kurkuma und Chili 2 Minuten dünsten, bis die Zwiebeln weich sind.
3 Bohnen mit Zwiebeln, Gewürzmischung, Brühe, Koskosmilch und roten Linsen in einen Schmortopf geben, zudecken und 1 ½ Stunden im Ofen backen. Bohnen und Linsen müssen die Flüssigkeit restlos aufnehmen und weich sein. Dazu schmecken Fladenbrot, Gemüse oder mit Kurkuma bzw. Safran gekochter Reis.

Fleischeintöpfe und Schmorbraten

Jede Landesküche besitzt ihre typischen und hervorragenden Eintopfgerichte, die nur einen geringen Aufwand an Zeit und Geld beanspruchen. Für einen modernen Haushalt sind Eintöpfe geradezu ideal, zumal sie sich problemlos auch für größere Tischrunden vor- und zubereiten lassen. Eintopf-Gerichte kocht man am besten einen Tag im voraus, ein Schmorbraten dagegen sollte direkt aus dem Ofen auf den Tisch kommen.

Kräuterbraten

Vorbereitungszeit:
 8 Min.
Zubereitungszeit:
 1 Std. 30 Min.
Für 4 – 6 Personen

1,5 kg Rindfleisch aus der Oberschale
1 EL Öl
8 Zweige frische Petersilie
8 Zweige frischer Rosmarin
8 Zweige frisches Basilikum
8 Zweige frischer Thymian
8 Frühlingszwiebeln
1 Dose Rinderconsommé (450 ml)
250 ml Rotwein
250 ml Wasser

1 Fleisch von überflüssigem Fett befreien. Öl in einem schweren Schmortopf erhitzen, Fleisch hineinlegen und rundherum scharf anbraten. Topf vom Herd nehmen.
2 Kräuter und Zwiebeln um das Fleisch verteilen. Vorsichtig mit Consommé, Wein und Wasser ablöschen. Topf wieder auf den Herd stellen, Temperatur herunterschalten und zugedeckt langsam bis zum Siedepunkt erhitzen. 1 ½ Stunden unter häufigem Wenden schmoren lassen. Fleisch herausnehmen und warmstellen.
3 Die im Topf verbleibende Flüssigkeit einkochen lassen, bis die Sauce etwas sämig wird, dann durchseihen.
4 Den Braten in Scheiben schneiden, mit Sauce und Zwiebeln servieren.

Kräuterbraten (oben), Chili-Kokosnuß-Rindfleisch

Chili-Kokosnuß-Rindfleisch

Vorbereitungszeit:
10 Min.
Zubereitungszeit:
1 Std. 10 Min.
Für 4 Personen

500 g Bugstück vom Rind
1 EL Öl
8 Frühlingszwiebeln, in Ringe geschnitten
2 TL Ingwer, gerieben
2 rote Chillies, entkernt und kleingeschnitten
2 TL geriebene Zitronenschale
1 TL Zitronensaft
1 Knoblauchzehe, zerdrückt
4 EL Kokosraspel
1 EL Öl, zusätzlich
375 ml Wasser
250 ml Kokosmilch
1 TL Zucker
frisch gemahlener Pfeffer

1 Fleisch von Fett und Sehnen befreien und würfeln. Öl in einer schweren Pfanne erhitzen. Fleisch portionsweise scharf anbraten und auf Küchenpapier abtropfen lassen.
2 Frühlingszwiebeln, Ingwer, Chillies, Zitronenschale, Zitronensaft und Knoblauch in einer Schüssel mischen und beiseite stellen.
3 Kokosraspel in einer trockenen Pfanne unter ständigem Rühren goldbraun rösten. Aus der Pfanne nehmen.
4 In der gleichen Pfanne Öl erhitzen, die Zwiebelmischung zufügen und 5 Minuten dünsten. Raspel zugeben und 1 Minute weitergaren.
5 Fleisch, Wasser, Kokosmilch, Zucker in die Pfanne geben und mit Pfeffer abschmecken. Zum Kochen bringen, die Hitze reduzieren und ohne Deckel 1 Stunde lang unter häufigem Umrühren garen lassen. Dazu schmeckt gedämpfter Reis.

Hinweis: Die Sauce muß jeden Fleischwürfel rundherum dicht umhüllen. Sollte sie während des Garvorgangs zu sehr einkochen, etwas heißes Wasser nachfüllen.

Sahne-Pfeffer-Stew

Vorbereitungszeit:
10 Min.
Zubereitungszeit
1 Std. 10 Min.
Für 4 – 6 Personen

750 g Hochrippensteak
2 EL Weizenmehl
1 EL Öl
20 g Butter
3 kleine Zwiebeln, in Spalten geschnitten
1 Stangensellerie, in Scheiben geschnitten
1 EL grüne Pfefferkörner
½ TL Pimentpulver
1 große Möhre, in Scheiben geschnitten
2 mittelgroße Pastinaken, geschält und in Scheiben geschnitten
500 ml Rinderbrühe
125 ml Sahne

1 Fleisch von Fett und Sehnen befreien und in 2 cm große Würfel schneiden. Fleischstücke mit Mehl bestäuben. Öl und Butter in ausreichend großem, schwerem Topf erhitzen und das Fleisch portionsweise bei mittlerer bis starker Hitze rundherum scharf anbraten.
2 Fleischwürfel mit Zwiebeln, Sellerie, Pfefferkörnern, Piment, Möhren, Pastinaken und Brühe wieder in den Topf geben und zum Kochen bringen. Dann bei reduzierter Hitze zugedeckt 1 Stunde schmoren lassen, bis das Fleisch weich ist. Vom Herd nehmen, Sahne unterrühren und mit Nudeln und Salat anrichten.

Tex Mex Beef

Vorbereitungszeit:
10 Min.
Zubereitungszeit:
1 Std. 15 Min.
Für 6 Personen

1 kg Hochrippensteak
1 EL Öl
¼ Becher Weizenmehl

Tex Mex Beef (oben), Sahne-Pfeffer-Stew (unten)

1 TL mexikanisches Chilipulver
2 Knoblauchzehen, gehackt
1 TL Kümmel, gemahlen
1 TL getrocknete Oreganoblätter
1 Prise Cayennepfeffer
750 ml Rinderbrühe
1 EL Rotweinessig
1 Dose Kidneybohnen (375 g), abgetropft
250 ml saure Sahne
Maischips
kleine rote Chillies

1 Fleisch von Fett und Sehnen befreien und kleinwürfeln. Öl in einer ausreichend hohen, schweren Pfanne erhitzen, Fleisch portionsweise scharf anbraten und auf Küchenpapier legen.

2 Fleischwürfel zusammen mit Mehl, Chilipulver, Knoblauch, Kümmel und Oregano wieder in die Pfanne geben, mit Cayennepfeffer abschmecken und 3 Minuten köcheln lassen.

3 Die Pfanne vom Herd nehmen, mit Brühe und Essig ablöschen. Wieder auf den Herd stellen, zum Kochen bringen und ohne Deckel 1 Stunde lang unter gelegentlichem Umrühren köcheln lassen.

4 Die Kidneybohnen in die Pfanne einrühren und 2 Minuten garen lassen. Mit saurer Sahne und Maischips servieren. Nach Belieben mit Chilischoten garnieren.

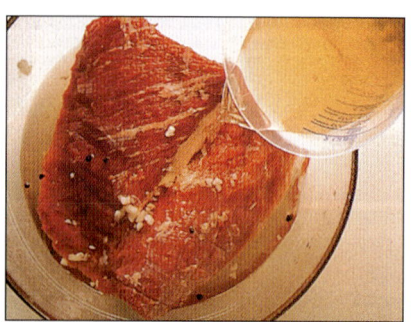

1. Für Italienischen Rinderschmorbraten: Marinade über das Fleisch gießen.

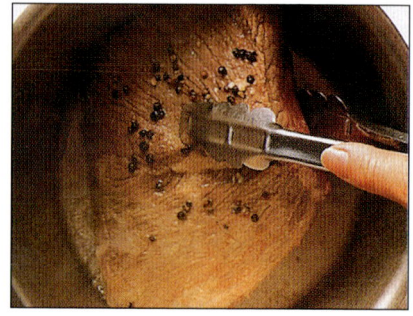

2. Fleisch in den Topf geben und bei mittlerer bis starker Hitze anbraten.

Italienischer Rinderschmorbraten

Vorbereitungszeit:
  10 Min. + 4 Std. Ruhezeit
Zubereitungszeit:
  1 Std. 45 Min.
Für 4 – 6 Personen

1,5 kg Rindfleisch
500 ml Weißweinessig
2 Knoblauchzehen, zerdrückt
1 Zweig frischer Thymian
1 TL schwarze Pfefferkörner
1 EL natives Olivenöl
250 ml Rotwein
2 EL brauner Zucker
125 ml Rinderbrühe
2 EL Aceto Balsamico
1 Dose passierte Tomaten (450 g)
1 große Aubergine, gewürfelt und gesalzen
80 g schwarze Oliven, entsteint
1 Dose Artischockenherzen (450 g), abgetropft

1 Fleisch von überflüssigem Fett befreien. Essig mit Knoblauch, Thymian und Pfefferkörnern vermischen, über das Fleisch gießen. Mit Haushaltsfolie abdecken und 4 Stunden im Kühlschrank marinieren lassen. Dann abtropfen und die Marinade wegschütten. Fleisch abtupfen und zum Trocknen auf Küchenpapier legen.
2 Öl in einem ausreichend hohen, schweren Topf erhitzen. Das Fleisch zufügen und rundherum bei mittlerer bis starker Hitze anbraten.
3 Topf von der Herdplatte nehmen. Wein, Zucker, Brühe, Aceto Balsamico und Tomaten zufügen, wieder auf die Platte stellen. Den Braten bei reduzierter Hitze zugedeckt langsam zum Kochen bringen und anschließend 1 ½ Stunden unter häufigem Wenden weiterschmoren. Fleisch aus dem Topf nehmen, zudecken und warm stellen.
4 Die Aubergine unter fließendem Wasser abspülen und in den Topf legen. Ohne Deckel 10 Minuten weitergaren. Oliven und Artischocken unterrühren und 2 Minuten mitgaren.
5 Den Braten aufschneiden, mit Gemüse, Oliven und Bratensauce anrichten und knuspriges italienisches Weißbrot dazu reichen.

Tip
Für Schmorbraten sind alle zarten, aromatischen Fleischstücke geeignet, im einzelnen sind dies:
Rind: Oberschale, Keule, Unterschale.
Lamm: Keule, Schulter, Haxe.
Kalb: Schulter, gerollte Brust oder Nackenstück aus der Mitte.
Schwein: Gerollter Vorderfuß oder Nacken, Spitzbein, Haxe.

Italienischer Rinderschmorbraten

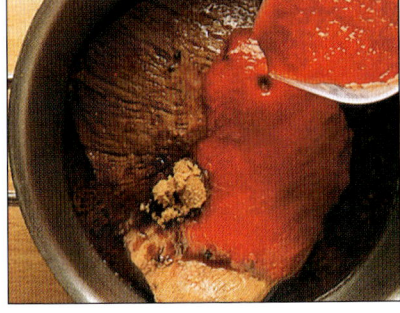

3. Wein, Zucker, Rinderbrühe, Aceto Balsamico und Tomatenpüree darüber geben.

4. Oliven und Artischocken einrühren und 2 Minuten schmoren lassen. Sofort servieren.

Marokkanischer Lammeintopf

Vorbereitungszeit:
5 Min.
Zubereitungszeit:
1 Std. 5 Min.
Für 4 Personen

750 g Lammkeule, entbeint
1 EL Öl
500 ml Rinder- oder Hühnerbrühe
2 kleine Zwiebeln, geschnitten
½ Becher Backpflaumen, halbiert
½ Becher getrocknete Aprikosen, halbiert
1 TL Zimt, gemahlen
1 TL Ingwer, gemahlen
frisch gemahlener schwarzer Pfeffer
¼ Becher geröstete Mandelsplitter

1 Das Fleisch von Sehnen und Fett befreien und in 2 cm große Würfel schneiden. Öl in einer großen, schweren Pfanne erhitzen. Das Fleisch bei mittlerer bis starker Hitze portionsweise 2 Minuten scharf anbraten.
2 Brühe, Zwiebeln, Pflaumen, Aprikosen, Zimt und Ingwer in die Pfanne geben, mit Pfeffer abschmecken und zum Kochen bringen. Die Hitze reduzieren und zugedeckt 1 Stunde köcheln lassen, bis das Fleisch weich ist. Mit den Mandeln garnieren und mit Gemüse und Reis servieren.

Indisches Lammcurry

Vorbereitungszeit:
5 Min.
Zubereitungszeit:
45 Min.
Für 6 Personen

30 g Butterschmalz
1 Knoblauchzehe, zerdrückt
1 TL Ingwer, gerieben
1 EL Currypulver
2 mittelgroße Zwiebeln, grobgeschnitten
750 g Lammfilets, in Streifen geschnitten
½ TL Senfsamen
2 Stangen Sellerie, in Scheiben geschnitten
300 g Blumenkohlröschen
250 ml Rinderbrühe
1 TL Garam Masala
2 EL frischer Koriander, gehackt

1 Butterschmalz in einer großen, schweren Pfanne erhitzen. Knoblauch, Ingwer, Currypulver und Zwiebeln in der Pfanne bei mittlerer Hitze 3 Minuten andünsten, bis die Zwiebeln weich sind.
2 Die Lammstreifen zufügen, gut mit der Currymischung verrühren und 5 Minuten garen lassen.
3 Senfsamen, Sellerie, Blumenkohl und Rinderbrühe zufügen und zum Kochen bringen. Dann Hitze reduzieren und zugedeckt 30 Minuten unter häufigem Wenden köcheln lassen, bis das Fleisch weich ist.
4 Kurz vor dem Servieren Garam Masala unterrühren und mit Koriander garnieren. Dazu schmeckt gedämpfter Reis.

Lammbraten mit Tomaten

Vorbereitungszeit:
10 Min.
Zubereitungszeit:
1 Std. 50 Min.
Für 6 Personen

1 Lammkeule à 1,6 kg
1 EL Öl
1 Dose Tomaten (450 g), zerkleinert
125 ml Rotwein
4 schwarze Pfefferkörner
1 EL frische Rosmarinblätter
1 EL Worcestersauce
8 kleine Kartoffeln, gepellt und halbiert
8 mundgerechte Kürbisstücke
8 Rosenkohlröschen

1 Das Lammfleisch von Fett befreien. Öl in einer hohen, schweren Pfanne erhitzen. Fleisch zufügen und bei mittlerer bis starker Hitze rundherum scharf anbraten, bis es schön gebräunt ist.

Von oben im Uhrzeigersinn: Lammbraten mit Tomaten, Marokkanischer Lammeintopf, Indisches Lammcurry

2 Pfanne vom Herd nehmen. Tomaten, Wein, Pfefferkörner, Rosmarin und Worcestersauce zufügen. Wieder auf die Platte stellen, die Hitze reduzieren. Zugedeckt langsam erhitzen und 1 ½ Stunden unter häufigem Wenden schmoren lassen.

3 Kartoffeln und Kürbis zufügen und weitere 15 Minuten garen. Zum Schluß den Rosenkohl zugeben und noch 5 Minuten mitkochen.

4 Fleisch aufschneiden oder im ganzen auf einer Platte mit Gemüse und Bratensaft servieren.

TIP
Verwenden Sie eine Pfanne mit gut passendem Deckel, oder bedecken Sie die Pfanne mit Alufolie, die Sie am Rand einschlagen, bevor Sie den Deckel obenauflegen.

Scharfes Lamm mit Koriander

Vorbereitungszeit:
10 Min.
Zubereitungszeit:
1 Std. 10 Min.
Für 6 Personen

*1 kg Lammkeule
1 EL Olivenöl
2 kleine Zwiebeln, in Ringe geschnitten
2 Knoblauchzehen, zerdrückt
1 EL Ingwer, gemahlen
1 EL Koriander, gemahlen
2 TL Kümmel, gemahlen
1 TL Kurkuma
⅓ Becher frischer Koriander, feingeschnitten
frisch gemahlener schwarzer Pfeffer
500 ml Hühnerbrühe*

1 Fleisch von überflüssigem Fett und Sehnen befreien. Öl in einer ausreichend großen, schweren Pfanne erhitzen und das Fleisch portionsweise bei mittlerer bis starker Hitze 2 Minuten scharf anbraten. Auf Küchenpapier abtropfen lassen.
2 Zwiebeln und Knoblauch in die Pfanne geben und 2 Minuten mitbräunen. Dann alle übrigen Zutaten außer Hühnerbrühe und Fleisch zugeben.
3 Das Fleisch mit der Brühe zufügen und zum Kochen bringen. Dann die Hitze reduzieren und zugedeckt 1 Stunde schmoren lassen. Dazu gedämpften Reis und Gemüse reichen.

Bauerneintopf mit Huhn

Vorbereitungszeit:
10 Min.
Zubereitungszeit:
50 Min.
Für 4 Personen

*1 EL Öl
500 g Hühnerfilets, halbiert
375 ml Hühnerbrühe
2 mittelgroße Möhren, in Scheiben geschnitten
250 g kleine neue Kartoffeln, halbiert
½ TL Pimentpulver
2 Lorbeerblätter
2 mittelgroße Lauchstangen, in Ringe geschnitten
8 kleine Kürbisse, halbiert
1 TL gemahlener schwarzer Pfeffer
80 ml saure Sahne*

1 Das Öl in einer ausreichend großen, schweren Pfanne erhitzen und das Hühnerfleisch darin portionsweise bei mittlerer bis starker Hitze rundherum scharf anbraten.
2 Hühnerbrühe, Möhren, Kartoffeln, Pimentpulver und Lorbeerblätter in die Pfanne rühren und zum Kochen bringen. Die Hitze reduzieren und zugedeckt 30 Minuten schmoren lassen.
3 Kürbishälften und Lauch zufügen und noch 10 Minuten garen.
4 Lorbeerblätter herausnehmen. Pfeffer und saure Sahne einrühren und 1 Minute mitgaren. Dazu Nudeln oder knuspriges Brot servieren.

Hinweis: Nach dem Schneiden die Lauchstangen mit warmem Wasser gut abwaschen, um den Schmutz zwischen den Blättern zu entfernen.

TIP
Zu Schmortöpfen und Braten schmeckt Knoblauchbrot hervorragend: Stangenweißbrot mit schrägen Einschnitten versehen und mit einer weichen Knoblauch-Kräuterbutter bestreichen. Das Brot in Alufolie wickeln und im Backofen bei mäßiger Hitze (180 °C) backen, bis es durch und durch heiß und die Butter zerlaufen ist.

Bauerneintopf mit Huhn (oben), Scharfes Lamm mit Koriander (unten)

Leckeres aus einem Topf

Süßes Hühnercurry

Vorbereitungszeit:
 5 Min.
Zubereitungszeit:
 30 Min.
Für 4 Personen

500 g Hühnerbrustfilets
2 TL Öl
⅓ Becher abgezogene Mandeln
1 EL grüne Currypaste (siehe Hinweis)
¼ TL gemahlene Kurkuma
1 Dose Ananas in Stücken (375 g); Saft abgießen und aufbewahren
1 mittelgroßer roter Paprika, kleingeschnitten
3 kleine Zucchini, in Scheiben geschnitten
⅓ Becher Johannisbeeren

1 Hühnerbrust würfeln. Öl in schwerem Topf erhitzen und Mandeln, Currypaste und Kurkuma zufügen. 2 Minuten unter Rühren garen, dann das Fleisch zugeben und 5 Minuten weiterrühren.
2 Den Ananassaft dazugießen und aufkochen lassen. Hitze reduzieren und zugedeckt 15 Minuten köcheln lassen.

Von links oben im Uhrzeigersinn: Scharf gewürztes Brathuhn mit braunem Reispilaw, Scharf gewürzter Hühnertopf, Würziges Hühnerragout und Süßes Hühnercurry

1. Würziges Hühnerragout: Hühnerteile portionsweise rundherum anbraten.

2. Aus der Pfanne nehmen und auf Küchenpapier abtropfen lassen.

3 Ananas, Zucchini, Paprika und Johannisbeeren zufügen. Ohne Deckel nochmals 5 Minuten garen lassen. Dazu paßt Reis.

Hinweis: Currypaste erhalten Sie in Supermärkten und Asien-Läden.

Würziges Hühnerragout

*Vorbereitungszeit:
5 Min.
Zubereitungszeit:
40 Min.
Für 4 Personen*

*1 EL Öl
1,5 kg Huhn, in Stücke zerteilt
1 Dose Tomaten (450 g), zerkleinert
1 EL Worcestersauce
1 TL Kümmel, gemahlen
60 ml Rotwein
2 EL Tomatenmark
¼ TL Tabasco
125 ml Hühnerbrühe*

*250 g Champignons
300 g Brokkoliröschen*

1 Öl in einer ausreichend großen, schweren Pfanne erhitzen. Hühnerfleisch portionsweise bei mittlerer bis starker Hitze scharf anbraten, bis alle Stücke schön gebräunt sind. Auf Küchenpapier abtropfen lassen.
2 Tomaten, Worcestersauce, Kümmel, Wein, Tomatenmark, Tabasco und Brühe in die Pfanne geben und aufkochen. Hitze reduzieren und zugedeckt 35 Minuten unter wiederholtem Rühren schmoren lassen, bis das Hühnerfleisch weich ist.
3 Champignons und Brokkoli untermischen und ohne Deckel das Gemüse noch 5 Minuten mitschmoren lassen. Dazu schmeckt Reis.

Hinweis: Je nach gewünschtem Schärfegrad mit Tabasco abschmecken.

Scharf gewürzter Hühnertopf

*Vorbereitungszeit:
10 Min.
Zubereitungszeit:
30 Min.
Für 6 Personen*

*2 TL Olivenöl
4 scharfe italienische Würste
1 große Zwiebel, gehackt
1 mittelgroßer roter Paprika, kleingeschnitten
1 mittelgroßer grüner Paprika, kleingeschnitten
1 Knoblauchzehe, zerdrückt
300 g Champignons, halbiert
1 Dose Tomaten (450 g), zerkleinert
125 ml trockener Weißwein
125 ml Hühnerbrühe
1 TL getrockneter Oregano
1 TL getrockneter Majoran
frisch gemahlener
    schwarzer Pfeffer
1 großes gegrilltes Hähnchen, in 8 Stücke zerteilt*

3. Mit Worcestersauce, Kümmel, Wein, Tomatenmark, Tabasco und Brühe auffüllen.

4. Champignons und Brokkoli in die Pfanne geben und 5 Minuten schmoren lassen.

1 Das Öl in einem großen, schweren Topf erhitzen. Die Würste bei mittlerer bis starker Hitze 5 Minuten scharf anbraten, bis sie rundherum gebräunt sind; auf Küchenpapier abtropfen lassen. Fett abgießen.
2 Zwiebeln, Paprika und Knoblauch in den Topf geben und 5 Minuten garen. Champignons hinzufügen und weitere 3 Minuten garen. Würste schräg in 2 cm dicke Scheiben schneiden.
3 Die in Scheiben geschnittene Wurst mit Tomaten, Weißwein, Hühnerbrühe, Oregano und Majoran verrühren, mit Pfeffer abschmecken und zum Kochen bringen. Hitze reduzieren und ohne Deckel 10 Minuten schmoren lassen, bis die Flüssigkeit einkocht. Das zerkleinerte Hähnchen zufügen und 5 Minuten im Topf erhitzen. Eventuell mit gehackter Petersilie garnieren. Dazu schmeckt knuspriges Brot.

Scharf gewürztes Brathuhn mit Reispilaw

Vorbereitungszeit:
5 Min.
Zubereitungszeit:
1 Std. 40 Min.
Für 4 – 6 Personen

1 Hühnchen à 1,5 kg
2 EL Pflanzenöl
125 ml Hühnerbrühe
1 Lorbeerblatt
1 Knoblauchzehe, zerdrückt
1 EL Öl, zusätzlich
1 große Zwiebel, feingehackt
1 ¼ Becher Naturreis
3 ganze Gewürznelken
1 TL Kurkuma
½ TL Kardamom, gemahlen
250 ml Rindfleischbrühe
2 TL Tomatenmark
frisch gemahlener schwarzer Pfeffer
3 Frühlingszwiebeln, feingehackt

1 Öl in einer großen Kasserolle erhitzen und das Hühnchen rundherum anbraten.
2 Kasserolle vom Herd nehmen. Brühe, Lorbeerblatt und Knoblauch hinzufügen, wieder auf die Platte stellen, langsam erhitzen und 20 Minuten schmoren lassen.
3 Für den Reispilaw das restliche Öl in einer Pfanne erhitzen und die Zwiebel andünsten. Reis und Gewürze zufügen und 2 Minuten anbraten. Dann mit Brühe, Tomatenmark und Pfeffer zum Kochen bringen.
4 Reis und die Flüssigkeit rund um das Hühnchen verteilen und zugedeckt 1 Stunde schmoren lassen, bis der Reis die Flüssigkeit restlos aufgenommen hat. Nach 45 Minuten die Frühlingszwiebeln dazugeben.
5 Das Hühnchen auf ein Brett legen und zerteilen. Mit dem Reispilaw auf einer Platte anrichten.

Schweinebraten mit Äpfeln

Vorbereitungszeit:
10 Min.
Zubereitungszeit:
1 Std. 10 Min.
Für 4 – 6 Personen

1,5 kg Schweineschulter, entbeint
1 EL Öl
250 ml Hühnerbrühe
2 EL Honig
¼ TL Zimt, gemahlen
250 ml Apfelsaft oder Cidre
1 Zitronenschale, in Streifen geschnitten
3 Äpfel, geschält, entkernt und geachtelt
2 TL Maismehl
1 EL Wasser

1 Das Fleisch von überflüssigem Fett befreien und mit Küchengarn zusammenbinden. Öl in einem hohen, schweren Topf erhitzen, Fleisch bei mittlerer bis starker Hitze anbraten, bis es rundherum gebräunt ist.
2 Den Topf von der Platte nehmen. Brühe, Honig, Zimt, Apfelsaft und Zitronenschale hinzugeben und wieder auf die Platte stellen. Zugedeckt bei schwacher Hitze allmählich zum Kochen bringen und den Braten unter häufigem Wenden 1 Stunde weich schmoren.
3 Apfelscheiben zufügen und 8 Minuten garen. Fleisch und Äpfel aus dem Topf nehmen, auf einer Platte anrichten und warm stellen.
4 Maismehl mit Wasser verrühren. Die Mischung in den Topf geben und bei höherer Hitze rühren, bis die Sauce sämig wird. Fleisch in Scheiben schneiden, mit Äpfeln und Sauce servieren.

Schweinefleisch in Zitronen-Sahne-Sauce

Vorbereitungszeit:
10 Min.
Zubereitungszeit:
40 Min.
Für 4 Personen

750 g gewürfeltes Schweinefleisch, Filet oder Lendenstück
20 g Butter
185 g Champignons, in Scheiben geschnitten
250 ml Hühnerbrühe
1 EL Weizenmehl
125 ml Sahne
1 EL Zitronensaft
frisch gemahlener schwarzer Pfeffer
½ kleine Zitrone, in kleine Spalten geschnitten
frische Petersilie, gehackt

1 Fleisch von Sehnen und überflüssigem Fett befreien. Butter in einer schweren Pfanne erhitzen und Fleischwürfel portionsweise bei mittlerer bis starker Hitze rundherum anbraten. Auf Küchenpapier abtropfen lassen.
2 Champignons in die Pfanne geben und 2 Minuten garen. Fleisch zufügen, mit Brühe ablöschen und zum Kochen bringen. Hitze reduzieren und mit geschlossenem Deckel unter häufigem Rühren 30 Minuten schmoren lassen.
3 Mehl mit Sahne verrühren und dazugeben. Temperatur erhöhen und rühren, bis die Sauce eindickt. 2 Minuten schmoren lassen. Mit Zitronensaft und Pfeffer abschmecken, mit Zitronenspalten garnieren und Petersilie darüber streuen. Dazu schmecken Nudeln.

TIP
Fleischstücke langsam bräunen, bis sie rundherum karamelisiert sind, damit die Aromastoffe besser zur Entfaltung kommen und das Fleisch saftig bleibt. Das feste Gewebe kann nur durch langsames Schmoren aufweichen. Also stets rechtzeitig die Hitze reduzieren, damit der Braten nicht kocht und zäh wird!

Schweinefleisch in Zitronen-Sahne-Sauce (oben),
Schweinebraten mit Äpfeln (unten)

Leckeres aus einem Topf

Rotes Schweinefleischcurry

Vorbereitungszeit:
 10 Min.
Zubereitungszeit:
 25 Min.
Für 6 Personen

1 EL Öl
1 EL rote Chilipaste
500 g mageres Schweinefleisch, in dünne Streifen geschnitten
250 ml Kokosmilch
1 mittelgroße Aubergine, feingewürfelt
½ Becher Bambussprossen, kleingeschnitten
10–15 frische Basilikumblätter
2 Zitronenblätter
2 EL Fischsauce
sehr frische Basilikumblätter oder in Streifen geschnittene und entkernte rote Chilischoten

1 Öl in einer schweren Pfanne erhitzen und die Chilipaste bei mittlerer Hitze 5 Minuten einrühren, bis es duftet. Das Fleisch hinzufügen und 5 Minuten rühren, bis es schön gebräunt ist.
2 Kokosmilch mit Auberginenwürfeln, Bambussprossen, Basilikum, eventuell Zitronenblättern und Fischsauce zum Kochen bringen. Die Hitze reduzieren und unter häufigem Umrühren zugedeckt 15 Minuten schmoren lassen.
3 Mit Basilikum oder Chilischoten garnieren. Dazu schmeckt Reis.

Hinweis: Chilipaste, Zitronenblätter und Fischsauce sind in Asien-Läden erhältlich.

Bauerneintopf mit Wurst

Vorbereitungszeit:
 4 Min.
Zubereitungszeit:
 18 Min.
Für 4 Personen

8–10 dünne Schweinswürste
2 TL Öl
2 kleine Stangen Lauch, in feine Ringe geschnitten
1 Dose passierte Tomaten (450 g)
60 ml Wasser
2 EL Rotwein
2 mittelgroße Möhren, gehobelt
2 Stangen Sellerie, feingeschnitten
2 EL frische Petersilie, feingehackt

1 Den Grill vorheizen und die Würste rundherum mit einer Gabel einstechen. 6 Minuten bei mittlerer Hitze unter Wenden rösten. Auf Küchenpapier abtropfen lassen. Die Würste halbieren.

Bauerneintopf mit Wurst (oben),
Rotes Schweinefleischcurry (unten)

2 Öl in einer Pfanne erhitzen. Lauchringe zufügen und 3 Minuten unter ständigem Rühren dünsten. Passierte Tomaten, Wasser, Wein, Möhren und Sellerie zugeben und zum Kochen bringen. Die Hitze reduzieren und ohne Deckel unter häufigem Rühren 5 Minuten garen lassen.
3 Würste in die Pfanne geben. 2 Minuten erhitzen. Mit Petersilie bestreuen. Dazu schmeckt Kartoffelpüree oder Reis.

Ratatouille

Vorbereitungszeit:
10 Min.
Zubereitungszeit:
25 Min.
Für 4 Personen

2 EL Olivenöl
2 mittelgroße Zwiebeln, grobgeschnitten
2 mittelgroße Zucchini, grobgewürfelt
1 kleiner roter Paprika, in Streifen geschnitten
1 kleiner grüner Paprika, in Streifen geschnitten
1 kleiner gelber Paprika, in Streifen geschnitten
2 Knoblauchzehen, zerdrückt
1 mittelgroße Aubergine, halbiert
1 Dose Tomaten (450 g), zerkleinert
½ TL getrocknetes Basilikum oder Oregano frisch gemahlener schwarzer Pfeffer

1 EL frische Petersilie, feingehackt

1 Das Öl in einer ausreichend großen, schweren Pfanne erhitzen und die Zwiebeln 4 Minuten bei mittlerer Hitze dünsten. Zucchini, Paprika und Knoblauch zufügen und 3 Minuten rühren.
2 Die Aubergine in Scheiben schneiden, mit Tomaten, Basilikum oder Oregano und Pfeffer in die Pfanne geben und zum Kochen bringen. Dann die Hitze reduzieren und zugedeckt 15 Minuten schmoren lassen, bis das Gemüse gar ist. Mit Petersilie bestreuen. Dazu schmeckt knuspriges Brot.

Vegetarisches Curry

Vorbereitungszeit:
10 Min.
Zubereitungszeit:
35 Min.
Für 6 Personen

1 EL Öl
2 Zwiebeln, gehackt
1 EL frischer Ingwer, gerieben
2 Knoblauchzehen, zerdrückt

2 TL Currypulver
2 TL grüne Currypaste (siehe Hinweis)
1 TL Kümmel, gemahlen
2 Dosen Tomaten (à 450 g), zerkleinert
¼ Becher Tomatenmark
½ Becher süßes Fruchtchutney
¼ Becher Erdnußbutter
1 Dose Kokoscreme (400 ml)
375 g Winterkürbis, gewürfelt
1 mittelgroße Möhre, gewürfelt
125 g frische Bohnen, geschnitten
125 g gelber oder grüner Sommerkürbis, gewürfelt
125 g Blumenkohlröschen
2 mittelgroße Kartoffeln, gepellt und gewürfelt
1 Dose Wachsbohnen (300 g)

1 Das Öl in einem ausreichend großen, schweren Topf erhitzen. Zwiebeln, Ingwer und Knoblauch bei mittlerer Hitze 3 Minuten garen. Currypulver, Currypaste und Kümmel einrühren und 2 Minuten garen, bis ein intensiver Duft entsteht.
2 Restliche Zutaten unterrühren und zum Kochen bringen. Hitze reduzieren und zugedeckt 30 Minuten schmoren lassen. Dazu schmeckt gedämpfter Reis.

Hinweis: Currypaste ist in Asien-Läden erhältlich.

Vegetarisches Curry (oben), Ratatouille (unten)

Leckeres aus einem Topf

Schnelle Gerichte

Auch in der Küche spielt der Zeitfaktor heute eine Rolle. Die folgenden Rezepte haben ihren Ursprung in Italien, Spanien und Frankreich. Dort haben erfinderische Köche bereits Varianten der klassischen Küche auf der Basis von Reis, Nudeln und Eiern entwickelt, die weniger zeitraubend, aber ebenso schmackhaft sind. Auch die Verwendung fertiger Zutaten wie Pesto aus dem Glas oder Tomaten aus der Dose verringert den Zeitaufwand.

Penne mit Tomaten-Sahne-Pesto

Vorbereitungszeit:
5 Min.
Zubereitungszeit:
18 Min.
Für 4 Personen

375 g Penne
2 TL Öl
200 g Pilze, geschnitten
200 ml saure Sahne
½ Becher Pesto
⅓ Becher getrocknete
  Tomaten, zerkleinert
frisch gemahlener
  schwarzer Pfeffer

1 Pasta in einen Topf mit sprudelndem Wasser geben und mit einem Schuß Öl kochen. Wasser abgießen und abtropfen lassen.

2 Den Topf wieder auf den Herd stellen, Öl hineingeben und erhitzen. Pilze zufügen und 4 Minuten weich und goldgelb dünsten. Saure Sahne, Pesto, Tomaten und Pfeffer einrühren. Gut vermischen und 2 Minuten kochen lassen, bis die Sauce heiß ist.

3 Die Nudeln wieder in den Topf geben und alles gut vermischen. Unter Umrühren 1 Minute erhitzen und sofort mit knusprigen Brotscheiben servieren.

Hinweis: Pesto ist im Glas in Supermärkten und Feinkostläden erhältlich. Man kann ihn aber auch selbst herstellen.

Spiralnudeln mit Räucherlachs (oben), Penne mit Tomaten-Sahne-Pesto (unten)

Pizzas und Überbackenes

Pizzateig und Pizzasauce

Fertige Pizzaböden sowie -saucen sind überall erhältlich. Wollen Sie beides jedoch selbst zubereiten, so gelingt Ihnen dies nach folgenden Rezepten, absolut problemlos sowie wenig zeitaufwendig.

Pizzateig

Vorbereitungszeit:
  20 Min.
Zubereitungszeit:
  siehe jeweiliges Rezept
Ergibt einen dicken oder zwei dünne Pizzaböden

7 g Trockenhefe
½ TL Salz
½ TL Zucker
¼ l warmes Wasser
375 g Mehl
2 EL Olivenöl
2 TL Weizen- oder Maisgrieß

1. Hefe, Salz, Zucker und Wasser mischen, mit einer Folie abdecken und an einen warmen Ort stellen, bis die Masse Blasen wirft. Mehl in eine Schüssel sieben, in die Mitte eine Vertiefung drücken, Hefe-Wassergemisch zugeben und zu einem Teig verarbeiten.
2. Teig auf einer leicht mit Mehl bestäubten Fläche etwa 5 Minuten kneten, bis er glatt und geschmeidig ist. Für einen dicken Pizzaboden Teig bis etwa 35 cm Durchmesser ausrollen; für zwei dünne Böden Teig halbieren.
3. Pizzaform von 30 cm Durchmesser mit Öl bestreichen, mit Weizen- oder Maisgrieß bestäuben, Teig daraufgeben, an den Rändern etwas hochziehen und nach innen rollen. Anschließend belegen und backen wie im jeweiligen Rezept vorgesehen.

Hefe-Wasser-Mischung etwas schäumen lassen.

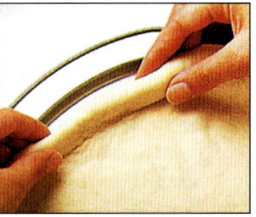

Teigrand hochziehen und nach innen rollen.

Teigvariationen:
Vollkornpizzateig: Nehmen Sie statt 375 g nur 225 g helles Weizenmehl und mischen Sie es mit 150 g Vollkornmehl.
Maismehlpizzateig: Nehmen Sie nur 300 g helles Weizenmehl und geben Sie 75 g feinen Maisgrieß (Polenta) dazu.
Hinweis: Sie können den Pizzateig bereits am Vortag zubereiten: Stellen Sie ihn in einer mit Öl eingefetteten Schüssel mit Folie zugedeckt in den Kühlschrank. Vor dem Weiterverarbeiten warten, bis der Teig sich wieder auf Zimmertemperatur erwärmt hat, noch mal etwa 2 Minuten durchkneten; weiter nach Rezept. Teigreste können auch eingefroren werden: leicht mit Salz bestreuen und in einen Gefrierbeutel geben. Tiefgefroren hält Pizzateig etwa 4 Monate. Zum Auftauen den Teig über Nacht in den Kühlschrank legen, herausnehmen und, sobald er Zimmertemperatur erreicht hat, weiterverarbeiten.

Pizzasauce

Vorbereitungszeit:
  10 Min.
Zubereitungszeit:
  15 Min.
Ergibt 375 ml Sauce

1 EL Olivenöl
1 mittelgroße Zwiebel, feingewürfelt
2 Knoblauchzehen,
  zerdrückt
425 g geschälte Tomaten,
  fein zerdrückt
1 TL getrocknetes Basili-
  kum
1 TL getrockneter Oregano
1 TL Zucker
Salz und Pfeffer

1. Öl in einer Pfanne erhitzen. Zwiebel zugeben und bei kleiner Hitze etwa 5 Minuten dünsten. Knoblauch beigeben und zusammen 1 Minute kochen.
2. Tomaten, Kräuter und Zucker zugeben, bei kleiner Hitze etwa 10 Minuten köcheln lassen, bis die Sauce eindickt. Mit Salz und Pfeffer abschmecken, abkühlen lassen.

Hinweis: Sie können die Sauce bereits 2 Tage vor dem Pizzabacken zubereiten: Sauce in einen luftdichten Behälter füllen, im Kühlschrank aufbewahren. Tiefgekühlt hält sie etwa 2 Monate.

Tomaten und Kräuter in die Sauce einrühren.

Auch wenn Sie sonst fertige Pizzas kaufen: Es macht Spaß, selbst eine zu backen. So können Sie auch frische Zutaten, wie hier abgebildet und beschrieben, verwenden.

Pizzas

Hier finden Sie alle Ihre Lieblingspizzas, die mit Schinken und Ananas oder die Superpizza vom Feinsten. Außerdem: köstliche Pizza-Variationen auf Pitta- oder Fladenbrot.

Pizza Super Supreme

Vorbereitungszeit:
 20 Min.
Zubereitungszeit:
 33 Min.
Für 4 Personen

Pizzaboden, 30 cm Durchmesser
375 ml Pizzasauce
1 EL Olivenöl
1 mittelgroße grüne Paprikaschote
100 g Pfifferlinge, kleingeschnitten
1 Becher Mozzarella
45 g Schinken, in 1 cm dicke Streifen geschnitten
45 g Cabanossi, dünn aufgeschnitten
30 g Salami, gewürfelt
2 Scheiben Ananas, gewürfelt
2 EL entkernte schwarze Oliven, aufgeschnitten

1. Backofen auf 210 °C vorheizen (Gas 190 °C). Den Pizzateig in eine gefettete Form geben, mit Sauce bestreichen. Öl in der Pfanne erhitzen, Paprika und Pilze hineingeben, 2 Minuten bei mittlerer Hitze dünsten; vom Herd nehmen.
2. Drei Viertel des Käse auf dem Pizzateig verteilen, Paprika und Pilze darübergeben, dann Schinken, Salami und Cabanossi, die Ananas und die Oliven. Zuletzt den restlichen Käse über die Pizza streuen.
3. Pizza 30 Minuten backen, bis der Käse geschmolzen und der Teig braun und knusprig ist. Aufschneiden und servieren.

Hinweis: Der Belag kann nach Belieben noch mit Chili, Anchovis, rotem Paprika oder weiteren Käsesorten ergänzt werden.

Pizza Super Supreme

Pizzas und Überbackenes

Pizzas und Überbackenes

Pizza mit Huhn Satay

Vorbereitungszeit:
20 Min.
Zubereitungszeit:
25 Min.
Für 6 Personen

2 Hühnerbrustfilets
6 kleine ovale Pittabrote
1 mittelgroße rote Zwiebel, in feine Ringe geschnitten
400 g kleine Maiskolben, halbiert
¼ Becher frisches gehacktes Basilikum

Satay-Sauce
2 TL Öl
1 kleine Zwiebel, feingewürfelt
¼ TL Kurkuma
¼ TL Chilipulver
¼ TL Knoblauchpulver
½ TL braunen Zucker
2 TL Sojasauce
⅓ Becher Erdnußbutter
80 ml Kokosnußmilch

1. Backofen auf 210 °C vorheizen (Gas 190 °C). Eine große Bratpfanne halb mit Wasser füllen und es zum Kochen bringen. Das Huhn von Fett und Sehnen säubern und in die Pfanne geben, etwa 7 Minuten leise köcheln lassen, dabei einmal wenden. Das gekochte Fleisch vom Herd nehmen und abkühlen lassen.
2. **Zubereitung der Satay-Sauce:** Öl in einer kleinen Pfanne erhitzen, Zwiebeln zugeben und bei niedriger Hitze 2 Minuten schmoren lassen. Kurkuma, Chili und Knoblauch beimengen, unter Rühren 1 Minute kochen lassen. Zucker, Sojasauce, Erdnußbutter und Kokosnußmilch unterrühren, bis alles gut vermischt ist, erneut eine Minute kochen; vom Herd nehmen und abkühlen lassen.
3. Das erkaltete Huhn in dünne Scheiben schneiden und in eine Schüssel legen. Etwa zwei Drittel der Satay-Sauce darübergießen, so daß das Fleisch überall gut mit der Sauce bedeckt ist.
4. Die restliche Satay-Sauce auf die Pittabrote streichen, mit Zwiebelringen, Mais und zuletzt mit Huhn belegen. 15 Minuten im Ofen backen, bis das Brot knusprig ist. Herausnehmen, mit frisch gehacktem Basilikum bestreuen und sofort servieren.

Hinweis: Pittabrote gibt es in unterschiedlichen Größen; sie sind hervorragend als Pizzaböden geeignet.

Pizza mit Meeresfrüchten

Vorbereitungszeit:
10 Min.
Zubereitungszeit:
20 Min.
Für 4-6 Personen

1 Pizzaboden, 30 cm Durchmesser
150 ml Pizzasauce
1 Dose Krebsfleisch (170 g), abgetropft
200 g geschälte Garnelen
1 Dose Austern (105 g)
¾ Becher Mozzarella, in kleinen Stücken
frisch gemahlener schwarzer Pfeffer, nach Geschmack
1 EL frische Oreganoblätter

1. Backofen auf 210 °C vorheizen (Gas 190 °C). Pizzaboden auf ein Backblech legen, mit Sauce bestreichen.
2. Krebsfleisch gleichmäßig über der Sauce verteilen. Dann mit geschälten Garnelen und anschließend mit Austern belegen. Käse darüberstreuen.
3. Die fertige Pizza mit frisch gemahlenem schwarzem Pfeffer würzen. 20 Minuten im Ofen backen, bis der Käse geschmolzen und die Pizza knusprig ist. Nach Wahl mit frischen Oreganoblättern bestreuen und sofort servieren.

Pizza mit Meeresfrüchten (oben) und Pizza mit Huhn Satay

Amerikanische Pfannenpizza

Vorbereitungszeit:
  15 Min. + Teig und
  Sauce
Zubereitungszeit:
  30 Min.
Für 4–6 Personen

Pizzateig nach Grundrezept

250 g gemischtes Hackfleisch
190 ml Pizzasauce
1 mittelgroßer roter Paprika, feingeschnitten
1 mittelgroßer grüner Paprika, feingeschnitten
75 g Champignons, kleingeschnitten
350 g Eiertomaten, in Scheiben geschnitten
⅓ Becher entkernte grüne Oliven, kleingeschnitten
1 ½ Becher Mozzarella, in kleinen Stücken
½ Becher geriebener Parmesan
1 EL Olivenöl

1. Backofen auf 210 °C vorheizen (Gas 190 °C). Eine Springform, 26 cm Durchmesser, mit Öl einfetten, den Boden und die Seiten mit Mehl bestäuben, überschüssiges Mehl abklopfen. Teig ausrollen und in die Form legen, am Rand hochziehen und etwas nach innen einschlagen.
2. Hackfleisch in eine Pfanne geben, 3–5 Minuten anbraten, bis es leicht gebräunt ist. Dabei mit einer Gabel alle Klümpchen zerdrücken. Entwichenes Wasser abgießen; kalt stellen.
3. Teig mit Pizzasauce bestreichen, darauf das Hackfleisch verteilen und mit dem feingeschnittenen grünen und roten Paprika, sowie den ebenfalls feingeschnittenen Pilzen gleichmäßig belegen. Zuletzt die Pizza mit den Eiertomaten garnieren und mit kleingeschnittenen grünen Oliven, Mozzarella und Parmesan bedecken.
4. Den Teigrand mit Olivenöl bestreichen.
25 Minuten bei 210 °C (Gas 190 °C) backen, bis der Käse geschmolzen und der Pizzarand goldbraun ist. Etwa 5 Minuten abkühlen lassen, erst dann in Stücke schneiden. Sofort servieren.

Hinweis: Boden und Rand dieser Pizza sind wesentlich dicker als normalerweise.

Amerikanische Pfannenpizza

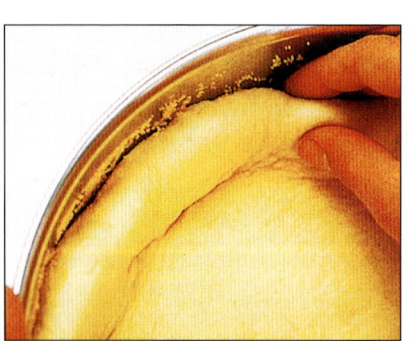

Teig ausrollen und am Rand hochziehen, dann nach innen einschlagen.

Beim Anbraten das Hackfleisch mit einer Gabel gut zerdrücken und vermengen.

Pizzas und Überbackenes

Feingeschnittene rote und grüne Paprikaschoten und Pilze auf das Hackfleisch geben.

Den Käse über die Pizza streuen und den Rand gut mit Olivenöl bestreichen.

Pizza mit Äpfeln und Ingwer

Vorbereitungszeit:
  35 Min.
Zubereitungszeit:
  30 Min.
Für 6 Personen

Teig
2 TL Trockenhefe
2 TL Zucker
80 ml warmes Wasser
375 g Mehl
25 g Butter
1 Ei, leicht verquirlt

Belag
100 g Rosinen
2 EL Weinbrand
30 g Butter
1 ½ TL geriebener Ingwer
2 EL Wasser
2 EL Ahornsirup
1 mittelgroßer roter Apfel, entkernt und in Stücke geschnitten
1 mittelgroßer grüner Apfel, entkernt und in Stücke geschnitten
2 TL flüssige Butter
Sahne, zum Servieren

1. Pizzateig: Hefe, Zucker und Wasser mischen. In einer Schüssel zugedeckt an einem warmen Platz 10 Minuten ruhen lassen, bis das Wasser etwas schaumig wird.
2. Mehl in eine Schüssel geben, in der Mitte eine Vertiefung formen, Hefe-Wassermischung hineingeben. Zusammen mit Butter und Ei zu einem Teig mischen. Auf einer mit Mehl bestäubten Fläche solange kneten, bis der Teig trocken und geschmeidig wird. 1 Stunde zugedeckt an einem warmen Ort ruhen lassen, bis der Teig etwa zur doppelten Menge aufgegangen ist.
3. Belag: Rosinen und Weinbrand mischen; Butter zerlassen, Ingwer dazugeben, verrühren. Wasser und Ahornsirup zugeben und bei geringer Hitze etwa 4 Minuten kochen, bis die Sauce etwas eindickt. Abkühlen lassen.
4. Backofen auf 210 °C vorheizen (Gas 190 °C). Pizzaform, 30 cm Durchmesser, mit Butter einfetten. Teig nochmals 1 Minute kneten, dann ausrollen zu einem Boden von etwa 26 cm Durchmesser. Auf das Pizzablech legen, Ränder etwas einrollen. Rosinen auf dem Boden verteilen, dann mit den Apfelscheiben belegen, Ahornsirup darübergießen. Teigrand mit etwas zerlassener Butter bestreichen. Pizza 25 Minuten backen, bis der Teig knusprig braun ist. Warm mit Sahne servieren.

Pizza mit Heidelbeeren und Bananen

Vorbereitungszeit:
  30 Min.
Zubereitungszeit:
  25 Min.
Für 6 Personen

Pizzaboden
375 g Mehl
30 g Butter
125 ml Milch

Belag
½ Becher Mascarpone
2 TL Zucker
2 kleine Bananen, geschnitten
200 g Heidelbeeren
½ Becher gehobelte Pekannüsse
2 TL Zucker, zusätzlich
2 TL zerlassene Butter

1. Pizzateig: Backofen auf 210 °C vorheizen (Gas 190 °C). Eine Pizzaform (30 cm Durchmesser) mit zerlassener Butter einfetten. Mehl und Butter in eine Schüssel geben und mit dem Rührgerät 20 Sekunden mischen, bis die Masse körnig wird. Milch zugeben und weitere 30 Sekunden rühren. Teig dann auf einer mit etwas Mehl bestäubten Fläche 1 Minute kneten, bis er weich und geschmeidig ist. In die Form geben, am

Pizzas und Überbackenes

Pizza mit Äpfeln und Ingwer (oben), Pizza mit Heidelbeeren und Bananen

Rand etwas hochziehen und nach innen falten.
2. Belag: Mascarpone gleichmäßig auf dem Pizzaboden verteilen, Zucker darüberstreuen. Bananenscheiben vom Rand her ringförmig auf der Pizza verteilen, dann Heidelbeeren darüberstreuen.
3. Pekannüsse und Zucker gleichmäßig über der ganzen Pizza verteilen.

Den Teigrand mit Butter bestreichen, Pizza 25 Minuten backen, bis der Teig knusprig braun ist. Warm servieren, nach Belieben mit Sahne oder Eiscreme.

PIZZAS UND ÜBERBACKENES

Toast mit Huhn und Spargel

Vorbereitungszeit:
15 Min.
Zubereitungszeit:
7 Min.
Für 4 Personen

4 dicke Scheiben Vollkornbrot
50 g Butter
½ Grillhuhn, gegart
340 g Spargel aus der Dose, abgetropft
125 g Camembert, aufgeschnitten

1. Grill vorwärmen. Das Vollkornbrot leicht toasten und, nach Geschmack, großzügig mit Butter bestreichen.
2. Knochen des Grillhuhns entfernen und Fleisch in kleine Stücke schneiden, gleichmäßig auf die getoasteten Brotscheiben verteilen. Den Spargel auf das Hühnerfleisch geben, wenn nötig, den Spargel etwas zerkleinern.
3. Zuletzt die Camembertscheiben auf den Spargel legen, Toast im Grill oder Backofen 5 Minuten backen, bis der Käse geschmolzen und das Huhn durch und durch heiß ist. Sofort servieren.

Auberginen-Sandwich (oben) und Bauerntoast

Auberginen-Sandwich

Vorbereitungszeit:
20 Min. + Ruhezeit
Zubereitungszeit:
20 Min.
Für 4 Personen

1 große Aubergine
Salz
2 EL Olivenöl
⅓ Becher Ricottakäse
1 mittelgroße Tomate, dick aufgeschnitten
¼ Becher Basilikum, frisch gehackt
¼ Becher geriebenen Parmesan
¼ Becher Paniermehl

1. Aubergine in 8 Scheiben schneiden. Scheiben nebeneinander auf einen Teller legen und gut salzen. 20 Minuten ziehen lassen, unter kaltem Wasser abspülen und mit Küchenpapier abtrocknen.
2. Backofen auf 210 °C vorheizen (Gas 190 °C). Backblech mit Öl bestreichen. Vier Scheiben Auberginen drauflegen, mit Öl, dann mit Ricotta bestreichen, zuletzt mit Tomaten und Basilikum belegen.
3. Mit den restlichen Auberginenscheiben belegen, mit Olivenöl beträufeln und mit Parmesan und Paniermehl bestreuen. 20 Minuten backen, bis die Aubergine zart und goldbraun ist. Sofort servieren.

Bauerntoast

Vorbereitungszeit:
15 Min.
Zubereitungszeit:
5 Min.
Für 2 Personen

2 Vollkornbrötchen
2 TL grober Senf
¼ Becher Essiggurken, aufgeschnitten
1 große reife Tomate, dünn geschnitten
125 g Cornedbeef, geschnitten
2 Becher geriebener Edamer

1. Brötchen durchschneiden und von beiden Seiten goldbraun toasten.
2. Jeweils die untere Brötchenhälfte mit Senf bestreichen und mit Gurken belegen, dann das Cornedbeef und die Tomaten draufgeben, zuletzt gleichmäßig mit Käse bestreuen. 2 Minuten im vorgeheizten Grill oder Backofen erhitzen, bis der Käse geschmolzen ist. Mit den restlichen Zutaten garnieren und sofort servieren.

Pizzas und Überbackenes

Croissant mit Schinken und Pilzen

Vorbereitungszeit:
10 Min.
Zubereitungszeit:
20 Min.
Für 4 Personen

4 Scheiben Schinken
1 EL Öl
30 g Butter
100 g Pfifferlinge, geschnitten
4 große Croissants
⅓ Becher Sahnekäse
1 EL frisches Basilikum, gehackt

1. Backofen auf 180 °C vorheizen. Schinken in kurze, dünne Streifen schneiden. Öl in der Pfanne erhitzen, den Schinken bei mittlerer Hitze 5 Minuten anbraten, bis er goldbraun ist. Aus der Pfanne nehmen und abtropfen lassen.
2. Butter in einer Pfanne zerlassen, Pfifferlinge hineingeben und bei mittlerer Hitze 5 Minuten dünsten, bis sie weich sind. Aus der Pfanne nehmen und auf Küchenpapier abtropfen lassen.
3. Croissants längs aufschneiden, oberes und unteres Teil im Verhältnis 1:2. Vorsichtig aushöhlen und jedes Croissant mit einem Viertel des Sahnekäses bestreichen. Schinken und Pilze auf den Käse geben, oberes Croissantteil daraufleben. Auf ein Ofenblech legen und 10 Minuten backen, bis die Croissants durch und durch heiß sind. Mit Basilikum garnieren und sofort servieren.

Truthahn-Muffins

Vorbereitungszeit:
10 Min.
Zubereitungszeit:
5 Min.
Für 4 Personen

4 englische Muffins
1 mittelgroße Avocado, mit einer Gabel zerdrückt
8 Scheiben Truthahnbrust
125 ml Preiselbeersauce
125 g Brie, geschnitten
frische Dillstengel zum Garnieren

1. Grill oder Backofen auf 180 °C vorheizen. Muffins durchschneiden und von beiden Seiten toasten, dann mit Avocadomus bestreichen und mit Truthahnbrust belegen.
2. Truthahnbrust mit etwas Preiselbeersauce bestreichen, eine Scheibe Brie darauflegen.
3. Auf dem Grill oder im Backofen 3–4 Minuten backen, bis der Käse weich wird und zu schmelzen beginnt. Mit Dill garnieren und sofort servieren.

Schweizer Toast

Vorbereitungszeit:
10 Min.
Zubereitungszeit:
5 Min.
Für 2–4 Personen

2 türkische Fladenbrote
50 g Butter
8 Scheiben Salami
50 g Pfifferlinge
2 TL italienische Kräuter
4 große Scheiben Schweizer Käse

1. Grill oder Backofen auf etwa 180 °C vorheizen. Das Fladenbrot in 4 cm große Stücke schneiden, auf beiden Seiten leicht anrösten und mit Butter bestreichen.
2. Salami in kurze, dünne Streifen schneiden und auf dem Brot verteilen. Dann die Pilze schneiden und darübergeben.
3. Italienische Kräuter darüberstreuen, im Grill oder Backofen 3–4 Minuten backen, bis der Käse weich wird und schmilzt. Sofort servieren.

Von oben: Croissant mit Schinken und Pilzen, Truthahn-Muffins sowie Schweizer Toast

Brötchen mit Chilibohnen gefüllt

Vorbereitungszeit:
10 Min.
Zubereitungszeit:
13 Min.
Für 4 Personen

4 große runde Brötchen
2 TL Öl
1 kleine Zwiebel, feingeschnitten
1 kleine Tomate, feingeschnitten
130 g Mais
400 g mexikanische Chilibohnen
⅔ Becher geriebener Cheddarkäse

1. Backofen auf 180 °C vorheizen. Brötchen aufschneiden, oberen und unteren Teil etwa im Verhältnis 1:2 aushöhlen, so daß ein 1,5 cm dicker Rand zurückbleibt.
2. Öl in einer Pfanne erhitzen, Zwiebeln darin 3 Minuten bei mittlerer Hitze weichdünsten. Tomaten, Mais und Bohnen zugeben und gut verrühren.
3. Brötchen mit der Gemüsemischung füllen, mit Käse bestreuen und mit dem oberen Teil zudecken. Auf ein Backblech legen und 10 Minuten backen, bis der Käse geschmolzen und das Brot knusprig ist. Sofort servieren.

Toast mit Käse und Lachs

Vorbereitungszeit:
15 Min.
Zubereitungszeit:
3 Min.
Für 2–4 Personen

4 Scheiben Toast
210 g Lachs
¼ Becher Mozzarella, kleingeschnitten
¼ Becher feingeriebener Cheddarkäse
¼ Becher Tomatenmark
2 Frühlingszwiebeln, feingeschnitten
1 EL frische Petersilie, feingehackt
frische Oreganozweige zum Garnieren

1. Backofen oder Grill auf mittlere Hitze vorwärmen. Brot auf einer Seite leicht toasten.
2. Lachs in eine Schüssel geben und mit einer Gabel zerkleinern. Beide Käsesorten, Sauce, Frühlingszwiebeln und Petersilie zufügen und gut verrühren.
3. Lachsmischung auf die Toasts verteilen, Brotrand abschneiden und Toasts längs in drei Stücke aufschneiden. Im Grill oder Backofen 3 Minuten erhitzen, bis der Käse anfängt, Blasen zu bilden. Nach Belieben mit Oreganozweigen garnieren und sofort servieren.

Toast mit Huhn, Mais und Avocado

Vorbereitungszeit:
15 Min.
Zubereitungszeit:
5 Min.
Für 2–4 Personen

4 dicke Scheiben Schwarzbrot
130 g Mais, zerdrückt und cremig gerührt
8 Stücke geräucherte Hühnchenbrust
½ Avocado, aufgeschnitten
2 Frühlingszwiebeln, feingeschnitten
¾ Becher geriebener Cheddarkäse
Paprika

1. Grill oder Backofen auf mittlere Hitze vorwärmen. Brot leicht antoasten.
2. Brot mit Maispaste bestreichen, Huhn und Avocado darauflegen, mit Frühlingszwiebeln und Käse bestreuen. Leicht mit Paprika würzen.
3. Zwei Minuten im Grill oder Backofen erhitzen, bis der Käse schmilzt. Sofort servieren.

Von oben: Toast mit Huhn, Mais und Avocado, Toast mit Käse und Lachs sowie Brötchen mit Chilibohnen gefüllt

Pizzas und Überbackenes

Toast Bolognese

Vorbereitungszeit:
10 Min.
Zubereitungszeit:
50 Min.
Für 2–4 Personen

1 EL Olivenöl
1 mittelgroße Zwiebel, feingeschnitten
2 Knoblauchzehen, zerdrückt
1 EL frische Petersilie, feingehackt
250 g mageres Rinderhackfleisch
2 EL Tomatenmark
400 g Tomaten, zerdrückt
60 ml Weißwein
¼ Becher frisches Basilikum, feingehackt
½ TL Chilipulver
Salz und Pfeffer
1 Baguette, in dicke Scheiben geschnitten
½ Becher geriebener Parmesan
frische Petersilie zum Garnieren

1. Öl in einer Pfanne erhitzen, Zwiebeln darin 4 Minuten bei mittlerer Hitze dünsten, bis sie weich sind. Knoblauch und Petersilie zugeben und weitere 2 Minuten köcheln lassen.
2. Rinderhackfleisch zugeben und 5 Minuten braten, bis das Fleisch gebräunt und alles Wasser verkocht ist. Tomatenmark zugeben und weitere 2 Minuten kochen. Dann Tomaten, Weißwein, Basilikum, Chili sowie Salz und Pfeffer nach Geschmack daruntermischen. Das Ganze etwa 30 Minuten köcheln lassen, bis die Sauce etwas eingedickt ist.
3. Baguettescheiben toasten und mit der Hackfleischmischung belegen, zuletzt Parmesan darüberstreuen. Im vorgeheizten Backofen oder Grill 4–5 Minuten erhitzen, bis der Käse geschmolzen ist. Mit Petersilie garnieren und sofort servieren.

Pikanter Toast mit italienischer Wurst

Vorbereitungszeit:
25 Min.
Zubereitungszeit:
45 Min.
Für 2–4 Personen

1 EL Olivenöl
2 Knoblauchzehen, zerdrückt
1 EL frische Petersilie, feingehackt
4 italienische Würste
1 mittelgroße rote Zwiebel, feingeschnitten
½ grüner Paprika, in dünne Streifen geschnitten
1 EL Tomatenmark
400 g Tomaten, zerdrückt
1 EL scharfe Chilisauce
1 EL Balsamico-Essig
1 EL frisches Basilikum, feingehackt
1 TL frischer Thymian, feingehackt
1 kleines rundes Graubrot
1 Becher Mozzarella

1. Öl in einer Pfanne erhitzen, Knoblauch und Petersilie darin 2 Minuten bei mittlerer Hitze dünsten. Wurst zugeben und goldbraun braten, dabei gelegentlich umdrehen. Herausnehmen und beiseite stellen. Zwiebeln und Paprika in die Pfanne geben und 4 Minuten dünsten, bis die Zwiebeln weich sind. Tomatenmark untermischen und 1 Minute unter Rühren kochen. Tomaten, Chilisauce, Balsamico, Basilikum und Thymian zugeben, zum Kochen bringen, dann Temperatur reduzieren und köcheln lassen.
2. Wurst längsseits in 1 cm dicke Streifen schneiden und wieder in die Pfanne legen, weitere 25 Minuten in der Sauce köcheln lassen, bis diese eingedickt ist.
3. Brot in 2 cm dicke Scheiben schneiden und auf beiden Seiten toasten. Mit der Wurst-Tomatenmischung übergießen, zuletzt Mozzarella darübergeben. Weitere 2 Minuten im Backofen oder Grill erhitzen, bis der Käse geschmolzen ist. Sofort servieren.

Toast Bolognese (oben) und pikanter Toast mit italienischer Wurst

Hinweis: Italienische Wurst gibt es in vielen unterschiedlichen Sorten, Größen und Geschmacksrichtungen. Nehmen Sie für dieses Rezept dünne italienische Schweinswürste. Diese bekommen Sie in den meisten Feinkostabteilungen der Supermärkte oder in Feinkostläden.

Pizzas und Überbackenes

Thunfischbaguette

Vorbereitungszeit:
 15 Min.
Zubereitungszeit:
 10–15 Min.
Für 2 Personen

*185 g Thunfisch aus der
 Dose, gut abgetropft*
6 Frühlingszwiebeln, feingeschnitten
*1 Becher geriebener
 Cheddarkäse*
60 ml Sauerrahm
2 EL Mayonnaise
1 EL frische Petersilie, feingehackt
¼ TL süßer Paprika
2 Minibaguettes
*¼ Becher entkernte Oliven,
 dünn geschnitten (nach
 Geschmack)*
*½ Becher feingeriebener
 Cheddarkäse, zusätzlich*

1. Backofen auf 210 °C vorheizen (Gas 190 °C). Thunfisch, Frühlingszwiebeln, Käse, Sauerrahm, Mayonnaise, Petersilie und süßen Paprika in einer Schüssel gut mischen.
2. Oberseite der Baguettes rundherum 1 cm tief einschneiden, dabei rechts und links 1 cm Rand belassen. Baguettes aushöhlen, dann mit der Thunfischmischung füllen. Zuletzt Oliven, nach Geschmack, und Käse darübergeben.
3. Baguettes auf ein mit Alufolie ausgelegtes Backblech legen, 10–15 Minuten backen, bis der Käse geschmolzen und das Brot knusprig ist. Sofort servieren.

Mozzarella in Carozza

Vorbereitungszeit:
 *15 Min. + 30 Min.
 Ruhezeit*
Zubereitungszeit:
 10 Min.
Für 2–4 Personen

*45 g Anchovis aus der Dose,
 gut abgetropft*
*4 Scheiben Mozzarella, dick
 aufgeschnitten*
*1 große reife Tomate, in
 Scheiben geschnitten*
*8 dicke Scheiben Weißbrot,
 Rinde entfernen*
*1–2 TL getrockneter
 Oregano*
Salz und Pfeffer
3 Eier, leicht verquirlt
Öl
*frisches Basilikum zum
 Garnieren*
*Cocktailtomaten, halbiert,
 zum Garnieren*

*Mozzarella in Carozza (oben)
und Thunfischbaguette*

1. Anchovis halbieren, Mozzarellascheiben und Tomatenscheiben ebenfalls halbieren. Brotscheiben längs halbieren, acht Scheiben Brot mit Mozzarella, Anchovis und Tomate belegen, mit Oregano, Salz und Pfeffer bestreuen. Die restlichen acht Brotscheiben darüberlegen, so daß acht Sandwiches entstehen.
2. Verquirltes Ei in eine flache Schüssel geben, die Sandwiches dazugeben, so daß das Brot gut durchtränkt wird. 30 Minuten darin liegenlassen, dabei alle 10 Minuten vorsichtig wenden.
3. Öl in einer Pfanne erhitzen, Sandwiches darin bei mittlerer Hitze vorsichtig von jeder Seite 2–3 Minuten anbraten, bis sie goldbraun sind. Aus der Pfanne nehmen und auf Küchenpapier abtropfen lassen. Mit frischem Basilikum und Cocktailtomaten garnieren, heiß servieren.

Anhang

Register

Adventskuchen 431
Amerikanische Pfannenpizza 544
Anbraten 322
Andalusische Mayonnaise 132
Apfel
 -Käsekuchen 432
 -kuchen mit Zitrusmarmelade 436
 -sauce 374
 -torte, französisch 436
Aprikosen
 -Kräuterfüllung 370
 -soufflé 490
Asiatisches Gemüse 14
Auberginen
 à la Parmigiana 32
 gefüllt 417
 Püree 96
 Ratatouille 420
 -Sandwich 548
 überbacken 97
 Zubereitung 420
Aufbewahren
 Ingwer 357
 Geflügel 357
Auflauf
 Blumenkohl-Tomatenauflauf 93
 Kartoffel-Käseauflauf 112
Auftauen von Geflügel 349

Augenbohnen mit Porree 458
Austern
 am Spieß 163
 Kilpatrick 163
 Mornay 162
 Natur 162
 Rockefeller 162
Australische Fleischpastete 411
Australisches Fladenbrot 414
Avocadosalat mit Walnüssen 422

Basilikumfüllung,
 Tomaten mit - 462
Bauerneintopf
 mit Huhn 523
 mit Wurst 531
Bauernhuhn 399
Bauerntoast 548
Béarnaise, Sauce 325
Béchamelsauce 40
Blätterteigrollen mit Rindfleisch-Pilz-
 Ragout in Brandy 270
Blumenkohl
 -bällchen in Tomatensauce 90

Blumenkohl (Fortsetzung)
  -curry mit braunem Petersilien-
    reis 92
  -Tomatenauflauf 93
  überbacken 28
Bocconcini, Pesto-Schnitten 70
Bohnen
  Augen- mit Porree 458
  -gericht, orientalisch 79
  in einer Sauce mit Pfiff 77
  mit pikantem Dressing 78
  Thunfisch-Mungobohnen-
    taschen 121
Borschtsch 382
Bouillabaise 170
Bratensauce 401
Brathähnchen
  in Cidre 248
  mit Petersilienfüllung 221
  mit Speck und Brotsauce 210
  mit Zitrone, Sesam und
    Koriander 238
  pikant 252
Bratkartoffeln mit Paprika und
  Zwiebeln 368
Brokkoli
  mit Meerrettich 81
  mit Nuß-Buttersauce 330, 368
  und Käsestrudel 82

Brot
  -auflauf 425
  -auflauf mit Baiser 426
  Brötchen mit Chilibohnen,
    gefüllt 552
  Fladen-, australisch 414
  Irisch 415
  Kürbis- 417
  -sauce 374
Bubble and Squeak 418
Bulgursalat mit Minze 456
Burger mit Mozzarella und Pesto 256

Champagnerhuhn mit Estragon 500
Champignon-Knoblauch-Füllung 22
Chili
  -huhn mit Nudeln 227
  -huhn mit Tomaten 229
  -Kokosnuß-Rindfleisch 516
Chinesisch
  Hühnersuppe mit Nudeln 442
  Rind-Gemüse-Pfanne 121
Cocktail-Sauce 133
Cognac-Hähnchen mit Gemüse 482
Coq au Vin 211

Couscous
   mit Gemüse 472
   pikant 40
Crème Caramel 428
Crêpe, Luzerne-Avocado- 121
Croissant mit Schinken und
   Pilzen 550
Cumberlandsauce 374
Curry
   Blumenkohl- mit braunem Peter-
      silienreis 92
   Gemüse- 54
   -hühnchen mit Joghurt 217
   -hühnchen mit Mandeln und
      Cashewnüssen 249
   -Kürbissuppe 114

Deftige Rindfleischkasserolle 404
Dillsauce 176
Dip-Saucen 149
Dreikäsetopf mit Nudeln und
   Spinat 512

Eingelegtes
   Gemüse 62
   Zwiebeln 106
Einritzen 347
Entbeinen eines Truthahns 356
Ente
   mit Orangensauce 359
   Orangen- mit Knoblauch 360
   Tranchieren 358
Erbsen
   -suppe, grün 444
   -suppe mit Lamm, herzhaft 379
Erdbeerjoghurt-Eis 494
Essigsud 193
Estragonhuhn mit Zitrone 236

Falsche Gans 401
Fettuccine
   mit grünem Gemüse 464
   Pomodoro 44
Fisch
   -brühe 192
   Fish and Chips 152
   Forelle mit Mandeln 142
   Graved Lachs 156
   Grillfisch in Alufolie 394
   Mandelforelle 387

Fisch (Fortsetzung)
   mit Kräuterfüllung, gebacken 387
   nach Pariser Art 388
   Sailor's Pie 392
Fleischgerichte
   Fleischbällchen mit Tomaten und Artischocken 507
   Fleisch-Kartoffel-Pastete mit Mandeln 268
   Fleischpastete 262
   Lammsteaks mit roter Paprikasauce 484
   Osso buco 484
   Rindfleisch-Kebabs mit Tomaten-Salsa 486
Forelle mit Mandeln 142
Französisch
   Apfeltorte 436
   Zwiebelsuppe 380
Fritiert
   Kartoffeln 373
   Meeresfrüchte 136
   Gemüse 24
Frühlingsrollen 36
Frühstückssuppe mit Obst 448
Füllungen
   Aprikosen-Kräuter 370
   Salbei-Zwiebel 371
   Walnuß-Schinken 371
Fusilli mit Thunfisch 466

Gado-Gado 122
Gans, gebraten 361
Garnelen
   -Cocktail 182
   Honig- 188
   -Koteletts mit Sauce 182
   nach Koromandel-Art 394
Gebackener Fisch mit Kräuterfüllung 386
Gebratene Kartoffelschnitze 10
Geflügel
   Auftauen 349
   Aufbewahren 350
Gefülltes
   Gemüse 416
   Kartoffeln 22
   Paprikaschoten 38
   Pilze 56
   Sardinen 142
   Tintenfische 166
   Tomaten 272
   Zucchini auf italienische Art 276
Gegrilltes
   Huhn am Spieß 240
   Hühnerbrust mit Limonen-Ingwerbutter 242
   Hühnerburger 237
Gelatine, Auflösen 425
Gemüse
   Asiatisch 14

Gemüse (Fortsetzung)
- Couscous, pikant 48
- curry 54
- eingelegt 62
- frittiert 24
- gefüllt 416
- gegart 34
- geröstet 454
- lasagne 40
- mit Kräutern, jung 366
- pfanne mit Zitrone und Honig 452
- Pfannen- 14
- pilaf 66
- Pürees 50
- Ratatouille 12
- suppe mit Pesto 444
- suppe, Winter- 58
- vom Grill 52

Geräucherte Forellenpastete 152
Geräucherter Lachs 176
Gewürze, Aufbewahrung 394
Ghee 410
Gnocchi, Kürbis- 46, 116
Gratin, Kartoffel- 34
Graved Lachs 156
Griechische Hühnersuppe 384
Grillfisch in Alufolie 394
Grillhähnchen Pizzaiola 224
Grüne Tomaten, gebraten 42
Gürkchen in Dilldressing 62

Gurken-Dill-Sauce 177
Gurkensalat 422

Hähnchen
- auf orientalische Art 357
- auf toskanische Art 230
- auf traditionelle Art mit Pilzsauce 350
- Cognac-Hähnchen mit Gemüse 482
- Eintopf 313
- flügel mit Preiselbeeren 234
- flügel, mariniert 236
- Füllen und Zusammenbinden 352
- Gegrilltes Hähnchen mit asiatischen Kräutern 478
- Gemüsesalat, leicht 198
- Grillhähnchen Pizzaiola 224
- in Cidre 248
- Italienisch 233
- Maiswürstchen mit Salsa Cruda 310
- mit Estragon und Speck 348
- mit Mandelkruste 212
- mit Obstfüllung 352
- mit Petersilienfüllung 221
- mit Speck und Brotsauce 210

Hähnchen (Fortsetzung)
   mit Süßkartoffelauflauf 313
   mit Zitrone, Sesam und
     Koriander 238
   pikant 252
   -Rissoles in Pilzsauce 316
   -schmortopf, karibisch 220
   -Strudel mit Rahm 308
   süßsauer 199
   Teufels- 240
   Thai- mit Bohnen 304
   -Tortillas 310
   -Waldorfsalat-Brötchen 316
Hammelfleisch 336
Herzhafte Erbsensuppe 378
Hollandaise, Sauce 64
Honig-Chili-Lamm mit Bohnen 301
Honiggarnelen 188
Honig-Rhabarber mit Joghurt 492
Huhn
   à la Provence 396
   Bauern- 399
   -Brokkoliauflauf 232
   Chop Suey 219
   Coq au vin 211
   Flügel in Kräutermarinade 205
   Flügel mit Preiselbeeren 234
   Griechische Hühnersuppe 384
   in Käsesauce 400
   in Sahne 500

   Indische Hühnerfrikadelle mit
     Sahne-Chutney 306
   Indonesisch 246
   Italienisches Zitronen- 397
   Landpastete mit Ei 398
   -laksa 202
   -leberpastete mit Weinbrand 206
   Marokkanischer Hühnersalat 198
   mit Aprikosen 498
   mit Blauschimmelkäse 246
   mit Brokkoligougère 250
   mit Oliven, Aprikosen und
     Feigen 244
   mit Walnüssen und Blauschimmel-
     käse 224
   -Nudelhackbraten mit saurer
     Sahne 216
   Parmigiana mit Tomatensauce 214
   -pastete 208
   -pfanne mit Ananas 231
   -Pilzterrine 207
   -pizza auf Fladenbrot 222
   San Choy Bow 206
   Stroganoff 215
   -suppe mit Klößen 201
   -suppe mit Mais 201
   -suppe mit Nudeln, chinesisch 442
   -taschen mit Honig-Senf-
     glasur 242
   Taco- 228

Huhn (Fortsetzung)
  Tandoori- 247
  Würziges Hühnerragout 526
Hummer
  -cremesuppe 140
  Mornay 186
  Thermidor 186

Indisch
  Hühnerfrikadellen mit Sahne-Chutney 306
  Bohneneintopf 512
  Lammcurry 520
Indonesisches Hühnchen 246
Ingwer, Aufbewahrung 388
Irischer Schmorbraten 510
Irisches Brot 415
Italienisch
  Fleischklößchen 301
  Hähnchen 233
  Lammtopf 504
  Putenauflauf 412
  Rinderschmorbraten 519
  Zitronenhuhn 397

Jakobsmuscheln 190
Joghurt, Gefrorener Orangen-Mango- 490
Johannisbeer-Minzsauce 335
Julienne, Kürbisse 367
Jumbuck-Klöße 403

Kaffeekuchen 432
Kalb
  Lende mit Pfeffersauce 326
  Rücken mit Kräuterkruste 328
  -Schnitzel mit Zitronensauce 76
Kammuscheln am Spieß 154
Kaninchenkasserolle 408
Kaninchenterrine 408
Karibischer Hähnchenschmortopf 220
Karotten mit Honigglasur 28
Karotten, glasiert 364
Kartoffeln
  Brat- 368
  fritiert 373
  gefüllt 22
  Gratin 34
  -Käse-Auflauf 113
  Pommes frites 10
  -Porree-Suppe mit Spinat 442

Kartoffeln (Fortsetzung)
   Püree und -Knoblauch 51
   Rösti mit Kräutern 68
   -salat mit Basilikum-Joghurt-
      Dressing 460
   -schnitze, gebraten 10
   -soufflé 22 110
   -topf mit Mais und Speck 423
Käse
   Brokkoli und -Strudel 82
   Dreikäsetopf mit Nudeln und
      Spinat 512
   -Kartoffel-Auflauf 113
   Möhren-Fetakuchen 87
   -Tomatenbrot 126
Käsekuchen mit Apfel 432
Kasserollen
   Deftige Rindfleisch- 404
   Kaninchen- 408
Kebabs, Rindfleisch- mit Tomaten-
   Salsa 486
Kedgeree 172
Keulenbraten, würzig 345
Knoblauchbrot 408
Knoblauchgarnelen 178
Knusprige Paprika-Lamm-Pastete 295
Kohlrouladen mit Hackfüllung 219
Kokosnuß-Hähnchencurry 306
Königsmakrelen-Steaks mit
   Chermoula 480

Krabbenmayonnaise 146
Kräuter
   -braten 514
   -brot 476
   -frikadellen mit Karamel-
      zwiebeln 258
Kuchen
   Advents- 431
   Apfel- mit Zitrusmarmelade 436
   Französische Apfeltorte 436
   Kaffee- 432
   Käse- mit Apfel 432
   Möhren-Feta- 87
   Möhrenscheiben mit Karamel-
      guß 88
   Pikanter Kürbis- 116
   Tee- mit Zimt 431
Kürbis
   -brot 417
   -creme-Suppe 30
   -gnocchi 46, 116
   Julienne 367
   -kuchen, pikant 116
   -salat, warm 456
   -suppe mit Curry 114

Lachs
  -burger 486
  Graved 156
  -kroketten 144
  mit Buchweizenpfannkuchen 177
  -Pfannkuchen mit Kaviar 177
Lamm
  auf indische Art 332
  -braten mit Tomaten 520
  -burger mit Nüssen und Joghurt-sauce 302
  -eintopf, marokkanisch
  Falsche Gans 401
  -haxe 379
  Herzhafte Erbsensuppe 378
  Honig-Chili- mit Bohnen 301
  -Joghurt-Rauten mit Tabbouleh 290
  -kebab mit goldgelbem Pilaw 298
  -keule mit Johannisbeersauce 338
  -keule mit Knoblauch 338
  -keule, knusprig 335
  mit Orangen- und Rosmarin-füllung 330
  mit Pilzen 507
  -Paprika-Pastete, knusprig 294
  -pilaw 410
  -Pita-Taschen, libanesisch 288
  -Rostbraten mit Aprikosen 296
  -rücken auf tropische Art 334
  -rücken mit Schnittlauchkruste 336
  Schafscherertopf mit Jumbuck-Klößen 402
  -schulter mit Senf und roter Johannisbeerglasur 331
  -Spinatpastete 302
  -steaks mit roter Paprikasauce 484
Landpastete mit Ei und Huhn 398
Lasagne, Gemüse- 40
Lauch
  mit Makkaroni und Speck 98
  mit leckerem Reis 100
  -creme-Suppe 30
  -Kartoffel-Suppe (Vichyssoise) 379
Leichter Hähnchen-Gemüsesalat 198
Libanesische Pita-Lammtaschen 288
Likörsoufflé 426
Lunchplatte 418
Luzerne
  -Avocadocrêpe 121
  -Radieschen-Salat 122

Maissuppe mit Zitrone, mexikanisch
Makkaroni mit Lauch und Speck 98
Mandelforelle 387
Mangocreme 428

Mariniertes
  Fischsalat 168
  Hähnchenflügel 236
  Tacohühnchen 228
  Tintenfisch mit süßer
    Chilisauce 172
Marokkanischer Hühnersalat 198
Marokkanischer Lammeintopf 520
Mayonnaise, klassisch 132
Meeresfrüchte
  Fusilli mit Thunfisch 466
  Königsmakrelensteaks mit
    Chermoula 480
  Königsmakrelensteaks mit
    Meeresfrüchtetopf 480
  Lachsburger 486
  Miesmuscheln in Sahnesauce 391
  Muscheln im eigenen Saft 184
  Muscheln in Blätterteig 391
  -Suppe 384, 446
  -Tempura 150
Meerrettich-Dressing 418
Meerrettich-Schnittlauch-Sauce 176
Mexikanische Maissuppe mit
  Zitrone 95
Mexikanische Zwiebeln 108
Miesmuscheln in Sahnesauce 391
Milch-Zitrone-Sud 193
Minzsauce 375
Mittelmeer-Salat 450

Möhren
  -Feta-Kuchen 87
  -scheiben mit Karamelguß 88
  -Suppe 86
Mozzarella in Carozza 556
Mulligatawny 382
Mürbeteig 399
Muscheln im eigenen Saft 184
Muscheln in Blätterteig 391

Nigiri Sushi 148
Nudeln
  Fettucine mit grünem Gemüse 464
  Fusilli mit Thunfisch 466
  Makkaroni mit Lauch und
    Speck 98
  mit Lamm und Gemüse 290
  Paprikaschoten mit Thunfisch-
    Nudelfüllung 85
  Pastamuscheln mit Hähnchen
    und Pesto 314
  Penne mit Tomaten-Sahne-
    Pesto 534
  -salat mit Kräutern 452
  Schweinefleisch mit Nudeln aus
    dem Wok 482
  Spaghetti alla Marinara 164

Nudeln (Fortsetzung)
   Spaghetti mit herzhaftem Rinds-
      ragout 258
   Spaghetti mit Tomatensauce 470
   Spaghetti Primavera 18
   Tagliatelle mit Lamm-Rosmarin-
      Wurst 295
   Tofu mit Nudeln 466
   Tomaten-Pilzsauce für Nudeln 126

Ochsenschwanzsuppe 380
Omelett Arnold Bennett 174
Orangen
   -Ente mit Knoblauch 360
   in Brandy 490
   -Mango-Joghurt, gefroren 490
   -sauce 359
   -schnee mit Zitronensauce 425
Orientalisch
   Bohnengericht 79
   Hähnchen 240
   Hühnerkebab 224
Osso buco 484, 504

Paella 160
Paprika
   -Fleischbällchen mit Nudeln 274
   -Lamm-Pastete, knusprig 294
   mit Thunfisch-Nudelfüllung 85
   Peperonata 84
   -Sauce, rot 484
   -schoten, gefüllt 38
Parmigiana, Auberginen 32
Pastamuscheln mit Hähnchen und
   Pesto 314
Pasteten
   Paprika-Lamm-, knusprig 295
   Pilz-, sahnig 102
   Spinat-Gemüse- 117
Pastinaken
   -küchlein 422
   -Püree 50
   Zucchini mit Ingwer
      und Mandeln 364
Pekannußhühnchen 253
Penne mit Tomaten-Sahne-Pesto 534
Peperonata 84
Pesto 444
Pesto-Bocconcino-Schnitten 70
Pfannengemüse 14
Pfannengerührtes
   nach China-Art 388
   Rind mit Vermicelli 268
Pfannenpizza, amerikanisch 544

Pfirsiche, Süße Vanille- 488
Picknick-Burger mit
　Sahnemeerrettich 270
Pikantes
　Crêpetorte 292
　Gemüse-Couscous 48
　Hufeisenbrot 421
　Kebabs 236
　Süßkartoffel-Püree 50
　Rindsrouladen 401
　Toast mit italienischer Wurst 554
　Würstchen mit Bohnensalat,
　　spanisch 278
Pilaf, Gemüse- 66
Pilaw mit Zwiebeln und
　Mandeln 476
Pilze
　gefüllt 56
　gegrillte Pilzhüte 103
　-Hühnchen 105
　mariniert 104
　-Pastete, sahnig 102
　-Risotto 20
　Tomaten-Pilzsauce für Nudeln 126
Pizza
　mit Äpfeln und Ingwer 546
　mit Huhn Satay 542
　mit Meeresfrüchten, extra fein 542
　-sauce 538
　Super Supreme 540

-stollen 287
-teig 538
Pochierter Atlantiklachs mit Sauce
　Hollandaise 134
Polenta mit gerösteten Paprika-
　schoten, gegrillt 468
Pommes frites 10
Primavera, Spaghetti 18
Provenzialische Gemüsesuppe 385
Pürees, Gemüse- 50
Putenauflauf, italienisch 412

Radieschen-Luzernesalat 122
Ratatouille 12, 420, 460, 532
Reis
　-Auflauf 474
　Blumenkohlcurry mit braunem
　　Petersilien- 92
　Lauch mit leckerem - 100
Remoulade 133
Ricotta, Cannelloni mit
　Spinat-Füllung 60
Rind
　Australische Fleischpasteten 411
　-filet mit Sauce Béarnaise,
　　gepfeffert 324
　Fleischkasserolle, deftig 404

Rind (Fortsetzung)
- -fleisch mit Blauschimmelkäse im Teigmantel 322
- -fleischeintopf mit Kräuterküchlein 508
- -fleisch-Kebabs mit Tomaten-Salsa 486
- -fleisch-Kürbis-Risotto 261
- -fleisch-Pilz-Bolognese mit Käsepolenta 265
- Gemüsepfanne, chinesisch 121
- -klößchen mit würziger Tomatenbutter 274
- -Pimiento-Terrine mit Käse 261
- Roastbeef mit Pflaumenglasur 406
- -rouladen, pikant 401
- -schmortopf mit Petersilienmakronen 264
- -Zucchini-Braten 128

Rippenbraten mit Pastete 321
Risotto, Pilz- 20
Risotto, Zucchini-Paprika- 470
Roastbeef mit Kräutern und Sauce Bordelaise 326
Rösti, mit Kräutern 68
Rote Bete
- Blätter 383
- Borschtsch 382
- eingelegt 62
- -Suppe 448

Rotes Schweinefleischcurry 531
Rotweinsud 193

Sahnezwiebeln, geschmort 330
Sailor's Pie 392
Salat
- Avocado- mit Walnüssen 422
- -Baguette 474
- Bulgur mit Minze 456
- Gado-Gado 122
- Gurken- 422
- Mittelmeer- 450
- Lunchplatte 418
- Radieschen-Luzerne- 122
- Scharfer Zwiebel- 108
- Zucchini- mit Sardellendressing 128

Salbei-Zwiebelfüllung 370
Salsa, Tomaten-Füllung 22
Sardellenmayonnaise 133
Sashimi 149
Sauce
- Apfel- 374
- -Béarnaise 325
- -Béchamel 40
- -Bordelaise 326
- Braten- 401

Sauce (Fortsetzung)
- Brot- 374
- Cocktail- 133
- Cumberland- 374
- Dill- 176
- Dip- 149
- Gurken-Dill- 177
- -Hollandaise 64
- Johannisbeer-Minz- 334
- Krabbenmayonnaise 146
- Mayonnaise, klassisch 132
- Mayonnaise, andalusisch 132
- Meerrettich-Dressing 418
- Meerrettich-Schnittlauch- 176
- Minz- 374
- Orangen- 358
- Pilz- 350
- Remoulade 132
- Rote Paprika- 484
- Tomaten- 118
- Vichy- 30
- Wein-Braten- 352
- zu Lachs 176
- zu Meeresfrüchten 180

Schafscherertopf mit Jumbuck-Klößen 402
Scharfer Zwiebelsalat 109
Schmetterlingsbraten 347
Schnitten, Pesto-Bocconcino- 70
Schnitze, gebratene Kartoffel- 10

Schottisches Mürbegebäck 435
Schwein
- Filet mit Apfel-Senf-Sauce 342
- -Frittata mit pikant gewürzten Äpfeln 278
- Haxe mit Aprikosen 340
- -Kalbfleisch-Kartoffelgratin 280
- -Kalbfleischklößchen in Rahmsauce 285
- -Kalbsravioli in Rahmsauce 282
- -Kalbsrolle auf kontinentale Art 285
- -Kalbstaschen 287
- Keulenbraten 345
- Lende mit Apfel-Backpflaumen-füllung 346
- Lende mit Ahornsirupglasur 344
- mit Nudeln aus dem Wok 482
- -ragout in Madeirasauce 404
- Schmetterlingsbraten 347

Schweizer Toast 550
Senfzwiebeln 107
Soufflé
- Aprikosen- 489
- Kartoffel- 22, 110
- Likör- 426

Spaghetti
- alla Marinara 164
- mit herzhaftem Rindsragout 258
- mit Tomatensauce 470

Spaghetti (Fortsetzung)
   Primavera 18
Spanischer Hähnchenschmortopf 214
Spargel
   Kalbsschnitzel mit Zitronen-
      sauce 76
   mit Sauce hollandaise 64
   mit thailändischem Dressing 74
Spinat
   -ecken 118
   -Feta-Kuchen 26
   -Gemüsepastete 117
   -Ricotta-Cannelloni 60
   Sahne- 64
Sprossen
   Chinesische Rind-Gemüse-
      pfanne 121
   Gado-Gado 122
   Luzerne-Avocadocrêpe 121
   Radieschen-Luzernesalat 122
   Thunfisch-Mungobohnen-
      taschen 121
Strudel, Brokkoli und Zwei-Käse- 82
Sud für Fischgerichte 192
Suppe
   aus Meeresfrüchten 180
   Borschtsch 382
   Französische Zwiebel- 380
   Griechische Hühner- 384
   Herzhafte Erbsen- mit Lamm 378
   Kürbiscreme- 30
   Kürbis- mit Curry 114
   Lauchcreme- 30
   Meeresfrüchte- 384
   Mexikanische Mais- mit
      Zitrone 95
   mit Meeresfrüchten 446
   Möhren- 86
   Mulligatawny 382
   Ochsenschwanz- 380
   Provenzialische Gemüse- 385
   Süßkartoffel-Kürbis-
      mit Orange 440
   Thunfischtopf 392
   Tomatencreme- 31
   Vichyssoise 379
   Wintergemüse- 58
Sushi 148
Süßkartoffelpüree, pikant 50, 418

Tagliatelle mit Lamm-Rosmarin-
   Wurst 295
Tandoori-Hühnchen 247
Taramasalat 158
Tartarsauce 133
Teekuchen mit Zimt 431
Teufelshähnchen 240

Tex Mex Beef 516
Thai-Hähnchen und Bohnen 304
Thermometer 345
Thousand Island 133
Thunfisch
  -baguette 556
  Italienischer Putenauflauf 412
  Mornay 138
  -Mungobohnentasche 121
  Paprikaschoten mit
     Nudelfüllung 85
  -Sashimi mit Miso-Sauce 149
  -topf 392
Toast
  Bolognese- 554
  mit Huhn, Mais und Avocado 552
  mit Huhn und Spargel 549
  mit Käse und Lachs 552
Tofu mit Nudeln 466
Tomaten
  -Blumenkohl-Auflauf 93
  -creme-Suppe 31
  enthäuten 397
  gebraten, grün 42
  gefüllt 417
  -Käsebrot 126
  Leckere Tomaten 124
  mit Aubergine im Ofen 97
  mit Basilikumfüllung 462
  -Pilzsauce für Nudeln 126

-sauce 118
-Salsa 486
-Salsa-Füllung 22
Torte
  Französische Apfel- 436
  Zitronentörtchen 434
Tranchieren
  Ente 358
  Rippenbraten 320
Truthahn
  -brust mit Aprikosen-Back-
    pflaumenfüllung 354
  Entbeinen 356
  mit Cashewnüssen 352
Muffins 551
Vorbereiten 356

Überbacken
  Auberginen 97
  Blumenkohl 28
  Wursteintopf 503
Übergießen 332
  Gans 361
  Kalbfleisch 329
Vanille-Pfirsiche, süß 488
Vegetarisches Curry 532
Vichysauce 30

Vichyssoise 379
Vorbereiten 356

Wacholderbeeren 404
Wachteln,
   mit Speck und Rosmarin,
     gebraten 362
   Zusammenbinden 363
Walnuß-Schinkenfüllung 371
Warmer Hähnchensalat mit Paprikaschoten 205
Wein-Bratensauce 353
Weißes Wintergemüse 512
Wintergemüsesuppe 58
Winterobst, heiß 494
Wok, Schweinefleisch mit Nudeln aus dem - 482
Würziges
   Fleischbällchen vom Grill 280
   Hähnchensalat 196
   Hühnerragout 526
   Rindfleisch-Empanadas 266

Yorkshire Puddings 372

Zimtreis-Pudding 494
Zitronen
   -hähnchen mit Korinader 226
   -Huhn, italienisch 397
   -sauce 425
   -törtchen 434
Zucchini
   mit Pastinaken mit Ingwer und Mandeln 364
   -Paprika-Risotto 470
   -Rinderbraten 128
   -salat mit Sardellendressing 128
Zwiebeln
   eingelegt 106
   -kuchen 16
   mexikanisch 108
   Scharfer -salat 109
   Senf- 107
   -suppe 380